EXCITING WORLD CITY TRIPS

52 METROPOLEN RUND UM DIE WELT

+KUNTH+

Vom Bund, der alten Uferpromenade Shanghais (rechts im Bild), blickt man auf die gigantischen Neubauten in Pudong, den neuen Wirtschaftsstandort der Stadt.

Geschichte und Tradition begegnet dem Reisenden in Kopenhagen auf Schritt und Tritt. Die Atmosphäre ist weltoffen, aber trotzdem angenehm beschaulich.

Die Bhumibol-Brücke über den Chao Phraya in Bangkok ist königlich. Nicht nur weil sie wie der verstorbene Regent Thailands heißt, sondern auch ihrer Architektur wegen.

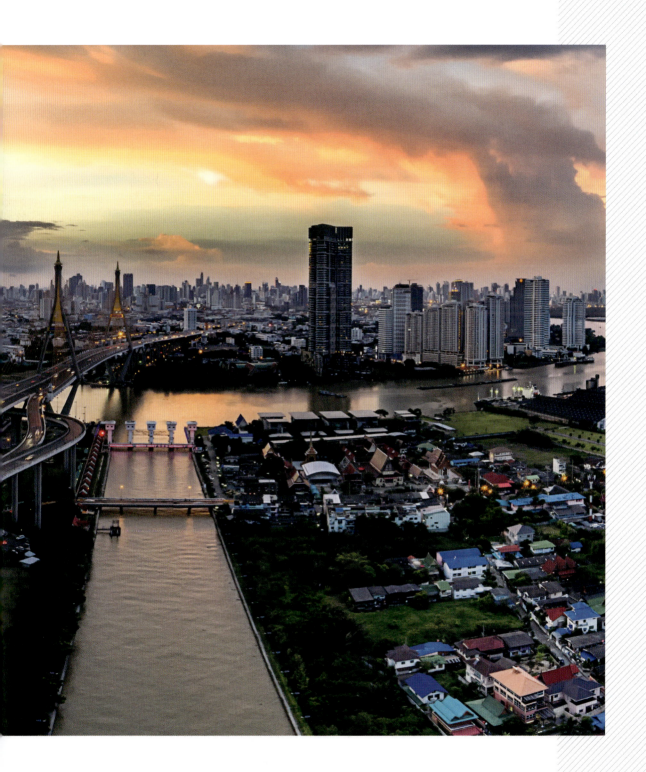

Paris sehen und sterben, lautet ein bekanntes Diktum: Wer Paris kennt, der kennt die Welt. Tatsächlich bietet die Stadt so viel Sehenswertes wie kaum eine andere.

Abenteuer Großstadt!

AUFREGENDE METROPOLEN: BUNTE NEONLICHTER UND BEHAGLICHE BARS, POLIERTE GLASFLÄCHEN NEBEN ALTEHRWÜRDIGEN BACKSTEINGEBÄUDEN. STREET ART TRIFFT AUF ARCHITEKTUR VON WELTRANG. MUSEEN, DIE IN FERNE ZEITEN ENTFÜHREN, STEHEN NEBEN ANGESAGTEN LOKALEN, DIE MIT NUR EINEM GERICHT DAS GANZE LAND ERKLÄREN KÖNNEN. ES SIND IMMER DIE STÄDTE, DIE ZU DEN ZENTREN DER KULTUR EINER NATION WERDEN. IN IHNEN SITZT DIE KREATIVE SZENE UND HIER WERDEN TRENDS GEBOREN. UND IN DEN METROPOLEN DER WELT KÖNNEN REISENDE SCHNELL IN EINEN FREMDEN ALLTAG EINTAUCHEN, SICH VERLIEREN IN DEM FRÖHLICHEN TRUBEL.

DABEI SIND STÄDTE NICHT EINFACH STATISCHE SIEDLUNGEN, VIELMEHR WACHSEN SIE MIT DEN MENSCHEN, DIE IN IHNEN LEBEN, UMHEGEN SIE, FORDERN SIE HERAUS, TREIBEN SIE ZU IDEEN AN. STÄDTE SIND EBENSO ORGANISMEN WIE IHRE EINWOHNER: SIE HABEN EINEN SCHÜTZENSWERTEN KERN, IHR HERZ. FLÜSSE UND BOULEVARDS SIND IHRE VENEN, IHRE GRÜNEN LUNGEN ATMEN FÜR SIE. UND SIE VERFÜGEN ÜBER EINEN PULSSCHLAG, DER IHNEN EINEN EIGENEN RHYTHMUS VERLEIHT. DAS DRÖHNEN VON BÄSSEN AUS EINEM CLUB HIER, DAS SPRACHENGEWIRR IN CAFÉS, DAS VERKEHRSRAUSCHEN, BAUSTELLENLÄRM UND MARKTGESCHREI DORT. STÄDTE KANN MAN RIECHEN: DIE SALZIGE LUFT IN HÄFEN, DER DUFT VON FRISCHGEBACKENEM VOR EINER KLEINEN BÄCKEREI, ORANGENBÄUME ODER STRASSENSTAUB.

JEDE DER HIER VORGESTELLTEN TRAUMSTÄDTE, OB MILLIONENMETROPOLEN WIE HONGKONG ODER NEW YORK CITY, OB QUIRLIGE HAFENSTÄDTE WIE KOPENHAGEN ODER VANCOUVER ODER WELTSTÄDTE WIE LONDON UND PARIS, HAT IHREN EIGENEN KÖRPER, IHRE EIGENE SEELE, DIE ES ZU ERKUNDEN GILT. UND NATÜRLICH GIBT ES FÜR JEDE STADT AUCH NOCH DIE GANZ BESONDEREN MOMENTE, IN DENEN SIE BESONDERS ZU GLÄNZEN SCHEINT.

IM FRÜHJAHR LEUCHTEN DIE KIRSCHBLÜTEN IN TOKIO IN DEN SCHÖNSTEN ROSATÖNEN, FEIERT HAMBURG SEINEN HAFEN UND ROM SEINE GRÜNDUNG, UND DIE ERSTEN SONNENSTRAHLEN VERTREIBEN IN SAN FRANCISCO DEN BEKANNTEN NEBEL. IM SOMMER LASSEN WIR UNS DIE SARDINEN IN LISSABON SCHMECKEN UND GENIESSEN DIE LANGEN NÄCHTE IN MOSKAU. SINGAPUR, WASHINGTON UND VANCOUVER LOCKEN MIT FESTIVALS UND SPEKTAKULÄREN FEUERWERKEN. DER HERBST EMPFÄNGT UNS MIT WARMEN FARBEN IN MARRAKESCH UND TORONTO – ODER MIT SCHNÄPPCHENWOCHEN IN SINGAPUR. IM WINTER WIRD ES IN DEN EUROPÄISCHEN METROPOLEN MIT IHREN WEIHNACHTSMÄRKTEN GEMÜTLICH, WÄHREND FERNREISEZIELE WIE BANGKOK, KAPSTADT ODER SYDNEY MIT WARMEN TEMPERATUREN VERFÜHREN.

TAUCHEN SIE EIN IN DIE SPANNENDSTEN METROPOLEN DER WELT UND FINDEN SIE IHRE PERSÖNLICHE TRAUMSTADT!

Linke Seite: Das Two International Finance Centre sticht mit seiner überragenden Größe von 416 Metern aus der Skyline Hongkongs hervor. Dagegen wirkt das Riesenrad vor dem Wolkenkratzer fast winzig, obwohl es eine stattliche Höhe von 60 Metern an den Tag legt. Rechts oben: vor der Londoner Tower Bridge. Rechts unten: über den Dächern von Marrakesch.

Inhalt

FRÜHLING

- 16 #01 Abu Dhabi
- 22 #02 Amsterdam
- 28 #03 Boston
- 34 #04 Dublin
- 40 #05 Hamburg
- 46 #06 Istanbul
- 52 #07 Kopenhagen
- 58 #08 London
- 64 #09 Madrid
- 70 #10 Melbourne
- 76 #11 Prag
- 82 #12 Rom
- 88 #13 San Francisco
- 94 #14 Tokio

SOMMER

- 102 #15 Brüssel
- 108 #16 Kyoto
- 114 #17 Lissabon
- 120 #18 Los Angeles
- 126 #19 Montreal
- 132 #20 Moskau
- 138 #21 Paris
- 144 #22 Peking
- 150 #23 Singapur
- 156 #24 Sankt Petersburg
- 162 #25 Vancouver
- 168 #26 Washington, D.C.

HERBST

- 176 #27 Barcelona
- 182 #28 Budapest
- 188 #29 Chicago
- 194 #30 Delhi
- 200 #31 Kairo
- 206 #32 Mailand
- 212 #33 Marrakesch
- 218 #34 Mexiko-Stadt
- 224 #35 München
- 230 #36 Shanghai
- 236 #37 Tel Aviv
- 242 #38 Toronto
- 248 #39 Zürich

WINTER

- 256 #40 Auckland
- 262 #41 Bangkok
- 268 #42 Berlin
- 274 #43 Buenos Aires
- 280 #44 Dubai
- 286 #45 Ho-Chi-Minh-Stadt
- 292 #46 Hongkong
- 298 #47 Kapstadt
- 304 #48 New York City
- 310 #49 Rio de Janeiro
- 316 #50 Stockholm
- 322 #51 Sydney
- 328 #52 Wien

- 334 Register
- 335 Bildnachweis
- 336 Impressum

Rechts: Bei ihrer Eröffnung galt die New Yorker Brooklyn Bridge als Weltwunder der Ingenieurskunst, zugleich war sie damals die längste Hängebrücke der Welt. Für Flaneure entwarf man einen »Elevated Pleasure Walk«, einen hölzernen Fußgängersteg über der Fahrbahn – die schönste Promenade der Stadt.

FRÜHLING

Mit dem Frühling kommen die ersten Sonnenstrahlen, die Jung und Alt ins Freie locken, zum Picknick unter hellrosa Kirschblüten in Tokio.

#01 ABU DHABI

DIE HAUPTSTADT ABU DHABI DES GLEICHNAMIGEN EMIRATS LIEGT AUF EINER 20 KILOMETER LANGEN, DEM FESTLAND VORGELAGERTEN INSEL IM PERSISCHEN GOLF, DIE DIE ARABER DEN »ARABISCHEN GOLF« NENNEN. SIE WIRD UMGEBEN VON MANGROVENSÜMPFEN, KANÄLEN UND MEHREREN NATÜRLICHEN UND KÜNSTLICHEN INSELN. DAS MODERNE ABU DHABI WURDE IN DEN 1970ER-JAHREN AUF DEM REISSBRETT FÜR RUND 600 000 EINWOHNER ENTWORFEN. HEUTE ZÄHLT DIE STADT ÜBER 1,5 MILLIONEN EINWOHNER. DAS HERZ ABU DHABIS SCHLÄGT DABEI ENTLANG DER ETWA ZEHN KILOMETER LANGEN CORNICHE AM NORDWESTENDE DER INSEL. DA ABU DHABI DIE GRÖSSTEN BODENSCHÄTZE ALLER SIEBEN EMIRATE BESITZT, WAR DIE ENTWICKLUNG LANGE JAHRE AUF DIE WIRTSCHAFT FOKUSSIERT. ERST ALS DUBAI MIT SEINEN PRACHTBAUTEN UND SHOPPING MALLS INS BOOMENDE TOURISMUSGESCHÄFT EINSTIEG, BEGANN ABU DHABI SICH ALS REISEDESTINATION ZU PROFILIEREN. NEBEN DIREKTER KONKURRENZ ZU DUBAI MIT ATEMBERAUBENDEN WOLKENKRATZERN UND EINKAUFSTEMPELN SETZT ABU DHABI DABEI VOR ALLEM AUF SPORT UND KULTUR. SO GIBT ES EINE KOOPERATION MIT DEM LOUVRE UND DEM GUGGENHEIM-MUSEUM FÜR BILDENDE KUNST SOWIE MIT FERRARI FÜR DIE FORMEL-1-RENNSTRECKE AUF DER INSEL YAS MIT ANGESCHLOSSENEM FREIZEITPARK UND SHOPPING MALL.

Oben: Glanz, Reichtum und das Meer – der Blick vom Marine Sports Club von Abu Dhabi zeigt alles, was man mit der Stadt typischerweise in Verbindung bringt.

Linke Seite: Ein Meisterwerk der Baukunst ist die Scheich-Zayed-Moschee mit ihren weiß-goldenen Säulen, Wänden und Kuppeln. Wie die Blumen an den Pfeilern scheint sich das Minarett am Himmel emporzuziehen.

○ **SCHEICH-ZAYED-MOSCHEE**

Die 2007 im östlichen Teil der Insel erbaute Scheich-Zayed-Moschee (benannt nach dem ersten Präsidenten der Vereinigten Arabischen Emirate) ist eine der größten Moscheen der Welt. Die Herrscher der reichen Golfstaaten liefern sich seit Jahrzehnten einen Wettstreit um die größten und teuersten Bauwerke. So konnte Abu Dhabi mit dieser Moschee die »Konkurrenz« aus dem Oman in mehreren Punkten schlagen. Unter anderem beherbergt nun die Scheich-Zayed-Moschee den größten handgeknüpften Teppich und den größten Kronleuchter der Welt. In dem 38 000 Quadratmeter großen Bauwerk wurden viele edle Materialien verwendet. Besonders auffällig sind der weiße Marmor, das Blattgold und die Einlegearbeiten aus bunter Keramik und Halbedelsteinen. Das Ziel vieler Sakralbauten ist es, ein Abbild vom Paradies beziehungsweise der Heiligen Stadt zu erschaffen, und das ist mit der Scheich-Zayed-Moschee durchaus gelungen. Die mehr als 40 Kuppeln und die vier über 100 Meter hohen Minarette sind schon von Weitem aus sichtbar und zu einem Wahrzeichen von Abi Dhabi geworden, das nach dem Wunsch der Scheichs Tradition mit der Moderne verbinden soll.

○ **CORNICHE**

Entlang der fast zehn Kilometer langen Strandpromenade spielt sich ein wichtiger Teil des Lebens der

ABU DHABI

WARUM IM FRÜHLING? WÄHREND MAN SICH IN MITTELEUROPA MIT SPÄTEN SCHNEEFÄLLEN HERUMSCHLÄGT, ERINNERT ABU DHABI IM FRÜHLING SCHON AN DEN SOMMER MIT TEMPERATUREN UM 30 GRAD CELSIUS. ALLERDINGS EHER AN EINEN EUROPÄISCHEN SOMMER, DENN DIE HITZE IN EINEM SOMMER IN ABU DHABI MÖCHTE MAN DANN LIEBER DOCH NICHT HABEN: DANN KLETTERT DAS THERMOMETER GERN AUF WERTE ÜBER 40 GRAD, UND WER NICHT GERADE SEINEN URLAUB AUSSCHLIESSLICH IM KLIMATISIERTEN HOTELZIMMER VERBRINGEN MÖCHTE, SOLLTE VOR DEM SOMMER ANREISEN. AUF ÜBERMÄSSIGEN REGEN MUSS MAN SICH AB APRIL AUCH NICHT EINSTELLEN, DIE SONNE STEHT FAST IMMER VOR EINEM WOLKENLOSEN HIMMEL. NACH DER HAUPTSAISON IM WINTER FALLEN ZUDEM DIE PREISE IN DEN MEISTEN HOTELS.

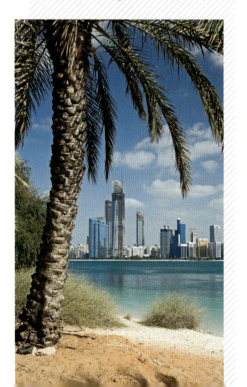

Links: Trotz Wolkenkratzern bietet Abu Dhabi auch Strandidyllen. Ganz oben: Tiefblau bildet der Nachthimmel einen malerischen Kontrast zu der Scheich-Zayed-Moschee, deren Symmetrie schön anzusehen ist. Oben: Fast ist die Sonne hinter dem Louvre Abu Dhabi verschwunden. Jean Nouvel schuf mit dem Museum ein architektonisches Prachtstück.

Hauptstadt ab. Sie ist Naherholungsgebiet für die Einwohner und prestigeträchtige Location für reiche Firmen und Privatleute. Ganz im Westen liegt gut geschützt der ein Quadratkilometer große Präsidentenpalast. Daran schließt sich das ebenso große, aber noch prächtigere Emirates Palace Hotel an. Gegenüber liegen einige hohe Wolkenkratzer von Hotels, Banken und Ölfirmen mit bemerkenswerter Architektur. Es folgen ein kurzer Damm zur Marina-Mall-Insel und danach über vier Kilometer öffentliche Strände. Ab der Mitte liegen einige große grüne Parks, die rund um die Uhr bewässert werden. Ein Gehweg führt über vier Kilometer direkt am Wasser entlang bis ans östliche Ende, wo der Hafen beginnt. Gegenüber liegt Lulu Island, das momentan als Urlaubsinsel ausgebaut wird. Wegen der vorgelagerten Inseln und Halbinseln hat man leider keinen Blick aufs offene Meer. Dafür ist das Wasser ruhig und sauber und sehr gut zum Schwimmen geeignet.

○ EMIRATES PALACE HOTEL

Das Emirates Palace Hotel ist ein Palasthotel der Superlative am westlichen Ende der Corniche. Ursprünglich 2004 errichtet, um ein Treffen der sechs Staaten des Golf-Kooperationsrates abzuhalten, wurde es 2005 als Hotel in Betrieb genommen. Es wird weiterhin genutzt, um Staatsgäste zu beherbergen und internationale Konferenzen abzuhalten. Das Hotel ist wie ein Residenzschloss in arabeskem Stil gebaut und eingerichtet, mit besonderen Merkmalen wie Säulen, hohen Decken und insgesamt 115 Kuppeln. Bis 2010 galt es als das teuerste Hotel der Welt. In seinen 400 Zimmern und Suiten bekommt jeder Gast einen privaten Butler. Zum Hotel gehören der ein Quadratkilometer große Park, ein 1,5 Kilometer langer Privatstrand und ein 500 Meter langer Jachthafen.

○ LOUVRE ABU DHABI

Das von Stararchitekt Jean Nouvel entworfene Kunstmuseum ist die neueste Attraktion der Stadt. In 55 Gebäudeteilen sind weltberühmte Exponate, zum Teil im Austausch mit dem französischen Namensgeber, zu besichtigen.

○ JEBEL HAFEET

Der höchste Punkt Abu Dhabis liegt an der Grenze zu Oman. In den Ausläufern des Berges verteilen sich urzeitliche Gräber, die auf Siedlungen hinweisen. Den Gipfel erreicht man über eine gut ausgebaute Straße.

○ QASR AL-HOSN

Das älteste Steingebäude Abu Dhabis ist das Wahrzeichen der Hauptstadt. In der Ausstellung erfährt man Interessantes über Geschichte und Bevölkerung. Dadurch, dass Meeresluft ins Innere geleitet wird, ist es hier schön kühl!

○ FERRARI WORLD

Der Freizeitpark Ferrari World auf der Yas-Insel bietet vielfältige Attraktionen und Aktivitäten rund ums Thema Auto. Als Erstes locken dabei die Fahrgeschäfte mit einigen Superlativen: die schnellste Achterbahn der Welt und eine Vertikalbahn mit den höchsten Beschleunigungskräften. Sein Können als Fahrer kann man an Videokonsolen und auf einer Rennstrecke für ferngesteuerte Autos testen. Echte Fahrzeuge können gegen Aufpreis auf vier Rennstrecken gefahren werden, oft allerdings nur als Beifahrer. Es gibt eine Go-Kart-Bahn, eine Mini-GT-Strecke für Straßenfahrzeuge, eine Dragster-Bahn und ein Rallye-Parcours. Kinder können bei einem Reifenwechsel mitmachen oder sich zeigen lassen, wie ein Ferrari gebaut wird. Daneben gibt es Spiele, Shows, ein Filmtheater sowie diverse Restaurants. Ferrari World liegt direkt neben der Yas Mall und der Formel-1-Rennstrecke.

AUSGEHEN

Byblos Sur Mer // Es gibt einige hervorragende libanesische Restaurants in der Stadt, dieses gehört auch dazu. Im Hotelrestaurant Byblos trifft kreative Küche zudem noch auf eine einmalig schöne Lage mit einer großen Terrasse direkt am Wasser.

// byblossurmer.com

The Third Place Café // Direkt an der Corniche gelegen, hat sich dieses Café von einem Sozialprojekt zu einem trendigen Treffpunkt gemausert. Musikabende und Lesungen sind hier stets gut besucht.

// www.thethirdplaceuae.com

SHOPPING

○ **YAS MALL**
Abu Dhabis größte Shopping Mall liegt auf der kleinen Insel Yas. Hier befinden sich Geschäfte für typische Konsumprodukte der mittleren bis gehobenen Preiskategorie, vor allem Bekleidung, Schuhe, Handtaschen, Elektronik, Parfüm und Schmuck. Es gibt einen Food Court mit eher preiswerten Fast-Food-Ständen und eine in den Außenbereich führende Passage mit richtigen Restaurants, mit schönem Blick auf Gärten und Fontänen.

○ **WOMEN'S CRAFT CENTRE**
Am südlichen Ende der Karamah Straße in Abu Dhabi befindet sich ein Zentrum, in dem nur Frauen ihre Handwerkskünste präsentieren. In den Werkstätten entstehen Kleider, Web- und Stickarbeiten, die bunten Stoffe für die Beduinenzelte, Öle, Souvenirs und vieles mehr. Vor dem Betreten die Schuhe ausziehen und fragen, bevor man Fotos macht!

○ **WORLD TRADE CENTER SOUK**
Hier sind Souk und modernes Einkaufszentrum unter einem Dach. Der ehemalige Zentralmarkt im Herzen von Abu Dhabi kann in der Mall mit einigen internationalen Läden aufwarten, die man nirgends sonst in den Emiraten findet. Im Souk werden traditionelle arabische Waren angeboten. Mehrere Terrassen und schöne Dachgärten laden zum Entspannen ein.

AUSFLÜGE

○ **MOREEB-DÜNE**
Am Rand der Rub-al-Khali-Wüste erreicht man über eine geteerte Straße die Moreeb-Düne. Der Aufstieg ist besonders bei Hitze anstrengend. Sensationell: das im Januar stattfindende Festival, bei dem Kamele und Pferdestärken die Sandberge hochjagen!

○ **LIWA-OASE**
Zwischen den Sandbergen verstecken sich kleine Oasen-Dörfer. Landwirtschaft kann hier nur betrieben werden, weil es ein Grundwasserreservoir gibt. Es empfiehlt sich ein Aufenthalt mit mindestens einer Übernachtung, um die Stille der Wüste, die Farben und den Sternenhimmel zu genießen.

ÜBERNACHTEN

Jumeirah at Etihad Towers // Fünf Hochhäuser bilden das Gespann der Etihad Towers an der Corniche, weithin sichtbar und Wahrzeichen der Stadt. In einem der Türme ist das Jumeirah untergebracht, mit 380 modernen Zimmern und toller Aussicht.
// www.jumeirah.com

Saadiyat Rotana Resort // Direkt an der fünf Kilometer langen Sandbucht der Insel Saadiyat liegt das Familienhotel. Ein Lagunenpool, Sport- und Wellnessangebote und zahlreiche Restaurants überzeugen.
// www.rotana.com

Qasr Al Sarab Desert Resort // Mitten in der Wüste, umgeben von hohen Sanddünen, liegt das Qasr Al Sarab Desert Resort. Die Ferienanlage ist unmittelbar eingebettet in die einzigartige Landschaft der Rub Al Khali. Das Luxushotel mit Privatvillen mitten im Sand bietet dabei jede Annehmlichkeit des modernen Lebens. Gleichzeitig spürt man aber die Stille der Wüste.
// qasralsarab.anantara.com

AUF KEINEN FALL VERPASSEN

ABU DHABI VOM WASSER AUS ERLEBEN
Abu Dhabi teilt mit Städten wie Amsterdam oder Venedig eine Tatsache: Man muss die Stadt auch vom Wasser aus einmal erlebt haben. Eine Vielzahl an Anbietern und Möglichkeiten gibt es dafür: Von einer klassischen Bootstour vorbei an den wichtigsten Sehenswürdigkeiten in Ufernähe über einen Trip mit Eco-Boats durch die Mangroven, bis hin zu Angeltouren durch den Golf – für jeden Geschmack ist etwas dabei. Wer gern etwas sportlicher unterwegs sein möchte, findet viele Leihstationen für Stand-up-Paddles, Kajaks, Kanus und so weiter. Oder wie wäre es, eine kleine Jacht zu mieten, um mit ihr im romantischen Sonnenuntergang einen einsamen Inselstrand anzufahren oder auch mit der Familie auf einem Boot zu feiern?

EINE WÜSTENSAFARI UNTERNEHMEN
In Liwa gibt es die besten Wüstensafaris der Vereinigten Arabischen Emirate. Hier ist die Wüste am weitesten und die Dünen sind besonders hoch und wild. Die üblichen Safaris werden in komfortablen klimatisierten Geländewagen durchgeführt. In einem kleinen Konvoi geht es dann in die Wüste, wobei die Fahrer mitunter atemberaubende Manöver durchführen, wenn die Achterbahnfahrt über die Dünen beginnt. Irgendwo mitten in der Wüste werden dann die Teppiche ausgepackt und das Essen zubereitet. Nach einem Tee und ein wenig Ausspannen geht es dann wieder zurück oder – im Falle einer mehrtägigen Tour – zu einem geschützten Platz zum Übernachten. Wer die Zeit hat, sollte unbedingt eine Nacht in der Wüste verbringen.

PANORAMABLICKE VON OBEN
Wenn die 1000 Lichter am Abend die Stadt in buntes Strahlen versetzen, sollte man durchaus einmal einen Blick von oben auf die Stadt werfen. Beste Panoramablicke hat man zum Beispiel von den Bars in den Etihad Towers oder der Aussichtsplattform »Observation Deck at 300« aus.

AUSFLUG NACH AL AIN
Al Ain ist eine Oasenstadt zwischen dem nördlichsten Ausläufer der Rub Al Khali und dem Hajar-Gebirge. Wegen ihrer natürlichen Quellen gibt es seit alters viele Plantagen und Gärten. Da das Klima hier ein wenig kühler und trockener ist als an der Küste, ist die »Gartenstadt des Arabischen Golfs« ein beliebtes Ziel für Einheimische. Al Ain wurde von Beduinen aus Zentralarabien gegründet und war früher ein Teil von Buraimi, welches im benachbarten Oman liegt. Südlich von Al Ain befindet sich ein interessanter Bergrücken, der bis zu 1350 Meter hohe Jabal Hafit. Eine Straße führt zu einer großen Aussichtsplattform knapp unterhalb des Hauptgipfels. Am Fuß des Berges liegen die schönen Gärten von Al Mubazzah.

ANTILOPEN BEOBACHTEN
Über 10 000 vom Aussterben bedrohte Oryxantilopen dürfen die Insel Sir Bani Yas ihr Zuhause nennen, gemeinsam mit Leoparden und anderen Wildtieren. Das Naturschutzgebiet kann besichtigt werden, dabei erlebt man einen schönen natürlichen Kontrast zu der modernen Metropole.

#02 AMSTERDAM

EINE ALTSTADT GANZ AUF HOLZPFÄHLEN ERBAUT, 80 KILOMETER WASSERSTRASSEN, HUNDERTE VON BRÜCKEN UND DAZU EIN ROTLICHTVIERTEL RUND UM EINE GOTISCHE KIRCHE: AMSTERDAM IST WIRKLICH EINZIGARTIG. DIE GROSSE ZEIT AMSTERDAMS WAR DAS 17. JAHRHUNDERT, DAS GOLDENE JAHRHUNDERT DER NIEDERLANDE, DIE SICH IN DIESER EPOCHE ZUR FÜHRENDEN SEE- UND WIRTSCHAFTSMACHT ENTWICKELTEN, KOLONIEN UND HANDELSNIEDERLASSUNGEN IN ALLER WELT GRÜNDETEN. VIEL GELD FLOSS IN DIE HEIMAT ZURÜCK, UND DIE AMSTERDAMER BÜRGERSCHAFT INVESTIERTE ES NICHT ZULETZT IN DIE SCHÖNHEIT IHRER STADT. MAN DACHTE ABER AUCH PRAKTISCH UND LEGTE RUND UM DIE STADT DEN GRACHTENGÜRTEL AN, UM DIE WAREN DIREKT ZU DEN HANDELSHÄUSERN TRANSPORTIEREN ZU KÖNNEN. HEUTE SIND DIE GRACHTEN MIT IHREN HISTORISCHEN HÄUSERZEILEN UND BRÜCKEN DAS SINNBILD DES ROMANTISCHEN AMSTERDAM.

Oben: Eng aneinandergebaut stehen die hohen, schmalen Grachtenhäuser an der Amstel.

Linke Seite: Die »Südkirche« erhebt sich am Zuiderkerkhof-Platz in der Umgebung von Nieuwmarkt und Rembrandt-Haus.

Rechts: Das Amsterdamer Rijksmuseum ist das größte Museum für Kunst und Geschichte in den Niederlanden. Insbesondere seine umfangreiche Sammlung niederländischer Meister genießt Weltruf.

○ **RIJKSMUSEUM**

Die Geburtsstunde des Museums ist 1800. Seither ist es stets gewachsen und präsentiert nun in einem Neorenaissancebau vor allem niederländische Meister. Rembrandts »Nachtwache« ist zu sehen. Neben weiteren weltberühmten alten Meistern wie Ruisdael und Vermeer sind mehr als sieben Millionen Kunstwerke aller Epochen, Genres und Provenienzen zu sehen.

○ **ANNE-FRANK-HAUS**

Ein Besuch in der Prinsengracht ist obligatorisch. In dem Hinterhaus lebte die berühmte Anne Frank mit ihrer Familie. Der Unterschlupf, in dem sie sich vor den Nazis versteckten, ist zu besichtigen, dazu persönliche Gegenstände und Fotografien.

○ **DAM-PLATZ UND KÖNIGSPALAST**

Der Dam ist ein weitläufiger Platz vor dem Königspalast. Die Keimzelle der Stadt gab ihr auch ihren Namen. Der Platz wurde nämlich auf einem Damm im Fluss Amstel angelegt. Im königlichen Palast sind Wandmalereien und edle Möbel zu besichtigen, sofern die Königsfamilie nicht da ist.

AMSTERDAM

WARUM IM FRÜHLING? EIN MEER AUS SIEBEN MILLIONEN KIRSCHROTEN TULPEN, DIE IHRE KÖPFCHEN SANFT IM LAUEN NIEDERLÄNDISCHEN WIND WIEGEN ... MIT DIESEM BILD GRÜSST KEUKENHOF, DER GRÖSSTE BLUMENGARTEN DER WELT, SEINE BESUCHER JÄHRLICH ZUR ERÖFFNUNG DER FRÜHJAHRSSAISON. VOM 20. MÄRZ ETWA BIS IN DEN SPÄTEN MAI KÖNNEN BLUMENLIEBHABER DURCH DIE EINZELNEN THEMENGÄRTEN WANDELN UND BLUMENZWIEBELN ZUM MITNEHMEN KAUFEN. ES IST WUNDERBAR, MIT DEM FAHRRAD DORTHIN ZU FAHREN – VON AMSTERDAM LIEGT KEUKENHOF NUR 35 KILOMETER ENTFERNT. DER KÖNIGSTAG ENDE APRIL IST DAS GRÖSSTE NATIONALE EVENT IN HOLLAND UND WIRD MIT STRASSENFESTEN UND ORANGEFARBENER KLEIDUNG GEFEIERT.

Links: Auf den Tulpenfeldern des Keukenhofs wird der Frühling eingeläutet. Die Blütenpracht erstreckt sich schier endlos.

Ganz oben: Patrizierhäuser säumen die Herengracht. Ihre geringe Breite täuscht: Nach hinten sind die Häuser ausladend.

Oben: Zu Wasser lässt sich Amsterdam am besten erkunden. Zahlreiche Anbieter veranstalten geführte Bootstouren.

Rechts: Abendstimmung am Kloveniersburgwal, auch »de Kloof« genannt, eine der ältesten Grachten der Stadt.

○ **GRACHTENRING**

Wie Ringstraßen fassen Amsterdams Grachten den alten Stadtkern ein. Wohlhabende Kaufleute siedelten sich hier an. Früher wurden die Pflanzen per Boot auf der Singelgracht geliefert und direkt verkauft. Heute kommt die Ware zwar per Lkw, wird aber noch immer hauptsächlich von Hausbooten aus feilgeboten. Neben der Singelgracht sind dabei vor allem die Prinsengracht, die Keizersgracht und die Herengracht von Bedeutung.

○ **JORDAAN**

Kunterbunt ist das alte Handwerker- und Arme-Leute-Viertel Jordaan westlich der Prinsengracht. Es verdankt seinen heimeligen Charme auch den vielen Hausbooten entlang der Kais und den Hofjes, verwinkelten, oft begrünten Wohnhöfen.

○ **ROTLICHTVIERTEL**

Die Rossebuurt, wie die Niederländer sie nennen, liegt in der Altstadt. Die Frauen in den Schaufenstern dürfen aber bitte nicht fotografiert werden! Es gibt hier sogar nette Restaurants und eine Condomerie und ebenso informative wie amüsante Führungen. Mitten im Rotlichtviertel steht eins von Amsterdams ältesten Gebäuden, die Oude Kerk. Sie wurde um 1300 erbaut und wird jetzt als Ausstellungsraum genutzt.

○ **VAN-GOGH-MUSEUM**

Das Haus rühmt sich, die weltweit größte Sammlung der Werke Vincent van Goghs zu zeigen.

○ **BEGINENHOF**

Die schmalen, teils etwas windschief wirkenden Häuser mit Innenhof gehören zu den ältesten Gebäuden. Früher lebten hier alleinstehende Frauen in einer religiösen Gemeinschaft.

○ **REMBRANDTHAUS**

Beinahe 20 Jahre lebte und arbeitete Rembrandt in dem Haus. Zu sehen sind eine rekonstruierte Einrichtung, eine alte Druckerpresse und kleine Skizzen des Meisters.

○ **NIEUWMARKT**

Wo früher ein Kanal floss, entstand 1614 ein Platz, auf dem bis heute täglich Markt ist. Zu den alten Gassen um den Markt gehört Amsterdams Chinatown.

AUSGEHEN

Restaurant De Kas // Noch frischer wird man in Amsterdam wohl kaum essen können, denn das noble Restaurant befindet sich direkt in dem großen Gewächshaus, in dem die Zutaten für die täglich wechselnden Gerichte angebaut werden.

// www.restaurantdekas.nl

Restaurant Greetje // Auch wenn Amsterdam für seine Multikulti-Küche bekannt ist, findet man mancherorts noch traditionelle Gerichte, herausragend ist dabei das Greetje im Viertel Nieuwmarkt en Lastage.

// www.restaurantgreetje.nl

Café de Jaren // Modern und lichtdurchflutet präsentiert sich eines der beliebtesten der sogenannten Grand Cafés. Um die ersten Sonnenstrahlen im Frühling zu genießen, lohnt es sich, einen Platz auf der Terrasse zu reservieren, die, mit Blick auf die Amstel, direkt am Wasser des Kloveniersburgwal liegt.

// www.cafedejaren.nl

Neben der futuristischen Fassade bietet das Conversatorium Hotel eine gemütliche Außenterrasse.

SHOPPING

○ **BOEKENMARKT OUDEMANHUISPOORT**
Zwischen historischen Universitätsgebäuden findet täglich, außer am Sonntag, der kleine feine Büchermarkt statt. Auch für Regentage geeignet, denn die Stände liegen unter Arkaden.

○ **KAASHUIS TROMP**
Kein Amsterdam-Besuch ohne Abstecher in einen Käseladen! Im Kaashuis Tromp gibt es neben regionalen Produkten auch Sorten aus aller Welt, etwa aus Neuseeland oder auch aus Südafrika.
// www.kaashuistromp.nl

○ **BIJENKORF**
Direkt am Dam erhebt sich das Luxus-Kaufhaus in seinem Prachtbau. Guter Service, größte Jeansauswahl, prämiertes Restaurant. Hier kauft auch mal die Königin ein.
// www.debijenkorf.nl

AUSFLÜGE

○ **ZANDVOORT**
Der Badeort ist der Strand der Amsterdamer, die eine Stadt-Auszeit brauchen. Neben hübschen Pavillons am Meer findet man dort auch eine bezaubernde Dünenlandschaft und ruhige Nationalparks. Auf dem Weg an die Nordsee darf ein Stopp in der malerischen Altstadt von Haarlem nicht fehlen.

○ **IJSSELMEER**
Zwischen Friesland und Nordholland liegt der größte See der Niederlande, das Ijsselmeer. Hübsche Fischerorte, herrliche Natur und gleichzeitig ein prima Segelrevier findet man hier. Die Region ist für Sportliche von Amsterdam aus sehr gut per Fahrrad zu erreichen.

ÜBERNACHTEN

Hotel The Exchange // Wer einen Faible für das Außergewöhnliche hat, nimmt sich am besten eines der individuellen Zimmer in diesem Hotel. Alle Zimmer wurden von Amsterdamer Modestudenten im wahrsten Sinne des Wortes »eingekleidet«.
// www.hoteltheexchange.nl

Motel One Amsterdam // Das bunte Motel One widmet sich ganz den zwei Dingen, die man klassisch mit den Niederlanden verbindet: Fahrräder und Tulpen. Ohne kitschig zu wirken, ist es eines der etwas preiswerteren Designerhotels.
// www.motel-one.com/hotels/amsterdam/hotel-amsterdam

Conservatorium Hotel // Einst nutzte die Musikhochschule das prunkvolle Gebäude, heute ist es ein elegantes Luxushotel, das nicht nur durch gute Akustik besticht. Das Design stammt vom preisgekrönten Architekten Piero Lissoni und verbindet Moderne mit der musikalischen Vergangenheit.
// www.conservatoriumhotel.com

AUF KEINEN FALL VERPASSEN

AUF DER MAGERE BRUG 15 BRÜCKEN BETRACHTEN
Die schmale alte Ziehbrücke aus Holz – 1617 erbaut und 1871 erneuert – ist gerade abends, wenn sie mit 1200 Glühlampen beleuchtet ist, ein tolles Fotomotiv. Dank ihrer Lage über der Amstel auf Höhe der Kirchenstraße ist sie außerdem ein guter Aussichtspunkt – 15 Brücken können von hier aus gleichzeitig betrachtet werden. Sie verbindet die Ufer über der Amstel zwischen Kaisergracht und Prinsengracht. Jährlich findet hier auch – zumeist im Beisein des Königs – ein Konzert am Jahrestag des »Victory in Europe Day« statt. Außerdem ist sie Kulisse zahlreicher Filme, z. B. des James-Bond-Films »Diamantenfieber«.

EIN »BRAUNES CAFÉ« BESUCHEN
Bruin Cafés sind typische Amsterdamer Einrichtungen. Es handelt sich übrigens um Kneipen, die ihre dunkle alte Einrichtung gemeinsam haben. Beste Möglichkeit, vom Stadttrubel abzuschalten und Einheimische kennenzulernen. Etwa im Café Oosterling oder im 't Smalle, das schon im 18. Jahrhundert als Genever-Probierstube anfing.

EINE GRACHTENFAHRT UNTERNEHMEN
Die Grachten nehmen einen großen Teil der Stadtfläche ein. Mit einem Boot bekommt man wichtige Sehenswürdigkeiten und das Alltagsleben zu sehen. Sehr praktisch: Hop-on-hop-off-Boote.

ANTIQUITÄTEN AUF DEM WATERLOOPLEIN
Von Montag bis Samstag findet der Antiquitäten-Markt statt. Aber sich nicht von seinem Namen täuschen lassen, denn es handelt sich hierbei um einen Flohmarkt, auf dem von Second Hand bis Trödel alles zu haben ist, also nicht nur Antiquitäten. Trotzdem: Die Atmosphäre ist einzigartig und das eine oder andere Schätzchen zu entdecken.

EIN KOSTENLOSES LUNCH-KONZERT IM CONCERTGEBOUW ERLEBEN
Eine Perle der seit 1888 existierenden Konzerthalle mit ihren zwei Sälen ist die Orgel mit 60 Registern. Von September bis Juni finden um 12.30 Uhr am Mittwoch Konzerte statt, denen man kostenfrei lauschen darf.

#03 BOSTON

IN BOSTON SCHEINT DIE ZEIT DES UNABHÄNGIGKEITSKRIEGES NOCH LEBENDIG ZU SEIN: DIE HAUPTSTADT VON MASSACHUSETTS GLEICHT EINEM FREILICHTMUSEUM MIT HISTORISCHEN HÄUSERN UND VERWINKELTEN STRASSEN – INMITTEN EINER MODERNEN URBANEN METROPOLE SAMT GLITZERNDER HOCHHAUSFASSADEN. DER »FREEDOM TRAIL« FÜHRT ZU SECHZEHN GEBÄUDEN UND STÄTTEN AUS DER KOLONIALZEIT. MARKANTE PUNKTE SIND DIE ZU EHREN DES BERÜHMTEN WISSENSCHAFTLERS UND UNTERZEICHNERS DER UNABHÄNGIGKEITSERKLÄRUNG ERRICHTETE BENJAMIN-FRANKLIN-STATUE, DAS OLD SOUTH MEETING HOUSE – EINE EHEMALIGE KIRCHE, IN DER DIE »BOSTON TEA PARTY« AUSGEHECKT WURDE –, DIE FANEUIL HALL, EIN WEITERER VERSAMMLUNGSORT DER PATRIOTEN, UND BUNKER HILL, SCHAUPLATZ EINER WICHTIGEN SCHLACHT IM UNABHÄNGIGKEITSKRIEG. ABSEITS DES TRAILS ERINNERT VOR ALLEM BEACON HILL AN DIE TRADITIONSREICHE GESCHICHTE DIESER STADT.

Linke Seite: Wahrlich alt ist das 1713 erbaute Old State House. Das ehemalige Verwaltungsgebäude ist heute ein Heimatmuseum. Es ist außerdem Teil des Bostoner Freedom Trail, eines Besichtigungsweges durch die Stadt.

Rechts: In Boston spannt sich eine moderne Brücke über den Charles River. Benannt ist die Leonard P. Zakim Bunker Hill Bridge nach dem Bürgerrechtler Lenny Zakim und einer Schlacht gegen die Briten, der Battle of Bunker Hill.

○ FANEUIL HALL

Eines der ältesten Gebäude der Stadt stammt von 1740. Damals ließ es der Kaufmann Peter Faneuil als Markthalle errichten, aber schon bald wandelte sich die Nutzung vom Handel in politische Zwecke: So wurde das Gebäude schnell zur Versammlungshalle umfunktioniert und war Gastgeber großer Reden für die amerikanische Unabhängigkeit. Damals hielten etwa James Otis oder Samuel Adams flammende Reden für die Freiheit von der britischen Krone. Das ursprüngliche Gebäude brannte 1761 ab, wurde aber bald wiederaufgebaut – größer und schöner als zuvor. Seine Fläche wurde verdoppelt und es zählte fortan eine Etage mehr.

○ QUINCY MARKET

Kaum war Boston 1822 zur Stadt erklärt worden, wurde die Markthalle Faneuil Hall zu klein. Also ließen die Stadtväter direkt nebenan einen Teil des Hafenbeckens auffüllen und den Quincy Market errichten. Der 163 Meter lange zweistöckige Granitbau besticht noch heute mit römisch anmutenden Säulenportalen, einer Kupferkuppel und innovativen Gusseisensäulen im Inneren. Benannt ist er zu Ehren von Bürgermeister Josiah Quincy, dem die Finanzierung ohne Steuergelder und Schulden gelang. Die Halle beherbergte Marktstände für die Bauern aus dem Umland, und auch Schlachter, Handwerker und Straßenhändler priesen ihre Waren an. Heute bietet ein Lebensmittelmarkt Produkte der Region an.

○ OLD STATE HOUSE

Fast zwerghaft mutet das Old State House heute zwischen den Hochhäusern des Finanzdistrikts an, von enormer Bedeutung war es aber einst für die Unabhängigkeit der USA: Errichtet 1713 nach dem Brand des Vorgängers, beherbergte der repräsentative Backsteinbau die britische Kolonialregierung samt Gerichtshof. Dort stärkten mehrere Prozesse mit hoher Symbolkraft, bei denen die Kläger kein Recht bekamen, die noch junge Idee einer Revolution gegen die Briten. 1770 geschah direkt vor dem State House das »Massaker von Boston«, Soldaten feuerten auf Demonstranten. Und bereits sechs Jahre später wurde vom Ostbalkon aus erstmals öffentlich die Unabhängigkeitserklärung verlesen. Bis 1798 dann Sitz der Regionalverwaltung, später Rathaus, Postamt und Bürogebäude, dient heute der älteste erhaltene öffentliche Bau Bostons als Museum – mit eigener U-Bahnstation im Keller.

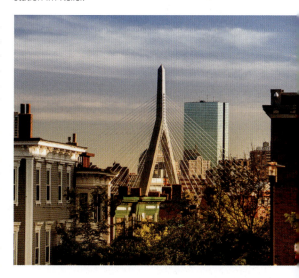

BOSTON

WARUM IM FRÜHLING? JETZT ZIEHT ES DIE MENSCHEN IN DEN PUBLIC GARDEN, UM DEN BLÜHENDEN FRÜHLING UND DIE ERSTEN SONNENSTRAHLEN ZU GENIESSEN. UND WENN DIE SCHWANENBOOTE IHRE RUNDEN DREHEN, FREUT MAN SICH DOPPELT DARÜBER, DASS JETZT DER KALTE WINTER SEINEN RÜCKZUG AUS NEW ENGLAND ANGETRETEN HAT. JEDES FRÜHJAHR STEHT ALLERDINGS AUCH GANZ IM ZEICHEN DES SPORTS: IM APRIL BEISPIELSWEISE FINDET DER BEKANNTE BOSTON MARATHON STATT UND DAS ERÖFFNUNGSSPIEL DER RED SOX. EBENFALLS IM APRIL KANN MAN DEN PATRIOTS DAY ERLEBEN, BEI DEM DER BEGINN DES AMERIKANISCHEN UNABHÄNGIGKEITSKRIEGS GEFEIERT WIRD UND IN HISTORISCHEN KOSTÜMEN WICHTIGE EREIGNEISSE NACHGESPIELT WERDEN. EIN WEITERES EVENT IM FRÜHLING IST DAS BOSTON INTERNATIONAL FILM FESTIVAL.

○ BEACON HILL

Der höchste Punkt des alten Boston, der »Leuchtfeuer-Hügel«, beherbergte einst ein weithin sichtbares Licht. Heute steht dort das Massachusetts State House, Sitz des Gouverneurs und des obersten Gerichts des Bundesstaates – im übertragenen Sinn sprechen die Bostoner noch immer vom »Leuchtfeuer auf dem Hügel«. Vor allem aber steht der Name für einen Stadtteil, dessen Gassen sich mit Backsteinhäusern und Gaslaternen an den Hügel schmiegen. So gut erhalten und malerisch sind sie, dass das Viertel als »National Historic Landmark« geschützt ist und zu den teuersten der Stadt gehört. Antiquitätenläden, Restaurants und Bars locken Besucher an, darunter auch die »Cheers«-Bar, Vorbild und Spielort der langjährigen Fernsehserie.

○ INSTITUTE OF CONTEMPORARY ART

Wie vermag eine komplette Etage derart weit über die tragende Konstruktion herausragen, fragt sich der Besucher unweigerlich, wenn er vor dem Institut Zeitgenössischer Kunst steht. Der 2006 fertiggestellte Bau befindet sich am Hafen. Die Sammlung reicht bis ins Jahr 1936 zurück, als die ersten Ausstellungen dort noch kleine Sensationen waren, wie etwa eine Paul-Gauguin-Retrospektive oder auch Salvador Dalí. Spektakulär war ebenso die Show zur »entarteten Kunst« im Jahr 1940, die Werke von Künstlern wie

Oben: Historische Bauwerke neben modernsten Hochhäusern: In Bostons Stadtbild formen Altes und Neues ein gekonntes Miteinander.

Bilder links: Sport wird in der Stadt großgeschrieben. Fans zelebrieren die Baseballspiele der Red Sox (oben), Hunderttausende feiern die Läufer beim Boston Marathon (unten).

Nolde, Beckmann und Klee zeigte, eben jene, die Adolf Hitler zu dieser Zeit in Deutschland verboten hatte. So baute das Museum seinen Ruf über die Jahre mehr und mehr auf, sodass es bald nicht mehr nur Gastausstellungen beherbergen konnte, sondern auch eigene. Im Jahr 2006, als der Museumsneubau der Stararchitekten Diller Scofidio + Renfro am Bostoner Hafen eingeweiht wurde, eröffnete dort gleichzeitig eine Dauerausstellung.

○ **BOSTON TEA PARTY MUSEUM**
Wenn Geschichte mit Leben erfüllt und vergangene Ereignisse einfach nachgespielt werden, dann kann das ganz schön mitreißend sein. So etwa am Inner Habor, an dem ein nachgebautes Schiff ein Museum beherbergt, das Besuchern die Historie der Stadt näher bringen soll. Es geht zurück ins 18. Jahrhundert, wenn während der 30-minütigen Show die Kolonialzeit wiederauflebt und Tee verladen wird, einige Kisten landen dabei auch regelmäßig im Meer, so wie es eben im Jahr 1773 auch geschehen ist. Damals stürmten Bostoner Bürger den Hafen und schmissen aus Protest gegen die englische Kolonialpolitik 342 Kisten Tee ins Meer, weil sie damit gegen die angekündigten neuen Zölle auf Tee protestierten. Letztendlich war das einer der Auslöser für den Unabhängigkeitskrieg.

○ **BOSTON PUBLIC GARDEN**
Es muss wohl einst ein sehr romantischer Ort gewesen sein, hier unter der Trauerweide, mit Blick auf die Skyline von Boston – die kleine Insel im Stadtpark war Mitte des 19. Jahrhunderts derart beliebt bei Liebespaaren, dass die Stadtväter sich nicht nur Sorgen machten, sondern auch zu radikalen Maßnahmen griffen: Die Verbindung mit dem Land wurde schnell gekappt und die Halbinsel zur Insel gemacht. Der Park war der erste seiner Art in den USA, bis 1837 gab es im ganzen Land keinen anderen botanischen Garten. Der See mit der Insel ist ebenso künstlich wie auch die vielen Beete und Bepflanzungen mühsam angelegt wurden, denn das Gelände war zuvor eine Salzwiese. Heute ist es eine der beliebtesten Grünflächen der Stadt.

○ **MUSEUM OF FINE ARTS**
Bei den schönen Künsten vermutet man in den USA Werke von Keith Hearing oder Jeff Koons – aber Rembrandt, Goya oder Velázquez? Mittelalterliche Kunst ist in den USA doch eher selten. Deswegen gehört dieses Museum in Boston zu den bedeutendsten Häusern seiner Art in den Vereinigten Staaten. Seine Ölgemälde locken Kunstfreunde von weit her. Nicht nur die mittelalterliche Sammlung ist groß, umfangreich ist auch der Bestand an französischer Malerei des 19. Jahrhunderts mit Werken von Monet, Degas, van Gogh oder Renoir. Das Gebäude wurde mehrfach erweitert und kuratiert neben den Klassikern auch zeitgenössische Kunst, Fotografie sowie Archäologie.

○ **MUSEUM OF SCIENCE**
Einmal durch den menschlichen Körper reisen, durch Adern, ins pumpende Herz oder das brummende Gehirn – das können Besucher des Wissenschaftsmuseums in Boston zumindest virtuell. Die Welt der Wissenschaft zeigt sich hier auf faszinierende Wei-

AUSGEHEN

Quincy Market // Einen Besuch wert sind die Stände des Food Court im Obergeschoss des Quincy Market: Hier speist man direkt unter der sehenswerten Kuppel.
// www.quincy-market.com

Abigail's Tea Room // Das dem Tea Party Museum angegliederte Café serviert neben verschiedenen Teesorten auch hausgemachten Kuchen und Limonaden nach Rezepten aus der guten alten Zeit.
// www.bostonteapartyship.com/tea-room

Boston Sail Loft // Eine gute Adresse, um in passendem Hafenambiente die Küche Neuenglands zu erleben, das heißt, viel Fisch und Meeresfrüchte. Neben Gerichten wie der traditionellen Muschelsuppe Clam Chowder gibt es auch Brunch und Sandwiches – perfekt für eine Zwischenmahlzeit oder das Mittagessen.
// www.thebostonsailloft.com

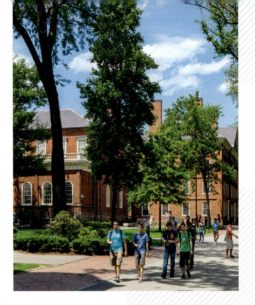

In dem historischen Ambiente der Harvard University – hier der Old Yard – lernt es sich vermutlich besonders gut.

se und gibt Einblicke in Wissenschaftsbereiche wie Chemie, Biologie und Technik. Insgesamt mehr als 600 Stationen laden zum Experimentieren und Staunen ein.

○ **HARVARD UNIVERSITY**
Matt Damon, Bill Gates, T. S. Eliot, John F. Kennedy, Mark Zuckerberg, Barack Obama – die Liste der Absolventen der Harvard-Universität liest sich wie das Who-is-Who der großen US-amerikanischen Köpfe. Das rote Backsteingebäude geht auf eine Idee aus dem 17. Jahrhundert zurück, als die Siedler beschlossen, ein College zur Ausbildung puritanischer Geistlicher zu errichten. Großzügig unterstützt wurden sie dabei von dem Theologen John Harvard, der dem Vorhaben nicht nur seine umfassende Bibliothek vermachte, sondern auch die Hälfte seines Vermögens, weil er kinderlos geblieben war. So ist sein Name heute in aller Welt bekannt, da das College nach ihm benannt worden ist.

SHOPPING

○ **FANUEIL HALL**
Heute ist die alte Markthalle wieder zu ihrer ursprünglichen Bestimmung zurückgekehrt: Hier kann nach Herzenslust eingekauft werden. Mit ihrer roten Ziegelsteineinfassade und dem kleinen Türmchen hat sie aber nichts von ihrem Charme eingebüßt.
// www.faneuilhallmarketplace.com

○ **RED SOX TEAM STORE**
Wahre Fans der Red Socks und alle, die es werden wollen, sollten dem Red Sox Team Store einen Besuch abstatten. Merchandise und Mitbringsel aller Art lassen sich hier finden.
// www.19jerseystreet.com

○ **NEWBURY UND BOYLSTON STREET**
Wer Lust auf einen Stadtbummel hat, sollte die parallel verlaufenden Straßen Newbury Street und Boylston Street aufsuchen. Hier reihen sich Designerboutiquen und lokale Läden aneinander. Wer das nötige Kleingeld hat, findet hier sicher zahlreiche neue Lieblingsstücke oder Geschenke.

ÜBERNACHTEN

Copley Plaza Boston // Sehen und gesehen werden heißt es in der »Grand Dame«, der Schwester des berühmten Plaza Hotel in New York. Marmor, Holz und Kronleuchter lassen hier einen Charme vergangener Zeiten aufleuchten, ohne auf moderne Annehmlichkeiten zu verzichten.
// www.fairmont.com/copley-plaza-boston

Yotel Boston // Knallige Farben, Minimalismus und Smart Living geben sich im Yotel Boston die Hand. Alles scheint der Zeit ein bisschen vorauszugehen.
// www.yotel.com/en/hotels/yotel-boston

The Liberty // 1851 wurde das Gebäude am Fuße des Beacon Hill als Gefängnis errichtet. Heute ist es ein angesagtes und luxuriöses Hotel, das seine historischen Gemäuer gut in Szene zu setzen weiß. Aber keine Sorge: Dank großer Fenster muss man sich zu keiner Zeit gruseln.
// www.libertyhotel.com

AUF KEINEN FALL VERPASSEN

DAS NEW ENGLAND AQUARIUM BESUCHEN

Als dieses Aquarium 1969 eröffnet wurde, war es das weltweit größte seiner Art. Bis heute trägt der Bau eindeutig die Handschrift der 1970er-Jahre, aber das tut seiner Attraktivität keinen Abbruch. Mehr als 1,3 Millionen Besucher kommen jedes Jahr, um Rochen, Barrakudas oder Tintenfische zu sehen. Allein die Konstruktion des zylindrischen Tanks ist bemerkenswert. Ein Rundweg führt entlang der 52 Fenster, durch die man die Tiere beobachten kann. Ein besonderes Highlight des Hauses ist die Pinguin-Abteilung, in der die Tiere auf den künstlichen Felsen ihre Schwimmkünste zeigen. In der Saison von April bis Oktober organisiert das Museum zudem Walbeobachtungstouren auf dem offenen Meer.

EINEM KONZERT DES BOSTON SYMPHONY ORCHESTRA LAUSCHEN

Das Orchester genießt Weltruhm – nicht zuletzt auch deswegen, weil Leonard Bernstein und Béla Bartók ihm eigene Stücke komponiert haben. Für ein solches Orchester musste ein adäquates Konzerthaus errichtet werden und so spielt es bis heute in der Symphoniehalle der Stadt, die 1900 gebaut wurde und bis heute zu den Häusern mit der besten Akustik bei klassischen Konzerten weltweit gilt.

EINE BOOTSFAHRT UNTERNEHMEN

Einmalig sind wohl die flachen Boote, mit denen die Besucher auf dem See im Boston Public Garden schippern können, übrigens nicht mit eigener Muskelkraft angetrieben. Manch eines der Boote ist schon 100 Jahre alt. Dass sie Schwäne als gestalterisches Element aufgenommen haben, ist eine Hommage an die Oper »Lohengrin«.

AUF DEM FREEDOM TRAIL US-GESCHICHTE ERLAUFEN

Rebellisch und freiheitsliebend müssen sie einst gewesen sein, die Bostoner: Sie haben sich gegen zu hohe Steuern gewehrt und die Sklaverei als menschenverachtend angeprangert. Der Freedom Trail, ein etwa vier Kilometer langer Wanderweg zu den zentralen Stätten der amerikanischen Revolution in der Stadt, ist die Route, auf der Besucher Hintergründe über die Mutigen der Stadt lernen. Einsteigen in die Route, die sich wie ein roter Faden aus Ziegelsteinen durch das Straßenpflaster zieht und den Weg markiert, kann man überall, aber am besten ist es, am Stadtpark zu beginnen. Der Weg führt vorbei an Kirchen, Parks, Friedhöfen, am Kriegsschiff sowie an Monumenten und Schulen und endet am Charles River.

UM FISCH FEILSCHEN

Wer aus Boston abreist und keinen Fisch oder Meeresfrüchte genossen hat, ist entweder Vegetarier oder nicht richtig in Boston gewesen. Denn die fangfrischen Köstlichkeiten sind eng mit der Stadt verbunden. Der bekannteste und vermutlich traditionsreichste Fischmarkt ist der New Deal Fish Market, ein Besuch dort lohnt sich in vielerlei Hinsicht.

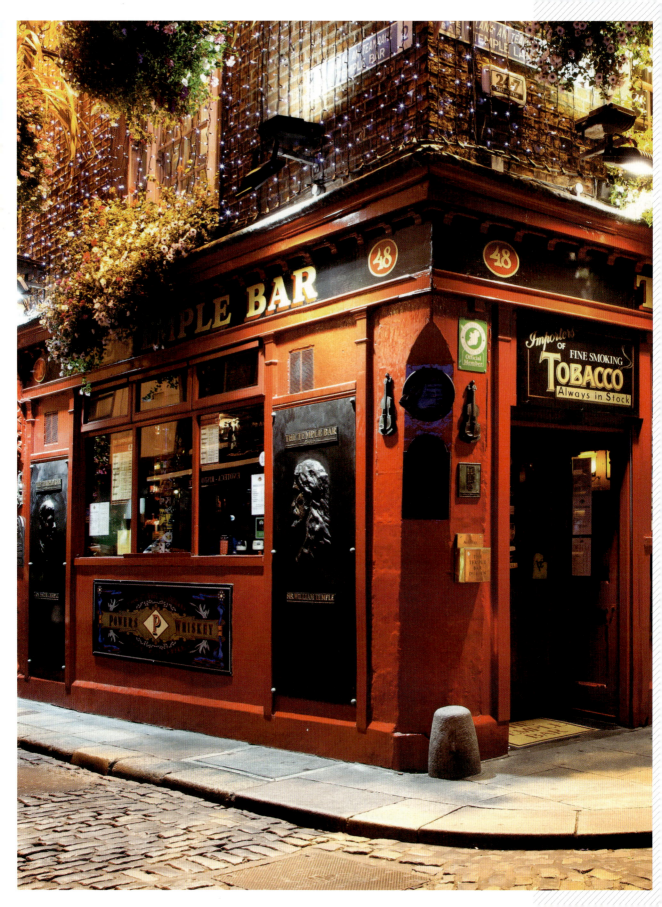

#04 DUBLIN

DUBLIN IST IN JEDER HINSICHT DAS ZENTRUM DER REPUBLIK IRLAND: POLITISCH, WIRTSCHAFTLICH UND KULTURELL. SEINEN AUFSCHWUNG NAHM DER SCHON VON KELTEN BESIEDELTE, OFFIZIELL IM 9. JAHRHUNDERT VON WIKINGERN GEGRÜNDETE ORT ANFANG DES 18. JAHRHUNDERTS, ALS ER AUF ENGLISCHES GEHEISS VON EINER MITTELALTERLICHEN SIEDLUNG ZUR GROSSZÜGIGEN GEORGIANISCHEN STADTANLAGE UMSTRUKTURIERT WURDE. BALD NACH DER UNABHÄNGIGKEITSERKLÄRUNG DES IRISCHEN FREISTAATS VON GROSSBRITANNIEN (1922) WURDE DUBLIN ZUR HAUPTSTADT. HEUTE LEBT JEDER ACHTE BEWOHNER DES LANDES IN DER STADT.

Oben: Der Übergang von der O'Connell Street auf die O'Connell Bridge ist ein Verkehrsknotenpunkt der Dubliner Innenstadt. Die 70 Meter lange und fast ebenso breite Brücke entstand Ende des 18. Jahrhunderts.

Linke Seite: Temple Bar ist nicht etwa nur der Name einer Szenekneipe, sondern der eines ganzen Viertels, das sich südlich des Liffey bis zur Dame Street erstreckt.

○ **GENERAL POST OFFICE**
Das klassizistische Gebäude des General Post Office in der O'Connell Street war Schauplatz eines der wichtigsten Ereignisse der irischen Geschichte: Am Ostermontag des Jahres 1916 besetzten irische Rebellen eine Woche lang das Postamt, bis es von britischen Truppen gestürmt wurde. Heute werden in dem nationalen Denkmal wieder alltägliche Postangelegenheiten erledigt.

○ **O'CONNELL BRIDGE**
Viele Brücken verbinden über die Liffey den Südteil mit dem Nordteil der Stadt, die prächtigste ist jedoch die 50 Meter breite, verkehrsreiche und dreibogige O'Connell Bridge aus dem späten 18. Jahrhundert. Straßenhändler verkaufen ihren Krimskrams, und von hier bietet sich ein schöner Überblick auf das emsige Treiben der O'Connell Street und über den Fluss.

○ **TEMPLE BAR**
Das Viertel Temple Bar ist der Inbegriff des wilden Nachtlebens von Dublin. Tagsüber ist das kleine Stadtviertel fast beschaulich. Nachts jedoch geht es in den Pubs und Clubs rund. Kultivierter geht es im Irish Film Institute in der Eustace Street mit Filmarchiv, Buchladen und Restaurant sowie auf dem samstäglichen Bauernmarkt am Meeting House Square zu.

○ **DUBLIN CASTLE**
Das Dubliner Schloss ist ein gewaltiger Komplex von unterschiedlichsten Stilrichtungen, der jahrhundertelang Symbol der verhassten englischen Herrschaft war. Die Wikinger errichteten dort im Jahr 841 ein Fort, die Anglonormannen erweiterten es einige Jahrhunderte später – im 13. Jahrhundert – zur Burg. Während der britischen Herrschaft diente das Gebäude als Hauptsitz des englischen Vizekönigs in Irland sowie als Hauptquartier der Polizei und sogar als Gefängnis. Heute finden hier regelmäßig staatliche Bankette statt.

○ **CHRIST CHURCH CATHEDRAL**
Die Christ Church Cathedral gehört wohl zu den ältesten Gotteshäusern in Dublin und wurde ursprünglich von den Wikingern gegründet. In ihrer heutigen Version wurde sie allerdings erst in den 1870er-Jah-

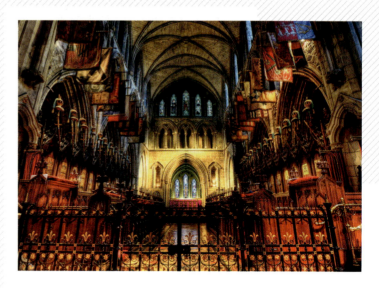

WARUM IM FRÜHLING? WO IMMER MAN EINEN »PLASTIC PADDY« SIEHT, WIRD DER ST. PATRICK'S DAY GEFEIERT, MIT GRÜNEM BIER UND SPASS. AM AUTHENTISCHSTEN FEIERT MAN DEN IRISCHEN SCHUTZHEILIGEN IN DER LANDESHAUPTSTADT DUBLIN. ZU DIESEM FESTIVAL – DER MUTTER ALLER IRISCHEN FESTE – KOMMEN HUNDERTTAUSENDE AUF DEN STRASSEN UND IN VERANSTALTUNGSORTEN DES STADTZENTRUMS ZUSAMMEN, UM DEN HEILIGEN ZU »EHREN«, DER DIE SCHLANGEN AUS DEM LAND VERTRIEBEN HABEN SOLL. STRASSENTHEATER, EINE FESTWIESE UND EIN MUSIKFESTIVAL WERDEN GEBOTEN, DER BERÜHMTE ST.-PATRICK'S-STRASSENUMZUG AM 17. MÄRZ IST DER HÖHEPUNKT. ER STARTET PUNKT 12 UHR MITTAGS AUF DEM PARNELL SQUARE UND ZIEHT SICH DANN DIE O'CONELL STREET HINUNTER, ÜBER DEN COLLEGE GREEN BIS ZUM PASSENDEN ZIEL, DER KATHEDRALE ST. PATRICK'S.

ren vollendet. Neben der prachtvollen Innenausstattung ist auch die Krypta mit ihren Särgen und Grabmälern sehr sehenswert, die zum ältesten Teil der Kirche gehört.

○ **CHESTER BEATTY LIBRARY**
Zum mächtigen Komplex des Dublin Castle gehört auch diese großartige Bibliothek. Die Sammlung besteht aus Büchern, Manuskripten, Papyrusrollen, Miniaturen und ornamentalen Gegenständen, die der Stifter Alfred Chester Beatty überwiegend im Orient, aber auch in Europa sammelte.

○ **ST. PATRICK'S CATHEDRAL**
Die Kathedrale (12. Jahrhundert) ist die größte Kirche Dublins und soll auf dem ältesten christlichen Grund stehen. Das weitläufige Innere der Kirche ist reich bestückt mit Grabmälern, auch mit dem von Jonathan Swift, der von 1713 bis 1745 Dekan der St. Patrick's Cathedral war, und von Turlough O'Carolan, dem letzten irischen Barden und berühmten Harfenspieler.

○ **ST. STEPHEN'S GREEN**
Die 1664 angelegte Grünanlage ist eine wahre Oase in einem der belebtesten Einkaufsviertel Dublins. Neben Ententeich und lauschigen Ecken gibt es hier auch zahlreiche Denkmäler für verdiente Dubliner, aber auch für andere Persönlichkeiten und Ereignisse der Geschichte. Umgeben ist der rechteckige Park von einigen schönen Gebäuden aus dem 18. und 19. Jahrhundert.

Oben: Am engsten mit der St. Patrick's Cathedral verbunden ist der Name des vor allem als Autor von »Gullivers Reisen« in die Weltliteratur eingegangenen Jonathan Swift, der hier ab 1713 als Dekan arbeitete und auch begraben wurde: »Hier liegt der Leib des Jonathan Swift …«, lautet die von ihm selbst (auf Latein) verfasste Grabinschrift, »wo wilde Empörung sein Herz nicht weiter zerfleischen kann.«

Links: Am 17. März versinkt ganz Dublin in einem grünen Farbenrausch, wenn bei der Parade zum St. Patrick's Day Bewohner und Zuschauer sich mit Kleeblättern schmücken.

Rechts: An Irlands »Alma mater«, dem Trinity College, studierten Geistesgrößen wie der Theologe und Philosoph George Berkeley, der Dichter Oscar Wilde und der Nobelpreisträger Samuel Beckett. Die Universitätsbibliothek (im Bild: der Long Room) birgt viele bibliophile Schätze, darunter das »Book of Kells«.

AUSGEHEN

Chapter One // Das etablierteste und feinste Restaurant Dublins im Kellergeschoss des Writers Museums ist mit seiner französisch angehauchten Küche noch immer eines der Spitzenrestaurants der Stadt.

// www.chapteronerestaurant.com

Whelan's // Ein schönes, altmodisches Pub für ein gepflegtes Pint, aber auch eines der besten Veranstaltungsorte für erstklassige Bands und Solisten.

// www.whelanslive.com

The Cobblestone // Das alte Pub ist noch ein Stück Vergangenheit und die beste Gelegenheit, fast jeden Abend traditionelle irische Livemusik zu erleben.

// cobblestonepub.ie

Bewley's Grafton Street Café // Jeder Besucher sollte wenigstens einmal im traditionsreichen Oriental Café eine Tasse Tee und ein süßes Stückchen verzehren.

// www.bewleys.com

○ **TRINITY COLLEGE**
Die Universität wurde 1592 auf Anweisung der britischen Königin Elisabeth I. gegründet. Einer der ältesten Bauten auf dem weiträumigen Gelände ist die Old Library (1732) mit dem Long Room, mit 64 Metern der längste Bibliotheksraum Europas. Den größten Schatz findet man in der Treasury, nämlich das Book of Kells, eine reich bebilderte Handschrift, die etwa um 800 von Mönchen auf Iona gefertigt wurde.

○ **BANK OF IRELAND**
Das Gebäude gegenüber dem Trinity College wurde 1739 als erstes eigens für ein Parlament errichtetes Bauwerk Europas vollendet. Kurz darauf, 1801, wurde das irische Nationalparlament aufgelöst. Ein paar Jahre später erwarb die Bank of Ireland, die hier seither residiert, das palladianische Bauwerk. Die Kassenhalle war einst die Lobby des Unterhauses.

○ **DOCKLANDS**
Warum sollte es in Dublin anders sein als in anderen Hafenstädten? Irgendwann wurde das Hafenbecken zu klein für moderne Schiffe und das Viertel zu einem der Schandflecken der Stadt. Doch wie in London auch, war genau das die Rettung so manch alten Gebäudes – und gleichzeitig die Chance, fast im Zentrum der Stadt einen ganz neuen, modernen urbanen Mittelpunkt zu schaffen. Das Leben und Arbeiten nahe am Wasser wurde hip. Glas-, Beton- und Stahlpaläste entstanden, ein Kongresszentrum und eine Konzerthalle.

SHOPPING

○ **GRAFTON STREET**
Die Grafton Street ist eine der teuersten und belebtesten Einkaufsstraßen Dublins. Die großen Namen der Ladenketten und Kaufhäuser haben in der Fußgängerzone ihre Dependancen. Straßenmusikanten unterhalten im Sommer die Passanten und Cafés bieten erholsame Pausen von der Shoppingtour.

○ **HENRY STREET & MOORE STREET**
Die Henry Street gleich neben dem General Post Office ist die Haupteinkaufsstraße der Nordseite Dublins. Kaufhäuser und Shoppingzentren locken hier neben kleinen Geschäften zum Einkauf. Die kleine Seitenstraße Moore Street ist berühmt für ihren traditionellen Straßenmarkt mit frecher Dubliner Schnauze.

○ **POWERSCOURT TOWNHOUSE CENTRE**
Das Einkaufszentrum ist in einem schönen Stadtpalast aus dem 18. Jahrhundert untergebracht. Modegeschäfte stehen im Mittelpunkt (hier befindet sich auch das Design Centre, das führend in der irischen Mode ist), aber auch Antiquitäten, hochwertige Geschenkartikel und Schmuck.
// www.powerscourtcentre.com

AUSFLÜGE

○ **BEND OF THE BOYNE**
Vor Dublin empfiehlt sich noch ein Stopp im Boyne Valley bei Slane mit seinen herausragenden Ganggräbern aus neolithischer Zeit. Das 3200 v. Chr. errichtete Grab bei Newgrange blieb bis 1960 unberührt. Ein 19 Meter langer Gang führt zur sechs Meter hohen Grabkammer mit drei Seitenkammern.

○ **POWERSCOURT ESTATE GARDENS**
Direkt vor den südlichen Toren von Dublin erstreckt sich ein Park mit italienischem und japanischem Garten, naturbelassenen Flächen und künstlichen Seen.

Die Samuel Beckett Bridge ist spektakulär. Die Drahtseilkonstruktion führt über den Fluss Liffey, ist gute 120 Meter lang, 48 Meter hoch und verbindet die Macken Street auf der Südseite des Flusses mit der Guild Street und den Docklands. Dem spanischen Star-Architekten Santiago Calatrava gelang es, den Bau in der Form einer auf der Seite liegenden Harfe zu entwerfen: einem der wichtigsten Wahrzeichen Irlands.

ÜBERNACHTEN

The Clarence Hotel // Das Hotel am Rand des Viertels Temple Bar stammt aus dem 19. Jahrhundert und war eine Unterkunft ohne viel Aufhebens. Dann kauften es zwei Mitglieder der Popgruppe U2, Bono und The Edge, und modelten es zu einem coolen Hotel und einer beliebten Bar der Schickimicki-Szene um.
// theclarence.ie

The Shelbourne // Das schönste Hotel der Stadt mit großer Geschichte (hier wurde 1922 die irische Verfassung entworfen) und mit erstklassiger Lage an Dublins hübschestem Park bietet entsprechend hochklassiges Ambiente, behielt aber seinen historischen Stil bei.
// www.marriott.com

Pembroke Townhouse // Ein gepflegtes Bed&Breakfast verbirgt sich hinter einer eindrucksvollen Fassade im georgianischen Stil im schönen Stadtviertel Ballsbridge.
// www.pembroketownhouse.ie

AUF KEINEN FALL VERPASSEN

MOLLY MALONE BESUCHEN
An der Einmündung der Grafton Street in die Suffolk Street steht die im Jahr 1987 – zum 1000-jährigen Stadtjubiläum – von Jean Rynhart erschaffene Bronzestatue der »Molly Malone«: James Yorkston schrieb Anfang der 1880er-Jahre ein Lied über diese schöne, früh verstorbene Fischverkäuferin (die es in Wirklichkeit nie gegeben hat). Das Lied wurde zu einem der bekanntesten irischen Volkslieder und ist heute die inoffizielle Hymne der Stadt Dublin.

IM »QUEEN OF TARTS« SCHWELGEN
Das winzige Café liegt in einer Seitenstraße der Dame Street und ist eine echte Oase. Morgens kann man dort frühstücken, mittags gibt es ein umfangreiches Bistroangebot von Salaten bis zu Sandwiches oder kleinen warmen Speisen. Das Beste sind jedoch die Kuchen und Törtchen.

AN EINEM PUB CRAWL TEILNEHMEN
Bei einem Musical Pub Crawl führt die musikalische Tour zu Fuß durch Musikpubs rund um Temple Bar. Zwei Musiker begleiten die Gruppe, spielen traditionelle irische Musik und erzählen über Ursprung und Entwicklung der alten Stücke. Ebenso funktioniert der Literary Pub Crawl: Die Tour führt durch die literarischen Pubs Dublins mit Rezitationen, Geschichten und Drinks, wie es den trinkfreudigen Dubliner Literaten gebührt.

IM KILMAINHAM GOAL GEFÄNGNISLUFT SCHNUPPERN
Der Bau aus dem 18. Jahrhundert ist eines der größten ehemaligen Gefängnisse Europas und heute ein Museum. Die Liste der einstigen Inhaftierten liest sich wie das Who's Who des irischen Widerstands. Die winzigen Zellen lassen noch heute erschauern.

EINEN DER VIELEN MÄRKTE BESUCHEN
Jeden Samstag verwandelt sich der große Meeting House Square im Herzen des Temple Bar District zu einem der schönsten Märkte in Dublin. Wem der Sinn nach frischem Gemüse und saftigen Früchten steht oder wer einige der an den vielen Ständen angebotenen kulinarischen Köstlichkeiten probieren will, der ist hier genau richtig. Frische Lebensmittel werden (Mo–Sa) auch auf dem traditionsreichen Moore Street Market und (die ganze Woche über) in der George Street Arcade gehandelt – einer gegen Ende des 19. Jahrhunderts erbauten Markthalle mit schöner roter Backsteinfassade. Am kunterbunten Cow's Lane Designer Market (Sa) findet man »funky urban streetwear« junger Modedesigner und allerlei Kunsthandwerk.

#05 HAMBURG

WER AN HAMBURG DENKT, DEM KOMMEN WOHL ZUERST DER HAFEN, DIE ELBE UND DIE ALSTER IN DEN SINN. VIELLEICHT DENKT MAN AUCH AN DEN »MICHEL«, DEN BERÜHMTEN FISCHMARKT, DIE NOBLE ELBCHAUSSEE UND DIE LEGENDÄRE REEPERBAHN. DOCH DIE STADT DER VIELEN BRÜCKEN UND MILLIONÄRE IST MEHR. SIE IST EINE PULSIERENDE WIRTSCHAFTSMETROPOLE, EIN INTERNATIONALER HANDELSPLATZ UND EINE FACETTENREICHE KULTUR- UND MEDIENSTADT. DABEI HAT SICH DAS »TOR ZUR WELT«, DAS IN SEINER ÜBER TAUSENDJÄHRIGEN GESCHICHTE VON SCHWEREN SCHICKSALSSCHLÄGEN NICHT VERSCHONT GEBLIEBEN IST, IM LAUF DER JAHRHUNDERTE IMMER WIEDER VERÄNDERT UND IST DOCH NACH HANSEATISCHER ART SEINER TRADITION STETS TREU GEBLIEBEN. TROTZ IHRES HANGS ZUM UNDERSTATEMENT GELTEN DIE SÖHNE UND TÖCHTER HAMMONIAS ALS SELBSTBEWUSST, WELTOFFEN UND TOLERANT – IN DER ELBMETROPOLE KEIN WIDERSPRUCH, SONDERN EIN VERSPRECHEN.

Linke Seite: Die Fassade der Elbphilharmonie besteht aus 1100 individuell gebogenen, schillernden Glasscheiben. In dem alten Speicher wurden das Parkhaus, ein weiterer Konzertsaal, Cafés, Bars und Restaurants untergebracht. In der Fuge zwischen dem alten Backsteinsockel und dem gläsernen Aufbau befindet sich in 37 Meter Höhe eine Plaza, die für alle Besucher zugänglich ist und von der aus man einen Panoramablick über die Innenstadt, die HafenCity und den Hafen hat.

Rechts: Blick über die Binnenalster auf den Jungfernstieg.

○ **JUNGFERNSTIEG**
Der mondäne Boulevard zählt zu den beliebtesten Promeniermeilen der Stadt. Ob im traditionsreichen Alsterhaus oder in den etablierten Flagship-Stores renommierter Modelabels – hier finden Shopping-Begeisterte, was sie suchen. Am Jungfernstieg starten auch Dampfer zu einem Törn auf Binnen- und Außenalster.

○ **RATHAUS**
Für den 1897 abgeschlossenen Bau des Sitzes von Bürgerschaft und Senat der Freien und Hansestadt Hamburg wurde jegliche hanseatische Zurückhaltung über Bord geworfen. Das Gebäude umfasst insgesamt 647 Zimmer, der Turm ist 112 Meter hoch, die Fassade zieren aufwendig gestaltete Skulpturen, darunter auch einige Darstellungen deutscher Kaiser.

○ **MÖNCKEBERGSTRASSE**
Die auch als »Mö« bekannte Einkaufsstraße zwischen Rathaus und Hauptbahnhof wird von Kaufhäusern und Filialen großer Einzelhandelsketten geprägt. Auf dem Gerhart-Hauptmann-Platz finden gelegentlich kulturelle Veranstaltungen wie Konzerte und Filmvorführungen sowie ein Weihnachtsmarkt statt.

○ **KUNSTHALLE**
Die architektonisch relativ schlicht gehaltene Kunsthalle zählt zu den bekanntesten Kunstsammlungen Deutschlands. Europäische Kunst mit dem Schwerpunkt deutsche Romantik wird hier chronologisch präsentiert. 1997 wurde die Kunsthalle um die Galerie der Gegenwart bereichert.

○ **MUSEUM FÜR KUNST UND GEWERBE**
Von der Antikensammlung über islamische Kunst und Jugendstil bis zur Moderne – das MKG bietet als führendes Zentrum für Kunst, Kunsthandwerk und Design einen Streifzug durch sämtliche Epochen menschlichen Schaffens. Zu den Höhepunkten des Museums gehören neben Buchkunst auch die Sammlungen von Musikinstrumenten sowie Kleidungsstücken.

○ **DEICHTORHALLEN**
In den beiden Hallen, in denen früher Märkte abgehalten wurden, finden heute Ausstellungen zur Gegenwartskunst statt. Die Buchhandlung für Gegenwartskunst gehört zu den bestsortierten ihrer Art in Hamburg.

○ **CHILEHAUS**
Das zehn Stockwerke hohe Bürogebäude im Kontorhausviertel ist ein einzigartiges Beispiel der Hamburger Klinkerarchitektur der 1920er-Jahre. Sein spitzwinkliger Grundriss erinnert an den Bug eines Schiffes.

WARUM IM FRÜHLING? DIE HAMBURGER GELTEN MITUNTER ALS ETWAS STEIF UND RESERVIERT. DOCH DAVON IST BEIM ALLJÄHRLICHEN »HAFENGEBURTSTAG« ANFANG MAI NICHT VIEL ZU SPÜREN. DAS EREIGNIS GEHT AUF DEN FREIBRIEF VON KAISER FRIEDRICH BARBAROSSA ZURÜCK, DER AM 7. MAI 1189 DEN HAMBURGERN DAS PRIVILEG DER FREIEN SCHIFFFAHRT AUF DER UNTERELBE GARANTIERTE. DAS DATUM IST ZWAR HISTORISCH NICHT KORREKT UND DIE SPÄTER AUFGESETZTE URKUNDE ENTPUPPTE SICH ALS FÄLSCHUNG. GEFEIERT WIRD TROTZDEM – SEIT 1977 SOGAR MIT BUNTEM TREIBEN ZU WASSER, ZU LANDE UND IN DER LUFT. HIGHLIGHTS SIND DIE EINLAUFPARADE DER GROSSEN UND KLEINEN TRADITIONS- UND MUSEUMSSCHIFFE, DAS SCHLEPPERBALLETT ZU WALZERKLÄNGEN, DAS DRACHENBOOTRENNEN AUF DER ELBE UND DAS FEUERWERK ÜBER DEM HAFEN.

Links: Ein Höhepunkt des hanseatischen Feiertagskalenders ist der Hafengeburtstag an einem Wochenende Anfang Mai.

Ganz oben: Das Wasserschloss in der Speicherstadt thront auf einer Halbinsel zwischen den Fleeten.

Oben: Ein Blickfang im verschwenderisch wirkenden Innenraum von St. Michaelis ist der 20 Meter hohe Marmoraltar.

HAMBURG

Rechts: Hamburg ist Hafenstadt. Seit in den 1960er-Jahren die ersten Container im Hamburger Hafen gelöscht wurden, hat sich das Bild des Hafens grundlegend verändert. Mit Milliardeninvestitionen wurden neue Lagerflächen geschaffen und die Technik zum Löschen und Laden der Schiffe errichtet.

○ **DEICHSTRASSE**
Die Deichstraße am Nikolaifleet wird von den ältesten noch erhaltenen Kaufmannshäusern der Stadt gesäumt; einige Gebäude sind aus dem 18. Jahrhundert. Die Durchgänge zwischen den schmalen Häusern sind als »Fleetgänge« bekannt.

○ **ST. MICHAELIS (»MICHEL«)**
Das bekannteste Gotteshaus der Stadt zählt zu den schönsten Barockkirchen in Norddeutschland. Der von den Hamburgern kurz »Michel« genannte Kirchturm ist 132 Meter hoch und das Wahrzeichen der Hansestadt. Berühmt ist das Turmblasen: Vom Turm wird an Werktagen um 10 und 21 Uhr, sonntags um 12 Uhr ein Choral in alle vier Himmelsrichtungen geblasen.

○ **SPEICHERSTADT UND HAFENCITY**
Der Hafen ist das lebendige Herz der Elbmetropole. Hier liegen Vergangenheit und Zukunft dicht beieinander. Die Speicherstadt mit ihren imposanten Backsteingebäuden entstand Ende des 19. Jahrhunderts für die zollfreie Lagerung von Waren aus aller Welt. Direkt daneben wächst Hamburgs neues Quartier mit grandiosem Blick auf Schiffe und Kaianlagen: die HafenCity, eines der größten urbanen Projekte Europas.

○ **ELBPHILHARMONIE**
Hamburgs spektakuläres neues Wahrzeichen: 2004 beauftragte der Senat das renommierte schweizerische Architekturbüro Herzog & de Meuron mit den Planungen für die Elbphilharmonie, der Grundstein wurde drei Jahre später gelegt. Auf dem als Sockel dienenden historischen Kaispeicher erhebt sich ein geschwungener Glasaufbau, der insgesamt 110 Meter hoch aufragt. In seinem Inneren beherbergt er zwei Konzertsäle.

○ **LANDUNGSBRÜCKEN**
Wohl jeder Besucher der Stadt kommt einmal zu den Landungsbrücken, um Hafenluft zu schnuppern oder einfach um ein Fischbrötchen mit Blick auf den Hafen zu essen. Zu allen Jahreszeiten herrscht an der 688 Meter langen Anlegestelle reges Treiben. An den Landungsbrücken starten und enden die Hafenrundfahrten. Das 205 Meter lange Abfertigungsgebäude wurde 1907 bis 1909 erbaut und steht seit 2003 unter Denkmalschutz.

AUSGEHEN

Deichgraf // Das traditionsreiche Restaurant bietet seinen Gästen hanseatische Fischgerichte wie Scholle, Aal oder Seezunge und Hamburger Rote Grütze zum Dessert.
// www.deichgraf-hamburg.de

Himmlisches Café // Nirgendwo sonst in der Stadt kommt man bei Kaffee und Kuchen dem Himmel so nah wie in dem 84 Meter hohen Turmcafé. Der fantastische Ausblick auf die Innenstadt und die Alster ist unschlagbar.
// www.jacobus.de

Oberhafenkantine // Reichlich schief steht das Häuschen von 1925 da: Es ist die letzte der einst über 20 Kaffeeklappen, die es im Hamburger Hafen gab. Heute lockt hier fantastische Küche in urigem Ambiente.
// www.oberhafenkantine-hamburg.de

Haifischbar // Bodenständige Gerichte wie Labskaus und Matjes sind das Markenzeichen. Das Traditionslokal ist kaum größer als ein Wohnzimmer.
// **Große Elbstraße 128**

○ ALTER ELBTUNNEL

Am westlichen Ende der Landungsbrücken unterquert der 426,50 Meter lange Alte Elbtunnel die Norderelbe. Im Gegensatz zu Autos können Fußgänger und Radfahrer den 1911 eröffneten Tunnel kostenlos und ohne zeitliche Begrenzung nutzen.

○ REEPERBAHN

Diese 930 Meter lange Straße im Herzen des Vergnügungsviertels St. Pauli zählt sicher zu den bekanntesten in Deutschland. Bars, Amüsierlokale und Kulturstätten säumen die Reeperbahn zu beiden Seiten. Ihren Namen verdankt sie den Reepschlägern, die hier bis zum Ende des 19. Jahrhunderts Schiffstaue drehten.

ÜBERNACHTEN

Cap San Diego // Wo könnte man in Hamburg stilechter übernachten als an Bord eines Schiffes im Hafen? Auf dem ehemaligen Südamerikafrachter wurden die neun Passagierkabinen für Übernachtungen wiederhergerichtet.
// www.capsandiego.de

East Design Hotel // Mehrfach preisgekrönter Umbau einer historischer Eisengießerei. Nicht nur Hotel, sondern mit der fantasievollen organischen Innenarchitektur von Restaurant, Bar und Lounge auch ein beliebter Szenetreffpunkt.
// www.east-hamburg.de

Empire Riverside Hotel // Seit 2007 der neue Hingucker oberhalb der Landungsbrücken von St. Pauli. Der 20-stöckige Hotelturm von David Chipperfield im Stil der 30er-Jahre ist außen komplett mit Bronzeplatten verkleidet.
// www.empire-riverside.de

SHOPPING

○ NIVEA-HAUS

Im Laden am Jungfernstieg kann man nicht nur Cremes & Co. kaufen, sondern sich auch mit Massagen verwöhnen lassen.

○ ALSTERHAUS DELIKATESSEN

Genuss im historischen Kaufhaus ist die Gourmetabteilung. Kaviar, Confiserie und Käse bekommt man in kleinen Spezialitätenläden.
// www.alsterhaus.de

○ BONSCHELADEN

Bonbons heißen in Hamburg Bonsche. In der Friedensallee in Ottensen sind sie handgemacht.

○ STILWERK

In einem denkmalgeschützten Backsteinbau am Elbufer ist auf 11 000 Quadratmetern alles zu bekommen, was mit Einrichtung zu tun hat.
// stilwerk.com/de/hamburg

○ FLOHMÄRKTE

Ob Antik- oder Trödelmarkt – die Hansestadt hat für jeden etwas: z.B. der Flohmarkt in der Fabrik, ein Markt in einer alten Fabrikhalle in Altona, der Markt der Völker im Völkerkundemuseum oder einmal im Monat der Sternbrücken Nachtflohmarkt.

AUSFLÜGE

○ EISERNER KANZLER IM SACHSENWALD

Den Wald bekam Bismarck von Kaiser Wilhelm I. geschenkt. In Friedrichsruh erinnert ein Museum an ihn. Zu besuchen: Mausoleum und Schmetterlingsgarten.

○ DAS ALTE LAND

Ein Abstecher lohnt sich nicht nur während der Obstblüte. Viele alte Höfe, Wasser- und Windmühlen sowie die Stadt Stade beeindrucken das ganze Jahr über.

AUF KEINEN FALL VERPASSEN

NACH DEM FISCHMARKT IN DER AUKTIONSHALLE VORBEISCHAUEN
Beim Fischmarkt am Sonntagvormittag geht hier die Party ab. Dann strömen die Massen in die Fischauktionshalle. Man sitzt an langen Bänken zum Frühschoppen oder tanzt zur Musik der Livebands, die bekannte Songs – darunter viele Oldies – spielen. Natürlich lohnt vorher der Besuch der Marktschreier auf dem Fischmarkt. Immer sonntags bis 9.30 Uhr gibt es an der Großen Elbstraße Fisch, Obst und Pflanzen. Das Beste: Zum Schluss bringen die Händler ihre Ware lautstark zu kleinen Preisen unter die Leute.

STAUNEN IM MINIATUR WUNDERLAND
In dieser Welt der Superlative fühlen sich nicht nur Eisenbahnfans wohl: Die mehr als 700 Waggons der größten digital gesteuerten Modelleisenbahn der Welt durchfahren bis ins kleinste Detail rekonstruierte Landschaften wie den Grand Canyon oder die Schweizer Alpen. Zu den Höhepunkten dieser Szenerie gehört die Nachbildung von Las Vegas.

DIALOG IM DUNKELN
Blinde Menschen führen Besucher durch eine Welt der Dunkelheit. In dieser Welt der Klänge, Texturen und Düfte gibt es nichts zu sehen, aber jede Menge zu entdecken – eine neue Erfahrung für sehende Menschen, die hier eine Kultur ohne Bilder erleben.

MIT EINER HAFENFÄHRE FAHREN
Die preiswerte Alternative zu den gewerblichen Anbietern von Hafenrundfahrten. Der Hamburger Verkehrsverbund betreibt auch auf der Elbe ein Streckennetz. Auf den Linien 61, 62, 64, 73, und 75 kann sich jedermann eine individuelle Tour durch den Hafen zusammenstellen – und dies zum Preis eines einfachen U-Bahn-Tickets.

EIN FISCHBRÖTCHEN ESSEN
Fischbrötchen sind klassische norddeutsche Snacks. Mit Matjes, Krabben oder Fischfrikadelle gibt es sie natürlich am Fischmarkt oder bei Brücke 10 an den Landungsbrücken. Zur Untermalung dem Dröhnen der Schiffe lauschen!

#06 ISTANBUL

MIT ROM UND JERUSALEM GEHÖRT ISTANBUL ZU DEN ÄLTESTEN METROPOLEN DER WELT. WIE ROM WURDE ISTANBUL ANGEBLICH AUF SIEBEN HÜGELN ERBAUT, WIE JERUSALEM SPIELT ISTANBUL IN DER GESCHICHTE DER WELTRELIGIONEN EINE BEDEUTENDE ROLLE. UNVERGLEICHLICH ABER IST DIE LAGE DER VON DER UNESCO ZUM WELTERBE ERKLÄRTEN ALTSTADT AUF EINER HALBINSEL ZWISCHEN GOLDENEM HORN, BOSPORUS UND MARMARAMEER. AUF DER LANDSEITE IM WESTEN, JENSEITS DER ANTIKEN LANDMAUER, FINDET MAN IN DEM STADTTEIL EYÜP DIE EYÜP-SULTAN-MOSCHEE – NACH MEKKA, MEDINA UND JERUSALEM DAS WICHTIGSTE WALLFAHRTSZIEL TÜRKISCHER MUSLIME.

»Wer Herr über Istanbul ist, ist Herr über die ganze Welt«, soll Napoleon gesagt haben. Oben: Altstadt mit Hagia Sophia (links im Bild) und Sultan-Ahmet-Moschee.

Linke Seite: Konstantin der Große war es, der das Römische Reich wieder vereint und Byzanz zur Hauptstadt gemacht hatte, das ihm zu Ehren in Konstantinopel umbenannt wurde. Auf ihn geht die Bezeichnung »Hagia Sophia« (»heilige Weisheit«) für den Vorgängerbau der Kirche zurück. Deren Grundstein legte Kaiser Justinian I., der jubilierte: »Die Kirche wurde also ein über alle Maßen herrlich anzuschauendes Werk …«.

TOPKAPI-PALAST

Der im 15. Jahrhundert erbaute Palast war zunächst als Regierungssitz das politische Zentrum der osmanischen Welt. Heute birgt das Anwesen mehrere erstklassige Sammlungen (u. a. Silber- und Glaswaren, Keramik, Schmuck und Gewänder), in denen die Pracht jener Zeit eindrucksvoll dokumentiert wird. Trotz seiner überragenden Bedeutung ist der Topkapı-Palast architektonisch geradezu anmutig. Die Höfe zwischen den einzelnen Bauten eignen sich wunderbar zum Flanieren.

ARCHÄOLOGISCHES MUSEUM

Zu den bedeutendsten Ausstellungsstücken des Museums gehört der weltberühmte Alexandersarkophag, dessen Reliefs Alexander den Großen in einer Schlacht gegen die Perser zeigen. Daneben sind Kunstgegenstände aus der Antike wie Tonwaren und glasierte Kacheln sowie Objekte aus der Geschichte Istanbuls zu sehen.

HAGIA EIRENE

Die byzantinische Kirche wurde im 6. Jahrhundert auf den Fundamenten eines Vorgängerbaus errichtet. Nach Eroberung der Stadt Konstantinopel durch die Osmanen im Jahr 1453 wurde sie zeitweise als Waffenarsenal genutzt und diente in der Folgezeit mehrfach als Museum. Wegen ihrer hervorragenden Akustik ist die Hagia Eirene seit einigen Jahrzehnten regelmäßig Veranstaltungsort von Konzerten.

HAGIA SOPHIA

Das mehr als 1400 Jahre alte Baudenkmal ist eines der markantesten Wahrzeichen Istanbuls und prägt mit seinen schlanken Minaretten die Silhouette der Stadt. Das grandiose Dokument byzantinischer Baukunst wurde im 15. Jahrhundert von den Osmanen in eine Moschee umgestaltet. Der Faszination des in einer Kuppel endenden 56 Meter hohen Hauptschiffs kann sich kein Besucher entziehen. Das Innere der Hagia Sophia birgt kunsthistorisch wertvolle Mosaiken, die ganze Wand- und Deckenpartien schmücken.

SULTAN-AHMED-MOSCHEE (BLAUE MOSCHEE)

Seinen Namen hat dieser berühmte Sakralbau von der in der Innenausstattung vorherrschenden Farbe. In vielerlei Hinsicht ist die auch unter dem Namen von

ISTANBUL

WARUM IM FRÜHLING? IM SOMMER ZU HEISS, IM WINTER ZU UNBESTÄNDIG – ABER IM FRÜHLING IST DAS WETTER IN ISTANBUL PERFEKT FÜR EINE REISE DORTHIN, MIT TEMPERATUREN UM 20 GRAD CELSIUS. DIE MEISTEN MENSCHEN DENKEN BEI TULPEN AN HOLLAND, DOCH AUCH ISTANBUL IST UNBESTREITBAR MIT DEN FARBENFROHEN BLUMEN VERBUNDEN. DENN VON HIER TRATEN DIE TULPEN ÜBERHAUPT ERST IHREN EINZUG NACH EUROPA AN, UND DIE BLUME IST LÄNGST EIN NATIONALSYMBOL DES LANDES. IM FRÜHJAHR SIND DIE PARKS DER STADT DEMENTSPRECHEND REGELRECHT ÜBERSÄT MIT TULPEN IN ALLEN FARBEN UND FORMEN. RUND 20 MILLIONEN ZWIEBELN SOLLEN ANGEBLICH JÄHRLICH GESTECKT WERDEN. FARBENFROHER HÖHEPUNKT DABEI IST DAS INTERNATIONALE TULPENFESTIVAL »LALE«.

Sultan Ahmed bekannte Moschee auffällig – kaum eine andere weist sechs Minarette auf. Der Vorhof ist in seiner Ausdehnung nahezu einzigartig, die Ausschmückung der Innenräume mit (blauen) Kacheln sucht ihresgleichen. Viele der mehr als 200 Fenster der Moschee sind bunt verglast. Faszinierend ist der Anblick der Fassade vor allem auch bei nächtlicher Beleuchtung.

○ **HIPPODROM**
Kaum etwas erinnert noch an die einstige Bedeutung des im 3. Jahrhundert angelegten Hippodroms als Stadion. Bis zu 100 000 Zuschauer sollen hier die antiken Wettkämpfe wie etwa die waghalsigen Wagenrennen verfolgt haben. Nur wenige architektonische Reste jener Anlage sind noch erhalten, darunter mehrere Säulen, die aus anderen Ländern hierher gebracht worden waren: Der bemerkenswert reliefierte Ägyptische Obelisk stammt aus Luxor, die Schlangensäule aus Delphi. Die gepflasterte Straße folgt etwa dem Verlauf der früheren Rennbahn.

○ **YEREBATAN-ZISTERNE**
Warum man diese größte erhaltene antike Zisterne Istanbuls auch »Yerebatan Sarayı«, »Versunkener Palast«, nennt, wird schnell klar, wenn man die Stufen hinabsteigt und auf eingezogenen Holzstegen jene faszinierende Unterwelt erkundet, die bereits im 4. Jahrhundert unter Konstantin dem Großen angelegt worden sein soll. Ihre heutige Größe erhielt sie aber erst durch einen Ausbau ab 532 unter Kaiser Justinian I.: Seitdem ist sie, bei einem Fassungsvermögen von rund 80 000 Kubikmetern, etwa 140 Meter lang und knapp 70 Meter breit. 336 gut erhaltene, in zwölf Reihen angeordnete und bis zu acht Meter hohe Säulen tragen das Ziegelsteingewölbe und spiegeln sich im Wasser.

○ **GROSSER BASAR**
In diesen geradezu gigantischen Basar, der zweifellos zum touristischen Pflichtprogramm eines Istanbulbesuchs gehört, führen Tore aus allen Himmelsrichtungen. Die zahlreichen Schilder sollen eigentlich die Orientierung erleichtern, doch so mancher Besucher hat sich in diesem Labyrinth von Gassen schon verlaufen. Hier kann man die gesamte Palette orientalischen Kunstgewerbes erleben – Stoffe und Textilien, Gold- und Silberschmuck, Lederwaren, Teppiche und vieles mehr wechseln hier den Besitzer. Zudem gibt es An-

Bilder links: Ganz im Zeichen der Tulpe steht Istanbul während des Festivals »Lale«, wenn ganze Plätze mit filigranen Blütenteppichen verziert sind.

Rechts: Traditionell sind die Gassen des großen Basars einzelnen Warengruppen vorbehalten; Cafés und Restaurants sorgen für das leibliche Wohl. Keimzelle des Basars war eine erste bescheidene Markthalle, die unter Mehmet II. Fatih 1461 errichtet und sukzessive durch eine von 15 Kuppeln überwölbte Pfeilerhalle ersetzt wurde. Um diese herum gruppierten sich immer mehr Händler und Handwerker.

tiquitäten, Haushaltsgegenstände und Souvenirs zu kaufen. Einige Kaffee- und Teehäuser bieten Entspannung vom mitunter sehr hektischen Treiben.

○ SULTAN-SÜLEYMAN-MOSCHEE

Das auch Süleymaniye-Moschee genannte Bauwerk zählt zu den bedeutendsten Moscheen der Metropole – auch wenn sie an Größe und Pracht von der Blauen Moschee noch übertroffen wird. Erbaut wurde sie in den Jahren zwischen 1550 und 1557 vom Hofbaumeister Sinan zu Ehren von Süleyman dem Prächtigen, dem berühmtesten osmanischen Sultan. Auffallend ist die geometrische Struktur der annähernd quadratischen Moschee. Zu den schönsten Objekten des überwältigenden Innenraums zählen die Mausoleen des Herrschers und seiner Hauptfrau Roxelane.

○ GOLDENES HORN

Diese weltberühmte Bucht am Bosporus war einst Haupthafen der Stadt und von Mauern, die Angreifer fernhalten sollten, umwehrt. Das Goldene Horn war mehrere Jahrhunderte lang der wichtigste Umschlagplatz der Stadt. Hier legten zahllose Schiffe mit wertvoller Fracht an und ab. Unerwünschte Schiffe wurden hingegen mit einer schweren Kette abgehalten. Einer Legende nach warfen die Byzantiner beim Anrücken der übermächtigen osmanischen Eroberer derart viele Schätze in die Bucht, dass die Wasseroberfläche golden schimmerte – daher der Name des Hafenbeckens. Von vielen Straßencafés am Ufer hat man einen ausgezeichneten Blick über die Bucht, man kann auch sehr gut an den Uferstraßen entlangspazieren.

○ GALATABRÜCKE

Wer zum ersten Mal seinen Fuß auf die Galatabrücke setzt, könnte den Eindruck bekommen, hier spiele sich das ganze Leben Istanbuls ab. Oben stehen Angler, unten warten vor und in den Cafés und Restaurants schon bunte Kissen auf Gäste. Verkäufer mit Sesamkringeln eilen vorüber – geschäftig sind sie alle, doch Zeit für einen Plausch bleibt immer. Unaufhörlich braust der Verkehr, unaufhörlich fotografieren Reisende die Silhouetten diesseits und jenseits des Goldenen Horns.

○ DOLMABAHÇE-PALAST

Was der Topkapı-Palast für die Altstadt, sollte der Dolmabahçe-Palast für die Neustadt werden: Ein archi-

AUSGEHEN

Balıkçı Sabahattin // Das seit 1927 betriebene Fischrestaurant blickt auf eine lange Geschichte als eines der renommiertesten Restaurants Istanbuls zurück. Die Desserts sind Verführung pur. Bei gutem Wetter: draußen sitzen.

// www.balikcisabahattin.com

Sarnıç Lokantasi // In einer alten Zisterne nahe dem Topkapı-Palast gelegen, schaffen sanftes Licht aus Deckenlüstern, Gewölbedecken und Spiegel ein märchenhaftes Flair, wie man es sich für ein Candlelight-Dinner wünscht.

// Sogukçesme Sokagı

Anjelique // Die exklusive In-Location am Bosporus zieht eher ein gestyltes junges Publikum an. Zum Anjelique gehören eine Bar und ein Restaurant, von dessen Terrasse man eine herrliche Aussicht auf die asiatische Seite von Istanbul genießt.

// www.anjelique.com.tr

tektonisch überbordendes Gleichnis für Macht und Pracht des sich westlich orientierenden Osmanischen Reiches, dessen Stern aber im 19. Jahrhundert bereits im Sinken war. Das türkische Versailles umfasst über 300 Räume, Bäder und Hamams. Nach dem Ende des Osmanischen Reichs nutzte Atatürk den Palast und verstarb dort.

SHOPPING

○ **COCOON**
Der zauberhafte Hauch des Morgenlandes umweht dieses Geschäft. Neben Teppichen und Decken aus zentralasiatischen Ländern führt es auch Bekleidung aus arabischen Staaten.
// www.cocoonchic.com

○ **GALERI KAYSERI**
Der bestens sortierte Buchladen führt englischsprachige Literatur zu Themen mit Bezug zur Türkei – u. a. Geschichte, Kunst, Architektur, Archäologie, Religion, Literatur verschiedener Epochen sowie Küche und Reisen.
// www.galerikayseri.com

○ **AKMERKEZ**
Mit rund 250 Geschäften ist dies das größte (und modernste) Einkaufszentrum der Stadt. Die Betreiber sind stolz darauf, dass das Akmerkez bereits mit dem Best Shopping Center Europe Award ausgezeichnet wurde. Nahezu alle international renommierten Modelabels verfügen hier über einen Laden. In den zahlreichen Restaurants und Cafés kann man sich zwischen dem Einkaufsbummel entspannen.
// www.akmerkez.com.tr

AUSFLÜGE

○ **PRINZENINSELN**
Nicht verpassen sollten man einen Ausflug zu den rund 20 Kilometer südlich von Istanbul gelegenen Prinzeninseln. Die insgesamt neun Inseln haben ihren Namen der Tatsache zu verdanken, dass in byzantischer Zeit aufmüpfige Herrschersöhne hierher verbannt wurden. In der Verbannung möchten wohl auch Nichtprinzen hier nicht gern sein, aber für einen Tag am Meer sind die Inseln ideal. Wie alle Prinzeninseln ist Heybeliada autofrei. Ein Wanderweg führt einmal außen um die Insel herum, unterwegs laden hübsche Stellen zu Bade-Stopps ein. Einfach in eine Fähre steigen und los geht's!

ÜBERNACHTEN

Celal Sultan Hotel // Die stilvollen Zimmer mit Doppelverglasung sind ideale Rückzugsorte, um sich nach einem Tag in der Metropole zu entspannen. Die in Rottönen gehaltene Lobby verfügt über eine Bar – ideal für einen Drink oder einen Kaffee vor dem Abendessen im Restaurant Ata, das türkische Küche vom Feinsten bietet.
// www.celalsultan.com

The House Hotel Nisantası // Die 45 durchgestylten Zimmer dieses Design-Hotels verteilen sich auf fünf Stockwerke und sind schnörkellos, aber gemütlich eingerichtet. Weiß- und Brauntöne herrschen bei der Möblierung vor. Das Frühstück wird auf der Terrasse serviert.
// www.thehousehotel.com

Sumahan // Das in einem Anwesen aus dem 19. Jahrhundert untergebrachte Sumahan ist noch immer in Familienbesitz. Holz, Marmor, Backstein und edle Stoffe schaffen eine warme Atmosphäre. Von den Zimmern und Suiten (einige mit eigenem Hamam) sieht man Schiffe und Fähren auf dem Bosporus entlanggleiten.
// www.sumahan.com

AUF KEINEN FALL VERPASSEN

CHAITEE TRINKEN AUF DEM MÄDCHENTURM
Egal, in welche Richtung man vom Mädchenturm aus schaut, das Auge bekommt immer etwas geboten. Perfekt mit dem Duft des Gewürztees in der Nase und seinem Geschmack auf der Zunge. Früher sprach man auch vom »Leanderturm«, nach dem griechischen Mythos von Hero und Leander, der jedoch auf den Dardanellen spielt. Der türkische Name Kız Kulesi (»Mädchenturm«) bezieht sich auf die Sage von einer Prinzessin, der man den Tod durch einen Schlangenbiss prophezeit hatte. Also versteckte man sie hier, doch die Prinzessin konnte ihrem Schicksal nicht entgehen: Die Schlange lag in einem Obstkorb verborgen.

DIE EHRFÜRCHTIGE STIMMUNG IN DER EYÜPE-MOSCHEE ERFAHREN
Die Moschee mit dem Grabmal Eyüps ist nach Mekka, Medina und Jerusalem wichtigster Pilgerort für Muslime. Eyüp Ensari war ein Weggefährte des Propheten Mohammed. Nachdem Mehmet II. Fatih 1453 Konstantinopel erobert hatte, ließ er Eyüp ein würdiges Grabmal und eine Moschee errichten.

IN EINEM HAMAM ENTSPANNEN
Ein türkisches Bad ist eine Wohltat und gehört zur Kultur fest dazu. Der Galatasaray-Hamam wird von wohlhabenden Städtern genutzt. Der Cağaloğlu ist der bekannteste, im architektonischen Juwel Ayasofya Hürrem Sultan Hamam muss man reservieren.

IN EINEM STRASSENCAFÉ WASSERPFEIFE RAUCHEN
Das junge Istanbul hat die alte Nargile-Tradition wiederentdeckt. Besonders der Stadtteil Tophane an der Galatabrücke ist bekannt für seine vielen Cafés, aus denen aromatisierter Tabakduft strömt.

NACHTLEBEN IM TOPHANE ERKUNDEN
In den vergangenen Jahrzehnten etwas vernachlässigt, wird das Tophane-Viertel vor allem bei der jüngeren Bevölkerung Istanbuls immer beliebter. Das liegt zum einen an der boomenden Kunstszene und den vielen Galerien, die sich hier angesiedelt haben, und zum anderen an den zahlreichen Cafés und Restaurants.

#07 KOPENHAGEN

EINE ENTSPANNTE ATMOSPHÄRE UND LEBENSFROHE MENSCHEN – DAS IST KOPENHAGEN. WIE SOLLTE ES AUCH ANDERS SEIN, WENN SCHON DIE BERÜHMTE KLEINE MEERJUNGFRAU AUS DEN FLUTEN GRÜSST UND SOGAR DAS KÖNIGSHAUS EINEN UNBEKÜMMERTEN, VOLKSNAHEN LEBENSSTIL PFLEGT! DIE DÄNISCHE HAUPTSTADT HAT EIN GROSSES UND VIELSEITIGES KULTURELLES ANGEBOT, UND DIE AUSGEH- UND VERGNÜGUNGSVIERTEL SIND WELTBERÜHMT. INSBESONDERE WENN SICH DIE SONNE ZEIGT, SPIELT SICH DAS LEBEN AUF DEN STRASSEN, IN DEN PARKS UND NICHT ZULETZT AM WASSER AB. DAS IM WESTEN UND NORDEN VON WASSER, DEN KOPENHAGENER SEEN, EINGEFASSTE UND IM OSTEN AN DEN HAFEN GRENZENDE HISTORISCHE ZENTRUM WARTET MIT EINEM ENSEMBLE AUS PRÄCHTIGEN RENAISSANCE- UND KLASSIZISTISCHEN REPRÄSENTATIONSBAUTEN AUF. EINE ERSTE BLÜTEZEIT ERLEBTE DIE STADT AM ÖRESUND, DIE SEIT 1443 HAUPTSTADT VON DÄNEMARK IST, IM SPÄTEN MITTELALTER ALS HANDELSHAFEN.

Oben: Die Strøget ist nicht nur die bekannteste, sondern auch die älteste Fußgängerzone Dänemarks. Ihr Herz schlägt am Amagertorv.

Linke Seite: Bunte Häuser stehen am Nyhavn (Neuer Hafen) in Reih und Glied. Wo sich einst ein bedeutender Hafenarm befand, ist heute das wichtigste Vergnügungsviertel Kopenhagens.

Rechts: Dem Bildhauer Bertel Thorvaldsen widmete seine Heimatstadt ein interessantes Museum.

○ STRØGET

Kopenhagens berühmte Fußgängerzone zieht sich über fünf Straßen vom Rathausplatz bis zum Kongens Nytorv, dem Königlichen Neumarkt, hin. Ein Bummel über die Flaniermeile ist ein Muss für jeden Besucher, denn hier gibt es auf Schritt und Tritt etwas zu sehen und zu bestaunen. Die Strøget wird von prachtvollen, hohen Renaissancebauten gesäumt. Überall locken interessante Geschäfte, Cafés und Restaurants, und auch Straßenmusikanten spielen auf. Außerdem liegen einige der Museen und sehenswerte Sakralbauten an der Route.

RATHAUSPLATZ

Blickfang am weitläufigen Rathausplatz ist natürlich das zwischen 1892 und 1905 errichtete Rathaus, das seinem Pendant im italienischen Siena nachempfunden wurde. Biegt man vom Rathausplatz in die Frederiksberggade ein, gelangt man nach wenigen Minuten zum Gammeltorv – einem der schönsten Plätze der Stadt und Treffpunkt junger Leute.

KOPENHAGEN

WARUM IM FRÜHLING? AN PFINGSTEN VERWANDELT SICH DAS SONST EHER KÜHLE KOPENHAGEN IN EINE LEBHAFTE FASCHINGSHOCHBURG. DER KARNIVAL LOCKT MIT SÜDAMERIKANISCHEM FLAIR, GEPAART MIT DÄNISCHEN TRADITIONEN. IN PARADEN ZIEHEN KÜNSTLER DURCH DIE STADT, AM ABEND WERDEN IN DER FUSSGÄNGERZONE KONZERTE GEGEBEN.

LATINERKVATERET

Nördlich des Platzes schließt sich das »Lateinische Viertel« mit dem in den 1830er-Jahren errichteten Hauptgebäude der Universität, der St.-Petri- und der Liebfrauenkirche an. Zwar sind die meisten Universitätsgebäude inzwischen umgezogen, trotzdem hat sich das einstige Studentenviertel seinen Charme bewahrt.

○ TIVOLI

Der hinter dem Rathausplatz gelegene Vergnügungspark ist, neben der kleinen Meerjungfrau, wohl das bekannteste Wahrzeichen der dänischen Hauptstadt. Seit nun mehr als 170 Jahren locken Dutzende von Karussells und andere Fahrgeschäfte, Gaukler und Akrobaten die Besucher in den Tivoli. Mehrmals wöchentlich finden Konzerte statt.

○ SLOTSHOLMEN

Auf dieser am Inderhavn gelegenen und nach drei Seiten durch einen schmalen Kanal vom übrigen Stadtgebiet getrennten Insel schlägt das politische Herz Dänemarks. Hier befindet sich Schloss Christiansborg – der Sitz des dänischen Parlaments, der Regierung und des Obersten Gerichtshofs.

○ KLEINE MEERJUNGFRAU

Kreuzfahrtschiffe, die das Langelinie-Pier anlaufen, aber auch Scharen von Touristen, die an Land spazieren, kommen an Kopenhagens Wahrzeichen vorbei. Seit 1913 sitzt die nur 125 Zentimeter große Statue auf ihrem Felsblock an der Uferpromenade und blickt traumverloren aufs Meer. Sie ist nach einem Märchen von Hans Christian Andersen benannt und wurde im Auftrag des Mäzens Jacob Christian Jacobson von dem Bildhauer Edvard Eriksen geschaffen.

○ NYHAVN

Der Kanal im Norden des Stadtzentrums verbindet den Kongens Nytorv mit dem Hafen und zählt zu den touristischen Attraktionen der dänischen Hauptstadt. Sehenswert ist die Front aus farbenfrohen alten Kontorhäusern im Norden des Nyhavn. Seit den 1980er-Jahren hat sich hier eine lebendige Kneipen- und Restaurantszene entwickelt.

○ SCHLOSS AMALIENBORG

Auf halbem Weg zwischen Nyhavn und dem Kreuzfahrtpier Langelinie liegt Schloss Amalienborg – die

Links oben: Bunt und südamerikanisch präsentiert sich der Kopenhagener Karneval.

Links unten: Eher melancholisch dagegen erscheint das Wahrzeichen Kopenhagens: die kleine Meerjungfrau von Edvard Eriksen, die an der Hafeneinfahrt sehnsüchtig auf ihren Prinzen wartet.

Rechts: Im Tivoli wird gefeiert, was es zu feiern gibt, egal ob Hochzeiten, Jahrestage oder Geschäftsjubiläen. Selbst Königin Margarethe war zu ihrem 60. Geburtstag hier. Währenddessen drehen sich im Park die Karussells.

Unten: Die Amalienborg war eigentlich nicht als Königsschloss bestimmt. Als jedoch 1794 der königliche Wohnsitz Schloss Christiansborg einem Brand zum Opfer fiel, zog Christian VII. kurzerhand in Amalienborg ein, das damit zur Residenz des dänischen Königshauses wurde und dies bis heute geblieben ist.

Residenz der dänischen Königin. Das Ensemble aus vier um einen achteckigen Platz gruppierten Palästen wird weltweit als eine außergewöhnliche Rokokoanlage gelobt. Ein Besuch ist nicht nur für Fans des Königshauses ein Muss.

AUSGEHEN

Frederiks Have // Ein helles, freundliches Restaurant, das die nordische Küche laufend neu interpretiert. Besonders gut sind auch die servierten Weine. Gelegen ist das Frederiks Have im Stadtteil Frederiksberg.
// www.frederikshave.dk

Det lille Apotek // Das älteste Restaurant Kopenhagens ist stolz auf seine Tradition. Hans Christian Andersen soll seinerzeit ein häufiger Gast in dem Haus unweit der Frauenkirche gewesen sein. Heute wird nach ursprünglichen Rezepten gekocht, mittags und abends.
// www.detlilleapotek.dk

1105 // Die Cocktailbar ist nicht einfach zu finden, aber sehr zu empfehlen, um in einer gemütlichen Atmosphäre den Abend zu verbringen – mit den angeblich besten Drinks der Stadt.
// www.cocktailkompagniet.dk

○ **CHRISTIANSHAVN**

Das Viertel auf der Insel Amager zählt zu den urigsten von ganz Kopenhagen. Es wurde unter König Christian IV. ab 1619 nach dem Vorbild Amsterdams angelegt und mit einem Kanalsystem ausgestattet. Da es von Zerstörungen verschont blieb, sind viele Teile der historischen Bebauung erhalten. Weltweit bekannt wurde Christianshavn durch die 1970 von Hippies gegründete »Freistadt Christiania«, in der alternative Lebensformen und -konzepte entwickelt und erprobt werden sollten.

○ **NATIONALMUSEUM**

In der Sammlung des Nationalmuseums, die in einem Rokokopalast untergebracht ist, spiegelt sich die Geschichte der dänischen Kultur von der Bronzezeit bis in das 20. Jahrhunderts wider; das Herzstück ist der berühmte Sonnenwagen von Trundholm.

SHOPPING

Das Designwarenhaus Illums Bolighus lebt auch das vor, war hier verkauft wird: In den Verkaufsräumen überwiegt schlichtes nordisches Design.

○ **AMAGERTORV**
Der Platz ist das Mekka des dänischen Designs, denn hier ist die Ladendichte dafür sehr hoch. Außerdem ist der Amagertorv ein guter Startpunkt für einen Einkaufsbummel auf der Strøget.

○ **HOUSE OF AMBER**
Bernstein ist wieder schwer angesagt. Im House of Amber, Kopenhagen hat allein drei Filialen, findet man klassische und moderne Schmuckkreationen. Im Ravhuset in Nyhavn ist auch ein Museum untergebracht, das den weltgrößten Bernstein präsentiert.
// www.houseofamber.com

○ **ILLUMS BOLIGHUS**
Ein Warenhaus in Sachen Design. Hier gibt es neben Möbeln und Kücheneinrichtungen Dekoratives, von der Lampe bis zum Spiegel, vom Teppich bis zur Tapete. Außerdem kann man sich gleich einkleiden und mit Accessoires ausstatten. Kosmetik gibt es obendrauf.
// www.illumsbolighus.com

○ **MAGASIN DU NORD**
Das Traditionskaufhaus strahlt noch immer die Eleganz und ein wenig auch das Elitäre aus, das wohlhabende Bürger Anfang des 19. Jahrhunderts umgab. Schon von außen ist es ein Hingucker. Was die Innenausstattung und das Warenangebot betrifft, hat das Magasin den Sprung in die Moderne geschafft.
// /www.magasin.dk

○ **KOPENHAGENER FLOHMÄRKTE**
Man war nicht in Kopenhagen, wenn man keinen Flohmarkt besucht hat. Ein bekannter »Loppemarked«, wie es hier heißt, findet von Mai bis November jeden Samstagvormittag am Israels Plads statt. Hier findet man Trödel und Antikes. Bei schlechtem Wetter weicht man in die Remisen aus, dort ist fast jedes Wochenende Hallenflohmarkt.

ÜBERNACHTEN

Ibsens Hotel // Urban und dennoch schick, vor allem aber sehr zentral. Die Sehenswürdigkeiten sind wenige Gehminuten entfernt und dadurch ist das Ibsens ideal für alle, die ihren Sightseeing-Tag nicht gern mit langen Anfahrtswegen beginnen.
// www.arthurhotels.dk/ibsens-hotel

Hotel Bertrams // Das Hotel achtet umfassend auf Nachhaltigkeit, vom Frühstück aus Bio-Zutaten zum cleveren Abfallmanagement. Davon abgesehen überzeugt es durch die gemütliche Lounge und den Garten für erste Sonnenstrahlen im Frühling.
// www.guldsmedenhotels.com/bertrams

Hotel Alexandra // Dänisches Lebensgefühl der 50er- und 60er-Jahre wartet im Hotel Alexandra auf Individualisten. Das Designerhotel wirkt wie ein Museum für die Möbelstücke von Arne Jacobsen und Co. – ein Museum aber, in dem man wohnen darf.
// www.hotelalexandra.dk

AUF KEINEN FALL VERPASSEN

ZUM OPEN FOYER IN DIE OPER GEHEN
Das umstrittene Bauwerk – der Mäzen hat jedes Detail entschieden, statt die Stadt in die Gestaltung einzubeziehen – liegt genau gegenüber von Schloss Amalienborg. Täglich werden Führungen (ca. 14 Euro) angeboten. Drei Stunden vor einer Vorstellung kann das Foyer kostenlos betrachtet werden.

EINEN DÄNISCHEN HOTDOG AN EINEM PØLSEVOGN ESSEN
Die Wurst im Brötchen mit Senf, Ketchup, Remoulade, Röstzwiebeln und Gurkenscheiben gehört zu Dänemark wie Rotwein zu Frankreich. Am besten bei DØP am Runden Turm oder an der Heiliggeistkirche probieren, oder bei Mortens Pølser, Stubbeløbsgade – direkt vom Metzger.

DURCH DEN BOTANISCHEN GARTEN SPAZIEREN
Seit 1874 bildet der Botanische Garten die grüne Lunge im Zentrum der Stadt. Unbedingt das alte Palmenhaus besuchen und die Wendeltreppe erklimmen! Anschließend auf der Terrasse Leckereien aus dem Citroën Kastenwagen genießen.

AN EINER FÜHRUNG DURCH CHRISTIANIA TEILNEHMEN
Das Viertel auf einem ehemaligen Militärgelände nennt sich »Freistaat«. Tatsächlich organisieren die Bewohner einiges selbst, was üblicherweise die Stadtverwaltung regeln würde. Ein bisschen machen sie auch ihre eigenen Gesetze. Fotografieren ist hier streng verboten. Wer dagegen verstößt, bekommt Unannehmlichkeiten. Man kann das Gelände auf eigene Faust erkunden oder im Café verweilen, sollte sich sicherheitshalber aber besser einer Führung anschließen.

IM DANSK DESIGN CENTER UND IM DESIGNMUSEUM STAUNEN
Dänisches Design ist berühmt. Im Museum kann man es betrachten und zum Teil kaufen. Im Design Center, kurz DDC, treffen sich dänische mit internationalen Kreativen zum Austausch.

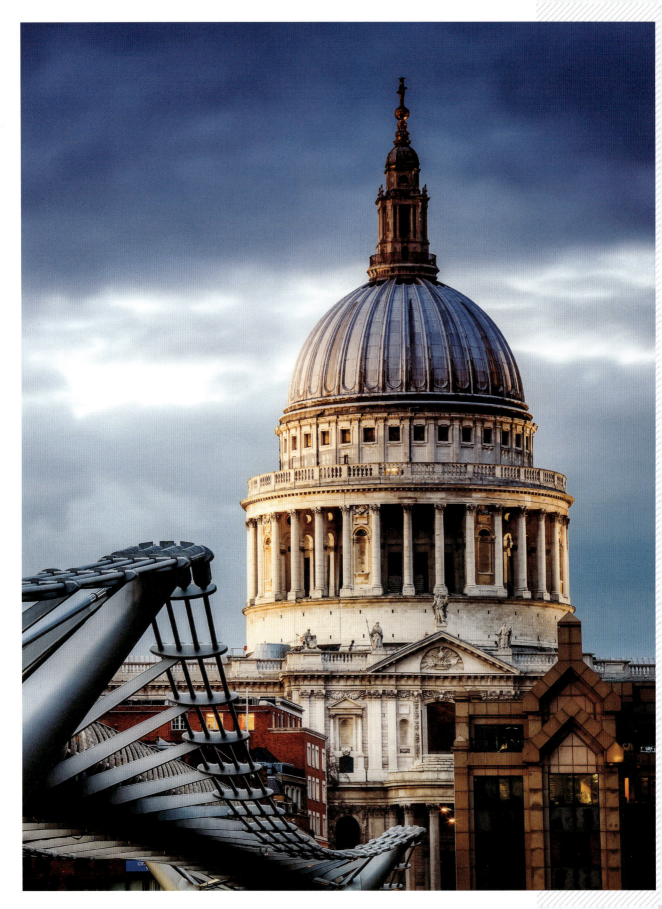

#08 LONDON

LONDON IST HAUPT- UND RESIDENZSTADT, BRITISCHER REGIERUNGSSITZ, INTERNATIONALE FINANZMETROPOLE UND EINE WELTSTADT IM WAHRSTEN SINNE DES WORTES: DENN BIS VOR EINIGEN JAHRZEHNTEN WAR LONDON DAS ZENTRUM EINES GIGANTISCHEN WELTREICHS, DES »BRITISH EMPIRE«, UND DAS IST BIS HEUTE DEUTLICH SICHTBAR. DIE CITY OF LONDON – DER HISTORISCHE KERN DER METROPOLE – IST EINE STADT IN DER STADT, HERVORGEGANGEN AUS DEM RÖMISCHEN LONDINIUM UND BIS HEUTE MIT EIGENER VERWALTUNG. SEIT FAST 1000 JAHREN WIRD HIER HANDEL GETRIEBEN UND WERDEN GELDGESCHÄFTE GETÄTIGT.

Oben: Der obere Fußgängerübergang der Tower Bridge ist Bestandteil einer ständigen Ausstellung über deren Geschichte und Konstruktionsprinzip.

Linke Seite: Die St Paul's Cathedral, eine grandiose Schöpfung Christopher Wrens, mit ihrer 110 Meter hohen Kuppel entstand von 1675 bis 1711, nachdem der Vorgängerbau 1666 beim Großen Brand von London vernichtet wurde.

○ **TOWER BRIDGE**
Die 1894 eröffnete Tower Bridge gehört nicht nur zu den Wahrzeichen Londons, sondern sie ist auch ein Zeugnis der Ingenieurskunst der damaligen Zeit. Mitte des 19. Jahrhunderts war das Londoner East End so dicht bevölkert, dass eine Brücke notwendig wurde. Die Lösung war eine kombinierte Klapp- und Hängebrücke. Dampfmaschinen setzten die Hydraulik in Gang, welche die Brücke innerhalb weniger Minuten öffnen konnte; heute geschieht dies mittels Elektrizität. In beiden Türmen befindet sich eine Ausstellung zur Geschichte des Bauwerks. Der verglaste Fußgängerübergang hoch über der eigentlichen Brücke bietet einen umwerfenden Blick über London.

○ **TOWER OF LONDON**
Am östlichen Rand der City wacht die massive Anlage mit dem langen Namen »Her Majesty's Royal Palace and Fortress The Tower of London« an der Themse. Bis ins 17. Jahrhundert war der Tower königliche Residenz, bis ins 20. Jahrhundert Gefängnis und bis heute eine königliche Schatzkammer, in der seit über 300 Jahren die Kronjuwelen der Öffentlichkeit präsentiert werden.

○ **ST PAUL'S CATHEDRAL**
Stolz und unübersehbar thront die prachtvolle Kuppel der St Paul's Cathedral inmitten der Finanzpaläste der City. Bereits seit 1400 Jahren steht auf dem Ludgate Hill in der City eine christliche Kirche. Die heutige englisch-barocke St Paul's Cathedral ist bereits die fünfte Version und ohne Frage die prächtigste.

○ **WESTMINSTER ABBEY**
Einzigartig ist dieses Gotteshaus, das offiziell Stiftskirche St Peter heißt, nicht nur wegen seiner großartigen Architektur, sondern vor allem wegen seiner bedeutungsvollen Symbolik. Seit Wilhelm dem Eroberer wurden in dieser Kirche bis auf wenige Ausnahmen alle Monarchen Englands gekrönt – traditionell vom Erzbischof von Canterbury –, und viele fanden hier auch ihre letzte Ruhestätte. Auch die Grabmale weiterer historischer Persönlichkeiten, darunter Schriftsteller, Künstler und Politiker, sind hier zu finden.

WARUM IM FRÜHLING? GLEICH ZWEI GRÜNDE SPRECHEN FÜR EINEN BESUCH IM FRÜHLING: ZUM EINEN IST DA DIE CHELSEA FLOWER SHOW: DAS GELÄNDE DES ROYAL HOSPITAL VERWANDELT SICH IN DER LETZTEN MAIWOCHE IN EIN GARTENKUNSTWERK, AN DEM GÄRTNER UM AUSZEICHNUNGEN KONKURRIEREN. ZUM ANDEREN GIBT ES DEN LONDON MARATHON: ER IST NICHT NUR EIN RENNEN, SONDERN EINE INSPIRIERENDE WELLE DER MENSCHLICHKEIT. VIELE DER ÜBER 35 000 TEILNEHMER STARTEN NICHT, UM REKORDE ZU BRECHEN, SONDERN UM SICH DER HERAUSFORDERUNG ZU STELLEN, EINIGE SOGAR ALS SPONSORENLÄUFER FÜR WOHLTÄTIGE ZWECKE. DER LONDON MARATHON IST AUCH DIE GRÖSSTE EINTÄGIGE CHARITY-VERANSTALTUNG DER WELT UND DAMIT AUCH REICHLICH KARNEVALESK. GETRAGEN WIRD VON GRELLEN NEONWESTEN BIS HIN ZU RIESIGEN NASHORNKOSTÜMEN ALLES.

LONDON

○ **WESTMINSTER PALACE**
Die neugotische Fassade des Westminster Palace mit seinen charakteristischen Türmen, darunter auch der Glockenturm mit dem Big Ben, erweckt den Eindruck, als habe sie sich schon seit dem Mittelalter in der Themse gespiegelt. Tatsächlich befand sich seit dem 11. Jahrhundert an dieser Stelle ein Herrschaftssitz. Das heutige Gebäude, zusammen mit der Westminster Abbey eine Welterbestätte der UNESCO, wurde jedoch erst Mitte des 19. Jahrhunderts errichtet.

○ **TRAFALGAR SQUARE**
Auf dem Trafalgar Square scheint sich die gesamte Geschichte des einstigen britischen Empire zu konzentrieren, hier spiegelt sich auch die Gegenwart des Landes mit all seinen Facetten. Der Platz im Herzen des West End wurde nach einer der wichtigsten Schlachten der Engländer gegen Napoleon benannt.

NATIONAL GALLERY
Sitz der Gemäldegalerie am Trafalgar Square ist ein Gebäude, das einem griechischen Tempel gleicht. Schwerpunkte sind italienische Meister und Werke niederländischer Maler.

○ **PICCADILLY CIRCUS**
In den Piccadilly Circus münden fünf verkehrsreiche Straßen, darunter Haymarket, Shaftesbury Avenue und Regent Street. Der weitläufige Platz gilt daher als Entrée in die Londoner Vergnügungsviertel West End

und Soho und in die größeren Einkaufsstraßen. Wegen der zentralen und verkehrsgünstigen Lage an der viel befahrenen Piccadilly Line ist er deshalb auch seit jeher ein beliebter Touristentreffpunkt.

○ BUCKINGHAM PALACE

Buckingham Palace ist der offizielle Sitz der königlichen Familie, allerdings nur werktags und außerhalb der Sommerferien. Offiziell zu besichtigen ist der Palast daher nicht – außer in den Monaten August und September, wenn 19 seiner Zimmer für die Öffentlichkeit zugänglich sind. Sehenswert ist aber auf jeden Fall das »Changing of the Guard«, die Wachablösung vor den Toren des Palasts.

○ THE SHARD

Dieser »Splitter« ragt ganze 310 Meter in die Höhe und ist das neue Wahrzeichen in Southwark. Im Juli 2012 wurde das Gebäude eingeweiht, im Februar 2013 die Aussichtsterrasse der Öffentlichkeit zugänglich gemacht.

○ VICTORIA AND ALBERT MUSEUM

Kein Haus, in das man mal so eben einen kurzen Blick werfen kann, denn es weist sage und schreibe 145 Einzelgalerien mit über vier Millionen Objekten auf! Ein Museum für buchstäblich alles, ein Sammelsurium aus Artefakten, die aus der ganzen weiten Welt des einstigen britischen Empires stammen.

○ NATURAL HISTORY MUSEUM

Das naturhistorische Museum gleicht einem sakralen Bauwerk. In seinen vier Abteilungen kann man Dinosauriern begegnen, die Folgen von Erdbeben nachvollziehen und sich den Einfluss des Menschen auf die Natur vor Augen führen.

○ HYDE PARK

Die grüne Lunge der Stadt gehört zu den königlichen Parks. Man kann Konzerte besuchen und am Speakers' Corner jederzeit einen Vortrag halten – sofern die Queen und die königliche Familie nicht erwähnt werden.

AUSGEHEN

Geales // Fish & Chips sind gemeinhin ein Sinnbild der englischen Küche. In diesem Lokal wird das Traditionsgericht in feinster Veredelung serviert.
// www.geales.com/

The Tipperary // Irische Pubs gibt es in aller Welt, aber dieses war das erste außerhalb Irlands – es wurde bereits im Jahr 1700 von Brauern aus Dublin gegründet – und lockt mit Guinness und originalem, allerdings restauriertem viktorianischen Interieur.

Fabric // Der Superclub gehört zu den besten Londons. In den weiten Räumen finden jedes Wochenende die besten Gigs und Partys statt. Lange Wartezeiten am Eingang müssen eingeplant werden.
// www.fabriclondon.com

Freud // In dieser Kellerbar wird man mit leckeren Cocktails verwöhnt. In dem Haus hatte Sigmund Freud seine erste Zuflucht in London gefunden.
// freud.eu/cafe-bars

Ganz links: Neben sportlichem Ehrgeiz beflügelt viele auch ein guter Zweck zum Mitlaufen beim London Marathon.

Links: Die Nelsonsäule bildet den Mittelpunkt von Trafalgar Square.

Rechts: Das Prince Albert Memorial am Südrand von Kensington Gardens ist mit dem reichen Figurenschmuck und seiner ornamentalen Opulenz der Inbegriff viktorianischer Kunst.

SHOPPING

○ **CAMDEN PASSAGE ANTIQUES MARKET**
Eine Fülle von kleinen Läden und Märkten, die Antiquitäten aller Art anbieten. Donnerstag und Freitag findet ein Buchmarkt statt, am Sonntag verkaufen Farmer Bio-Ware.

○ **HARRODS**
Zu Harrods kommt man nicht nur wegen der Designermode oder der Lebensmittelabteilung, sondern auch wegen der zwei Gedenkstätten für Lady Di und Dodi Al-Fayed.
// www.harrods.com

○ **FORTNUM & MASON**
Seit über 300 Jahren schon kauft man Tee bei Fortnum & Mason, ebenso Spezialitäten und Delikatessen aller Art.
// www.fortnumandmason.com/

○ **HARVEY NICHOLS**
Im feinen Kensington darf ein superfeines Kaufhaus natürlich nicht fehlen. »Harvey Nicks« bietet edelste Designerware.
// www.harveynichols.com

○ **CAMDEN MARKET**
Jeden Tag erwarten die Märkte im Bezirk Camden Town ihre Besucher. Über 100 Geschäfte präsentieren Kleidung, Geschenkartikel und Ausgefallenes.

○ **PORTOBELLO ROAD MARKET**
Jeden Freitag und Samstag ist Flohmarkt auf der Portobello Road, viele Stände stehen die ganze Woche dort. Der Schwerpunkt sind schöne Antiquitäten.
// www.portobelloroad.co.uk

○ **LIBERTY**
Mehr Tudorschloss denn Kaufhaus und eine Augenweide beim Einkaufsbummel. Die Einrichtungssektion bietet von Designerbesteck, luxuriösen Stoffen, edlen Porzellan bis zu Vitra-Möbeln nur das Beste.
// www.libertylondon.com

Edelrestaurants und Fünf-Sterne-Hotels säumen die teure Brompton Road im feinen Knightsbridge. Glanzstück ist jedoch Harrods, das wohl bekannteste Kaufhaus der Welt.

ÜBERNACHTEN

Threadneedles // Ein Schmuckstück von einem Hotel, das in einer ehemaligen Bank aus dem 19. Jahrhundert untergebracht ist. Die Lobby ist spektakulär: gekrönt von einer Kuppel aus handbemaltem Glas. Die 70 großzügigen Zimmer bieten alle 5-Sterne-Komfort.
// www.hotelthreadneedles.co.uk

Mad Hatter // Die altmodische Fassade aus dem 19. Jahrhundert verbirgt ein kleines modernes Hotel mit allem Komfort, nicht weit von der Tate Modern und dem Shakespeare's Globe.
// www.madhatterhotel.co.uk

London Bridge Hotel // Dem Konzept des Hotels in Southwark am Südufer der Themse, nahe dem südlichen Ende der London Bridge entsprechend genießt man in diesem Haus eine ausgesprochen gelungene Mischung aus traditionellem Komfort und moderner Technologie.
// www.londonbridgehotel.com

LONDON

AUF KEINEN FALL VERPASSEN

EINE FAHRT MIT DEM LONDON EYE
Das London Eye, ein Riesenrad zwischen County Hall und Southbank Centre, wurde 1999 eröffnet und hat sich seither zu einem Highlight der Metropole entwickelt. Mit 135 Metern ist es das bislang größte Riesenrad Europas. Während der Betriebszeiten dreht es sich ununterbrochen, aber langsam – etwa 30 Minuten dauert eine komplette Umdrehung.

TEA TIME IM »RITZ«
Ganz nobel und typisch britisch den »Tea at the Ritz« zu sich nehmen: Ein Tässchen Tee mit Sahne, dazu Scones – britischer geht es nicht. Die edelste Variante findet mit viel Prunk im Palm Court des Hotel Ritz statt. Unbedingt reservieren oder auf The Savoy oder The Dorchester ausweichen!

SHAKESPEARES WERKE LIVE ERLEBEN
Das Globe Theatre neben der Tate Gallery ist ein Nachbau des ursprünglichen Globe, in dem Shakespeare zum Ensemble gehörte. Das schmälert das Vergnügen einer Shakespeare-Aufführung darin keinesfalls.

IN COVENT GARDEN BUMMELN
Covent Garden war seit dem 17. Jahrhundert ein Zentrum des Volksvergnügens. Es begann mit dem großen Markt, der heute noch zahllose Schau- und Kauflustige anzieht. Doch bald schon gab es allerlei Unterhaltungseinrichtungen und fahrende Künstler. Der alte Covent Garden Market, heute Covent Garden Piazza, ist ein glasüberdachtes Gebäude mit einer überwältigenden Auswahl an Boutiquen und Cafés, während auf dem offenen Platz Straßenkünstler die Passanten unterhalten.

AN EINEM LITERARY LONDON WALK TEILNEHMEN
London ist die Heimat vieler Autoren und Handlungsort zahlreicher Bücher. Im Rahmen von Themenführungen lernt man die Stadt unter einem ganz bestimmten Blickwinkel kennen. Zum Beispiel bei der Charles-Dickens-Tour oder auf den Spuren von Sherlock Holmes.

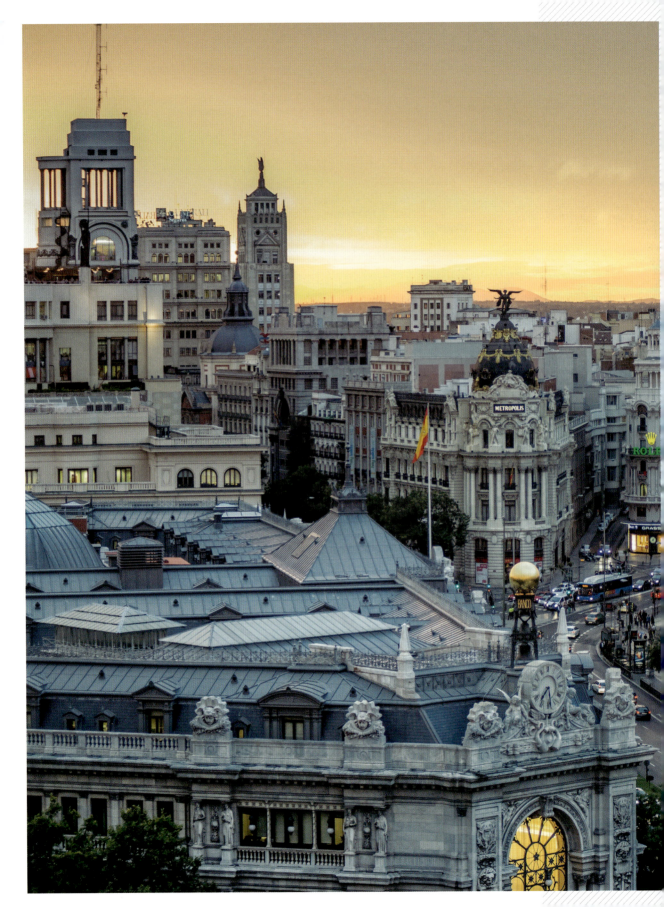

#09 MADRID

MIT ÜBER DREI MILLIONEN EINWOHNERN GEHÖRT MADRID ZU DEN METROPOLEN EUROPAS. DAS ZENTRUM DER STADT IST DIE LEBENDIGE PLAZA MAYOR. DIE CAFÉS DER GRAN VIA SIND TREFFPUNKTE DER INTELLEKTUELLEN. MADRIDS MUSEEN GEHÖREN ZU DEN SCHÖNSTEN DER WELT, WIE DER PRADO MIT DER GRANDIOSEN SAMMLUNG DER ALTEN MEISTER, DAS CENTRO DE REINA SOFIA FÜR DIE KUNST DES 20. JAHRHUNDERTS UND DAS MUSEO TYSSEN-BORNEMISZA MIT SEINEN IMPRESSIONISTEN UND SURREALISTEN. ZUM AUSRUHEN LÄDT DER PARQUE DEL RETIRO EIN, ZUM EINKAUFEN UND FLANIEREN DIE CALLE SERRANO, DIE AUFREGENDSTEN STIERKÄMPFE SIEHT MAN AUF DER PLAZA DE TOROS, UND DIE BESTEN FUSSBALLSPIELER STEHEN BEI REAL MADRID UNTER VERTRAG. MADRID IST EINE MODERNE UND SEHR LEBHAFTE STADT, DIE DEM BESUCHER GASTFREUNDLICH ENTGEGENKOMMT UND FÜR DIE MADRILEÑOS DAS PARADIES BEDEUTET.

Oben: Dieses Monument thront wirklich über der Stadt: Von fast überall sichtbar, liegt der Palacio Real hoch über dem Río Manzanares.

Linke Seite: Die Madrilenen huldigen ihrer Stadt mit dem Sprichwort »de Madrid al cielo« – nach Madrid ist nur der Himmel schöner. Damit drücken sie ihr Lebensgefühl aus: Hier legt man Wert auf gutes Essen, auf Mode und Design.

○ PUERTA DEL SOL

Dies ist der belebteste Platz der Stadt. Im Herzen Madrids strömen die Menschen aus der Metrostation »Sol« vorbei an ihrem Wahrzeichen, der Statue des Bären, der am Madroño (»Erdbeerbaum«) nascht, in ihre Büros oder an die Warentische der Läden. Puerta del Sol gilt als das Zentrum Madrids. Vor der Casa de Correos (Postamt) befindet sich der Mittelpunkt des gesamten spanischen Straßennetzes, der Nullkilometer des Landes.

○ MUSEO DEL PRADO

Eines der größten und wichtigsten Kunstmuseen der Welt befindet sich in der spanischen Hauptstadt. Der Prado ist vor allem bekannt für seine umfassende Sammlung alter spanischer Meister wie etwa Goya und Velázquez. Das Museum besitzt allein 4800 Ölbilder aus dem 12. bis 19. Jahrhundert. Rund 140 Werke von Goya sind hier zu finden. Hinzu kommen 8200 Zeichnungen und 900 Skulpturen.

○ PALACIO REAL

Eine Katastrophe suchte am Heiligabend das königliche Burgschloss heim: Im Jahr 1734 brach am 24. Dezember ein Feuer aus. Als nach einiger Zeit der Glockenalarm anschlug, wurde er für weihnachtliches Geläut gehalten. Philipp V. plante einen Neubau, der den riesigen Königspalästen Europas, wie etwa Versailles, in nichts nachstehen sollte. Er beauftragte den italienischen Architekten Filippo Juvara, sein Schüler Giovanni Battisti Sacchetti führte das Projekt fort. Das Gebäude war mit seinen mehr als 2000 Räumen derart kolossal, dass sich die Bauarbeiten über 17 Jahre hinzogen.

JARDINES DE SABATINI

In den 1930er-Jahren entstanden an der Nordseite des Palastes die herrlichen klassizistischen Sabatini-Gärten. Ihre geometrischen Formen und der dekorative Stil machen sie zu einem echten Besuchermagneten.

WARUM IM FRÜHLING? DAS FRÜHJAHR IST SCHLICHTWEG DIE BESTE ZEIT FÜR EINEN STÄDTETRIP NACH MADRID: WARM GENUG, UM DEN WINTER ZU VERGESSEN, ABER NOCH NICHT SO (TEILWEISE UNERTRÄGLICH) HEISS WIE IM SOMMER. AUSSERDEM FINDEN ZU DIESER ZEIT UNZÄHLIGE FESTE WIE ETWA DAS BANKIA FLAMENCO-FESTIVAL STATT, BEI DEM AN VIELEN ORTEN IN DER STADT DIESEM TRADITIONELLEN SPANISCHEN TANZ GEFRÖNT WIRD.

○ PLAZA MAYOR

Dieser Platz beeindruckt allein schon durch seine Größe: 129 Meter lang und 94 Meter breit ist die Plaza Mayor. Sie gilt als einer der ersten Märkte der Stadt, vor allem aber als Zentrum des »Madrid de los Austrias«, des habsburgischen Madrids, und ist umschlossen von Prunkbauten mit Arkadengängen.

○ CENTRO DE ARTE REINA SOFÍA

Der Prado gehört den Alten Meistern, moderne Kunst hat in Madrid seit 1986 ein eigenes Museum. Das Centro de Arte Reina Sofía schließt mit seiner Sammlung von Kunstwerken des 19. Jahrhunderts bis heute nahtlos an die gezeigten Werke im Prado an. Auf drei Stockwerken hängen Werke der wichtigsten Künstler der vergangenen beiden Jahrhunderte: Dalí, Miró, Picasso oder Juan Gris. Das Spektrum reicht vom Surrealismus über Kubismus bis hin zu Pop Art.

○ PARQUE DEL RETIRO

Der Name ist Programm: Ruhe und Erholung sollen die Besucher in dieser weitläufigen Grünanlage finden. Besonders sehenswert sind die Luzifer-Statue und der Rosengarten.

Oben: Am 10. September 1992 wurde das moderne Kunstmuseum Centro de Arte Reina Sofía offiziell eingeweiht. Neben der Gemäldesammlung ist auch die Bibliothek des Museums sehenswert.

Links: Schon seit dem 16. Jahrhundert ist der Flamenco in Spanien bekannt. Die von der Anstrengung heisere Stimme des Sängers, die charakteristischen Akkorde der Gitarre und der Rhythmus der Kastagnetten sind die Grundelemente des Flamenco. Vieles im Tanz beruht auf Improvisation.

Rechts: Eingebettet ist die prächtige Plaza de Cibeles in eine Gruppe auffälliger Bauwerke, etwa dem Palacio de Comunicaciones (Hauptpostamt), das mit seinem historisierenden Monumentalstil an eine Kirche erinnert.

○ **TEATRO REAL**
Von vorn sieht es ganz rechtwinklig aus, doch dann überrascht das Königliche Theater mit einem sechseckigen Grundriss, der ein wenig an einen modifizierten Flugdrachen erinnert. Königin Isabella II. weihte das Schauspielhaus 1850 ein. Bald allerdings standen wieder Umbauarbeiten an: 1925 bekam das Gebäude neue Fassaden, und in den 1960er-Jahren verwandelte sich der Bau in ein Konzerthaus, später sogar in ein Waffenlager. Erst seit 1997 wird hier wieder Theater gespielt.

○ **MUSEO THYSSEN-BORNEMISZA**
Das goldene Dreieck der Kunst am Ende des Paseo del Prado umfasst auch die zweitgrößte private Kunstsammlung der Welt. Im umgebauten Adelspalast Villahermosa wandelt der Besucher durch 68 Räume voller Kunstschätze aus dem 13. bis 20. Jahrhundert. Vor allem mit den modernen Gemälden ergänzen sie das Angebot des Prado. Zu den Höhepunkten gehört die Sammlung flämischer und holländischer Malerei aus dem 17. Jahrhundert sowie impressionistischer Ölbilder.

○ **PLAZA DE CIBELES**
Diese Statue bekommt Küsse von Weltstars: Wenn die Fußballer von Real Madrid feiern, führt sie ihr Triumphzug zum Cibeles-Brunnen. Dann hüllen sie die Schultern der griechischen Göttin Kybele in ihre Fahnen. Kein einfaches Unterfangen, denn immerhin messen Brunnen und Statue ganze acht Meter. Das Wasserspiel aus dem Jahr 1782 gehört zu den Wahrzeichen der Stadt.

○ **REAL JARDÍN BOTÁNICO**
Im 18. Jahrhundert wuchs in Madrid einer der wichtigsten botanischen Gärten der Welt. Den Real Jardín Botánico hatte König Karl III. anlegen lassen, weil der alte Garten am Manzaranesfluss zu klein wurde. Aus der gesamten Iberischen Halbinsel und weiten Teilen Europas wurzelten hier Heilpflanzen, denn ursprünglich diente der Garten als königliche Hofapotheke.

○ **ESTACIÓN DE ATOCHA**
Dieser Bahnhof ist zugleich ein Palmengarten. Während Reisende auf ihre Nah- und Fernverbindungen warten, können sie in der prächtigen Halle zwischen tropischen Pflanzen wandeln.

AUSGEHEN

Bodega de Candeli // Das im Stadtviertel Chamberí gelegene Lokal bietet marktfrische Produkte sowie sehr guten Fisch und exzellentes Fleisch, dazu hoch prämierte Weine.
// **restaurantecandeli.com/bodega**

Vinícola Mentridana // Die Bohème von Lavapiés hält sich hier auf. Die Atmosphäre ist leger bis chic. Die Weinkarte kann sich durchaus sehen lassen, serviert werden zu den guten Tropfen allerlei lokale Köstlichkeiten.

Las Cuevas de Luis Candelas // Spanferkel (»cochinillo«), Kutteln (»callos a la madrileña«) und Eintopf (»cocido de puchero«) sind die Spezialitäten in diesem traditionsreichen Lokal an der Plaza Mayor.
// **www.lascuevasdeluiscandelas.com**

Pajarita // Im Herzen Madrids gelegen, bietet diese Tapas-Bar moderne Fusionsküche. Begleitet von guter Musik und tollen Cocktails, verspricht das Lokal einen perfekten Abend.
// **www.barpajarita.com**

SHOPPING

○ **GRAN VÍA**
Auf der belebten Shoppingmeile Gran Vía reiht sich eine Boutique an die andere. Wer sich einen Moment von den Schaufenstern lösen kann, sollte einen Blick auf die beeindruckenden, teils pompös gestalteten historischen Gebäude werfen.

○ **CALLE DE PRECIADOS**
Die »Straße der Kostbarkeiten« ist eine belebte Einkaufsstraße der Stadt mitten im Zentrum. In den Einkaufszentren, Filialen großer Ketten und den kleineren Geschäften kann man alles erstehen, was das Herz begehrt.

○ **MERCADO DE SAN MIGUEL**
Über 100 Jahre alt ist die Markthalle inzwischen. Wer zwischen den Eisenpfeilern schlendert, kann an etlichen Ständen sehen, wie reichhaltig Spaniens kulinarische Vielfalt ist. Hierher kommt man, um einzukaufen, zu bummeln, aber auch für die Tapas am Abend.
// www.mercadodesanmiguel.es

AUSFLÜGE

○ **TOLEDO**
Welch eine wechselhafte Geschichte: Römer, Westgoten, Mauren – sie alle herrschten hier, bis König Alfonso VI. Toledo zur Hauptstadt Kastiliens machte. Spuren der Vergangenheit findet man an vielen Ecken der Stadt, ihr mittelalterlicher Stadtkern ist bis heute erhalten und zählt mittlerweile zum UNESCO-Weltkulturerbe.

○ **SEGOVIA**
Ebenfalls eine Stadt mit langer Tradition, deren historisches Zentrum eine spannende Geschichte erzählt. Mittendrin das berühmte Aquädukt (heute Weltkulturerbe), die spätgotische Kathedrale im Zentrum der Altstadt und die eindrucksvolle Burg Alcázar.

Die Markthalle San Miguel ist heute die Einzige ihrer Art in der Stadt und Treffpunkt für ein Häppchen Hummer, Oliven oder Schinken zwischendurch. Wem das zu teuer ist, der setzt sich einfach in eine der Straßenbars.

ÜBERNACHTEN

The Principal // Das Luxushotel besticht vorrangig durch die zentrale Lage und bietet darüber hinaus hohen Komfort, Wellness und atemberaubende Aussichten über Madrid von der hauseigenen Dachterrasse aus.
// www.theprincipalmadridhotel.com

Roome Mate Óscar // Mit klaren Farben und modernen Möbeln eine Hommage an die Avantgarde! Dazu gratis WLAN, eine Bar auf dem Dach und großes Augenmerk auf Gastfreundlichkeit – was erwartet man mehr von einem Designerhotel?
// www.room-matehotels.com/de/oscar

La Pepa Chic Bed & Breakfast // Hier steht Funktionalität im Vordergrund und der Name ist Programm, denn das Pepa Chic bietet das, was man für einen Wochenendausflug braucht: ein Bett und Frühstück. Ohne viel Schnickschnack – was jedoch nicht heißt, es gäbe keinerlei Service.
// www.lapepa-bnb.com

AUF KEINEN FALL VERPASSEN

STÖBERN AUF DEM »EL RASTRO«
Der bekannteste Trödelmarkt Spaniens beginnt sonntags im Morgengrauen: Dann bauen die Händler ihre Stände mit Kleidung, Vasen, Antiquitäten und Küchengeräten auf. El Rastro ist der größte Flohmarkt der Stadt, er erstreckt sich zwischen Plaza de Cascorro, Ribera de Curtidores und Tirso de Molina. Die Tradition dieses alten Marktes reicht bis ins 15. Jahrhundert zurück, als Gerber und Schlachter hier ihre Waren anpriesen. Heute sorgen mehr als 3000 Stände für ein buntes Durcheinander an altem Porzellan, Uniformen und Mützen, Bilderrahmen, CDs und natürlich Büchern.

CHURROS SCHLEMMEN
Glaubt man den Einheimischen, schmecken die Churros nirgendwo in Madrid so unwiderstehlich wie in der Chocolatería San Ginés. Hier wird das frittierte Spritzgebäck rund um die Uhr produziert und konsumiert. Auch die Schokolade zum Eintauchen ist hier besonders köstlich.

MUSEUM DER STIERKAMPFTRADITION IN LAS VENTAS
Stierkämpfe haben in Spanien seit Jahrhunderten Tradition. In Madrid finden sie auch heute noch in Las Ventas statt, doch seit einigen Jahren sorgt der Druck von Politik und Tierschützern für einen starken Rückgang der Besucherzahlen. Wer sich selbst ein Bild von der Kontroverse machen möchte, kann die Arena bei einer Führung aus der Sicht der Hauptakteure erleben und anschließend im Museum mehr über die eindrucksvolle Geschichte der Tauromaquia erfahren.

DAS NACHTLEBEN IN HUERTAS ERLEBEN
Madrids Nachtleben ist legendär – und jede Nacht bewahrheitet sich der Ausspruch, dass diese Stadt nie schläft. Laut, trubelig und international feiert man auf der Calle Huerta und in den umliegenden Gassen.

DIE AUSSICHT AUF MADRID GENIESSEN
Einen der schönsten Blicke auf Madrid hat man von der Dachterrasse des Circulo de las Bellas Artes aus. Wer genug geschwärmt hat, sollte anschließend das Café im Erdgeschoss besuchen.

#10 MELBOURNE

MELBOURNE WAR LANGE ZEIT DIE GRÖSSTE UND WICHTIGSTE STADT AUSTRALIENS. DIESEN STATUS ERREICHTE SIE IN DER MITTE DES 19. JAHRHUNDERTS DURCH DEN GOLDRAUSCH. 1869 WURDEN DIE ERSTEN INNERSTÄDTISCHEN VERKEHRSMITTEL IN BETRIEB GENOMMEN, ERST EIN PFERDEOMNIBUS, DANN CABLE CARS NACH DEM VORBILD VON SAN FRANCISCO MIT LANGEN STAHLTROSSEN, UND SCHLIESSLICH ELEKTRISCHE STRASSENBAHNEN. SIE VERLEIHEN NOCH HEUTE DEM BILD DIESER STADT EIN HÜBSCHES FLAIR: MANCHE TRAMS MACHEN SEIT ÜBER 50 JAHREN IHREN DIENST. EIN VIERTELJAHRHUNDERT LANG WAR MELBOURNE DIE HAUPTSTADT AUSTRALIENS, BEVOR CANBERRA DIESE ROLLE ÜBERNAHM. NOCH HEUTE BLICKEN MANCHE MELBOURNER ETWAS ABFÄLLIG AUF DAS NACH IHRER MEINUNG LEICHTLEBIGE SYDNEY. UND NATÜRLICH HAT MELBOURNE DIE HISTORISCH REICHERE INNENSTADT SOWIE EIN WELTKULTURERBE, DAS ROYAL EXHIBITION BUILDING MIT DEN UMGEBENDEN CARLTON GARDENS.

○ CENTRAL BUSINESS DISTRICT

Der Yarra River teilt Melbourne in eine nördliche und eine südliche Hälfte. Die auf einem rechtwinkligen Straßenraster angelegte Innenstadt mit dem Central Business District (CBD) breitet sich am Nordufer des Flusses aus und ist bequem zu Fuß sowie mit der kostenlosen City Circle Tram zu erkunden. Ein Stadtrundgang könnte am sehenswerten Immigration Museum (400 Flinders Street) beginnen, das im früheren Zollhaus untergebracht ist. Weitere Stationen von hier aus wären das Melbourne Aquarium, die Flinders Street Railway Station mit dem gegenüberliegenden Federation Square, die neogotische St. Paul's Cathedral und das Rathaus.

○ FEDERATION SQUARE

Über jenen Bahngleisen, die bislang die geschäftige City von den Parkanlagen des Yarra trennten, entstand im Jahr 2002 auf 3,6 Hektar das neue Herz der Metropole: der Federation Square, gepflastert aus Steinen der Kimberleys, bebaut mit einem kühnen Kulturkomplex, dessen Dreiecke aus Zink, Glas und Sandstein auf der Fassade ein spektakuläres Puzzle bilden. Hinter der mehrfach ausgezeichneten Architektur verbergen sich das Ian Potter Centre NGV Victoria mit einer einzigartigen Sammlung australischer Kunst von den Aborigenes bis zur Pop-Art, das Australian Centre of the Moving Image (ACMI) mit Ausstellungen zur Kinogeschichte, das Australian Racing Museum, die Studios des Multikulti-Senders SBS, Geschäfte sowie ein Dutzend Restaurants und Bars, die zu den angesagtesten Locations der Stadt gehören. Die Plaza ist zudem die Bühne der Straßenkünstler.

○ ROYAL EXHIBITION BUILDING UND CARLTON GARDENS

Für die Weltausstellungen 1880 und 1888 gebaut, gehört das Ensemble, seit 2004 Weltkulturerbe der UNESCO, zu den bedeutendsten historischen Anlagen Australiens. Gemeinsames Ziel der seit 1851 in verschiedenen Städten ausgerichteten Weltausstellungen (heute EXPO) war und ist es bis heute, über neue Errungenschaften in Wissenschaft und Technik auf der ganzen Welt zu informieren. In den Jahren 1851 bis 1915 fanden über 50 solche Veranstaltungen statt. Dafür wurden oft Gebäude errichtet, die großen Einfluss auf die Architektur ihrer Zeit ausübten. Für Melbourne entwarf Joseph Reed das Königliche Ausstellungsgebäude, die Gärten wurden von William Sangster neu gestaltet. Ersteres besteht aus Ziegeln, Holz, Stahl und Schiefer, orientiert an byzantinischen, romanischen und Renaissanceelementen. Der Garten repräsentiert den Gardenesque-Stil.

Linke Seite: Alte Kirchen reihen sich neben moderne Hochhäuser – die Stadt am Yarra River gilt als Schmelztiegel der Kulturen.

Rechts: Die prachtvollen Innenräume des Royal Exhibition Building werden für große Ausstellungen genutzt. Abends finden auch regelmäßig Kunst- und Kulturevents statt.

MELBOURNE

WARUM IM FRÜHLING? EIGENTLICH IST UNSER FRÜHLING IN MELBOURNE JA DER HERBST. ABER STATT DES NIESELWETTERS IN HIESIGEN BREITEN HÄLT DER AUSTRALISCHE HERBST ANGENEHME TEMPERATUREN ZWISCHEN 10 UND 20 GRAD BEREIT UND SELBST NACH NEBLIGEN MORGEN ZEIGT SICH DIE SONNE MEIST VON IHRER BESTEN SEITE. GESCHICHTE WIRD AM ANZAC DAY ERLEBBAR, DER NATIONALE GEDENKTAG WIRD AUCH IN MELBOURNE IMMER AM 25. APRIL GEFEIERT. TRADITIONELL IST DER HERBST IN MELBOURNE AUCH IMMER DIE JAHRESZEIT DES GUTEN ESSENS, MIT ZAHLREICHEN FOOD FESTIVALS UND WEINVERKOSTUNGEN. WEITERE FESTIVALS UND VERANSTALTUNGEN DREHEN SICH UM COMEDY, BALLETT UND – BESONDERS IM MÄRZ – UM MODE. IN DER NATUR TRIFFT MAN AUF BUNTES LAUB – UNERWARTET, WENN MAN DEN WINTER GERADE HINTER SICH HAT.

○ MUSEEN

Melbourne gilt als die Kulturhauptstadt des Landes. Dies zeigt sich nicht zuletzt in der enormen Bandbreite hiesiger Museen: Neben dem die Schicksale australischer Einwanderer aus aller Welt seit dem 19. Jahrhundert schildernden Immigration Museum gibt es auch ein Jewish Museum und eines über den Holocaust, ein Chinese Museum und viele weitere monothematische Museen. Kunst und Kultur präsentieren die Nationalgalerie Victorias und das Australien Center for Contemporary Art.

HEIDE MUSEUM OF ART

Das in einem weitläufigen Park am Ufer des Yarra River gelegene Museum ist Australiens größtes und bedeutendstes privates Kunstmuseum.

MELBOURNE MUSEUM

Unbestrittener Star der Museumslandschaft ist das Melbourne Museum: In der Nicholson Street direkt gegenüber dem Royal Exhibition Building gelegen, zeigt man in diesem 1854 zunächst als Naturkundemuseum gegründeten, heute mit 16 Millionen Exponaten größten Museumskomplex der Südhalbkugel die Sozialgeschichte des Landes. Eindrucksvoll ist die vom Bunjilaka Aboriginal Cultural Centre gestaltete Dauerausstellung »First Peoples«, in der nicht zuletzt Themen angesprochen werden, die man in Australien lange verdrängte: die gewaltsame Trennung von Aborigine-Familien etwa oder Zwangsadoptionen (»stolen generations«).

○ FITZROY

31 Bezirke und 270 Stadtteile bilden die 9990,5 Quadratkilometer große Metropolregion von Melbourne – die Innenstadt ist nur 37,7 Quadratkilometer groß. Fitzroy, etwa zwei Kilometer nordöstlich vom Stadtzentrum gelegen, ist mit 1,4 Quadratkilometern Fläche der kleinste Stadtteil. Er entstand bereits im Jahr 1939 – vier Jahre nach der Stadtgründung. Da es hier damals noch günstigen städtischen Wohnraum gab, zogen in den 1960er-Jahren viele Studenten und Künstler hierher, die dem alten Arbeiterviertel einen kosmopolitisch-kreativen Anstrich verliehen. Zum Szenetreff entwickelte sich vor allem die Brunswick Street: Auf nur einer Meile vereint sich hier die große Welt im Kleinen. Man speist in den verschiedensten Cafés, sucht Schnäppchen in Secondhandläden und bummelt durch Galerien.

Links: Reist man im europäischen Frühling nach Melbourne, zeigt sich die Stadt in den warmen Farben des Herbstes.

Rechts oben: Der Tower des Arts Centre (links im Bild) ist Teil des Victorian Arts Centre oder Arts Centre Melbourne, wie man heute sagt. Der Komplex beherbergt verschiedene Konzerthallen und Theatersäle, das dargebotene Programm ist so vielfältig wie die ganze Stadt.

Rechts unten: Die Promenade der South Warf ist heute mit Cafés und Konferenzhallen gesäumt. Viele Lokale sind in den ehemaligen, kunstvoll restaurierten Frachtlofts untergebracht. Daher genießen Besucher von allen Sitzen aus einen schönen Blick aufs Wasser.

○ DOCKLANDS

Das westlich der City, hinter dem Bahnhof Southern Cross gelegene Areal hat im Lauf der Zeit manch gravierenden Wandel vollzogen. Zunächst nutzten die »Koories« (so die Selbstbezeichnung der Aborigines in Victoria und New South Wales) die hiesigen Sümpfe und Lagunen für die Jagd, dann entstanden hier große, bis in die 1960er-Jahre hinein intensiv genutzte Werft- und Hafenanlagen. Mit den größer werdenden Containerschiffen wurde der Hafen nach und nach zu klein und so weiter an die Mündung des Yarra River verlegt. Danach verfielen die Anlagen, Freiflächen, Docks und alte Lagerhallen blieben weitgehend ungenutzt – bis man in den 1990er-Jahren konkrete Pläne für eine erneute Umgestaltung beschloss. Heute markieren die Docklands Melbournes größte Baustelle: Bis zum Jahr 2030 soll auf dem Areal ein ganz neues Stadtviertel entstehen.

○ SOUTH BANK

Auch der – über die 1886 bis 1888 errichtete Princes Bridge hinter dem Bahnhof Flinders Street zu erreichende – Stadtteil Southbank erfährt gerade eine umfassende Erneuerung. Das lange vernachlässigte Industrieviertel soll im Zuge der Umwandlung der Flusspromenade südlich des Yarra River in eine moderne Freizeit- und Kulturmeile verwandelt werden. Im Zentrum des Umbaus steht die Entwicklung des Melbourne Arts Precinct zum renommierten Kunst- und Kulturzentrum. Die frisch sanierte Southbank Promenade schmückt eine Skulptur des in Melbourne geborenen Bildhauers Clement Meadmore (1929–2005), gesäumt wird die Flaniermeile von Einkaufspassagen wie Southgate, Hotels, Cafés, Restaurants und dem allabendlich von acht auf Granitsäulen lodernden Fackeln erleuchteten Crown Casino & Entertainment Complex.

○ SOUTH WHARF

Neu restauriert wurden auch die umliegenden Hafengebäude am Yarra River: Sie bilden nun das Herz des neuen Szeneviertels South Wharf. Am Ufer bummelnd sieht man schon von Weitem das westlich der Clarendon Street gelegene Melbourne Convention and Exhibition Centre, ein nach Entwürfen des Melbourner Architektentrios John Denton, Boll Corker und Barrie Marshall gestalteter Messebau, dessen futuristische Gestaltung Furore machte: Akzentuiert wird der unter seinem mattsilbernen Flachdach Ebenen und Kuben architektonisch vereinende Bau durch plakative Grünflächen und einen von zwei großen Stäben gehaltenen, an eine hochgezogene Zugbrücke erinnernden Eingangsbaldachin. Etwas weiter west-

AUSGEHEN

White Mojo // Im CBD gelegen, bietet das Café White Mojo beste Kaffeespezialitäten, kreatives Frühstück und köstliche Burger zum Mittag. Highlight ist jedoch vor allem die Präsentation des Essens – man kommt beim besten Willen nicht umhin, es zu fotografieren.
// www.whitemojo.com.au

Cutler & Co. // Das Restaurant könnte seine Lage in Fitzroy kaum besser vertreten: Die Location ist ein ehemaliges Fabrikgebäude, heute hip und elegant zugleich. Die Küche versteht sich als »Modern Australian«, beeinflusst von Spezialitäten Japans und Europas.
// www.cutlerandco.com.au

lich wartet die »Pooly Woodside« im Trockendock auf Besucher, ein ehemaliges Frachtschiff, das von 1885 an 16-mal Kap Hoorn umrundete.

SHOPPING

○ **COLINS STREET**
Als feinste Adresse der Stadt gilt die Colins Street. Deren östliches, platanengeschmücktes »Pariser Ende« säumen Edelboutiquen, das westliche Ende dominieren Banken und die Zentren internationaler Unternehmen.

○ **QUEEN VICTORIA MARKET**
Eine Mischung aus allem scheint der Queen Victoria Market darzustellen, denn er besteht aus festen Shops und Ständen im Freien gleichermaßen, bietet Essen, Kleidung, Souvenirs und vieles mehr.
// www.qvm.com.au

○ **ACLAND STREET**
Im Stadtviertel St Kilda gelegen, bestechen Acland Street und ihre Nachbarstraßen mit einer Vielzahl an ausgefallenen Shops der mittleren Preiskategorie. Mode, Schmuck, Dekoartikel und einiges mehr findet man hier, vieles maritim angehaucht.
// www.aclandstreetvillage.com.au

AUSFLÜGE

○ **KINGLAKE NATIONAL PARK**
Zu den beliebten Naherholungszielen von Melbourne aus gehört auch der rund 50 Kilometer nordöstlich gelegene Kinglake National Park. Die Masons Falls im Kinglake National Park bilden fantastische Kaskaden. Über unzählige Stufen fällt das Wasser ins Tal und bildet dabei eine natürliche Treppe, die zu einem verwunschenen Wasserschloss führen könnte. Es gibt hier auch ein schönes Picknickareal.

In der legendären Brunswick Street von Fitzroy wimmelt es von ausgefallenen Lokalen und Läden wie der »Naked for Satan Bar«

ÜBERNACHTEN

The Cullen // Das Innere des Designhotels ist geprägt von den modernen Werken des namensgebenden Künstlers Adam Cullen (1965–2012), bekannt als Gewinner des Archibald Prize. Ein tolles Extra ist der Verleih von Autos und Fahrrädern.
// www.artserieshotels.com.au/cullen

United Places // In diesem Luxushotel wird authentisches Handwerk groß geschrieben – die Folge sind anspruchsvolle Ausstattung in bester Qualität aus den besten Materialien. Die Suiten möchten ein Zuhause in der Fremde bieten, umgeben von viel Grün.
// www.unitedplaces.com.au

Notel // Mittlerweile sind die Airstream Trailer der 1970er ein wahres Kultobjekt. Notel verwandelt sie kurzerhand in trendige Suiten mit bequemen Queensize-Betten und Extras inklusive wie Netflix-Zugang und freier Minibar. Platziert sind die rund drei Meter langen verchromten Trailer auf einem Dach inmitten des CBD.
// www.notelmelbourne.com.au

MELBOURNE

AUF KEINEN FALL VERPASSEN

RIESENEUKALPYTEN IM DANDENONG RANGES NATIONAL PARK BEWUNDERN

Der 38 Kilometer östlich von Melbourne gelegene Dandenong Ranges National Park ist berühmt für seine Baumfarne und Königseukalypten, die auch als »Rieseneukalyptus« bekannt sind. Bei dieser immergrünen, bis zu 400 Jahre alt werdenden Eukalyptusart handelt es sich um den größten Laubbaum der Welt; das höchste bekannte, im Jahr 1872 gefällte Exemplar war 132 Meter hoch. Das 32 Quadratkilometer große, ideal für erholsame Picknickausflüge und Waldspaziergänge geeignete Gelände unterteilt sich in fünf Bereiche: den Doongalla Forest mit dem 633 Meter hohen Mount Dandenong, Ferntree Gully im Südwesten, Sherbrooke Forest, den Olinda Forest an den Osthängen des Mount Dandenong sowie Mount Evelyn Forest.

DIE LANEWAYS ENTDECKEN

Üblicherweise führt der Weg einer Stadtbesichtigung von der einen zur nächsten Sehenswürdigkeit. Aber in Melbourne City sollte man unbedingt auch mal Abstecher in die vielen Seitenstraßen machen, die von der direkten Route abweichen und oft überraschende Entdeckungen ermöglichen. Vor allem das Gassengewirr im Central Business District hat sich zu einem Hotspot für angesagte Boutiquen, stylische Bars und Cafés entwickelt. Auch viele Galerien findet man hier, darunter die kleinste Galerie der Stadt: TwentyByThirty, ein 20 × 30 Zentimeter großer Schaukasten in einer Hauswand neben der Bar Americano am Presgrave Place 20.

EINEN BLICK VON OBEN RISKIEREN

Höher als der Eureka Tower ist kein anderes Gebäude in der Metropole. Grund genug, von der Aussichtsplattform im 88. Stock den weiten Blick über die gesamte Stadt schweifen zu lassen. Wer schwindelfrei ist, sollte sich »The Edge« nicht entgehen lassen. Der Boden des würfelförmigen Anbaus lässt sich auf Knopfdruck durchsichtig machen.

STREETART ANSCHAUEN

Mit New York und Berlin gilt Melbourne als Mekka dieser ursprünglich in Subkulturen entwickelten Kunstform, die in der Stadt am Yarra River längst nicht mehr im Verborgenen blüht, sondern auch offiziell gewürdigt wird. Zudem fördert die Stadt Künstler, indem sie freie Flächen zum Sprayen zur Verfügung stellt und in einem »Public Arts Program« unter der Rubrik »Street Art« auf die bedeutendsten Locations hinweist: Dazu gehören Hosier Lane und Rutledge Lane gegenüber dem Federation Square, die Union Lane bei der Bourke Street Mall und der Centre Place zwischen Collins Street und Flinders Lane.

BEIM PFERDERENNEN MITFIEBERN

Den Höhepunkt des australischen Sportjahres und eines der wichtigsten gesellschaftlichen Ereignisse zugleich markiert der Melbourne Cup auf der Pferderennbahn in Flemington: Rund drei Minuten brauchen die Vollblüter und ihre Jockeys für die mit 3200 Metern ungewöhnlich lange Flachstrecke – drei Minuten für die ruhmreiche Ewigkeit.

#11 PRAG

HIER MÖCHTE SIE LIEBER MALEN KÖNNEN ALS SCHREIBEN, MEINTE EINST DIE ROMANTIKERIN CAROLINE DE LA MOTTE FOUQUÉ: »ES GIBT EINEN PUNKT AUF DIESER HÖHE, VON WO DER BLICK, WIE BERAUSCHT, IN DIE FÜLLE DES ALLERGRÖSSTEN REICHTUMS VERSINKT. UNMITTELBAR UNTER DEM ABHANGE DIE MOLDAU, DARÜBER WEG DAS KÖNIGLICHE PRAG!« UNBESCHREIBLICH, »VIELLEICHT UNVERGLEICHLICH« SEI DIESE STADT, FÜGTE SIE NOCH HINZU, UND GENAU DAS IST ES WOHL AUCH, WAS BESUCHER ZU ALLEN ZEITEN FASZINIERTE: DASS DAS »GOLDENE PRAG«, MIT SEINEM ALS UNESCO-WELTERBE GESCHÜTZTEN HISTORISCHEN ZENTRUM, SICH IM LAUF SEINER GESCHICHTE IMMER WIEDER GEWANDELT HAT UND DOCH STETS GLEICH GEBLIEBEN IST – UNVERGLEICHLICH. UND WENN NUN, ÜBER ZWEI JAHRZEHNTE NACH DER »SAMTENEN REVOLUTION«, WEITERHIN ALLES IM UMBRUCH IST, SO GILT HIER DOCH NOCH IMMER DAS WORT DER DICHTER: »GANZ PRAHA IST EIN GOLDNETZ VON GEDICHTEN.« (DETLEV VON LILIENCRON)

Linke Seite: Seit Jahrhunderten schon ist die »Goldene Stadt« ein bedeutendes, durch ein einzigartig schönes städtebauliches Ensemble gekennzeichnetes geistig-kulturelles Zentrum.

Rechts: Die St.-Georgs-Basilika stammt aus der Zeit um 915. Nach mehreren Bränden entstand der heute sichtbare Teil jedoch im 12. Jahrhundert.

○ PRAGER BURG

Nicht nur optisch dominiert die auf dem »Hradschin« genannten Prager Hügel gelegene Burg seit über 1000 Jahren die Stadt – bis heute befindet sich hier das politische Zentrum des Landes. Vom frühen 12. Jahrhundert bis in die zweite Hälfte des 16. Jahrhunderts diente der dreigeschossige alte Königspalast dem jeweiligen Herrscher als Residenz. Das Prunkstück ist der 1493–1503 errichtete Vladislav-Saal. Aufgrund seiner enormen Ausmaße – 62 Meter Länge, 16 Meter Breite, 13 Meter Höhe – konnten darin nicht nur Märkte abgehalten, sondern sogar Reiterspiele und Turniere veranstaltet werden.

KLOSTER ST. GEORG

Dass die zweitürmige St.-Georgs-Basilika an der Nordseite des Georgsplatzes der älteste erhaltene Kirchenbau auf dem Areal der Prager Burg ist, würde man angesichts ihrer um das Jahr 1670 vorgeblendeten Barockfassade zunächst nicht vermuten. Schreitet man aber durch das Portal, öffnet sich ein dreischiffiger Bau, dessen romanisches Gepräge bei Renovierungen weitgehend wiederhergestellt wurde. Gestiftet wurde die Kirche um das Jahr 920 von Fürst Vratislav I.

GOLDENES GÄSSCHEN

Der Sage nach haben hier Alchimisten versucht, Gold herzustellen. In Wahrheit war es nur eine Armensiedlung mit winzigen Häusern – in einem hat Franz Kafka gewohnt –, in denen heute Souvenirläden sind.

VEITSDOM

Der Veitsdom steht für die ruhmreiche Geschichte des Königreichs Böhmen und ist die Krönungskirche von 30 Herrschern. Wo er heute aufragt, hatte im Jahr 925 Herzog Wenzel zu Ehren des frühchristlichen Märtyrers Vitus (Veit) eine Rundkapelle errichten lassen. Der später ebenfalls heiliggesprochene Wenzel stieg zum Schutzpatron Böhmens auf; sein Grab in der von ihm gestifteten Kapelle wurde zur Pilgerstätte. Im Jahr 1344 legte man den Grundstein für die gotische Kathedrale, deren Bau erst nach vielen Unterbrechungen im Jahr 1929 vollendet werden konnte. Das Gebäude beeindruckt durch seine reiche künstlerische Ausgestaltung sowie durch seine gewaltigen Dimensionen: Mit einer Außenlänge von 124 Metern ist dies die größte Kirche in Prag.

KLOSTER STRAHOV

Das Prämonstratenser-Kloster ist in Betrieb. Zu besichtigen sind die atemberaubende Bibliothek, eine Gemäldegalerie und die Wunderkammer mit vielen archäologischen Fundstücken.

PRAG

WARUM IM FRÜHLING? DER PRAGER FRÜHLING VON 12. MAI, DEM TODESTAG FRIEDRICH SMETANAS, BIS ANFANG JUNI IST DAS PRESTIGETRÄCHTIGSTE INTERNATIONALE MUSIK-FESTIVAL IN GANZ TSCHECHIEN, DAS DIE NEUESTEN TRENDS MIT EINEM INTERPRETENWETTBEWERB VERBINDET. BEREITS SEIT DEM JAHR 1946 FINDET ES EINMAL JÄHRLICH STATT.

○ KLEINSEITE

Die Prager Kleinseite (Malá Strana) ist der Stadtteil unterhalb der Burg und des Burgbergs Hradschin. Ein Spaziergang durch das Viertel mit seinen zahllosen prachtvollen Palästen wirkt wie eine Reise in eine andere Zeit. Zentrum der Kleinseite ist der von bedeutenden Bauwerken gesäumte Kleinseitner Ring.

ST.-NIKOLAUS-KIRCHE

Die Monumentalität von St. Nikolaus, der größten Barockkirche Prags, erklärt sich auch daraus, dass das im 17. und 18. Jahrhundert errichtete Gotteshaus zur Zeit der Gegenreformation und Rekatholisierung der böhmischen Länder entstand: Macht und Pracht der Architektur sollten auch den Triumph der orthodoxen katholischen Lehre über die abweichlerischen Doktrinen der Protestanten symbolisieren.

○ KARLSBRÜCKE

An dieser Stelle führte ursprünglich die erste Steinbrücke Prags, die im 12. Jahrhundert erbaute Judithbrücke, über die Moldau. Nachdem diese 1342 bei einem Hochwasser eingebrochen war, wurde ein Ersatz nötig, denn eine feste Verbindung über den Fluss war für die Stadt lebenswichtig. Der Bau der neuen Brücke begann jedoch erst 1357 mit der Grundsteinlegung durch Kaiser Karl IV. und wurde nach etwa 50 Jahren abgeschlossen. Über sie führte der Krönungsweg der böhmischen Könige.

○ ALTSTÄDTER RING

Der – nach einer um das Jahr 1900 erfolgten Erweiterung zur Moldau hin – heute rund 9000 Quadratmeter große Altstädter Ring entstand bereits im 11./12. Jahrhundert als zentraler Marktplatz der Kaufleute. Aber auch Pranger und Blutgericht befanden sich hier, und im Lauf der Geschichte wurde der Platz viele Male zum Schauplatz entscheidender, oftmals blutiger Ereignisse.

ALTSTÄDTER RATHAUS UND UHR

Das gotische Rathaus kann besichtigt werden. Der »Star« ist die astronomische Uhr aus dem 15. Jahrhundert. Zu jeder vollen Stunde zeigen sich Figuren der zwölf Apostel zu Glockenklang.

TEYNKIRCHE

Nach dem Veitsdom ist die Teynkirche der bedeutendste Sakralbau Prags. Obwohl die dreischiffige

Links: Stars der Szene wie Cellistin Alisa Weilerstein oder das London Philharmonic Orchestra unter der Leitung von Vladimir Jurowski stehen ebenso auf dem Spielplan beim Prager Frühling wie Newcomer. Abschließender Höhepunkt ist immer eine Aufführung von Beethovens 9. Sinfonie.

Rechts: Nachdem im 13. Jahrhundert König Ottokar II. deutsche Siedler als neue Bewohner der Kleinseite anwarb und dem Gebiet das Stadtrecht verlieh, war der heutige Prager Stadtteil lange Zeit praktisch eigenständig. Viele der Paläste, die man hier bestaunen kann, entstanden während dieser Zeit und erhielten erst später ihre Barock- und Renaissancefassaden. Zutritt zur Kleinseite erhält man über die berühmte Karlsbrücke.

Basilika nicht direkt an der Ostseite des Altstädter Rings liegt, sondern durch die vorgelagerte Teyn-Pfarrschule etwas nach hinten versetzt, beherrscht sie das Erscheinungsbild des Platzes wie sonst nur noch das Rathaus.

○ **JÜDISCHES VIERTEL**
Nicht weit vom Zentrum befindet sich die Josefov. Leider ist nicht mehr viel davon übrig, nur noch einige Synagogen und der Alte Friedhof mit dicht gedrängten Grabmalen. Eine Führung durch das Viertel ist empfehlenswert.

○ **CLEMENTINUM**
Die Jesuiten errichteten 1556 in einem leer stehenden Kloster eine katholische Hochschule. Mit Unterstützung weiterer prokatholischer Gönner baute man das Clementinum bis 1726 zum (nach der Burg) zweitgrößten Bau Prags aus – ein ganzes Stadtviertel musste dafür weichen. Neben Wohntrakten für die Lernenden und Lehrenden, Seminar- und Hörsälen barg das nahe am Moldauufer gelegene Clementinum auch ein Theater und eine Druckerei, eine Sternwarte und nicht zuletzt mehrere Sakralbauten wie die Spiegelkapelle. Heute ist hier der Sitz der Tschechischen Nationalbibliothek.

○ **WENZELSPLATZ**
Er ist einer der größten Plätze Europas und Schauplatz politischer Demonstrationen. Aber auch architektonisch interessant, etwa durch die Fassade des Grand Hotel Europa.

AUSGEHEN

Klášterní pivovar // Das Klosterbrauhaus wurde im Jahr 2000 in eine moderne Brauerei verwandelt. Die Gründung der Brauerei St. Norbert auf dem Strahov-Gelände geht jedoch auf das 13. Jahrhundert zurück. Im Sudhaus herrrscht eine authentischere Wirthausatmosphäre als im Restaurant.
// www.klasterni-pivovar.cz

Café de Paris // In den 1920er-Jahren war das Jugendstilkaffeehaus Treffpunkt von Künstlern und Literaten. Historischer Charme trifft heute auf modernes Design – das Publikum ist nach wie vor kulturbeflissen.
// www.cafedeparis.cz/de

U Maleho Glena Bar & Jazz Club // Nicht weit von der Karlsbrücke treffen sich Nachtschwärmer in diesem populären Jazz- und Rockclub. Montags steht immer Blues auf dem Programm, jeden Abend spielt eine andere Liveband. Beliebt ist auch die Bar.
// malyglen.cz

○ **JOHN-LENNON-MAUER**
Es begann mit einem Porträt von John Lennon, dessen Musik in der Tschechoslowakei verboten war. Es folgten Bilder und Zitate zur Freiheit, die heute die bunte Wand schmücken.

○ **TANZENDES HAUS**
Das Bürogebäude mit Galerie und Restaurant besteht aus einem Glas- und einem Betonteil, die sich aneinanderschmiegen. Deutlich wird die Handschrift des Architekten Frank O. Gehry.

Unter Schichten Farbe nur noch vage auszumachen: John Lennons Porträt an der nach ihm benannten Mauer.

SHOPPING

○ **POHODLÍ**
Ein kleiner Laden, vollgestopft mit Musik aus aller Welt. Ein Blick hinein ist Pflicht.
// www.pohodli.com

○ **KOTVA**
Besonderheit des fünfstöckigen Kaufhauses: das Ambiente aus kommunistisch geprägter Zeit.
// www.od-kotva.cz/en

○ **MYSLBEK**
Spektakuläre Glasfassade, drinnen Marken- und Designer-Läden, ein Sushi-Restaurant und eine Pizzeria.
// www.ngmyslbek.cz/en/

○ **MANUFAKTURA**
In den Filialen wird böhmisches Kunsthandwerk angeboten, ebenso Produkte mit lokalen Zutaten.
// www.manufaktura.cz/en/

ÜBERNACHTEN

Antik City // Das elegante Hotel ist geprägt von der Ästhetik der Zeit unter König Karl IV., der Prag zur architektonischen Perle in Mitteleuropa machte. Das Haus mit der schmucken Fassade liegt etwas versteckt in einer ruhigen kleinen Gasse nahe dem Wenzelsplatz.
// www.antikcity.cz/de

Hotel Černý Slon // Gleich hinter der Teynkirche und nahe dem Altstädter Ring bietet das Hotel »Zum Schwarzen Elefanten« 16 geschmackvoll eingerichtete Gästezimmer, die sich hinter einer gotischen Fassade verbergen.
// www.hotelcernyslon.cz/de

Hotel Ametyst // Das beliebte Viersterne-Boutiquehotel funkelt tatsächlich wie ein Edelstein: preisgekrönte Küche, Kunstgalerie, üppiges Frühstücksbüfett, freundlicher Service, lässiges Ambiente.
// www.hotelametyst.de/

AUSFLÜGE

○ **TROPFSTEINHÖHLEN VON KON PRUSY**
Erst vor gut 60 Jahren wurden die Karsthöhlen entdeckt: Millionen Jahre altes Gestein, Fledermäuse und eine freigelegte Münzfälscherwerkstatt aus dem Mittelalter.

AUF KEINEN FALL VERPASSEN

NACH JUGENDSTIL AUSSCHAU HALTEN
Was in Berlin Jugendstil hieß, wurde in Prag, angelehnt an die Wiener Variante, Sezession genannt. Bekanntester tschechischer Vertreter dieser neuen Kunstform ist der Maler und Grafiker Alfons Mucha. Seine Handschrift ist auch deutlich am Repräsentationshaus abzulesen, einem der Musterbeispiele des Jugendstils in Prag. Viele Gebäude Prags tragen bis heute die Prägung des Jugendstils. Von der Frühphase sind das Peterka-Haus und das Hotel Central beeinflusst. Auch der Hauptbahnhof, das Grand Hotel Europa sowie der Topic-Verlag sind deutlich dem Jugendstil zuzusprechen.

EINE NÄCHTLICHE BOOTSFAHRT UNTERNEHMEN
Viele der Sehenswürdigkeiten liegen am Ufer der Moldau, sodass man per Boot eine Stadtrundfahrt genießen kann, um sie zu betrachten. Vor allem schön, wenn die Silhouette beleuchtet ist. Es gibt regelmäßige Fahrten mit Abendessen an Bord.

EIN MARIONETTENTHEATER BESUCHEN
Das Puppenspiel auf großer Bühne hat in Prag Tradition. Gegeben werden klassische Opern. Ausstattung und Kostüme können mit einem Staatstheater mithalten. Eine Marionettentheater-Aufführung sollte jeder Pragbesucher erlebt haben.

ZUR VOLLEN STUNDE AN DER ASTRONOMISCHEN UHR SEIN
Das obere Ziffernblatt der Astronomischen Uhr zeigt den Umlauf der Sonne, des Mondes und die Zeit; der untere Kreis dient als Kalendarium. Zu jeder vollen Stunde kommt es zum Apostelumzug: »Der Tod läutet, wenn er die Kordel zieht, durch Kopfschütteln. Andere Figuren bewegen sich, während der Hahn flattert und die zwölf Apostel vor dem offenen Fenster vorbeigleiten …« – so beschrieb Guillaume Apollinaire das Schauspiel.

EIN PRAGER KAFFEEHAUS BESUCHEN
Einige von ihnen sind nicht minder prächtig und elegant als die Kaffeehäuser in Wien. Zu den Besuchern gehören auch immer wieder Literaten, die hier zum Teil ihre Romane verfassen. Im Café Imperial schmücken Jugendstilkacheln die Wand, Mosaiken die Decke. Früher durfte man gegen ein kleines Geld andere Gäste mit alten Donuts bewerfen. Heute aber bitte nicht mehr!

#12 ROM

BEI EINEM SPAZIERGANG DURCH DIESE STADT WIRD EINEM IHR MYTHISCHER BEGRÜNDER ROMULUS EBENSO PRÄSENT WIE DIE KAISER DES RÖMISCHEN REICHS ODER DIE PÄPSTE, DIE ZUR ZEIT DER RENAISSANCE UND DES BAROCK IN DER HAUPTSTADT DER CHRISTENHEIT AUCH ALS WELTLICHE HERRSCHER RESIDIERTEN. ROM FÜHRT WIE KEINE ANDERE STÄTTE DIE ENTWICKLUNG DER EUROPÄISCHEN KULTUR VOR AUGEN. DABEI HAT DIESE STADT NICHTS MUSEALES AN SICH. IM SCHATTEN DER ALTEN MONUMENTE WIRD GELEBT, AUF EINE MITREISSENDE, »VITALE« WEISE. HIER GIBT ES RESTAURANTS, BARS, THEATER, VON GESCHÄFTIGEM TREIBEN ERFÜLLTE PLÄTZE. IM NATURELL DER RÖMER VERSCHMELZEN LEBHAFTIGKEIT UND LÄSSIGKEIT; DIE ATMOSPHÄRE IST STIMULIEREND UND ENTSPANNEND, MAN WIRD ANGEREGT UND KANN SICH DOCH AUCH TREIBEN LASSEN. ODER WIE GOETHE SAGTE: »HIER TRÄGT EINEN DER STROM FORT, SOBALD MAN NUR DAS SCHIFFLEIN BESTIEGEN HAT.«

Oben: In Rom »trägt einen der Strom fort, sobald man nur das Schifflein bestiegen hat« (Goethe). Und die Historie ist allgegenwärtig: Die zahlreichen Kirchenkuppeln zeugen von der Macht der Kurie, die vielen archäologischen Fundstätten von der langen und ereignisreichen Geschichte der Ewigen Stadt.

Linke Seite: Rom, Stadt der Pilger: Der Petersdom ist die wichtigste Kirche des Christentums.

○ **KOLOSSEUM**

Das Kolosseum, 72 bis 80 n. Chr. erbaut, hat seinen Namen von einer Kolossalstatue des Kaisers Nero. Einst diente es als Amphitheater für Schaukämpfe von Gladiatoren und Tierhetzen. Es fasste etwa 75 000 Zuschauer, besaß Sonnensegel sowie ein sehr vorbildliches System von Ein- und Ausgängen.

○ **FORUM ROMANUM**

Hier lag das Zentrum der Stadt und der politische Mittelpunkt des Römischen Reiches. Tempelanlagen und Staatsbauten, wie die Kurie für die Senatsversammlungen, wurden ergänzt durch Triumphbogen, Rednerbühnen, Hallen für Gerichts- und Geschäftsverkehr sowie Tavernen.

○ **KAPITOL**

Das religiöse Zentrum des antiken Roms mit dem Tempel des Jupiter Optimus Maximus besitzt eine Platzgestaltung nach Plänen Michelangelos. Der Palazzo Nuovo links und der Konservatorenpalast rechts bergen die Kapitolinischen Sammlungen. Die berühmte Reiterstatue von Kaiser Marc Aurel im Zentrum ist eine Kopie.

○ **ENGELSBRÜCKE UND ENGELSBURG**

Die Engel auf der Brücke tragen die Passionswerkzeuge Christi und wurden nach Entwürfen von Bernini durch dessen Schüler ausgeführt. Die Engelsburg, einst das Grabmal römischer Kaiser von Hadrian bis Caracalla, ist heute ein Museum.

○ **PETERSDOM**

Die bis 1989 größte Kirche der Welt ist das Zentrum der katholischen Christenheit, aber auch ein überragendes kunstgeschichtliches Monument. Nach Plänen von Bramante und Michelangelo ab 1506 als Zentralbau erbaut, von Maderno und Bernini verlängert und mit Fassade und Platzanlage ausgestattet, birgt der Bau auch im Inneren eine Fülle an Kunstwerken,

WARUM IM FRÜHLING? ROM HAT EIN STOLZES ALTER – ABER ZU FEIERN VERSTEHT MAN HIER NACH WIE VOR. GEGRÜNDET WORDEN SEIN SOLL DIE STADT AM 21. APRIL 753 V. CHR. VON ROMULUS, EINEM DER BEIDEN AUSGESETZTEN SÖHNE DES MARS, DER DANN VON EINER WÖLFIN GESÄUGT WURDE UND SPÄTER SEINEN BRUDER REMUS UMBRACHTE. HEUTE FEIERT DIE STADT IHREN GRÜNDUNGSTAG JEDES JAHR MIT KONZERTEN, FESTUMZÜGEN, HISTORISCHEN AUFFÜHRUNGEN UND LAUTER MENSCHEN IN TOGAS. VIELE DER ARCHÄOLOGISCHEN STÄTTEN UND MUSEEN BIETEN AN DIESEM TAG FREIEN EINTRITT, HAUPTORT DER FESTLICHKEITEN IST JEDOCH DER AVENTIN. WER EINE GUTE SICHT AUFS FEUERWERK HABEN WILL, SOLLTE SICH RECHTZEITIG AUF DEM KAPITOLSHÜGEL POSTIEREN.

darunter die Hauptwerke von Bernini und die Pietà Michelangelos. Von der Kuppel aus ergibt sich ein herrlicher Blick auf die Stadt.

○ SANTA MARIA IN TRASTEVERE
Die älteste Marienkirche Roms ist berühmt für ihre Mosaiken. Das Außenmosaik an der Fassade zeigt Maria zwischen Heiligen, im Apsismosaik im Inneren thront sie neben Christus. Die Szenen aus ihrem Leben darunter stammen von Pietro Cavallini (1291). Die Gegend um die Marienkirche ist ein Szeneviertel.

○ CAMPO DE' FIORI
Um das Denkmal für Giordano Bruno, des vom »rechten« Weg abgekommenen Dominikanermönchs, der hier im Jahr 1600 als Ketzer verbrannt wurde, herum findet vormittags einer der größten Märkte Roms statt, und abends herrscht hier buntes Straßenleben.

○ SPANISCHE TREPPE
Über den Hügel Pincio mit schönem Blick auf Rom, vorbei an der Villa Medici mit der Französischen Akademie und der Kirche Santa Trinità dei Monti, gelangt man zur »Treppe aller Treppen« – der Spanischen Treppe mit ihrem organischen Schwung. Um die darunterliegende Piazza di Spagna spielte sich früher das Künstlerleben ab. Von hier aus erschließen sich heute die noblen Einkaufsstraßen um die Via Condotti.

○ FONTANA DI TREVI
Einer der Anziehungspunkte für Touristen ist dieser Schaubrunnen von Nicola Salvi. Gespeist von einer antiken Wasserleitung, zeigt er barocke Fülle nicht nur im Schmuck, sondern auch in der Wasserführung.

○ PANTHEON
Ehemals ein Tempel für alle Götter, verdankt der Bau heute seinen guten Erhalt der Umwandlung in eine Kirche. Ursprünglich unter Augustus errichtet, bekam das Pantheon dann unter Kaiser Hadrian seine berühmte Rundform mit der den Götterhimmel symbolisierenden Kuppel. Die klassische Proportion von 1:1 im Verhältnis zur Zylinderkuppelhöhe (43,20 Meter) verleiht dem Bau Vollkommenheit.

○ PIAZZA NAVONA
Der längsovale Platz über dem Grundriss eines antiken Stadions besitzt drei Brunnen, darunter der die Mitte beherrschende »Vierströmebrunnen« mit den

Links: Mit einem großen Feuerwerk wird jedes Jahr die Feier zum Stadtgeburtstag begangen. Besonders schön ist die Aussicht am Tiber.

Flüssen Donau, Nil, Ganges und Rio de la Plata von Gianlorenzo Bernini. Dahinter erstrecken sich die barocken Fassaden der Kirche Sant'Agnese in Agone und des Palazzo Pamphili.

○ SAN GIOVANNI IN LATERANO

Die eigentliche Bischofskirche des Papstes ist somit die ranghöchste Kirche der katholischen Christenheit. Sie bewahrt in ihrem Mauerkern noch den frühchristlichen Bau aus Konstantinischer Zeit, geht in ihrer heutigen Form aber auf eine barocke Neugestaltung durch Francesco Borromini und das 19. Jahrhundert zurück.

○ SANTA MARIA MAGGIORE

Die Pilgerkirche geht auf eine Legende zurück, derzufolge im August Schnee auf eine Stelle fiel, auf der ein Gotteshaus errichtet werden sollte. Im Inneren des vor allem im Barock veränderten Baus stammen die Kolonnaden und die Mosaiken an der Hochwand und am Triumphbogen vor dem Chorbereich noch aus der Erbauungszeit ab 432.

○ QUIRINALSPALAST

Der Palast, ursprünglich die päpstliche Sommerresidenz, dann die Residenz der italienischen Könige, ist heute Sitz des italienischen Staatspräsidenten. Den Platz davor schmücken ein ägyptischer Obelisk und die Gruppe der Dioskuren Kastor und Pollux aus den Thermen des Kaisers Konstantin.

AUSGEHEN

Sora Lella // Seit nunmehr 65 Jahren ist diese auf der Tiberinsel gelegene, familiär geführte Trattoria eine römische Institution. Die Gerichte sind typisch römisch, die Portionen sehr üppig. Unbedingt probieren: Fleischbällchen in Soße, dazu Salat oder Suppe.
// www.trattoriasoralella.it

Antico Caffè della Pace // Seit 1891 ist das Lokal mit den mit Antiquitäten und Gemälden verzierten Innenräumen ein beliebter Treff. Vor dem efeuumrankten Haus gönnt man sich gerne einen Kaffee oder Drink.
// Via della Pace 3–7

Shari Vari // In den Räumen des ehemals legendären Supperclubs kann man erst im Ristorante seinen Gaumen verwöhnen und danach im Club mit allen Sinnen feiern. Deko und Einrichtung sind edel und extrovertiert.
// www.sharivari.it

Rechts oben: In die Fontana della Barcaccia auf der Piazza di Spagna setzte Bernini eine halb verfallene Barke – eine Erinnerung an das Tiberhochwasser im Jahr 1598, als der Platz nur mit einem Boot erreicht werden konnte.

Rechts unten: Über die Jahrhunderte wurde der Bau von Santa Maria Maggiore immer wieder ergänzt und verändert, sodass man daran heute fast wie in einem Musterbuch die verschiedenen Kunst- und Architekturstile ablesen kann.

SHOPPING

○ **L'ANTICA SALUMERIA**
Käse, Oliven, Wein – eine perfekte Kombination. In der Salumeria bekommt man diese Zutaten in feinster Qualität, dazu ein Stückchen Pizza auf die Hand.

○ **MERCATO DELL'UNITÀ**
Schon die Markthalle im Viertel Prati ist einen Besuch wert. Die frischen Lebensmittel sind es umso mehr. Allein die Tomatenvielfalt macht sprachlos.

○ **MERCATO VILLAGGIO OLIMPICO**
Neben Lebensmitteln findet man hier auch Schmuck, Kleidung und Schnickschnack. Ein Paradies zum Bummeln und Entdecken.

○ **GALLERIA ALBERTO SORDI**
Die schicke Galerie an der Piazza Colonna bietet eine gute Mischung aus hochpreisiger Designerware und günstigen Produkten.
// www.galleriaalbertosordi.it

○ **VIA CONDOTTI**
Die Spanische Treppe im Blick, ist die Via Condotti die Nobelmeile schlechthin. Schicke Römerinnen und elegante Römer flanieren hier und begeistern sich für die Auslagen von Armani, Gucci, Beltrami oder Ferragamo.

AUSFLÜGE

○ **OSTIA & OSTIA ANTICA**
In Roms südwestlichster Region Ostia, 30 Kilometer von der Stadt selbst entfernt, findet sich das Freilichtmuseum Ostia Antica. Tempel, eine Ruinenstadt, mehrstöckige Wohnhäuser und der Friedhof sind zum Teil gut erhalten. Man sollte auch seine Badesachen einpacken: Unweit erholen sich die Römer gern am Strand von Ostia.

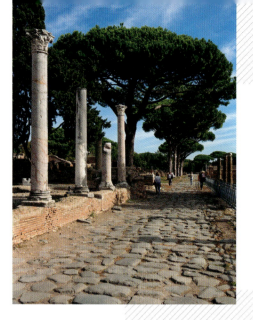

Ostia Antica, der Handels- und Kriegshafen des antiken Rom, entstand im 4. und 3. vorchristlichen Jahrhundert. Dass diese Stadt über Jahrhunderte hinweg florierte, zeigen die Ausgrabungsstätten: Es gab prächtige Häuser, Märkte, Bäder, Tavernen und ein Theater.

ÜBERNACHTEN

De Russie // Hotel der absoluten Spitzenklasse, nur wenige Schritte sind es zur Spanischen Treppe oder zur Piazza del Popolo. Das Haus hat ein empfehlenswertes Feinschmecker-Restaurant, eine besuchenswerte Spa-Anlage und einen wunderbar angelegten Garten.
// www.roccofortehotels.com

Farnese // Eine schöne Villa aus dem 17. Jahrhundert im Stadtteil Prati, der in fußläufiger Nähe zum Herzen des Vatikan liegt, beherbergt dieses angenehm ruhige Hotel.
// www.hotelfarnese.com/de

Richmond // Mit wenigen Schritten erreicht man die großen Monumente und Geschäftsstraßen. Das Hotel ist im Besitz der Familie Gnecco, die einen tadellosen Service für die Gäste bietet. Es verfügt über eine schöne Dachterrasse, um beim Frühstück den traumhaften Ausblick auf die Kaiserforen zu genießen.
// www.hotelrichmondrome.com

AUF KEINEN FALL VERPASSEN

IN DEN VATIKANISCHEN MUSEEN DAS STAUNEN LERNEN
Auf sieben Kilometern durch 1300 Ausstellungsräume – die Vatikanischen Museen zeigen, welche Schätze die Kirche im Lauf der Jahrhunderte angehäuft hat. Die Sixtinische Kapelle ist das Herzstück der Vatikanischen Museen. Für Wand- und Deckenmalereien zeichnen vor allem Michelangelo, aber auch Botticelli verantwortlich. Zudem sollte man unbedingt die Stanzen des Raffael besichtigen, Wohnräume, die der Künstler im Apostolischen Palast gestaltet hat.

EINEN ESPRESSO IM ANTICO CAFFÈ GRECO GENIESSEN
Im Antico Caffè Greco genießt man Kaffee in einem Ambiente, das vergangene Epochen beschwört. Wer hier den kleinen Schwarzen schlürft, fühlt sich wie einer der Künstler, die hier ein und aus gingen.

GELD IN DEN TREVIBRUNNEN WERFEN UND SICH ETWAS WÜNSCHEN
Anita Ekberg und Marcello Mastroianni aalten sich im Film »La Dolce Vita« in dem berühmten Brunnen. Es reicht aber auch, eine Münze zu werfen und sich das süße Leben zu wünschen. Oder einfach nur eine weitere Reise nach Rom!

SPEISEN AUF DEN RÖMISCHEN PIAZZAS
Das Leben findet in Rom draußen statt. Ein gutes Essen auf einem der Plätze verbindet kulinarischen Genuss mit dem Anblick eleganter Römer, antiker Stätten und dem Geknatter der Motorroller. Dafür eignen sich die berühmte Piazza Navona ebenso wie kleinere Plätze, etwa im Viertel Trastevere.

EINEN SONNENUNTERGANG AUF DEM GIANICOLO ERLEBEN
Seine geschichtliche Bedeutung, seine Denkmäler und botanischen Schätze sind vergessen, wenn man vom Hügel auf die Stadt schaut. Nirgends hat man einen besseren Blick auf Vatikan, antike Ruinen und die Palazzi.

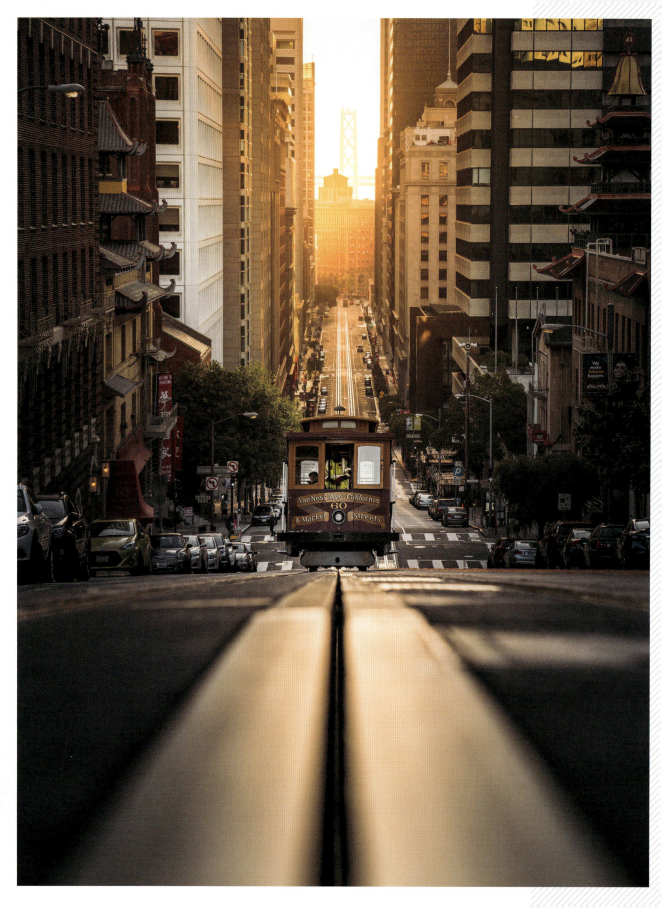

#13 SAN FRANCISCO

DIE STADT AUF DEN UNZÄHLIGEN HÜGELN GEHÖRT ZU DEN SCHÖNSTEN METROPOLEN DER WELT. IM JAHR 1776 WURDE SIE ALS »YERBA BUENA« VON DEN SPANIERN GEGRÜNDET, 1847 ERHIELT SIE IHREN NEUEN NAMEN NACH DER VON PATER SERRA GEGRÜNDETEN MISSION SAN FRANCISCO DE ASIS. MIT DEN SAGENHAFTEN GOLDFUNDEN IM JANUAR 1848 BEGANN DER AUFSTIEG DER STADT ZU EINEM BEDEUTENDEN HANDELSZENTRUM UND SEEHAFEN. SELBST DAS KATASTROPHALE ERDBEBEN VON 1906 KONNTE DEN AUFSCHWUNG NICHT BREMSEN. ZU DEN HIGHLIGHTS VON SAN FRANCISCO GEHÖREN NATÜRLICH DIE BUCHT MIT DER GOLDEN GATE BRIDGE UND DER OAKLAND BAY BRIDGE; FISHERMAN'S WHARF, DER JACHTHAFEN AM ENDE DER HYDE STREET; CHINATOWN, DIE ORIENTALISCHE OASE MIT GOLDENEN DRACHEN UND ROTEN PAGODEN, VERWINKELTEN GASSEN UND VERSTECKTEN HINTERHÖFEN; DIE GESCHÄFTIGE MARKET STREET UND SZENEVIERTEL WIE SOUTH OF MARKET UND COW HOLLOW.

Linke Seite: Eine Fahrt mit einem Cable Car gehört zu jedem San-Francisco-Besuch. Gebannt warten die Fahrgäste, ob der schwerfällige Wagen auch diesmal wieder den steilen Hügel packen wird. Aber an knapp 30 Prozent Steigung oder Gefälle ist noch nie ein Cable Car gescheitert!

Rechts: Die hoch aufragenden Art-déco-Doppelpfeiler der Golden Gate Bridge, sichtbar von fast jedem erhöhten Punkt der Stadt aus, bilden die Basis für die markanteste Sehenswürdigkeit im US-amerikanischen Westen. Als das Bauwerk im Jahr 1937 eingeweiht wurde, war es die längste Hängebrücke der Welt.

○ **GOLDEN GATE BRIDGE**
Neben der New Yorker Freiheitsstatue ist sie das Wahrzeichen Amerikas. Benannt wurde die knapp drei Kilometer lange Hängebrücke nach der Einfahrt zur Bucht von San Francisco, die ihren Namen während des Goldrausches erhalten hat. 230 Meter erheben sich die Pfeiler der Brücke über dem Pazifik. Von den Ingenieuren unter der Leitung des Architekten Joseph B. Strauss wurde die Stahlkonstruktion so angelegt, dass sie einem Sturm mit einer Windgeschwindigkeit von 160 Kilometern pro Stunde standhalten kann.

○ **ALCATRAZ**
Das berühmte Gefängnis erhebt sich aus der Bucht bei San Francisco wie ein verlassener Beobachtungsposten. Mächtige Betonklötze beherrschen die Szenerie, der Leuchtturm wirkt gegen diese massigen Bauwerke eher fragil. In den Zellen mit nur 1,50 Meter Breite und 2,70 Meter Länge sollen einst Verbrecher wie Al Capone und George F. Barnes eingesessen haben. Immerhin galt Alcatraz, umgeben von brausendem Meer, als sicherstes Gefängnis der Erde. Noch heute brauchen Besucherschiffe etwa 20 Minuten zur Fahrt auf die Insel.

○ **FISHERMAN'S WHARF/PIER 39**
Dass sich an dieser Stelle einst ein ruhiger Fischereihafen befand, scheint heute fast unvorstellbar: Fisherman's Wharf gehört zu den trubeligsten Orten San Franciscos. Zauberer und Jongleure präsentieren unter freiem Himmel ihre Tricks, Karussells drehen sich und in der Luft liegt Krabbenduft. Die früheren Fischkonservenfabriken wie »The Cannery« haben sich in Einkaufszentren mit Galerien und Restaurants verwandelt. Museen wie das U-Boot »Pampanito« aus dem Zweiten Weltkrieg, das »Aquarium of The Bay« mit Haien, Kraken und Fischottern oder das Kuriositätenkabinett »Ripley's Believe It or Not« sind ebenso sehenswert.

○ **SAN FRANCISCO MUSEUM OF MODERN ART**
Mit seiner auffälligen Architektur wurde das »SFMOMA« international bekannt; allerdings nicht immer im positiven Sinne. Einen Besuch ist es in jedem Fall wert – von außen ebenso wie von innen.

○ **CHINATOWN**
Pagodenartige Dächer spannen sich über den Bürgersteig, in den Schaufenstern preisen asiatische Schriftzeichen Spezialitäten an und der Himmel scheint voller Lampions zu hängen. Chinatown zählt als größte chinesische Gemeinde der USA zu den exotischsten Sehenswürdigkeiten von San Francis-

SAN FRANCISCO

WARUM IM FRÜHLING? WÄHREND DER WINTER EINFACH NICHT SONNIG UND WARM GENUG IST FÜR EINEN BESUCH IN DER GOLDENEN STADT, HABEN SOMMER UND HERBST EIN GANZ ANDERES KLIMATISCHES PROBLEM: DIE SIERRA NEVADA BRINGT WARME LUFT, DIE AUF DIE FEUCHTE LUFT DES PAZIFIKS TRIFFT: DIE FOLGE IST DICHTER NEBEL, DER DIE STADT FEST UMKLAMMERT HÄLT. UND WAS WÄRE EIN TRIP ZUR GOLDEN GATE BRIDGE, WENN MAN DIE BRÜCKE VOR LAUTER NEBEL NICHT SIEHT? DESHALB IST UND BLEIBT DER FRÜHLING DIE IDEALE REISEZEIT. WIE IN VIELEN ANDEREN STÄDTEN, WIRD AUCH IN SAN FRANCISCO EINER BLÜTE EIN GANZES FESTIVAL GEWIDMET, HIER IST ES DAS KIRSCHBLÜTENFEST IM APRIL. EINE WEITERE SEHENSWERTE TRADITION IST DER ALLJÄHRLICHE OPENING DAY ON THE BAY, WENN HISTORISCHE SEGLER OFFIZIELL DIE SAISON ERÖFFNEN.

co – und zu den am dichtesten besiedelten Ecken der Stadt. Kulinarische Spezialitäten wie Chop Suey wurden hier erfunden.

○ ALAMO SQUARE MIT PAINTED LADIES

Vor der Silhouette der Wolkenkratzer sehen sie fast aus wie Spielzeughäuschen: San Franciscos Postkartenmotiv-Villen rund um den grünen Alamo Square. Zehnstufige Ziertreppen führen zu bunten Haustüren, darüber Balkone, deren Balustraden mit Schnitzereien verziert sind. Davor wachsen Bäume derart regelmäßig gestutzt, dass sie direkt einem Modellbaukasten entnommen sein könnten. Der kleine Park lädt zu einem Panorama-Stopp ein, mit etwas Glück zeigt sich die Stadt ohne Nebel. Ihren Namen verdanken diese viktorianischen, mehrfarbig gestrichenen Häuser den Prostituierten des 19. Jahrhunderts. Für »feine Damen« hat sich auffällige Schminke damals nämlich nicht geschickt.

○ GOLDEN GATE PARK

Dass sich hier in den 1870er-Jahren Sanddünen auf unwirtlichem Gelände erhoben, kann kaum noch erahnen, wer heute durch den Golden Gate Park streift. Wasserfälle und Flüsse lassen die umliegende Landschaft ergrünen, Rasen sprießt und Azaleen leuchten in kräftigen Rottönen im japanischen Garten. Der Golden Gate Park ist der größte Stadtpark der USA, mit seinen 411 Hektar übertrifft er sogar den New Yorker Central Park an Fläche.

Oben: Die »sechs Schwestern« an der Steiner Street 710–722 sind so berühmt, dass sie schon in zahlreichen Filmen und Fernsehsendungen eine Rolle spielten. Erbaut wurden sie in den 1890er-Jahren von dem Schreiner und Architekten Matthew Kavanaugh, der selbst das untere Eckhaus Nummer 722 bewohnte. Die im viktorianischen Stil errichteten Häuser stehen an einer Seite des Alamo Square.

Bilder links: San Francisco ist bunt. Das zeigt sich besonders im Frühling, wenn die blühenden Bäume und die Kirschblüten den bemalten Hausfassaden Konkurrenz machen.

○ TWIN PEAKS
Die berühmten »Zwillingshügel« laden zu einem Spaziergang ein. Über den Twin Peaks Boulevard gelangt man zum schönen Aussichtspunkt »Christmas Tree Point«.

○ NATURAL HISTORY MUSEUM
Touristen sind willkommen, das Naturgeschichte-Museum bietet ein Aquarium, ein Planetarium, einen Regenwald und die berühmte Afrikahalle.

○ MISSION DISTRICT UND MISSION DOLORES
Hier trifft Musik auf Multikulti sowie auf exotische Restaurants. Dieses von Einwanderern geprägte Stadtviertel entstand rund um das älteste erhaltene Bauwerk der Stadt, eine spanische Franziskaner-Missionsstation von 1776.

○ LOMBARD STREET
Bekannt geworden ist die Lombard Street als kurvenreichste Straße der Welt. Der berühmteste Teil der Straße liegt auf dem Russian Hill. Auf gerade mal 145 Metern verlaufen hier insgesamt zehn Kurven.

○ FINANCIAL DISTRICT
Man nennt sie auch »Wall Street des Westens«: Die Montgomery Street zählt zu den Hauptschlagadern des pulsierenden Finanzbezirks von San Francisco. Dort dominieren blank polierte Glasfronten die Skyline. Der 58-stöckige Millennium Tower irisiert in blauem Glas, während das Hochhaus der Bank of America rote Akzente aus Granit setzt. Heute hochmodern, reichen die Ursprünge des Viertels aber bis in die Mitte des 19. Jahrhunderts zurück.

○ TRANSAMERICA PYRAMID
Die Angst vor einem erneuten Erdbeben saß lange tief in den Bewohnern der Stadt, und so traute sich niemand, hohe Wolkenkratzer zu bauen. Doch der Druck, es New York oder Chicago gleichzutun, wuchs, und Anfang der 1970er-Jahre zog die kalifornische Stadt mit der Transamerica Pyramid nach. Im Volksmund »The Needle«, die Nadel, genannt, ragt sie 260 Meter empor. Mitschwingende Fundamente und seitlich angebrachte Gebäudeflügel sollen das 48 Stockwerke hohe Gebäude bei Beben sichern. Nur die Lobby im Erdgeschoss ist öffentlich zugänglich.

○ HAIGHT-ASHBURY
Mannshoch prangt das bunte Konterfei von Janis Joplin an der Wand, davor steht ein Mann mit schwarzer Gitarre und spielt »California Dreamin'«. Noch immer weht der Geist der Flower-Power-Bewegung in Haight-Ashbury, schließlich war der Stadtteil das Herzstück des »Summer of Love« im Jahre 1967. Musiker wie Jefferson Airplane oder The Grateful Dead verliehen dem Viertel in den 1970er-Jahren Kultstatus. Auch wenn inzwischen Rave und Groove in den Szenebars gespielt werden: Nirgendwo in San Francisco können die Besucher besser auf den Spuren der einstigen Blumenkinder wandeln.

○ TELEGRAPH HILL UND COIT TOWER
Dieser Aussichtsturm lässt mit seinen 68 Metern zwar nicht so umfassend über die Stadt blicken wie die Twin Peaks, der Ausblick ist aber dennoch atemberaubend.

AUSGEHEN

Craftsman and Wolfes // Kreativere Küche geht nicht! Craftsman and Wolfes haben mit »The Rebel Within« einen herzhaften Muffin erfunden, der über die Stadtgrenzen hinaus für Aufregung sorgte und noch auf Nachahmer wartet. Er umhüllt ein Ei, dessen Eigelb leicht zerfließt – wie man so etwas wohl backt?
// www.craftsman-wolves.com

Quince // Eine empfehlenswerte Adresse im oberen Preissegment ist das Quince, gekürt mit drei Michelin-Sternen. Die Qualität fängt dort bereits bei der Auswahl der Zutaten an, biologischer Anbau ist eine Selbstverständlichkeit.
// www.quincerestaurant.com

Wesburger'n'more // Das Motto des Lokals ist: Burger machen Spaß. Und das tun sie hier auch, denn sie präsentieren sich so variantenreich und schmackhaft, dass man am liebsten immer wieder kommen möchte.
// www.wesburgernmore.com

NOB HILL

Es heißt, die Preise sind hier so hoch wie die Hügel der Stadt. Dafür hat dieser Stadtteil aber auch einiges zu bieten: fein säuberlich gepflegte Straßen und Ladenfronten sowie historische, viktorianische Häuser und erstklassige Restaurants. Ein schöner Überblick über das Quartier offenbart sich am Huntington Park. Dort steht auch die Grace Cathedral, in der Keith Haring einen Altar gestaltet hat.

mammutbäume, die höchste Baumart der Erde, lässt Europäer nur staunen. Bis zu 115 Meter können diese Riesen in den Himmel wachsen. Und einige von ihnen sind sogar bis zu 800 Jahre alt. Das älteste Baumexemplar im National Monument soll sogar über 1100 Jahre alt sein.

SAUSALITO

Ein Abstecher in diese kleine Stadt am Rande der Bucht von San Francisco lohnt sich allein schon für den Wahnsinnsblick auf die Golden Gate Bridge. Ansonsten sind die unzähligen Hausboote der hiesigen Anwohner eine echte Attraktion.

SHOPPING

MARKET STREET

Auf der Market Street findet man Cafés, Restaurants und Dutzende Geschäfte. Ein Schaufensterbummel lässt sich gut zu Fuß erledigen, da die großen Geschäfte dicht nebeneinanderliegen.

UNION SQUARE

Ob Tag oder Nacht: Hier ist immer etwas los. Im ganzen Westen der USA findet man keine größere Dichte von Kaufhäusern, Boutiquen und Lokalen.

MAIDEN LANE

Das ehemalige Rotlichtviertel der Stadt ist heute die Heimat von unzähligen High-Fashion-Boutiquen. Hier tummelt sich die Crème de la Crème der Mode. Aber auch exklusive Kunst kann hier gekauft – oder auch nur bestaunt – werden.

WESTFIELD SAN FRANCISCO CENTRE

Das ist Einkaufen auf Amerikanisch: Statt gewachsener Fußgängerzonen erwartet Besucher hier ein schickes, neues Mallgebäude mit Coffeeshops und vor allem Modegeschäften.

AUSFLÜGE

MUIR WOODS

Nur 15 Kilometer von der Stadt entfernt findet man einen Park mit gigantischen Baumriesen. Die Küsten-

ÜBERNACHTEN

The Queen Anne Hotel // Goldrausch ist das Stichwort! Schwere Vorhänge, dicke goldene Bilderrahmen und kristallene Kronleuchter – das Queen Anne Hotel versetzt seine Gäste in die Zeit der 1890er-Jahre zurück. Afternoon Tea und ein Klavierzimmer gehören da natürlich auch dazu. Und angeblich gibt es sogar einen Geist aus der Viktorianischen Zeit.

// www.queenanne.com

The Good Hotel // Ein Konzept, dessen Nachhaltigkeit überzeugt, und das gleichzeitig bunt und lebensfroh ist. So sieht man es der Einrichtung und Ausstattung kaum an, dass der Großteil aus recyceltem Material gefertigt wurde.

// www.thegoodhotel.com

Hotel Triton // Wer ein Fan von Grau ist, sollte nicht im Hotel Triton einchecken, denn hier dominieren knallige Farben, die mutig kombiniert werden. Das eigene Fitnesscenter ist rund um die Uhr geöffnet.

// www.hoteltriton.com

SAN FRANCISCO

AUF KEINEN FALL VERPASSEN

ÜBER DIE GOLDEN GATE BRIDGE GEHEN
Vergessen Sie den Fotoapparat, wenn Sie über dieses Denkmal schlendern! Es wäre viel zu schade, den Ausblick zu verpassen, die frische Meeresluft nicht genießen zu können und die Augen nicht auf jedes Detail dieses Wahrzeichens zu richten. Fotos und Selfies können Sie nach Ende des Spaziergangs immer noch machen. Die beiden Hauptkabel der Brücke sind einen Meter dick und enthalten 128 744 Kilometer gebündeltes Stahlkabel. Auf der Marin Peninsula hat man den besten Ausblick auf das malerische Bauwerk. Sechs Fahrspuren in 67 Meter Höhe und ein Fußweg führen über die 2,7 Kilometer lange Golden Gate Bridge; bei der Einfahrt in die Stadt wird Brückenzoll erhoben.

SEEHUNDE AM PIER 39 BEOBACHTEN
Sie sind wahrscheinlich die entspanntesten Einwohner der Stadt. Die Seeriesen strahlen eine enorme Ruhe aus, wenn sie so genüsslich am Pier liegen, ihnen die Sonne auf den Bauch scheint und sie sich von keinem Touristen dabei aus der Ruhe bringen lassen. Für Fotos sind die Tiere übrigens immer gern zu haben.

MURAL ARTS IM MISSION DISTRICT BESTAUNEN
Hier ist Kunst etwas Lebendiges. Anwohner haben die Mauern der Stadt selbst gestaltet – und zwar so farbenfroh es nur geht. Bestaunen Sie die unzähligen Kunstwerke, entdecken Sie die Geschichten hinter den Bildern und lassen Sie sich von der prallen Farben- und Lebensfreude anstecken.

MIT EINEM CABLE CAR FAHREN
Genauso wie in Dutzenden Hollywood-Streifen können auch Sie ganz lässig in einer dieser berühmten Kabelstraßenbahnen lehnen und wie ein Einheimischer durch die Stadt chauffieren. Als Tourist entlarvt man Sie nur, wenn Sie davon ein Foto machen. Zur Blütezeit der Cable Cars Anfang des 20. Jahrhunderts ratterten 600 dieser an Busse erinnernden Wagen durch die Stadt. Das Erdbeben setzte dem Verkehrsboom 1906 jäh ein Ende, und 1947 wollte die Stadt die Cable Cars sogar komplett durch Buslinien ersetzen. Doch Bürgerproteste erreichten, dass das Klingeln der viktorianischen Wagen zumindest im Museumsbetrieb der Stadt erhalten bleibt.

KÖSTLICHES ESSEN VON EINEM FOOD TRUCK GENIESSEN
Auf den Märkten und Flohmärkten der Stadt stehen sie und locken mit appetitlichen Gerüchen und leckeren Gerichten: In San Francisco muss man mindestens einmal an einem dieser Food Trucks gespeist haben! Das ist eine kulinarische Pflicht.

#14 TOKIO

TOKIO, JAPANS HAUPTSTADT, IST DIE BEVÖLKERUNGSREICHSTE METROPOLE DER WELT. BIS DATO NUR EINE KLEINE FESTUNGSSTADT, WURDE EDO 1603 ZUERST ZUM POLITISCHEN ZENTRUM UNTER DER FEUDALHERRSCHAFT VON TOKUGAWA IEYASU. DANN, UNTER DEM NEUEN NAMEN TOKIO - ÖSTLICHE KAPITALE -, ZUR NEUEN HAUPTSTADT, ALS 1868 IM ZUGE DER MEJI-RESTAURATION DER KAISER SEINEN SITZ VON KYOTO NACH EDO VERLEGTE. DURCH DAS GROSSE ERDBEBEN VON KANTO 1923 UND 1945 DURCH LUFTANGRIFFE WURDEN WEITE TEILE DER HISTORISCHEN KAISERSTADT ZERSTÖRT. HEUTE BIETET TOKIO BESUCHERN GRENZENLOSE UNTERHALTUNG UND EINKAUFSERLEBNISSE, KULINARISCHE WIE KULTURELLE HÖHEPUNKTE. AUF DEN SPUREN DER GESCHICHTE WANDELT MAN IN VIERTELN WIE ASAKUSO, IN HISTORISCHEN TEMPELN, GÄRTEN UND MUSEEN. ÜBERRASCHEND SIND DIE VIELEN GRÜNFLÄCHEN IM ZENTRUM DER STADT. EINE WEITERE INTERESSANTE ERKENNTNIS: TOKIO IST LEISE!

Wie eine leuchtend rote Nadel sticht der Tokyo Tower aus dem Teppich der Stadt heraus. Vorbild war der Pariser Eiffelturm. Erbaut hat man den Turm in Tokio aber viel später, erst 1958. Seither verstellten immer mehr Wolkenkratzer im Stadtteil Shiba den Blick auf den Fernseh- und Aussichtsturm.

○ **ASAKUSA**
Das traditionelle Geschäfts- und Vergnügungsviertel Asakusa liegt im Shitamachi-District. Im früheren Rotlichtviertel begegnet man noch dem ursprünglichen Tokio. Wer auf die inzwischen zahlreichen Souvenirstände keinen Wert legt, kommt am Abend her, wenn die Tempel beleuchtet sind.

○ **SENSO-JI-TEMPEL**
Senso-ji in Asakusa ist einer der beliebtesten und farbenprächtigsten buddhistischen Tempel in Tokio. Der Legende nach zogen zwei Fischer im Jahr 628 eine Statue der Göttin Kannon aus den Fluten des Sumida. Sobald die Brüder die Statue zurück in den Fluss warfen, kam sie zu ihnen zurück. Kannon zu Ehren wurde Senso-ji errichtet. 645 fertiggestellt, ist er der älteste Tempel der Stadt.

○ **SKYTREE**
634 Meter ragt der Skytree, Japans höchstes Gebäude, gen Himmel. Verschiedene Aussichtsplattformen bieten spektakuläre Blicke über die Metropole und die gesamte Kanto-Ebene, wobei Besucher die beste Panoramasicht in 450 Meter Höhe auf der oberen Galerie mit ihren futuristischen, nach außen gewölbten Glasflächen genießen.

○ **KAISERPALAST**
Der Kaiserpalast, Residenz des Tenno, liegt im pulsierenden Zentrum Tokios. Einst hielten an dieser Stelle die Shogune des Tokugawa-Clans, die Japan von 1603–1867 beherrschten, Hof. Ihre wehrhafte Burg ist nicht erhalten. Den heutigen Palast umgeben aber noch mächtige Festungsmauern und ein breiter Burggraben, überspannt von der fotogenen Megane-bashi, der Brillenbrücke, die sich symmetrisch im Wasser spiegelt.

○ **NATIONALMUSEUM TOKIO**
Die größte Sammlung an Kunst und archäologischen Funden Japans ist hier zu sehen. Viele Exponate veranschaulichen japanische Traditionen wie die Schwerter-Kampfkunst der Samurai oder die Kalligrafie.

○ **GINZA**
Tokios exklusives Einkaufs- und Unterhaltungsviertel präsentiert sich großzügig, elegant und erstaunlich leise. Hier reihen sich in architektonischen Superlativen die Flagshipstores der internationalen Mode- und Kosmetikmarken aneinander. Schaufenster gleichen Theaterinszenierungen, das Trottoir einem Catwalk. Insbesondere, wenn die Zentralachse der Ginza in den Nachmittagsstunden für den Autoverkehr gesperrt wird und sich Flaneure ungehindert zwischen Boutiquen, Cafés und Kunstgalerien beiderseits der Straße bewegen können.

○ **SHIBUYA DISTRICT**
Shibuya, ein ganzer Stadtbezirk, doch meist ist nur die quirlige Einkaufs- und Unterhaltungsszene rund um den gleichnamigen Bahnhof gemeint. Es ist das bunteste und gleichzeitig lebhafteste Viertel Tokios, wo der Streetstyle junger Frauen und Männer die Szene beflügelt und zum Inkubator für Mode- und Entertainment-Trends wird. Zur Landmarke avanciert und Liebling von Fotografen aus aller Welt ist die Kreuzung am Bahnhofsausgang Hachiko mit ihren neongepflasterten, blinkenden Gebäudefassaden und ih-

WARUM IM FRÜHLING? WELCH EIN FEST! WIE EIN BIENENSTOCK BEGINNT DAS LAND ZU VIBRIEREN, SOBALD SICH MITTE MÄRZ DIE ERSTEN BLÜTEN IM SÜDEN JAPANS ZU ÖFFNEN BEGINNEN. ES WERDEN LIVE-TICKER ZUR KIRSCHBLÜTE EINGERICHTET- DAS SAGT WOHL SCHON ALLES. WENN DIE VOLLE BLÜTENPRACHT SICH ENTFALTET, STRÖMEN JUNG UND ALT INS FREIE UND FEIERN HANAMI, DAS KIRSCHBLÜTENFEST. AUF PLASTIKDECKEN WIRD UNTER DEN IN ALLEN WEISS- UND ROSANUANCEN LEUCHTENDEN BÄUMEN GEPICKNICKT, MIT DER GANZEN FAMILIE, MIT FREUNDEN, MIT KOLLEGEN. IN DEN GROSSEN STÄDTEN IST DIE STIMMUNG AUSGELASSEN WIE BEI EINEM RAUSCHENDEN VOLKSFEST. DIE BLÜTEN, IM JAPANISCHEN »SAKURA« GENANNT, STEHEN ZWAR FÜR ZARTHEIT, REINHEIT, SCHÖNHEIT UND VERGÄNGLICHKEIT. ABER ZUM KIRSCHBLÜTENFEST WERDEN VOR ALLEM DAS FRÖHLICHE MITEINANDER UND DER FRÜHLINGSBEGINN GEFEIERT. NUR ETWA ZEHN TAGE BLEIBEN PRO REGION, BEVOR DER WIND DIE BLÜTEN VON DEN BÄUMEN FEGT.

rer Flut von Menschen, die von grünen Ampeln regelmäßig auf die Straßen gespült wird.

○ FISCHMARKT IN TOYOSU

Nach 83 Jahren ist der größte Fischmarkt der Welt ans Meer umgezogen. Vielleicht etwas weniger urig, lohnt er dennoch einen Besuch, bei dem man die riesige Vielfalt an Meerestieren bestaunen kann!

○ MEIJI-SCHREIN

In einem künstlichen Wald, für den aus dem ganzen Land Bäume hergebracht wurden, entstand dieser Schrein für Kaiser Meiji und seine Frau. Sehenswert sind die gespendeten sorgfältig beschrifteten Sake-Fässer.

○ HAMARIKYU PARK

Durchatmen in einer grünen Oase! Die Teiche wurden ursprünglich für die Entenjagd angelegt. Heute gibt es hübsche Pavillons, in denen man Tee trinken kann. Unbedingt die 300 Jahre alte Pinie besuchen!

○ ROPPONGI

Hier gibt's Unterhaltung und Nachtleben pur! Besonders internationale Gäste fühlen sich in den Bars und Restaurants wohl. Der riesige Kultur- und Freizeitkomplex Roppongi Hills lockt mit Kino, Park, Restaurants und mehr.

○ TOKYO TOWER

Die Ähnlichkeit mit dem Eiffelturm ist nicht zu übersehen! Von oben hat man einen fantastischen Blick über die Stadt. In der »Foot Town« zwischen den Füßen des Turms gibt es ein Aquarium, Restaurants und zahlreiche Geschäfte.

○ UENO-PARK

Ueno ist der Park am Hang des Hügels, voller Geschichte und Poesie. Einst Teil des reichen Kan'ei-Tempels, während der Edo-Zeit vom herrschenden Tokugawa-Clan erbaut und in den Wirren des Boshin-Kriegs fast vollends zerstört. Der Park wurde später im westlichen Stil neu angelegt und 1873 der Öffentlichkeit zugänglich gemacht. Über 1000 Kirschbäume laden zum Spaziergang, Museen und Tokios ältester Zoo zum Besuch ein. Und während der Kirschblüte im März/April treffen sich hier die Japaner zu ihren Hanami-Feiern.

Links: Nachts werden die Bäume zum Hanami, zum Kirschblüten-Schauen, eindrucksvoll beleuchtet. Dabei gibt es typische Gerichte bei einem Picknick; meist isst und trinkt man unter guten Freunden oder mit Arbeitskollegen.

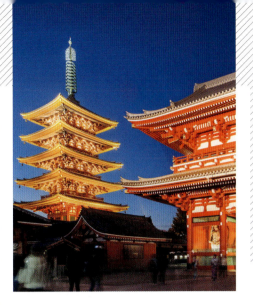

Der Tempelbezirk ist der älteste der Stadt, der Senso-ji ist der bedeutendste Tempel Tokios. Als Erstes treten Besucher durch das Kaminari-mon. Dann fällt ihnen die fünfstöckige Pagode direkt neben dem Tempel auf.

○ **SHINJUKU DISTRICT & PARK**

Willkommen im kontrastreichen Tokio! Die höchsten Wolkenkratzer und ein Rotlichtbezirk liegen direkt neben japanischen Gärten. Hier kann man die Kirschblüte einen ganzen Monat lang bewundern!

○ **AKIHABARA**

Benannt ist Akihabara nach einem früheren lokalen Heiligtum. Heute ist der Stadtteil im Zentrum der Stadt vor allem laut, schrill und schräg. Es ist das überdimensionale Schaufenster der Elektronikindustrie. Hier reiht sich ein Geschäft ans andere: Von der simplen Batterie bis zum State-of-the-Art-Fernsehbildschirm, von Retro-Videospielen bis zur Virtual-Reality-fähigen Konsole ist alles erhältlich. Die kühlen Glasfassaden sind überladen mit blinkender Leuchtreklame.

○ **TOKYO BAY**

Baden ist verboten, aber man kann am Strand entspannen und vieles mehr: über die Rainbow Bridge spazieren, Riesenrad fahren und den Tag auf dem World Trade Center oder einem Ausflugsschiff ausklingen lassen!

○ **NATIONAL MUSEUM OF NATURE AND SCIENCE**

Ein Museum der Superlative! Allein die zwei Etagen voller Dinosaurier sind unschlagbar. Natur und wissenschaftliche Errungenschaften kann man interaktiv erleben.

○ **HARAJUKU DISTRICT**

Die Jugend trifft sich in Shops oder Fast-Food-Läden der Takeshita-dori. Auch ältere, gut betuchte Kundschaft wird hier fündig. Für Kulturfans lohnt ein Besuch im Ota-Memorial-Kunstmuseum.

○ **TOKYO DISNEYLAND**

Das zweitkleinste Disneyland versprüht typische Disney-Magie. Die Themenparks mit Achterbahnen und Paraden lassen die Herzen von Disney-Fans höher schlagen.

○ **EDO-TOKYO-MUSEUM**

Auf geht's zu einer Zeitreise! Anhand von liebevoll gebauten Modellen und nachgestellten Szenen kann man viel über das frühere Leben in Tokio, damals Edo, und über alte Traditionen lernen.

AUSGEHEN

Lokale in Omoide Yokocho // Ein Labyrinth aus schmalen Gassen, malerisch vom sanften Licht traditioneller Papierlaternen erhellt, nur hier und da eine moderne Leuchtreklame. Vielmehr machen hübsche Stofffahnen mit japanischen Lettern Werbung für das Angebot der unzähligen kleinen Restaurants, die sich in Omoide Yokocho eng aneinanderschmiegen. Es sind beliebte und zwanglose Treffpunkte zur Mittagszeit oder nach der Arbeit.

Gomaya Kuki // Keiner sollte Tokio verlassen, ohne einmal ein Sesameis probiert zu haben. Besonders gut schmeckt es bei Gomaya Kuki. Eine weitere Spezialität des gemütlichen Cafés sind Marmor-Käsekuchen – auch dabei spielt Sesam eine Hauptrolle.

// www.gomayakuki.jp

Ninja Akasaka Restaurant // Im Ninja Akasaka wird das Essen zum Erlebnis. Von Ninjas wird man über enge Treppen, durch Falltüren und verborgene Räume zu seinem Tisch gebracht, das Essen erinnert an Wurfsterne, die Atmosphäre ist von Spannung erfüllt.

// www.ninjaakasaka.com

Über die Kreuzung von Shibuya, den wohl am meisten frequentierten Zebrastreifen der Welt, gehen zeitweise über 1000 Menschen gleichzeitig. In all dem Chaos und zwischen den Menschenmassen geht das Überqueren der Straße aber vollkommen geregelt und ruhig vor sich – typisch japanisch eben.

SHOPPING

○ **CAT STREET**
Der Name ist Synonym für trendy, jung und extravagant! Besonders wer auf der Suche nach origineller Kleidung ist, wird fündig.

○ **ORIENTAL BAZAAR**
Japan für zu Hause! Auf drei Etagen gibt es traditionelle Gegenstände. Antike oder moderne Kimonos, Porzellan, Papier, Stoffe, Spielzeug, Lack-Objekte oder japanische Schirme – hier findet man alles.

○ **GINZA DISTRICT**
Im nobelsten Einkaufsviertel Tokios sind alle internationalen Mode- und Kosmetikmarken vertreten. Elegant: das Traditionskaufhaus Wako.

○ **ODAIBA ISLAND**
Die Insel hat alles – Sehenswürdigkeiten, tolle Geschäfte und im Seaside Park sogar einen Strand! Bei Regen – und auch sonst – geht man in die Einkaufszentren Aqua City, Diver City oder Decks.

AUSFLÜGE

○ **FUJI**
Der Fuji ist das Wahrzeichen Japans, und schon der Anblick bei klarer Sicht erzeugt Glücksgefühle. Von verschiedenen Stellen aus kann man den rund 3700 Meter hohen Vulkan besteigen. Der Ausblick und das erhabene Gefühl entschädigen für alle Strapazen.

○ **KAMAKURA**
Nur eine Zugstunde entfernt vom Trubel der Megacity Tokio lohnt ein Besuch im beschaulichen Kamakura. Uralte Tempel, wunderschöne Gärten und eine beeindruckende Buddha-Statue zeugen von längst vergangenen Zeiten. Den schönen Strand nicht vergessen!

ÜBERNACHTEN

In einem Kapselhotel schlafen // Gewöhnungsbedürftig, aber preisgünstig! Die Kapseln sind geräumig, allerdings wird das Gepäck in einen separaten Spind geschlossen. Klimaanlage, WLAN und TV gehören zum Standard, für Privatsphäre ist gesorgt.

Henn na Hotel // Wer gern ein bisschen die Luft der Zukunft schnuppern will, kann hier einchecken – und zwar nicht bei einer Rezeptionistin, sondern bei einem Roboter in Gestalt eines Dinosauriers. Die Automatisierung geht weiter, statt mit Schlüsseln gelangt man per Gesichtserkennung in die Räume, ein digitaler Concierge informiert über Sehenswürdigkeiten.

// www.h-n-h.jp

Park Hotel // Themenhotels in Tokio sind meistens verrückt oder kitschig. Aber dass ein Zimmer auch bemalt sein kann, ohne eine der beiden Kategorien zu erfüllen, beweist das Park Hotel. Die Artist Rooms sind alle auf eine eigene Art besonders.

// www.parkhoteltokyo.com

TOKIO

AUF KEINEN FALL VERPASSEN

SUSHI GENIESSEN
In Japan Sushi zu essen, ist anders als zu Hause! Das Land der Perfektion hat auch die Kunst der Essenszubereitung auf ästhetische Spitzen getrieben. Sushi besteht vornehmlich aus Reis und Fisch, doch das Geheimnis liegt im Detail. Sowohl das Kochen des Reises als auch die Fischauswahl und -zubereitung gelten als Meisterkunst, die nicht jedem Möchtegern-Koch offensteht. Und schon gar keiner Köchin. Frauen ist der Weg zum Sushikoch nämlich verwehrt. Falls man im berühmten Sushi Dai am Fischmarkt einen Platz bekommt, wird man die Spezialität danach nirgends anders mehr essen wollen. Einen Versuch in den Edellokalen der Viertel Roppongi und Ginza sollte man aber wagen!

BOOTSFAHRT AUF DEM FLUSS SUMIDA
Auf unterschiedlichen Routen kann man Tokio per Fähre vom Wasser aus bewundern. Entspannen, die Skyline genießen und aussteigen, wo es gefällt. Am letzten Juli-Wochenende gibt's ein Feuerwerk über dem Fluss!

THEMEN-CAFÉS BESUCHEN
Hier muss niemand alleine Kaffee trinken! Je nach Vorliebe hat man Igel, Eulen oder Katzen zur Gesellschaft am Tisch oder im Raum. Manche Tiere kann man streicheln, von anderen Fotos machen. Oder vielleicht doch lieber ins Vampir- oder »Alice im Wunderland«-Café gehen?

EIN SUMO-TURNIER ERLEBEN
Seinen Ursprung hat der Ringkampf Sumo als Darbietung zur Unterhaltung von Shinto-Gottheiten. Heute ist er japanischer Nationalsport. Viele der mit dem Sumo verbundenen Rituale sind religiösen Ursprungs, etwa die noch heute praktizierte Reinigung des Kampfrings mit Salz. Die Ringkämpfe dauern den ganzen Tag, aber nachmittags ist die Stimmung besser. Tickets gibt es ab rund 19 Euro, um den Kraftprotzen zuzusehen. Die erste Liga und die Meister steigen am Ende des Tages in den Ring.

IM DIGITAL ART MUSEUM TRÄUMEN
Im »teamLab Borderless«, dem grenzenlosen Museum, wird der Besucher eins mit der Kunst. Durch rund 500 Projektoren entstehen virtuelle Naturlandschaften, bunte Traumwelten, die man durchwandern und berühren kann.

SOMMER

»Stadt des Lichts« wird Lissabon auch genannt – und das zu Recht, wie besonders die warmen Sommermonate zeigen, wenn die weißen Fassaden in der Sonne strahlen.

#15 BRÜSSEL

HAUPTSITZ DER EU UND VIELER INTERNATIONALER ORGANISATIONEN: DIE BELGISCHE HAUPT- UND RESIDENZSTADT PRÄSENTIERT SICH ALS WAHRE WELTSTADT. GROSSARTIGE SEHENSWÜRDIGKEITEN MACHEN SIE ZUM TOURISTENMAGNETEN. GOTIK UND BAROCK SOWIE DIE BAUSTILE DES 19. UND 20. JAHRHUNDERTS HABEN DAS STADTBILD VON BRÜSSEL GEPRÄGT. DIE HISTORISCHE ENTWICKLUNG IST AUCH DER BESTE WEGWEISER FÜR EINE STADTBESICHTIGUNG. SO WIRD MAN MIT DER ÜBERSCHAUBAREN ALTSTADT UM DIE GRAND-PLACE BEGINNEN. HIER IST BRÜSSEL ELEGANT UND MONDÄN. RUND UM DIE ALTSTADT DOMINIERT DAS 19. JAHRHUNDERT MIT SEINEN PRUNKBAUTEN, BOULEVARDS UND PARKS, DIE DIE NEUE HAUPTSTADT DES 1830 GEGRÜNDETEN KÖNIGREICHS REPRÄSENTATIV MACHTEN.

Oben: Touristische Hauptattraktion, UNESCO-Weltkulturerbe und pulsierendes Herz der Stadt: Die Grand-Place zählt zu den schönsten Plätzen Europas.

Linke Seite: Das dominierende Bauwerk auf der Grand-Place ist das reich dekorierte Rathaus (Hôtel de Ville/Stadhuis) aus dem 15. Jahrhundert mit dem 96 Meter hohen Belfried (Glockenturm), das ein Musterbeispiel der Brabanter Spätgotik ist.

○ GRAND-PLACE

Der Grote Markt – oder die Grand-Place – in Brüssel gehört mit seinem einzigartigen Ensemble aus öffentlichen und privaten Gebäuden zu den schönsten Plätzen der Welt. Victor Hugo bezeichnete den Platz als »ein wahres Wunder«. Er misst lediglich 110 Meter in der Länge und 68 Meter in der Breite, doch die dichte Bebauung mit Zunfthäusern rund um das Rathaus macht ihn zu einem der schönsten Architekturkomplexe in ganz Europa. Zentrum des Platzes ist das siebenstöckige Rathaus.

○ RUE DES BOUCHERS

Die Rue des Bouchers, eine malerische Seitenstraße der Grand-Place, ist Brüssels legendäre »Fressgasse«: Die Auslagen quellen über von Hummer und allerlei anderem Meeresgetier, ein Restaurant reiht sich ans andere, und natürlich werden hier nicht nur Pommes frites aufgetischt, Belgiens Nationalgericht, sondern Spezialitäten aus aller Welt. Da ist für jeden Geschmack etwas dabei, und nicht alle Restaurants sind teuer. Wenn an lauschigen Abenden die Tische im Freien voll besetzt sind, ist kaum ein Durchkommen. Dann nimmt man kaum noch wahr, wie prachtvoll die alten Häuser hier sind, im »Bauch von Brüssel« und auf historischem Boden, wo die Fleischer bereits im Mittelalter in der Rue des Bouchers/Beenhouwersstraat ansässig waren.

○ MANNEKEN PIS

Die bronzene Brunnenfigur des pinkelnden Knaben »Manneken Pis« (1619) ist das beliebte Wahrzeichen von Brüssel. Manchmal wird sie bekleidet, etwa mit dem Trikot der Nationalmannschaft, wenn ein Länderspiel ansteht.

○ JUGENDSTILBAUTEN VON VICTOR HORTA

Mit seinen Stadtpalästen und Wohnhäusern schuf Victor Horta (1861–1947) in Brüssel ein einzigartiges architektonisches Ensemble früher Jugendstilbauten in Europa. Die Hotels Tassel, Solvay und van Eetvelde sowie das Wohnhaus und Atelier des belgischen Architekten sind frühe Beispiele urbaner Wohnhäuser, bei denen er die Gestaltungsprinzipien des Art nouveau in immer neuen Variationen artikulierte.

BRÜSSEL

WARUM IM SOMMER? IM SOMMER WIRD IN GANZ FLANDERN GEFEIERT. HIER FINDET JEDER SEIN GENRE UND DIE EIN ODER ANDERE NEUE LIEBLINGSBAND. IN BRÜSSEL TREFFEN SICH DIE UNTERSCHIEDELICHSTEN STILRICHTUNGEN VON JAZZ BIS RAP AUF DEM BRUSSELS SUMMER FESTIVAL. GENT TRUMPFT MIT DEM FLANDERN FESTIVAL UND DEM ODEGAND AUF UND VERWANDELT SICH IM JULI IN EIN GROSSES VOLKSFEST MIT UMZÜGEN, KONZERTEN UND ATTRAKTIONEN. DAS BEKANNTESTE FESTIVAL IST JEDOCH DAS TOMORROWLAND IN ANTWERPEN, DAS JÄHRLICH ÜBER 1000 MUSIKER ANZIEHT.

Bilder links: Shoppen und lecker speisen kann man in den Galeries Royales St. Hubert, eine der ältesten – und schönsten – Einkaufsgalerien der Welt im Herzen der Altstadt. Oben: das Wahrzeichen des modernen Brüssel, das Atomium. Sechs der neun Kugeln dieses überdimensionalen Modells eines Eisenkristalls sind begehbar und bieten tolle Ausblicke.

BRÜSSEL

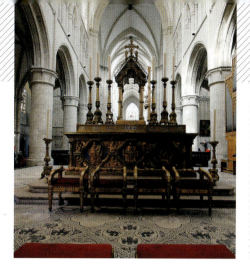

Links oben: Neben all der Pracht zwischen Grand-Place und Königs- und Justizpalast zeichnet sich Brüssel durch pittoreske Gassen aus.

Rechts: Blick ins Mittelschiff der Kathedrale mit Altar und dem herrlichen Kreuzrippengewölbe.

○ BÖRSE

In den 1850er- und 1860er-Jahren, als das junge Königreich Belgien seinen ersten Wirtschaftsboom erlebte, wurde klar, dass die Börse ein neues, großes Gebäude in zentraler Lage brauchte. Es sollte sowohl repräsentativ als auch zweckmäßig sein, um der wachsenden Bedeutung des Finanzmarktes gerecht zu werden. 1865 beauftragte die Stadt den Architekten Léon Suys mit der Planung. Als Standort wurde der einstige Buttermarkt am Anspach Boulevard gewählt. Heute zählt La Bourse zu den markantesten Bauwerken der Altstadt.

○ KATHEDRALE

Der Dom des Erzbistums Brüssel-Mechelen, Schauplatz von königlichen Hochzeiten und Staatsbegräbnissen, zählt zu den herausragenden Werken der Gotik in Brüssel. Fast 300 Jahre lang (ab 1226) hat man an diesem mächtigen dreischiffigen Gotteshaus mit dem hohen Kreuzrippengewölbe gebaut. Da der Innenraum 1579 von Bilderstürmern heimgesucht wurde, ist die jetzige Ausstattung überwiegend späteren Datums. Besondere Aufmerksamkeit verdienen die zwölf Apostelfiguren (17. Jahrhundert) an den Säulen sowie die geschnitzte Barockkanzel.

○ KÖNIGSPALAST

In der zweiten Hälfte des 19. Jahrhunderts gehörte Belgien zu den reichsten Ländern der Welt. Das sollte nach außen auch sichtbar sein. Leopold I. bezog die Brüsseler Residenz seines Vorgängers, des niederländischen Königs. Mehrfache Um- und Ausbauten, vor allem unter Leopold II. (reg. 1865–1909), schließlich die neubarocke Gestaltung Anfang des 20. Jahrhunderts ließen den heutigen Königspalast entstehen, in dem sich nach wie vor die königlichen Büros befinden. Bis zum Tod Königin Astrids 1935 diente der Palast als Residenz. König Leopold III. siedelte daraufhin nach Schloss Laeken über, wo die königliche Familie seitdem innerhalb der Domaine Royal im Norden Brüssels residiert. Innerhalb dieser Anlage befinden sich auch die unter König Leopold II. entstandenen königlichen Gewächshäuser.

○ JUSTIZPALAST

Bei der Einweihung 1883 war er das größte Gebäude der Welt. Und auch heute beeindruckt der Brüsseler Justizpalast (Palais de Justice/Justitie-paleis) an der Place Poelaert schon durch seine Baumasse, die

AUSGEHEN

Brüssel: Bonnefooi // Das Bonnefooi ist ein Magnet für die Studenten Brüssels und für alle, die gern Musik entdecken. In der Bar wird nicht nur in freundschaftlicher Atmosphäre getrunken, später getanzt, sondern vor allem von den verschiedensten DJs und Bands live aufgelegt und musiziert.

// www.bonnefooi.be

Délirium Café // Es gibt unzählige Möglichkeiten, in Brüssel Bier zu trinken. Ein absolutes Highlight ist für Bierliebhaber aber sicherlich das Délirium Café: Mit über 2000 verschiedenen Sorten und Geschmäckern aus aller Welt (von klassisch-herb bis schokoladig-vollmundig) hat es die Bar sogar schon ins Guinnessbuch der Rekorde geschafft. Sie befindet sich in einem Kellergewölbe aus dem 18. Jahrhundert – mitten im historischen Innenstadtviertel Îlot Sacré.

// www.deliriumvillage.com

Le Chou de Bruxelles // Typisch belgisches Essen mitten in Brüssel: Unter anderem geben die rund 30 Muschelgerichte einen repräsentativen – und schmackhaften – Eindruck der belgischen Küche ab.

// www.lechoudebruxelles.be

sich auf einer Grundfläche von 160 auf 150 Metern erhebt und von einer kolossalen Kuppel gekrönt ist. 17 Jahre betrug die Bauzeit, 360 000 Kubikmeter Mauerwerk wurden rund um die acht Innenhöfe errichtet, 65 000 Ladungen mit je zehn Tonnen waren notwendig, um das Baumaterial zu transportieren, fast 100 Meter hoch ist der Kuppelsaal.

○ **QUARTIER EUROPÉEN**
Wenn es heißt, etwas sei in »Brüssel« beschlossen worden, denkt keiner an die belgische Hauptstadt, sondern an die EU, die hier ihren Hauptsitz hat: im Europaviertel am westlichen Ende der Ausfallstraße Rue de la Loi/Wetstraat. Den kreuzförmigen Turmbau der Europäischen Kommission, das Berlaymont-Gebäude, eine Monstrosität der 1960er-Jahre, sieht man schon von Weitem. Jüngeren Datums, aber nicht weniger monumental ist das Justus-Lipsius-Gebäude (1995), Sitz des Europäischen Rates mit einer Gesamtfläche von über 200 000 Quadratmetern.

○ **ATOMIUM**
Einer der wahnwitzigsten Bauten der Welt entstand aufgrund der Weltausstellung 1958: Das 102 Meter hohe Atomium, ein Symbol des Atomzeitalters, wurde zum Wahrzeichen Brüssels. Es stellt eine 165-Milliarden-fache Vergrößerung der Zelle eines Eisenkristalls dar und bietet Aussichtsetagen und Restaurants in schwindelerregender Höhe.

ÜBERNACHTEN

Brüssel: Hotel NH Bloom // Das Bloom ist ein hippes Stadthotel in der Nähe der botanischen Gärten. Ein Highlight ist zweifelsohne der eigene Waffelwagen, der das Frühstück echt belgisch macht.
// www.nh-hotels.de/hotel/nh-brussels-bloom

Made in Louise // Wie der Name schon sagt, liegt dieses Boutique Hotel im relativ ruhigen Stadtteil Louise. Das Jugendstilhaus aus dem 20. Jahrhundert beherbergt 48 Zimmer, die allesamt liebevoll sowie mit eleganter Note von der Familie Duchateau ausgestattet wurden.
// www.madeinlouise.com

Meininger Hotel // Das Hotel ist in einem ehemaligen Brauereigebäude aus dem Jahr 1912 untergebracht. Es liegt nur wenige Meter vom Quai entfernt: Ein kleiner Spaziergang über den Canal Bruxelles-Charleroi und schon steht man mitten auf dem Grote Markt.
// www.meininger-hotels.com

SHOPPING

○ **BRÜSSEL: MARCHÉ DU MIDI**
Jeden Sonntag geht es rund in Brüssel: Der drittgrößte Markt Europas findet statt, und nicht nur die Touristen machen ihn international. Produkte aus der ganzen Welt werden hier gehandelt, von Gewürzen über Gemüse bis hin zu Leder- und Stoffwaren. Dabei kann es schon mal lauter werden, wenn sich die Händler gegenseitig im Anpreisen der Waren übertrumpfen.

○ **RUE ANTOINE DANSAERT**
Die vom Kanal bis zur Börse reichende Rue und ihre netten Nebenstraßen haben hippe flämische Läden, in denen man gut einen ganzen Nachmittag verbringen kann. Bekannte belgische Modeschöpfer wie Jean-Paul Knott unterhalten hier ihre Trendboutiquen.

○ **GALERIES ROYALES ST. HUBERT**
Auf keinen Fall sollte ein Bummel durch die denkmalgeschützten Galeries fehlen – eine der ältesten und schönsten Galerien Europas! Hier findet man ausgefallene Kleidung, Schmuck, Cafés, belgische Schokolade und Pralinen sowie weitere nette Souvenirs für jeden Geldbeutel. Wer genau hinschaut, entdeckt selten gewordene Gewerbe wie den Handschuh-, Hut- oder Regenschirmladen.
// www.grsh.be

BRÜSSEL

AUF KEINEN FALL VERPASSEN

EIN SOMMERTAG IM JUBELPARK
Der Jubelpark oder Parc du Cinquantenaire in Brüssel ist auch für Einheimische ein beliebter Treffpunkt. Besonders im Sommer kommt man hier zusammen für ein gemütliches Picknick unter schattigen Bäumen oder einen ausgedehnten Spaziergang. Aber nicht nur Ruhe in der Natur findet man hier, sondern auch Museen und vor allem den prächtigen Triumphbogen. Jahrelang gesperrt für den öffentlichen Besuch war der Pavillion des passions humaines, der Grund dafür war das seinerzeit zu skandalöse Relief von Jef Lambeaux im Inneren des Tempels.

EUROPA EN MINIATURE IN BRÜSSEL
Keiner kann alle Sehenswürdigkeiten Europas an nur einem Vormittag besuchen. Es sei denn, man kommt in den Miniaturpark in Brüssel. Für Groß und Klein gibt es hier viel zu entdecken, verschiedenste Attraktionen laden zum Mitmachen ein und für die Erwachsenen gibt es ein wenig politische Bildung in ansprechenden Themenkatalogen zur Europäischen Union.

NÄCHTLICHE PADDELTOUR
Die Grachtentouren mit Booten sind bereits nahezu ein Muss bei jedem Brüssel-Besuch. Wem das zu normal ist, der sollte eine Stand-Up-Paddling-Tour durch Gent machen, und zwar zu keiner anderen Zeit als nachts. Da ist man ungestört, und die mittelalterlichen Bauten sind wunderschön angeleuchtet.

DEN GAUMEN VERWÖHNEN
Wer Zeit in Brüssel verbringt, ohne ein einziges Mal eine Konfiserie aufgesucht zu haben, verpasst etwas. Die Pralinen hier sind vieles, aber gewiss nicht langweilig. Mit Zutaten wie Tomatenchutney, schwarzem Pfeffer oder Limetten machen die Chocolatiers eine jede zu einem Kunstwerk, das man sich auf der Zunge zergehen lassen kann.

EINE BRAUEREI BESUCHEN
Jeder, der Bier mit Bayern verbindet, wird in Belgien eines Besseren belehrt. Die Vielfalt an Sorten ist so enorm wie die Anzahl an Brauereien. Grund genug, bei der Herstellung zuzuschauen. Außerdem gibt es unter dem Jahr immer wieder verschiedene Bierfestivals, bei denen sich sowohl belgische als auch internationale Brauereien präsentieren.

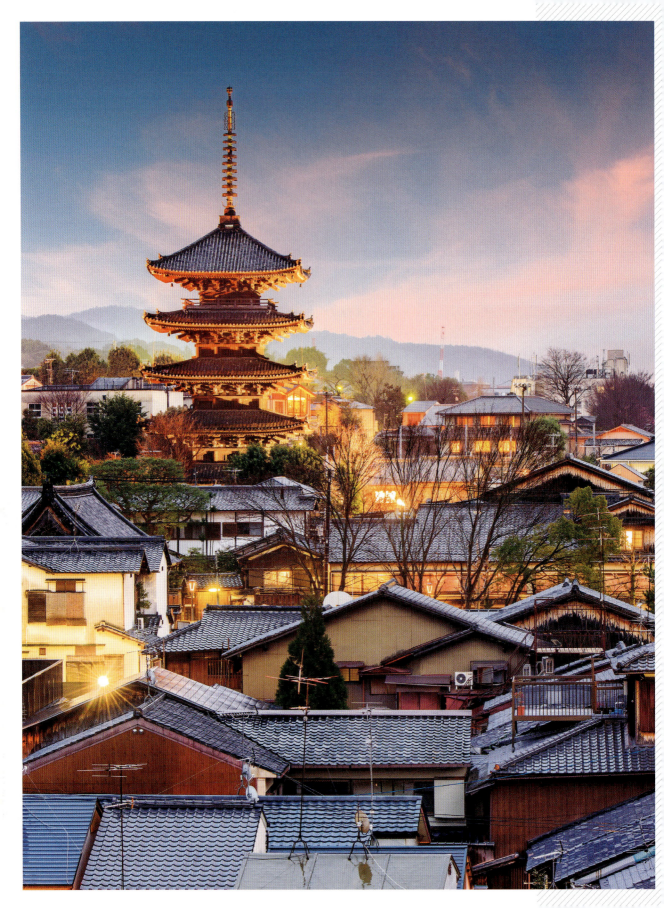

#16 KYOTO

DAS ALTE JAPAN IST IN KYOTO SPÜRBAR WIE DAS ALTE EUROPA IN WIEN. ES BRAUCHT EINIGE TAGE, UM DIE STADT IN VOLLER INTENSITÄT ZU GENIESSEN. VIELES GEHÖRT ZUM UNESCO-WELTKULTURERBE WIE DER VIEL BESUCHTE KIYOMIZU-TEMPEL IM HISTORISCHEN HIGASHIYAMA-VIERTEL, HOCH OBEN INMITTEN VON KNORRIGEN AHORNBÄUMEN, DEREN KRONEN IM HERBST IN FLAMMEN ZU STEHEN SCHEINEN. DIE UNZÄHLIGEN TEMPEL UND SCHREINE, VERSTECKT IN VERWINKELTEN GASSEN ODER VERGOLDET ÜBER EINEM SEE THRONEND, BERGEN EINE GANZ EIGENE KRAFT, DIE AUCH NICHT-SPIRITUELLEN BESUCHERN SPÜRBAR WIRD.

Linke Seite: In der Altstadt, dem Higashiyama-Viertel, weht noch der Wind des alten Kyoto: enge Gässchen mit Kofsteinpflaster, traditionelle Holzhäuser, Straßen zum Teil ohne Telefonleitungen. Im Bild: Yasaka-Pagode.

Rechts oben: Die hölzerne Terrasse des Kiyomizu-dera ist 13 Meter hoch; sie ist beliebt wegen des einmaligen Weitblicks über die darunterliegende Stadt.

Rechts unten: Zwischen der Shijo-dori und der Sanjo-dori findet man die besten Restaurants der Stadt. Die Lokale und Teehäuser reihen sich hier wie Perlen an einer Schnur aneinander.

○ **FUSHIMI INARI TAISHA**

Zinnoberrot leuchten Tausende von Torii entlang des Hanges, den der Fushimi Inari Taisha krönt. Der Schrein huldigt Inari, der Shinto-Gottheit des Reises, des Wohlstands und der Füchse. Entsprechend viele steinerne Füchse sind auf dem großen Areal verteilt, rotbelatzte Wächter mit listigem Blick. Als einer der bekanntesten Inari-Schreine Japans ist er tagsüber überfüllt, und trotzdem finden sich Momente der Andacht an einem der zahlreichen Seitenaltäre und Schreine, von schönen Fotomotiven ganz zu schweigen. Apropos Fotos: Wer die besondere Stimmung zwischen den Toren ungestört einfangen will, muss vor sieben Uhr da sein.

○ **KINKAKU-JI**

Den Namen »Goldener Pavillon« trägt er nicht zu Unrecht: Die beiden pagodenhaft errichteten Stockwerke des Kinkaku-ji glänzen komplett mit Gold verziert in der japanischen Sonne. Der Tempel ist das Abbild einer goldenen Zeit, in der Ashikaqa Yoshimitsu als Shogun regierte. Ende des 14. Jahrhunderts ließ sich der zeitlebens als Kunstförderer tätig gewesene Herrscher einen würdigen Alterssitz errichten.

○ **KIYOMIZU-DERA**

»Reines Wasser« – der Name des Tempels lehnt sich an den Wasserfall an, der sich auf dem Gelände der Anlage befindet. Noch heute gehört es für die Besucher zum Ritual, mit einer Kelle Wasser aus dem Wasserfall zu schöpfen und zu trinken. Das soll Gesundheit und ein langes Leben garantieren. Das Zentrum der Tempelanlage ist neben der Schöpfstelle die Haupthalle samt ihrer vorgelagerten Terrasse. Rund 13 Meter ragt die Konstruktion über dem Erdboden empor. Von der Terrasse aus hat man eine wunderbare Aussicht.

○ **PONTOCHO**

Es lohnt sich, des Japanischen mächtig zu sein. Dann lässt sich im In-Viertel Pontocho an einem heißen Sommerabend ein Platz für einen Restaurantbesuch über dem Kamogawa-Fluss reservieren. Ab Mai installieren die flussseitigen Locations schwimmende Holzdecks über dem Wasser, um ganz ohne Klimaanlage herrliche Kühleffekte zu erzielen. »Kawayuka« heißt diese Art zu dinieren, und sie ist äußerst beliebt. Auch ohne Kawayuka kann man in allen Preisklassen und Geschmacksrichtungen in Pontocho speisen, in den

WARUM IM SOMMER? ES GIBT IN JAPAN VIELE VERSCHIEDENE WEISEN, DIE GÖTTER, GEISTER UND AHNEN MILDE ZU STIMMEN. DAS GIGANTISCHE FEST GION MATSURI IN KYOTO GEHÖRT DAZU; IMMERHIN FEIERT MAN ES SCHON SEIT DEM JAHR 869. ANFANGS SPORADISCH IN SCHLECHTEN ZEITEN, SPÄTER ZUM JÄHRLICHEN EREIGNIS GEKÜRT, IST ES MITTLERWEILE ZU EINEM DEN GANZEN JULI PRÄGENDEN SPEKTAKEL AVANCIERT, MIT ZWEI RIESIGEN FESTUMZÜGEN, VON TAGELANGEN FEIERN GESÄUMT. ZU DEN FESTUMZÜGEN, DEN YAMABOKO JUNKO, WERDEN URALTE WAGEN, EINIGE MIT GÖTTLICHEN PUPPEN IN EINER ZUVOR AUSZULOSENDEN REIHENFOLGE DURCH DIE STRASSEN GETRAGEN. DIE WAGEN SIND KUNSTVOLL BEMALT UND AUSSTAFFIERT, AUF MANCHEN SITZEN ENSEMBLES ZUR UNTERMALUNG DES GANZEN MIT TRADITIONELLER JAPANISCHER MUSIK.

schmalen Gässchen, in denen ein Lokal neben dem anderen liegt. Mit der hereinbrechenden Dunkelheit beginnen die weißen, roten und gelben Papierleuchten, ihr mildes Licht auf die Gassen zu werfen, und aus den Eingängen dringen vielschichtige Gerüche.

○ HIGASHIYAMA-VIERTEL

Wenn an den ersten Frühlingstagen zierliche Japanerinnen in hellen bestickten Kimonos durch eines der schönsten Viertel Kyotos zu wandeln beginnen, ist es, als wäre die Zeit vor 100 Jahren stehen geblieben. Die alten Holzhäuser, die gepflasterten Gassen, in denen vielerorts keine Autos fahren, am Fuße des Kiyomizu-Tempels, die winzigen Läden, wo es den besten Kaffee der Stadt geben soll – all das fügt sich ein in das Bild einer langsameren Gangart als in anderen Teilen des Landes, die in die Zukunft vorauszueilen scheinen. Die ungezählten kleinen Tempel und Schreine im Viertel wie der inmitten eines berühmten Steingartens ruhende Kodai-ji runden den Eindruck ab.

○ RYOAN-JI

Schön ist nicht immer das, was auf den ersten Blick perfekt aussieht. Im ästhetischen Konzept der Japaner spielt gerade die Unvollkommenheit eine Rolle. Wabi-Sabi nennen sie diese eng mit dem Zen verwandte Wahrnehmungsweise. Was sie damit gemeint haben könnten, zeigt sich deutlich im Garten des Ryoan-Tempels: Er gilt als ein Meisterwerk der Zen-Gärten, auch Kare-san-sui genannt, und zeichnet sich durch seine Schlichtheit aus. Die Anlage aus der Mitte des 15. Jahrhunderts ist die wichtigste Sehenswürdigkeit des Tempels. Was auf den ersten Blick vielleicht karg und eintönig aussehen mag, erschließt sich bei längerem, kontemplativem Betrachten als ganz eigene Welt. Die geharkten Linien werden zu Wellen, kleine Kiesel werfen lange Schatten, und das Moos schillert in allen Grüntönen. Erst mit Ruhe entpuppt sich das so einfach Geglaubte als großes Kunstwerk.

○ GINKAKU-JI

Inspiriert von der goldenen Pracht des Kinkaku-ji, ließ Yoshimitsus Enkelsohn Ashikaga Yoshimasa ebenfalls ein Monument errichten. Ganz mit Silber verzieren wollte er es, analog zum Goldenen Tempel. Der Shōgun legte auf Details sehr viel Wert und verfing sich derart im eigenen Perfektionismus, dass der Tempel zu seinen Lebzeiten nicht fertiggestellt werden konnte. Deswegen blieb er ohne die angedachte ver-

Bilder links: Jeweils drei Tage vor den eigentlichen Umzügen verwandelt sich die Innenstadt in ein unbeschreibliches Gewoge aus Menschen, kleinen Essständen, bunten Lampions, Gesang, Geklimper, Gerüchen. Viele japanische Besucherinnen tragen ihre schönsten Sommer-Kimonos (Yukata).

Rechts oben: Der Silberne Pavillon des Ginkaku-ji verschmilzt mindestens genauso gekonnt wie sein Pendant, der Goldene, mit der ihn umgarnenden Parklandschaft. Vor allem im Herbst kontrastieren das dunkle Holz und das Weiß des Tempels mit dem bunten Laub im Garten.

Rechts unten: Nach 1408 wandelte man die ehemalige Residenz Kinkaku-ji des Ashikaga Yoshimitsu in einen Zen-Tempel um. Die oberen beiden Stockwerke des Goldenen Pavillons sind komplett mit Goldplättchen verziert.

silberte Verzierung. Heute wartet das Gebäude aus der Muromachi-Zeit im 15. Jahrhundert als Besonderheit mit einem der ältesten Räume für eine japanische Teezeremonie auf.

○ TENRYU-JI

Ein Teich in einem echten altjapanischen Garten ist nicht einfach ein Teich. Er ist ein Zeichen: Kokoro. Wie das japanische Herz-Zeichen ist der kleine Teich inmitten des in seiner ursprünglichen Gestalt belassenen Tempelgartens geformt, der bereits im 14. Jahrhundert angelegt wurde. Der große Zen-Tempel selbst brannte im Verlauf der vielen Hundert Jahre seines

Bestehens mehrmals ab und ist heute ein beliebter Besuchermagnet. Berühmt ist der an die Decke der Gebetshalle gemalte Wolkendrachen, der die Umherschlendernden immer anzuschauen scheint, egal von welcher Ecke aus sie einen Blick auf ihn werfen.

○ NIJO-JO

Quietschende Fußböden in alten Burgen sind in Europa ganz normal und eher zufällige Erscheinungen. In der Burg Nijo hingegen soll das Quietschen ganz bewusst eingesetzt worden sein, um rechtzeitig die Besucher anzukündigen. So konnte niemand unbemerkt den sogenannten Nachtigallen-Flur passieren. Vier miteinander verbundene Gebäudeteile fügen sich zu einem Ganzen zusammen: Eingangszone, Haupthalle, Arbeitszimmer und Privatgemächer. Insgesamt findet der Besucher 33 Zimmer vor. Die Burg, die von Tokugawa Ieyasu im Jahr 1601 als Residenz in der Stadt Kyoto errichtet wurde, erfüllte eher repräsentative Zwecke.

AUSGEHEN

L'Escamoteur // Die Bar soll die besten Cocktails Kyotos servieren. Sie fällt zudem durch ihre mystische Einrichtung auf. Die Barkeeper lieben es, ihre Gäste mit Zaubertricks zu unterhalten und ihnen wild schäumende Drinks oder rauchende Elixiere zu kredenzen. Cocktailkunst auf höchstem Niveau!

// Kiyamachi Street

GEAR-Theater // Das Theater lädt zu einer rasanten Show ein, die durch ihre effektvolle Gestaltung alle fünf Sinne anspricht: Beeindruckende Bühnenbilder, Licht-Performances, talentierte Akrobaten und Unterhaltungskünstler entführen das Publikum in ein futuristisches Setting. Und trotzdem erinnert die non-verbale Show an das traditionelle Kabuki-Theater mit seinen wesentlichen Elementen Gesang, Pantomime und Tanz.

// www.gear.ac

Sake Ichi // Wie der Name schon vermuten lässt, serviert diese Sake-Bar feinsten japanischen Reiswein, der sowohl heiß als auch kalt getrunken werden kann. Unbedingt ein Sake-Tasting buchen!

Der Shimogamo-Schrein: Besucher kommen hierher, um die Ruhe und die den Tempel umgebende Natur zu genießen. Kleine Bäche und Wasserläufe durchziehen das Gelände.

SHOPPING

○ **KYOTO STATION BUILDING**
In dem riesigen hochmoderner Gebäudekomplex findet man Geschäfte, Restaurants, ein Hotel und Theater. Im siebten Stock stellt das Museum Eki Kyoto Fotografien, Manga-Illustrationen, japanische Kunst sowie alte europäische Meisterwerke aus.

○ **ARITSUGU**
Das japanische Küchenmesser (Hocho) ist weltberühmt für seine Schärfe. Direkt am östlichen Eingang des Nishiki-Markts hat die Messerschmiede eine beachtliche Auswahl für Hobby- oder Profi-Köche.
// www.aritsugu.jp

○ **TERAMACHI-DORI**
Eine der bekanntesten Einkaufsmeilen Kyotos: Von Kunst über Tee bis hin zu Elektronik und Krempel bekommt man hier alles, was das Herz begehrt. Nicht übersehen sollte man die Tempel und Schreine, die zwischen den Geschäften liegen und der Straße einst ihren Namen (»Straße der Tempel«) gaben.

AUSFLÜGE

○ **KAMO-SCHREINE**
Sie sind teilweise älter als die Stadt selbst, die beiden Kamo-Schreine aus dem 6. und 7. Jahrhundert. Einstmals zum Schutz vor bösen Geistern erbaut, haben sie die Zeit überdauert, alle Kriege und Krisen, der Obere (Kamigamo) wie der Untere (Shimogamo). Der Shimogamo-Schrein ist der Ältere, er liegt näher an Kyoto, ist aber dennoch nicht überlaufen und schon wegen seiner Farben ein wunderschönes Fotomotiv. Dort lädt auch ein uralter Wald, der Tadasu-no-mori, zum Spazieren ein. Der höher gelegene Kamigamo-Schrein gehört wie sein Zwillingsbruder zum UNESCO-Weltkulturerbe. Er ist berühmt für seine zwei Sandkegel, die rituell zur Reinigung des Areals angelegt werden.

ÜBERNACHTEN

Ikumatsu // Eine Übernachtung in einem Ryokan, einem japanischen Gasthaus, ist eine besondere Erfahrung. Es besticht durch seine traditionelle Architektur und Einrichtung. Gäste bekommen das Abendessen von einer Servicekraft in Kimono aufs Zimmer serviert. Anschließend wird der Tisch entfernt, um die Futonbetten auf einem Tatami-Mattenboden zu errichten.
// www.ikumatsu.com

Gosho-Nishi Kyoto-Heian // Hier übernachtet man direkt gegenüber dem Kaiserpalast. Eine Oase der Ruhe ist der japanische Garten, der im Stil der Edo-Zeit angelegt wurde. Es können westliche oder japanische Zimmer gebucht werden.
// www.kyoto-heian-hotel.com

Gimmond // Das Hotel ist ein kleines, preiswertes Stadthotel in zentraler Lage mit durchschnittlicher Zimmerausstattung. Die stilvoll eingerichteten Restaurants haben eine ausgezeichnete Küche. Rund um das Gimmond gibt es zahlreiche weitere Einkaufs- und Essensmöglichkeiten.
// www.gimmond.co.jp

AUF KEINEN FALL VERPASSEN

IM NISHIKI ICHIBA STÖBERN
»Kyotos Küche« wird dieser Markt im Volksmund genannt, und angesichts der überquellenden Vielfalt an angebotenen Nahrungsmitteln überrascht die Bezeichnung nicht. Eine skurrile Spezialität sind etwa die mit einer tiefroten süßen Sauce umhüllten Babytintenfische, gefüllt mit Wachteleiern, »Tako tamago«. Nicht viel weniger experimentell für einen europäischen Gaumen sind die vielen eingelegten Gemüsearten, Tsukemono, die selbst bei der traditionellen Teezeremonie nicht fehlen und auch ansonsten bei fast jeder Mahlzeit dabei sind. Sogar frischen Wasabi finden Feinschmecker im Angebot, dessen Schärfe allerdings nicht unterschätzt werden sollte. Gewürze aller Art und Süßigkeiten runden das umfangreiche Angebot ab.

DURCH EINEN BAMBUSWALD STREIFEN
Am westlichen Rand Kyotos liegt der naturnahe Stadtteil Arashiyama. Ein Spaziergang durch seinen Bambuswald (auch Sagano genannt) lohnt sich sehr: Zu Fuß, mit dem Fahrrad oder einer Rikscha geht es durch das dichte Gewächs, das schon bei leichtem Wind melancholisch rauscht und knarzt. Umgeben von den riesigen Bambussen kommt man sich wie ein Zwerg vor. Gerade im Dämmerlicht ist der Wald mystisch-schön!

DURCH SCHREINTORE SCHREITEN
Tausende orange-rote Schreintore (toorii) reihen sich am Fushimi Inari südlich von Kyoto dicht an dicht. Wer genau hinsieht, dem bleiben die vielen Fuchs-Statuen nicht verborgen, die die »Gottheit der Reisernte und erfolgreichen Geschäfte« symbolisieren.

EINEN ZEN-GARTEN AUF SICH WIRKEN LASSEN
Stille. Steine. Kies. Das würde schon reichen. Ginge es noch minimalistischer, nur Kies. Der enthält die Stille und besteht aus kleinen Steinen. Kare-san-sui, Trockengärten, stehen für eine eigene Praxisform auf dem Weg zur Erleuchtung. Sie sind keine Notwendigkeit, um Zen zu praktizieren, aber eine Möglichkeit. Sei es in der stillen Versenkung in einem Zen-Garten, sei es in seiner täglichen Gestaltung. Der Kies wird als Fläche ausgebreitet, oft finden sich geometrische Strukturen eingeharkt: Wellen, Quadrate, Kreise. Manchmal werden Stufen angelegt oder Kegel geformt. Kommen Steine als Gestaltungselement hinzu, bilden sie schrundige Gegenpole zur makellosen Kiesfläche. Maximal Moos wird in den Trockengärten noch verwendet. Der Geist kann still werden bei der Betrachtung dieser abstrakten Flächen, die konkreter sind als jeder andere japanische Garten. Als berühmtester Zen-Garten im Land gilt der im 15. Jahrhundert angelegte Hojo-Teien im Ryoan-Tempel in Kyoto. 300 Quadratmeter Kiesfläche, 15 asymmetrisch darauf verteilte Steine und Mooskreise um die Steine herum. Nicht mehr, nicht weniger.

#17 LISSABON

PORTUGALS HAUPTSTADT LISSABON BREITET SICH AUF SIEBEN HÜGELN ÜBER DEM TEJO AUS. SIE IST UMSPIELT VON EINEM GANZ BESONDEREN LICHT UND UMSCHWIRRT VON EXOTISCHEN AROMEN AUS PORTUGALS KOLONIALVERGANGENHEIT. MANUELINIK UND BAROCK FEIERN AN DEN FASSADEN VON KIRCHEN UND PALÄSTEN DIE GRÖSSE DER EINSTIGEN SEEMACHT. DER LEICHT MORBIDE CHARME DER ALTSTADTVIERTEL VON LISSABON VERBINDET SICH MIT DER KÜHNEN ELEGANZ MODERNER ARCHITEKTUR ZU EINER UNWIDERSTEHLICHEN EINLADUNG, DIE »WEISSE STADT« AM BESTEN ZU FUSS FLANIERend ZU ENTDECKEN.

Oben: Von nahezu jedem Punkt der Stadt aus ist die riesige alte Festungsanlage des Castelo de São Jorge sichtbar, die hoch über den Dächern Lissabons thront. Entsprechend atemberaubend ist der Ausblick vom schon vor den Römern genutzten Festungsberg.

Linke Seite: Romantisch sieht es aus, wenn sich die gelben Wagen der Tram 28 durch die Gassen schlängeln.

Rechts: Dichtes Gassengewirr, kleine Lokale und Trödelmärkte, aber auch eine ganz eigene Atmosphäre prägen die Alfama.

○ **ALFAMA**
Ein Labyrinth enger Straßen und Gassen zieht sich vom Ufer des Tejo hinauf zum Castelo de São Jorge. In der Alfama wohnten früher die Armen, heute ist der älteste Stadtteil Lissabons ein trendiges Viertel. Am besten erkundet man dieses noch immer ursprüngliche Quartier zu Fuß.

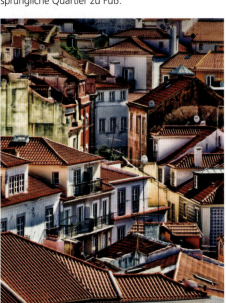

○ **CASTELO DE SÃO JORGE**
Die Festung aus dem 12. Jahrhundert wurde vor einigen Jahren renoviert und gehört zu den schönsten Aussichtspunkten der Stadt. Wer die Mühe des Aufstiegs auf sich nimmt, wird mit einem fantastischen Blick auf Lissabon belohnt.

○ **ROSSIO**
Dieser zentrale Platz ist einer der größten und wichtigsten Lissabons und dient als Treffpunkt für Einheimische wie Touristen. Das extravagante Wellenmuster auf dem Boden soll an das Meer erinnern. Der Rossio (offiziell: Praça de Dom Pedro IV.) wurde bereits im 16. Jahrhundert als Handelsplatz eingerichtet. Hier sollten die über den Atlantik verschifften und über den Tejo an der Praça do Comércio angelandeten Waren zum Verkauf angeboten werden.

○ **PRAÇA DO COMÉRCIO**
Den beeindruckenden Platz des Handels betritt man durch einen Triumphbogen. Eine monumentale Reiterstatue von José I., König Portugals von 1750 bis

LISSABON

WARUM IM SOMMER? AM 13. JUNI, DEM GEDENKTAG DES HEILIGEN ANTONIUS, DES SCHUTZHEILIGEN VON LISSABON, IST PORTUGALS HAUPTSTADT VERRÜCKT NACH SARDINEN. EIN BRAUCH, DER AUF JENEN TAG IM 13. JAHRHUNDERT ZURÜCKGEHT, DA DER KATHOLISCHE HEILIGE DAS ITALIENISCHE RIMINI BESUCHTE. ENTTÄUSCHT ÜBER DAS DESINTERESSE AN SEINEN PREDIGTEN, BEGAB ER SICH ANS UFER, UM SICH DEN FISCHEN ANZUVERTRAUEN. PLÖTZLICH STECKTEN SCHAREN VON FISCHEN DIE KÖPFE AUS DEN WELLEN UND VERBEUGTEN SICH. HEUTE WIRD IHM ZU EHREN EIN FESTUMZUG AUF DER AVENIDA DE LIBERDADE VERANSTALTET UND UNVERHEIRATETE MÄDCHEN VOLLFÜHREN TÄNZE, UM ANTONIUS ANZUFLEHEN, IHNEN BEI DER SUCHE NACH EINEM GUTEN MANN BEHILFLICH ZU SEIN.

1777, prägt den im Sonnenlicht gleißend hellen Platz, der sich zur Tejo-Bucht hin öffnet. Abgesehen von seiner geometrisch gegliederten Weite, die viel Raum für Cafés und Restaurants lässt, ist es seine Geschichte, die den Platz zu einem besonderen Ort macht. Man bezeichnet ihn gern auch als »Empfangsplatz« von Lissabon.

○ **MUSEO NACIONAL DO AZULEJO**
Im ehemaligen Kloster Madre de Deus widmet sich ein komplettes Museum einem außergewöhnlichen Ausstellungstück: den typisch portugiesischen Keramikfliesen, den Azulejos.

○ **CATEDRAL SÉ PATRIARCAL**
Die älteste Kirche Lissabons wurde schon im 12. Jahrhundert erbaut und über die Jahrhunderte immer wieder verändert und erweitert. So entstand eine beeindruckende und vor allem sehenswerte Mischung der verschiedensten Baustile.

○ **CONVENTO DE CARMO**
Das Erdbeben von 1755 zerstörte auch das Karmeliterkloster. Noch heute erinnert die steil aufragende Ruine an diese Katastrophe. Besonders stimmungsvoll ist eine Besichtigung in den Abendstunden, wenn man vom dachlosen Kirchenschiff aus in den Sternenhimmel blicken kann.

○ **ELEVADOR DE SANTA JUSTA**
Dieser architektonisch beeindruckende Fahrstuhl, der die Ober- und Unterstadt seit über 100 Jahren mitei-

Oben: Im 15. Jahrhundert wurde die Klosterkirche errichtet, die heute einen prächtigen Rahmen für das Azulejos-Museum bildet.

Links: Zum Gedenktag des heiligen Antonius werden rund um den 13. Juni überall in der Stadt Sardinen gegrillt.

LISSABON

Rechts: Das monumentale Entdeckerdenkmal in Belém erinnert an die stolze Geschichte der portugiesischen Seefahrt. Gut 52 Meter hoch erhebt sich der Betonriese am Ufer des Tejo. Er stellt ein Schiff dar, auf dem 33 große Seefahrer Portugals verewigt sind, darunter auch Vasco da Gama, Pêro Escobar oder Bartolomeu Dias. Den Bug des Betonschiffes ziert die Statue Heinrichs des Seefahrers, der in seiner Hand eine Karavelle hält.

nander verbindet, ist auch ein grandioser Aussichtspunkt über die Stadt.

○ **MUSEU CALOUSTE GULBENKIAN**
Rembrandt, Rubens, Renoir: Bedeutende Kunstwerke dieser und etlicher anderer Künstler aus allen Epochen zeigt das eindrucksvolle Museum, das nach seinem Stifter, einem reichen englischen Geschäftsmann und Ingenieur mit armenischer Abstammung, benannt ist.

○ **MOSTEIRO DOS JERÓNIMOS**
Das imposante Kloster der Hieronymiten ist im spätgotischen Stil erbaut und darf auf keiner Sightseeing-Tour fehlen. Der Reichtum und die Blütezeit der Seefahrernation Portugal sind nicht nur in den Geschichtsbüchern festgehalten, sondern auch in den Gebäuden und ihrer Architektur. Dabei ist ein ganz eigener Stil entstanden, den es nur in Portugal gibt: die Manuelinik.

○ **TORRE DE BELÉM**
Geschichten von der Seefahrt scheint er zu erzählen, vom einstigen Ruhm und Reichtum der Entdeckernation Portugal. Verziert mit Ornamenten, die sich wie Taue um die Türmchen schlingen, mit Ankern und Muscheln setzt der Turm eindeutig der Seefahrt ein Denkmal. Er stammt aus der Mitte des 16. Jahrhunderts, einer Zeit, als sich Portugal in voller Blüte seiner Seefahrer- und Handelsqualitäten befand. Der 1521 erbaute Leuchtturm an der Tejomündung fungierte zwischenzeitlich als Gefängnis und als Zollstation. Mittlerweile ist er als UNESCO-Weltkulturerbe ausgezeichnet.

○ **PADRÃO DOS DESCOBRIMENTOS**
Seefahrer und Entdecker prägten die Geschichte Portugals. Das 1960 erbaute Denkmal am Ufer des Tejo setzt Magellan und Co. ein Andenken.

○ **PONTE 25 DE ABRIL**
Die beeindruckende Hängebrücke mit den zwei Stockwerken verbindet die Stadtteile Almada und Alcântara miteinander und ist mehr als zwei Kilometer lang.

○ **OCEANÁRIO DE LISBOA**
Das zweitgrößte Meeresaquarium der Welt befindet sich auf dem ehemaligen EXPO-Gelände am Tejo. Kernstück bildet ein Aquarium, das sich über zwei Stockwerke erstreckt und die Besucher durch riesi-

AUSGEHEN

Café A Brasileira // Noch lebt das A Brasileira, das Letzte seiner Art in Lissabon: ein Kaffeehaus im alten Stil. Es ist beruhigend, wie lange ein kulturelles Relikt seine Würde und Eleganz zu bewahren vermag inmitten einer schnelllebigen Zeit. Der Kaffee schmeckt immer noch besonders hier.
// **Rua Garrett 120**

Clube de Fado // Der Eigentümer ist selbst Fado-Gitarrist. Dort gibt es klassischen Fado, eine wunderbare Atmosphäre und berühmte Gäste.
// **www.clube-de-fado.com**

Alma // Gourmetrestaurant mit interessanten, ästhetisch anspruchsvollen Gerichten, die durch Ausgefallenheit gekennzeichnet sind. Nur mit Reservierung. Schwer zu finden, aber die Suche lohnt sich!
// **www.almalisboa.pt**

ge Fenster in die faszinierende Meereswelt eintauchen lässt.

○ **JARDIM BOTÂNICO**
Ein Garten Eden mitten in der Stadt: der Botanische Garten. Inmitten von alten, tropischen Bäumen und malerischen Teichen kann man den Trubel der Großstadt völlig ausblenden.

○ **MUSEU DE FADO**
Der melancholische Musikstil des Fado gehört seit 2011 zum immateriellen Weltkulturerbe. Wer die Geschichte dieser traditionellen Musik kennenlernen möchte, sollte das Museum besuchen.

ÜBERNACHTEN

Lisbon Short Stay // Egal, ob für ein Wochenende zu zweit, mit der Familie oder der ganzen Clique: Das Lisbon Short Stay bietet für alle eine trendige Unterkunft. Die individuellen Appartements nehmen je nach Größe bis zu sieben Personen auf und sind allesamt mit einer Küche ausgestattet.
// www.lisbonshortstay.com

Internacional Design Hotel // Strategisch günstig in der Innenstadt gelegen, wartet das Hotel mit vier verschiedenen Designs, von Zen bis Pop-Art, auf anspruchsvolle Gäste.
// www.idesignhotel.com

Santiago de Alfama // Das luxuriöse Stadthotel liegt inmitten des namensgebenden Stadtteils und verfügt über 19 Suiten, teilweise mit schönem Ausblick aufs Meer. Das Restaurant ist von frühmorgens bis spätabends geöffnet.
// www.santiagodealfama.com/santiago-de-alfama

SHOPPING

○ **RUA GARRETT**
Neben netten Cafés ziehen viele Geschäfte Flaneure an. Hier findet man einen der ältesten Buchläden der Welt und das schönste Geschäft Lissabons, den Aliança, deren Rokokoeinrichtung über 100 Jahre alt ist.

○ **MERCARDO DA RIBEIRA**
Der Eingang der alten Markthalle ist ein ehrwürdiger Vertreter vergangener Zeiten. Der Westflügel wurde renoviert, in ihm findet man Fast Food, aber auch Stände mit bester traditioneller Küche. Wer sich sein Lieblingsmenü zusammengestellt hat, nimmt an einem der langen Tische in der Mitte Platz.

○ **BAIXA**
Baixa ist das Zentrum Lissabons. Hier lockt die traditionsreiche Einkaufsstraße Rua Augusta. Neben Handelsketten finden sich hier viele Familienunternehmen. Luxus-Boutiquen für gut gefüllte Geldbeutel reihen sich in der Avenida de Liberdade aneinander.

○ **EMBAIXADA**
Nicht irgendein Shoppingcenter, sondern die wohl geschmackvollste Mall überhaupt. In einem Palais aus dem 19. Jahrhundert verbinden sich Mode, portugiesisches Design und erlesene Gastronomie mit der historischen Architektur zu einem prachtvollen Ganzen.
// www.embaixadalx.pt

AUSFLÜGE

○ **SINTRA**
Seit Alfons I. das Städtchen 1147 von den Mauren zurückeroberte, ist es ein beliebter Ort, um im Sommer der Hitze der Stadt zu entfliehen. Neben dem angenehmen Klima und der malerischen Lage am Fuß der Sierra Sintra locken besonders die vielen historischen Gebäude und Sehenswürdigkeiten Reisende und Erholungsuchende in den Ort.

AUF KEINEN FALL VERPASSEN

SICH INS NACHTLEBEN IM BAIRRO ALTO STÜRZEN
Ist die Kneipe voll, ist das ein Qualitätsmerkmal. Demnach wimmelt es im Bairro Alto von fantastischen Bars, denn hier drängeln sich die Nachtschwärmer vor fast jeder Tür. Kein Problem für die Lissaboner, sie tanzen zur Musik aus den Clubs auch auf der Straße.

PASTÉIS DE BELEM SCHLEMMEN
Eine Creme aus Eiern und Sahne in einem knusprigen Blätterteigförmchen, mit ein wenig Zimt bestreut. Wem jetzt das Wasser im Mund zusammenläuft, der sollte dringend Pastéis de Belem (auch Pastéis de Nata genannt) probieren.

FADO-MUSIK LAUSCHEN
Der Fado ist der Soundtrack Lissabons. In jedem Stück schwingt »Saudade« mit – Sehnsucht. Wer der wehmütigen Musik lauschen möchte, geht entweder in ein Konzert oder sucht sich eine Kneipe, die von Einheimischen besucht wird. Mit ein bisschen Glück wird hier spontan gesungen.

MIT DER TRAMLINIE 28 DIE STADT ERKUNDEN
Es ruckelt und zuckelt, wenn sich die alte Tram 28 in die Kurven legt. Sie quetscht sich durch die engsten Gassen und passiert etliche Sehenswürdigkeiten auf ihrem Weg von Martim Moniz bis zum Campo Orique. Seit den 1940er-Jahren sind die alten Wagen auf Lissabons Schienen unterwegs.

DIE AUSSICHT ÜBER LISSABON GENIESSEN
Man muss nicht unbedingt auf einen Hügel klettern, um Lissabon von oben zu genießen. Wer tolle Aussichten sucht, kann es hier probieren: Elevador de Santa Justa, Cristo-Rei-Statue, Castelo de Sao Jorge, Santa Luzia oder Miradouro da Graça.

#18 LOS ANGELES

LOS ANGELES, GERN L.A. ABGEKÜRZT, IST DIE ZWEITGRÖSSTE STADT DER USA. FLÄCHENMÄSSIG ÜBERTRIFFT SIE ALLE ANDEREN METROPOLEN: ÜBER 1200 QUADRATKILOMETER ERSTRECKT SICH DAS STADTGEBIET, DAS IST EINSAMER REKORD. DIE »STADT DER ENGEL«, UM 1781 ALS »PUEBLO DE LOS ANGELES« GEGRÜNDET UND NOCH IM 19. JAHRHUNDERT EIN UNBEDEUTENDES DORF, WURDE NIE ZUM SCHMELZTIEGEL WIE NEW YORK UND BESTAND SCHON VOR DEM ZWEITEN WELTKRIEG AUS EINER VIELZAHL VON EIGENSTÄNDIGEN SIEDLUNGEN - DAMALS DURCH STRASSENBAHNLINIEN ZUSAMMENGEHALTEN. ÜBER 1000 MEILEN SCHIENEN WURDEN AUS DEM ASPHALT GERISSEN, ALS DAS AUTO SEINEN SIEGESZUG ANTRAT. INZWISCHEN ERSTICKT DAS KLEINE STADTZENTRUM IM WÜRGEGRIFF EINER VIELZAHL VON FREEWAYS, DIE NACH ALLEN SEITEN AUS DER STADT FÜHREN. AN DIE SPANISCHE VERGANGENHEIT ERINNERN HEUTE NUR NOCH DIE UNION STATION UND DIE OLVERA STREET.

Linke Seite: Die eindrucksvolle Skyline täuscht über die mangelnde Bedeutung der Innenstadt hinweg, obwohl die Investoren in den letzten Jahren wieder Gefallen an der City gefunden haben. So entstanden neue Hochhäuser, weitläufige Parks und schöne Restaurants. Sogar die Straßenbahn verkehrt wieder in der Stadt.

Rechts: Am Rodeo Drive in Beverly Hills kaufen die Reichen und Schönen der an Stars und Sternchen nicht armen Metropole ein.

○ FINANCIAL DISTRICT

Was die Wall Street für New York, das ist der Financial District für Los Angeles: Hier geben sich Finanzfirmen und Filialen der Großbanken, Rentenversicherer, Hedge-Fonds und Wirtschaftsprüfungsgesellschaften ein Stelldichein. Und wer die höchsten Wolkenkratzer und tiefsten Häuserschluchten der Stadt sehen möchte, auch der kommt in diesen Teil von Downtown Los Angeles. Wie rund um die Wall Street sitzen in den Bars des Financial District so viele Anzugträger wie sonst nirgendwo in der Stadt. Aber natürlich ist hier alles ein wenig kleiner als in New York: Das gilt nicht nur für die Höhe der Wolkenkratzer, die schon deshalb limitiert ist, weil Los Angeles nah an der San-Andreas-Verwerfung liegt. Hier muss alles erdbebengerecht gebaut sein.

○ WALT DISNEY CONCERT HALL

Schimmernde Stahlplatten, quer übereinander geworfen – so wirkt Frank Gehrys große Konzerthalle aus der Ferne. Und immer wieder anders, je nach der Farbe des Himmels, nach Licht und Schatten. Amerikas Stararchitekt für extreme Formen sah in seinem Design ein abstraktes, segelndes Schiff. Dessen Bauphase zog sich über 16 Jahre hin, sodass Walt Disneys Witwe Lilian, die das Projekt mit 50 Millionen Dollar initiiert hatte, die Eröffnung 2003 nicht mehr miterlebte. Am Ende waren rund 274 Millionen privater und öffentlicher Gelder verbaut. Heute finden 2265 Menschen Platz im Gebäude, um dem L.A. Philharmonic Orchestra und dem L.A. Master Chorale zu lauschen. Die Akustik ist derart exzellent, dass erst hier – nach dem Umzug – alte Druckfehler im Notenblatt auffielen. Bleibt die äußere Form auch umstritten, so finden jedenfalls Fotografen ein Motiv-Paradies.

○ UNION STATION

Das prachtvolle Bahnhofsgebäude aus 1939 ist Zeuge einer Zeit, zu der Hollywoodstars und -sternchen noch mit dem Zug unterwegs waren. Der beeindruckende Bau hat ein domartiges Deckengewölbe, hochwertige Marmorfußböden sowie interessante Wandmalereien zur Stadtgeschichte.

○ OLVERA STREET

Ein Besuch der Olvera Street ist wie ein kurzer Trip nach Mexiko: Hier gibt es einen bunten Markt, auf dem allerlei mexikanische Köstlichkeiten, aber auch kitschige Souvenirs erworben werden können. Aus den Bars und Läden tönt fröhliche Mariachi-Musik und der Duft heißer Churros liegt in der Luft. Dass die Olvera Street das historische Herzstück von L.A. ist, wissen nur wenige. Wer möchte, kann aber mit

LOS ANGELES

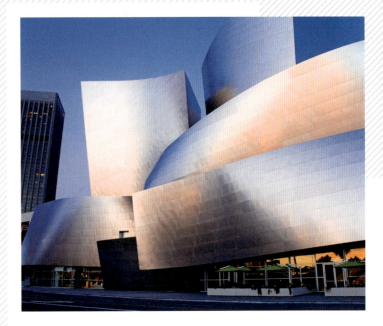

WARUM IM SOMMER? LOS ANGELES LEBT VON SEINER AUSSERGEWÖHNLICHEN LAGE ZWISCHEN PAZIFIK UND DEN GEBIRGSKETTEN IM NORDEN UND OSTEN DER STADT. DIE HÜGELIGE LANDSCHAFT BILDET MIT DEM SOMMERLICHEN BEACH-FEELING DER STADT EINE EINMALIGE SYMBIOSE. GERADE IM SOMMER ERLEBT MAN DEN LIFESTYLE, DER L.A. AUSMACHT: OFFENE CABRIOS, HÜBSCHE, PERFEKT DURCHTRAINIERTE MENSCHEN AN DEN STRÄNDEN, OPEN-AIR-PARTYS UND SUMMER VIBES, SO WEIT DAS AUGE REICHT. DA ES ZWISCHEN NOVEMBER UND FEBRUAR EMPFINDLICH FRISCH IN DER STADT WERDEN KANN, SPIELT SICH DAS LEBEN IN DEN SOMMERMONATEN DURCHWEG DRAUSSEN AB. L.A.-FEELING PUR!

der Avila Adobe das älteste erhaltene Haus von Los Angeles besichtigen. Es wurde um 1818 errichtet und erinnert an eine alte Ranch.

○ SUNSET BOULEVARD

Der Name Sunset Boulevard ist längst Legende, Inspiration für Songs, Filme und TV-Shows, eine der berühmtesten Straßen der Welt. Die rund 35 Kilometer lange, gewundene Straße beginnt in der Innenstadt in der Nähe der Olvera Street und verläuft bis zum Pazifischen Ozean. Der Boulevard verbindet die zwei größten Sehnsuchtsorte der Stadt miteinander – die Traumfabriken von Hollywood und das Nobelviertel Beverly Hills. Dieser bekannteste Abschnitt der Straße, der Sunset Strip, quillt förmlich über mit Vergnügungsangeboten. Cafés und Restaurants sorgen für das leibliche Wohl, Designerboutiquen der berühmten Sunset Plaza laden zum Shoppen ein. Für die Feierfreudigen liegen am Sunset Strip die bekanntesten Clubs und Bars der Stadt.

○ BEVERLY HILLS

Noch vor 80 Jahren lebten die Bauern hier vom Anbau der Limabohnen, heute residieren hier die größten Stars der USA. Nirgendwo in den USA ist die Dichte der Reichen und Schönen höher. Das Gebiet, das sich wie eine eigenständige Insel in die Stadt Los Angeles einfügt, wartet nicht nur mit berühmten Ein-

Oben: die Walt Disney Concert Hall inmitten der Wolkenkratzer von Downtown.

Links oben: Am Venice Beach mit seinem schönen weißen Sand geht es sehr sportlich zu. Hier haben viele Fitnessstudios ihre Geräte unter freiem Himmel aufgebaut.

Links unten: Trendsportler finden am Venice Beach beste Voraussetzungen. Die modernen Anlagen versprechen coole Sprünge, Drehungen und Akrobatik, ob auf dem Brett oder Rad.

LOS ANGELES

Rechts: Aus vielen Filmen bekannt ist die Union Station. Das Bahnhofsgebäude zeigt einen gelungenen Stilmix aus Art déco und maurischer Architektur.

wohnern auf, sondern auch mit der Vergnügungsmeile Sunset Strip sowie der teuersten Einkaufsstraße der Welt, dem Rodeo Drive. Die Häuser der Prominenten gehören zu den größten Attraktionen der 30 000-Einwohner-Stadt, die sogar über eigene Landkarten mit eingezeichneten Staradressen verfügt.

○ HOLLYWOOD UND HOLLYWOOD BOULEVARD

Kaum ein Ortsname regt mehr zum Träumen an als »Hollywood«. Allein die weltbekannten, 16 Meter hohen weißen Buchstaben auf den Ausläufern des Santa-Monica-Gebirges wecken Sehnsüchte – dabei waren sie um 1910 als Werbemaßnahme findiger Makler gedacht, um das einstige Ödland zu besiedeln. Schon in den 1920er-Jahren hatten sich Pferdeställe in Filmateliers verwandelt, viele Regisseure zogen aus New York an den Pazifik, weil die Tage länger, das Wetter schöner und die Statisten günstiger als an der Ostküste waren. Hollywood avancierte flugs zur Filmhauptstadt der Welt, Fernsehserien wurden ebenso produziert wie erfolgreiche Musiktitel. Heute sind viele der Studios weitergezogen nach Burbank und Culver City. Geblieben sind Filmparks und Museen, die Kulissen und Kostüme der Kassenschlager zeigen, sowie die letzte große Filmgesellschaft, Paramount Pictures.

○ MALIBU

Mit seinen vornehmen Häusern auf Stelzen und dem abgeschotteten Strand ahnen Besucher schon, was sich hinter dieser Stadt verbirgt: »Billionaires' Beach« – der Strand der Milliardäre. Tatsächlich ziehen sich Berühmtheiten hierher zurück. Obwohl in Kalifornien jeder Strand öffentlich zugänglich sein muss, haben die Einwohner von Malibu sich immer wieder Tricks einfallen lassen, um ihre Abgeschiedenheit zu bewahren.

○ GETTY VILLA

Direkt an der Küste Malibus siedelte sich 1945 der Öltycoon Jean Paul Getty an und widmete sich dem Sammeln klassischer antiker Kunst. Bald wurde sein Landsitz zu eng für seine Kostbarkeiten und er plante für sie ein eigenes Domizil: ein Bauwerk im Stil der »Villa dei Papiri« im altrömischen Herculaneum. Den 1974 fertiggestellten Bau in Pacific Palisades hat Getty vor seinem Tod nicht mehr besucht, jedoch mit einer Erbschaft bedacht. Heute beherbergt dieser Stand-

AUSGEHEN

The Counter // Wem es nach einem richtig leckeren Burger gelüstet, der ist im Counter genau richtig. Hier gibt es unzählige Variationen dieses amerikanischen Klassikers, sodass man sicher sein kann, einen absolut individuellen Burger auf dem Teller zu haben.
// www.thecounter.com

The Old Place // Etwas außerhalb von Downtown L.A. liegt in den Agoura Hills das kleine außergewöhnliche Restaurant (oder ist es doch eher eine Kneipe?). Schon von außen sieht es aus wie ein alter Western-Saloon. Auch innen ist alles urig holzvertäfelt und es gibt vor allem eines: Steak! Doch auch andere Fleischgerichte und manchmal auch Muscheln sind auf der Karte zu finden. Alle Speisen sind frisch, regional und meistens schnell ausverkauft.
// www.oldplacecornell.com

Moonshadows // Ocean View Dining direkt am Pacific Coast Highway: Hier sitzt man direkt am Meer und bekommt von Austern und Oktopus-Carpaccio bis hin zu Filet Mignon alles, was das Feinschmecker-Herz begehrt. Das nette Lokal ist aber auch fürs Frühstück bekannt, und am Nachmittag legen DJs chillige Lounge-Musik auf.
// www.moonshadowsmalibu.com

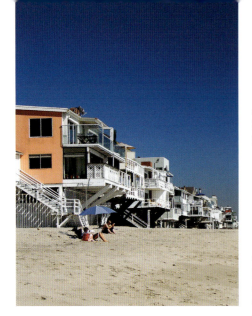

LOS ANGELES

ort des J. Paul Getty Museum rund 44 000 antike Fundstücke. Gettys Gemäldesammlung ist seit 1997 im Getty Center weiter östlich ausgestellt.

Wer sich in Malibu ein Haus leisten kann, gehört zu den oberen Zehntausend der amerikanischen Gesellschaft. Der lange Strand ist feinsandig und selten überlaufen, weil es nur wenige öffentliche Zugänge gibt.

SHOPPING

○ ESPACIO 1839
Die Künstlerboutique ist die richtige Adresse für ausgefallene Bücher, bedruckte T-Shirts, Accessoires und Geschenke. Sie ist auch der Hauptsitz des Online-Senders Radio Sombra und veranstaltet Live-Events oder Vernissagen.

○ CHOCOVIVO
Ein Muss für Schoko-Gourmets. Hier wird die Edel-Schokolade von der Bohne an direkt in der Ladenküche hergestellt. Gründerin Patricia Tsai ist Puristin, und alle Schokoladen werden nach authentischer Maya-Tradition zubereitet.

○ FLAMINGO VINTAGE
Retro-Schick im Herzen von Downtown L.A. Hier findet man hochwertige Vintage-Kleidung, Designerstücke und Accessoires von verrückten Hüten bis hin zu bunten Krawatten und glamourösen Negligees.

STRÄNDE

○ VENICE BEACH
Nur viereinhalb Kilometer ist er lang, doch Millionen von Besuchern machen diesen Pazifikstrand samt trubeliger Promenade zu einem der beliebtesten Ausflugsziele der USA. Auf dem »Ocean Front Walk« ist immer Betrieb: Hier treffen Fitnessfans auf Straßenkünstler, Hipster begegnen Touristen und das Meer gehört den Surfern. Skater und Radler flitzen über eigene Wege, Basketballer punkten auf hohem Niveau und Bodybuilder üben unter freiem Himmel am »Muscle Beach«. Vor dieser Kulisse kleiner Läden und bunter Graffiti-Wände fallen Exzentriker gar nicht weiter auf.

ÜBERNACHTEN

The Hollywood Roosevelt // Hier tummelten sich zur Blütezeit Hollywoods die Filmstars, aber auch heute ist dieses Wahrzeichenhotel im Herzen Hollywoods noch sehr beliebt – nicht zuletzt wegen seiner perfekten Lage zwischen Sehenswürdigkeiten und zahlreichen Restaurants, Bars und Nachtclubs.
// www.thehollywoodroosevelt.com

VeniceSuites // 31 Suiten mit voll ausgestatteter Küche, kostenlosem Internetzugang, einer Dachterrasse mit Grill, Sonnenstühlen sowie einem atemberaubendem Blick auf Venice Beach.
// www.venicesuites.com

Ace Hotel // Luxuriöses 13-stöckiges Boutique-Hotel in Downtown L.A. mit Pool, Restaurant, Bars und dem kultigen, restaurierten Kinopalast United Artists Theatre. Außergewöhnlich!
// www.acehotel.com/losangeles

LOS ANGELES

AUF KEINEN FALL VERPASSEN

AUF DEM WALK OF FAME DIE SPUREN PROMINENTER VERFOLGEN
Lassie hat hier ebenso einen Messingstern bekommen wie der Filmhund »Rin Tin Tin«: Die Vierbeiner reihen sich ein in die Galerie der Stars, die auf dem »Weg des Ruhms« verewigt sind. Die Erinnerungsplaketten pflastern zwischen 18 Häuserblöcken eine komplette Straße; wer dort seinen Namen im Asphalt findet, der hat es geschafft. Mehr als 2000 Sterne zieren inzwischen die Strecke zwischen Yucca Street und Sunset Boulevard, Burt Lancaster gehörte zu den ersten Namen auf den Messingsternen. Eingeführt wurden sie im Jahr 1958, um der Stadt Hollywood eine touristische Aufwertung zu geben. Hier sollten Menschen, die auf den Spuren der Stars wandelten, tatsächlich auch Erinnerungen der Filmgrößen finden.

AUSFLUG NACH SANTA MONICA
An diesem Strand scheint sich die Welt schneller zu drehen als anderswo. Inlineskater sausen über die Promenade, Jogger laufen in farbenfrohen Outfits im Schatten der Palmenallee – und im Hintergrund kreist ständig das große Riesenrad. Schmale Designerhäuser mit schrillen Farbakzenten säumen die Strände. Wer in Santa Monica am Strand unterwegs ist, der erlebt US-Ferienatmosphäre, wie man sie aus den Spielfilmen kennt. Tatsächlich sind hier berühmte Streifen wie »Baywatch« und »Forrest Gump« gedreht worden.

VON DEN HOLLYWOOD HILLS AUS AUF DIE STADT HINABBLICKEN
Die Hollywood Hills mit dem riesigen Hollywood-Schriftzug waren für viele Generationen an Schauspielerinnen und Schauspielern die glitzernde Hoffnung am Horizont ihrer Träume. Beeindruckend ist ein Sonnenuntergang am kurvenreichen Mulholland Drive, der sich oberhalb der Megacity entlangschlängelt.

HINTER DIE FILMKULISSEN SCHAUEN IN DEN UNIVERSAL STUDIOS
Echte Rennautos kleben senkrecht an der Hausfassade, wenig später taucht King Kong hinter der Balustrade auf, und hinter der Idylle im Palmengarten verbergen sich gefährliche Dinosaurier. Rund um die Studios der Filmfirma Universal betreten die Besucher die Welt der Illusion. Das Gelände öffnete schon zu Stummfilmzeiten seine Studios für Besucher. Bei den späteren Tonaufnahmen allerdings mussten die Zuschauer fernbleiben. Erst 1964 öffnete sich die Fabrik der Träume wieder für Gäste und Rundfahrten. Heute explodieren dort Holzfestungen aus dem Klassiker »Waterworld« in getakteter Regelmäßigkeit, Erdbeben werden simuliert und eine Bahn durchfährt einen dreidimensionalen Simpsons-Film.

IN KUNST SCHWELGEN IM GETTY MUSEUM
Wer sich mit bildender Kunst befasst, kommt um »The Getty« nicht herum. Die Meisterwerke aus dieser Sammlung klingen wie das Who's who der Geschichte der Malerei – hier hängen bekannte Stücke wichtiger Künstler wie beispielsweise »Venus und Adonis« von Tizian, »Die Entführung der Europa« von Rembrandt oder »Die Grablegung« von Rubens. Werke von Goya, Edgar Degas oder Claude Monet sind genauso zu finden wie von van Gogh und Munch. Das moderne Gebäude des J. Paul Getty Museum am Getty Center in Brentwood beherbergt neben europäischen Gemälden auch Zeichnungen, Skulpturen, illuminierte Handschriften, dekorative Kunst und eine Ausstellung zum Thema Fotografie von ihren Anfängen bis zur Gegenwart.

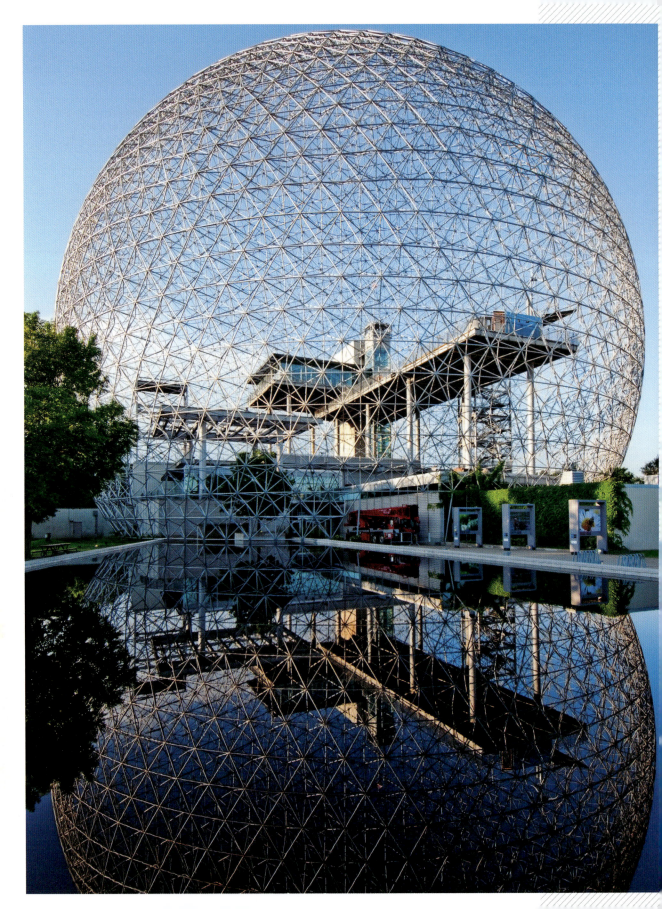

#19 MONTREAL

MONTREAL WURDE 1642 VON FRANZÖSISCHEN KATHOLIKEN GEGRÜNDET. NOCH HEUTE SIND DREI VIERTEL DER 1,7 MILLIONEN EINWOHNER FRANZÖSISCHER ABSTAMMUNG. AM ZUSAMMENFLUSS VON ST. LAWRENCE UND OTTAWA RIVER WUCHS MONTREAL ZU EINEM GESCHÄFTIGEN HANDELSZENTRUM HERAN. IN VIEUX-MONTRÉAL, DER PITTORESKEN ALTSTADT MIT IHREN VIELEN HISTORISCHEN GEBÄUDEN UND SCHMALEN GASSEN AM SÜDLICHEN HANG DES MONT ROYAL, IST DIE STADT NOCH IMMER FRANZÖSISCH, WÄHNT MAN SICH WIE IN EINEM VORORT VON PARIS. IN DER MODERNEN INNENSTADT ÜBERWIEGT DAGEGEN DER GROSSSTÄDTISCHE LOOK DER AMERIKANISCHEN NACHBARN.

Linke Seite: Im Museum Biosphère nimmt der Besucher Tipps mit, wie er seinen ganz eigenen ökologischen Fußabdruck verbessern kann. Das Ganze ist spannend verpackt. Bemerkenswert ist die Atmosphäre unter der riesigen durchsichtigen Kuppel in einem Park auf der im Sankt-Lorenz-Fluss liegenden Insel Sainte-Hélène.

Rechts oben: Ein Kronleuchter, 815 Kilogramm schwer, hängt von der Decke des Kirchenschiffs der St. Patrick's Basilica in den Altarraum. Im reich verzierten neugotischen Innenraum, einem der prächtigsten Kanadas, hängen die Symbole der alten und der neuen Heimat – das Kleeblatt und die französische Lilie.

Rechts unten: Die Notre-Dame Basilica ist für jeden Besucher, der die meist eher karge Beleuchtung europäischer Gotteshäuser gewohnt ist, erstmal eine völlig neue Erfahrung: Der Innenraum erstrahlt in vielen Farben, die Beleuchtung lenkt den Blick.

○ **OLD TOWN**

Das älteste Viertel der Stadt, »Old Montreal« oder »Vieux-Montréal«, heute eins der wichtigsten Touristenziele, wäre Mitte des vorigen Jahrhunderts fast einer Stadtautobahn zum Opfer gefallen. Viele Gebäude waren damals verlassen und verfielen – erst mit dem Status als geschützter historischer Bezirk begannen Renovierungen. Heute pulsiert das Leben hier wieder. Zentrum der Viertels ist die Place Jacques-Cartier, die ihrerseits erst nach einem Großbrand 1803 entstand. Um sie herum strahlen die Häuser Geschichte aus, zeugen vom Ringen der Architekten um neugotischen, neoklassizistischen oder französischen Second-Empire-Stil und beherbergen kleine Cafés, Galerien und Läden, durch die nicht nur Touristen in den warmen Monaten bummeln – während auf dem Kopfsteinpflaster immer noch Pferdekutschen vorbeiholpern und wo viele Straßenkünstler faszinieren.

○ **NOTRE-DAME BASILICA**

»Stadt der 100 Kirchtürme« ist Montreals Ehrentitel: Wohl nirgendwo sonst auf dem Kontinent stehen derart viele Gotteshäuser unterschiedlicher Religionsrichtungen. Im alten Kern der Stadt finden sich mehr als 600 Kirchen, Kapellen und ähnliche Gebäude – die allermeisten römisch-katholische Kirchen –, und allein vier davon sind päpstliche Basilicae minores. Die neugotische, Maria gewidmete »Notre-Dame de Montréal« ist direkte Nachfolgerin von Montreals erster Kirche, die 1672 gebaut und trotz Erweiterungen um 1820 endgültig zu klein geworden war. Die heutige Basilika war bei Fertigstellung 1829 die größte Nordamerikas.

○ **POINTE-À-CALLIÈRE**

Das Montreal Museum of Archaeology and History, an der Stelle der ersten Siedlung erbaut, überzeugt mit ausgegrabenen Ruinen und der Wasserleitung aus dem 16. Jahrhundert.

○ **ST. PATRICK'S BASILICA**

Während die Notre-Dame Basilica für die Frankokanadier von einem irischen Baumeister errichtet wurde, stammt die Hauptkirche der irischen Katholiken in Montreal von zwei frankokanadischen Architekten. Beide Innenräume gestaltete derselbe Montrealer Meister, Victor Bourgeau. Drei Altäre schmücken den Bau, zahlreiche Heiligengemälde und eine Casavant-Orgel. Die hohen Säulen des Kirchenschiffs bestehen aus Eichenstämmen, die mit Marmor nur

MONTREAL

WARUM IM SOMMER? SOMMERZEIT IST IN MONTREAL FESTIVALZEIT. AB JUNI VERWANDELT SICH DIE STADT IN EIN WAHRES MUSIK-MEKKA: NEBEN DEM LEGENDÄREN INTERNATIONALEN JAZZFESTIVAL WERDEN AUCH ROCK, ELECTRONIC, REGGAE, KAMMERMUSIK, FOLK UND AFRIKANISCHE MUSIK GEBOTEN. IM JULI FINDET ZUDEM DAS GRÖSSTE COMEDY-FESTIVAL DER WELT (»JUST FOR LAUGHS«) STATT. EBENSO BELIEBT IST DER ALLJÄHRLICH IM SOMMER VERANSTALTETE FEUERWERKSWETTBEWERB »L'INTERNATIONAL DES FEUX LOTO-QUÉBEC«. RUND DREI MILLIONEN ZUSCHAUER VERFOLGEN DIESES EVENT JEDES JAHR ZWISCHEN JUNI UND AUGUST.

verkleidet sind. Beliebt ist das Glockenspiel der Kirche mit zehn Glocken, die »St. Patrick's Chimes«. Die Älteste der zehn heißt »Charlotte« und hatte ihre Töne zuvor in der Notre-Dame Basilica erklingen lassen.

○ HÔTEL DE VILLE
Im French Empire Style wurde 1872 das Rathaus erbaut, das im Jahr 1922 aufwendig renoviert wurde. In der Marmorhalle steht eine Statue des ersten Bürgermeisters.

○ DOWNTOWN
Aus der Ferne betrachtet ist Montreals wirtschaftlicher Mittelpunkt vor allem eine Ansammlung von Wolkenkratzern vor dem Hintergrund des St. Lawrence River. Bei genauem Hinsehen zeigt sich aber der hier typische Kontrast zwischen moderner und traditioneller Architektur. Direkt neben der Glasfassade des »1000 de La Gauchetière« steht eine der katholischen Kathedralen, die noch ein Jahrhundert früher die Spitzen der Skyline dargestellt hatten. Doch auch unter der Erde geht die moderne Geschäftigkeit weiter. Im Sommer kühl, in den eisigen Wintern geschützt und warm, bietet das zwölf Quadratkilometer umfassende Untergrundzentrum »Ville intérieure« rund ums Jahr bequemen Zugang zu den meisten Büros, Wohnungen und Geschäften des Stadtkerns. Einge-

Oben: Wolkenkratzer bestimmen die Downtown Montreals. Davor liegen die Konzerthallen an der Place des Arts.

Bilder links: Das Festival International de Jazz de Montréal ist mit rund zwei Millionen Besuchern das größte Jazz-Festival der Welt und findet knapp zwei Wochen lang jeden Sommer statt.

bunden in das Netzwerk sind insgesamt 32 Kilometer Tunnelpassagen und zehn Metrostationen.

○ **1000 DE LA GAUCHETIÈRE**
Höchstes Gebäude der Stadt ist ebendieser »1000 de La Gauchetière« mit einer Höhe von 205 Metern, verteilt auf 51 Stockwerke. In der Skyline wirkt der Bau mit dem pyramidenförmigen Dach gar nicht so hoch, allerdings wurde er auf niedrigerem Höhenniveau erbaut als seine höher scheinenden Nachbarn.

○ **NOTRE-DAME-DE-BON-SECOURS**
Die älteste Kapelle im Stadtkern steht seit 1771 – wie so viele auf den Fundamenten ihrer Vorgängerin, die einem Feuer zum Opfer gefallen war. Sie ist die Kirche der Seeleute, wie zahlreiche Schiffsmodelle im Inneren bezeugen. Marguerite Bourgeoys, eine Lehrerin, regte den Bau im 17. Jahrhundert an und gründete Kanadas ersten Orden. Im Untergeschoss stellt das Marguerite-Bourgeoys-Museum das Leben, Wirken und die Zeit jener Frau dar, die 1982 heiliggesprochen wurde. Ihre Gebeine sind in der Kirche begraben.

○ **MARCHÉ BONSÉCOURS**
Im frühen 19. Jahrhundert diente der Marché Bonsécours nur kurzfristig seiner eigentlichen Funktion als Markthalle. Schnell wurde das Gebäude mit seiner Renaissance-Fassade und der silbernen Kuppel als erstes Rathaus der Stadt genutzt und auch später als Heimat für Regierungsbüros. Heute ist es ein Kulturzentrum.

○ **MUSÉE DES BEAUX-ARTS**
Bereits im Jahr 1912 wurde das Gebäude als Museum für bildende Kunst eröffnet. Heute bietet es erlesene Kunst aus dem alten Europa und allen Epochen Kanadas.

○ **MUSÉE D'ART CONTEMPORAIN**
Das Museum für zeitgenössische Kunst in Montreal (MACM) befindet sich am Place des Festivals. Es wurde 1964 gegründet und ist Kanadas erstes Museum, das ausschließlich moderne Kunst ausstellt.

○ **PLACE DES ARTS**
Die Konzerthallen und Theater des größten kulturellen und künstlerischen Komplexes ganz Kanadas liegen im Quartier des Spectacles. Zu verdanken ist das Kulturzentrum einer Initiative aus den 1960er-Jahren, durch die der damalige Bürgermeister den Stadtkern in Richtung Osten erweitern wollte.

○ **BIODOME DE MONTRÉAL**
Als US-Pavillon zur Expo 1967 erbaut, gibt die aus Dreiecken bestehende Kuppel heute dem Wasser- und Umwelt-Museum ein Zuhause. Sie ist 61 Meter hoch und hat einen Durchmesser von 76 Metern. Obwohl aus Stahl gebaut, wirkt das Museum Biosphère luftig. In der heutigen Ausstellung wird der Besucher nicht nur über Luftverschmutzung, Wasserknappheit, Klimawandel, Abfall, Umweltkatastrophen, nachhal-

AUSGEHEN

Le Passé Composé // Dieses kleine Eckbistro ist ein Mekka für Frühstück-Fans. Es nimmt keine Reservierungen entgegen, daher sind Frühaufsteher klar im Vorteil. Langschläfer müssen oft auf der urigen Terrasse auf einen Sitzplatz warten. Berühmt sind die Armen Ritter mit Panko.
// www.bistropassecompose.com

Schwartz's // Das Feinkost-Deli liegt direkt am Saint-Laurent Boulevard. Es wurde 1928 von Reuben Schwartz, einem jüdischen Einwanderer aus Rumänien, gegründet. Seine langjährige Popularität hat dazu geführt, dass es heute als kulturelle Institution von Montreal gilt – es ist so berühmt, dass es sogar ein Musical inspirierte.
// schwartzsdeli.com

L'Express // Hier bekommt man gute, bewährte Bistro-Küche ohne viel Schnickschnack. Obwohl es viele saisonale Gerichte gibt, schwören Stammgäste auf Spezialitäten wie das Hanger Steak oder das Shrimp-Risotto, die hier seit vier Jahrzehnten einwandfrei zubereitet werden.
// restaurantlexpress.com

tige Entwicklung oder Biodiversität informiert, sondern kann sich den Themen auch interaktiv nähern.

○ **STADE OLYMPIQUE**
Das Stadion für die Olympischen Sommerspiele 1976 trägt den Spitznamen »The Big O«, was sowohl auf seinen Namen als auch auf die Donut-Form des Stadiondaches verweist.

○ **JARDIN BOTANIQUE**
Seit 1931 gibt es den eindrucksvollen botanischen Garten mit über 26 000 Pflanzenarten. Mit seinen Themengärten, Gewächshäusern und Art-déco-Pavillons gilt er als eine der weltweit renommiertesten Sammlungen pflanzlichen Lebens. Hier befindet sich auch das Insektarium, ein Naturkundemuseum mit knapp 100 verschiedenen Insektenarten. Highlights sind der Chinesische Garten und der Schmetterlingsfreiflug im Hauptgebäude.

○ **ISCI CENTRE**
Der futuristische Entertainment-Komplex beherbergt interaktive Ausstellungen zu Wissenschaft und Technologie, Konzerthallen sowie ein IMAX-Kino. Ursprünglich als Zentrum für Wissenschaft (Centre des Sciences de Montreal) geplant, hält das ISCI Centre auch heute noch spannende Experimente für wissenschaftlich interessierte Besucher jeden Alters bereit.

ÜBERNACHTEN

Fairmont The Queen Elizabeth // Das größte Luxushotel in Montreal mit über 900 Zimmern ist berühmt-berüchtigt für den achttägigen Friedensprotest »Bed-In for Peace«, den John Lennon und Yoko Ono 1969 in der Suite 1742 abhielten. Heute beherbergt das Hotel eine Sammlung moderner Kunst mit über 120 zeitgenössischen Werken. Eine weitere Besonderheit ist der »Marché Artisans«, ein hoteleigener Gourmet-Markt mit Essensständen.
// www.fairmont.com

Hotel William Gray // Ein Boutique-Hotel zwischen modernem Design und historischer Architektur. Von der Dachterrasse aus hat man einen atemberaubenden Ausblick auf den alten Stadtkern Montreals. Das Hotel ist insbesondere bei Kreativen beliebt.
//hotelwilliamgray.com

W Hotel // Das W ist ein Luxushotel in der Innenstadt, das nur wenige Minuten vom Hauptbahnhof entfernt liegt und von der Fassade des ehemaligen Banque-du-Canada-Gebäudes umrahmt wird. In der eleganten Hotelbar bekommt man blumige Gin Tonics, die nach ätherischen Ölen duften.
// www.marriott.com/hotels/travel/yulwh-w-montreal

SHOPPING

○ **RÉSO**
Sie ist die weltweit größte unterirdische Stadt. Réso ist der offizielle Name des Shoppingparadieses unter Montreal. Es besteht aus einem 30 Kilometer langen Tunnelnetz zwischen zehn U-Bahn-Stationen. Über 1500 Geschäfte und Boutiquen sind in der weitläufigen Ladenpassage untergebracht, ein ausgeklügeltes Schildersystem hilft den Besuchern, sich zurechtzufinden.

○ **L'ÉCOLE DE PÂTISSERIE MAISON CHRISTIAN FAUR**
Essbare Souvenirs gibt es in der Boutique des renommierten Konditors Christian Faure. Hier können sich Feinschmecker mit traditionellem und originellem Gebäck wie Eclairs oder Macarons mit den Aromen der Saison eindecken.
// maisonchristianfaure.ca

○ **PLACE VILLE MARIE**
Der Place Ville Marie ist ein Einkaufskomplex im Zentrum von Montreal mit über 80 gehobenen Boutiquen sowie einer ausgezeichneten Gourmet-Markthalle.

MONTREAL

AUF KEINEN FALL VERPASSEN

EINEN AUSFLUG IN DEN NATIONALPARK LA MAURICIE
Seen und Wälder: Auf den ersten Blick wie viele Nationalparks Kanadas, doch auch La Mauricie hat seine ganz eigenen Schönheiten. Der Park sitzt auf den südlichen Ausläufern der Laurentinischen Bergkette, die sich durch die Provinz Quebec zieht. Für die Einwohner von Montreal nur zweieinhalb Stunden entfernt: Hier lockt die Erholung in einsam gelegener Natur, aber auch das Abenteuer auf bewegten Flüssen und bergigen Wanderwegen. Auf den fast 540 Quadratkilometern des Parks begegnet man statt anderen Menschen eher Bibern und Ottern, gelegentlich einem Elch oder auch einem Schwarzbären. Mit Glück zeigt sich eine der seltenen Waldbachschildkröten, die hier leben.

BEIM EISHOCKEYSPIEL ZUSCHAUEN
Eishockey ist die populärste Sportart Kanadas und wird dort schon in den Schulen mit besonders großer Leidenschaft gespielt. Und das sportbegeisterte Montreal gilt als »Welthauptstadt des Eishockeys«. Erfolgreichstes Team der Stadt sind die Canadiens de Montréal, aber fünf weitere Mannschaften empfangen in ihren Arenen zahlreiche lautstarke Besucher.

VOGELPERSPEKTIVE EINNEHMEN
Wer keine Höhenangst hat, sollte unbedingt eine Fahrt mit »La Grande Roue de Montréal« buchen, um vom höchsten Riesenrad Kanadas aus einen Blick auf die Stadt zu werfen. La Grande Roue ist 60 Meter hoch und bietet einen unvergleichlichen Panoramablick auf den Fluss, den alten Stadtkern von Montreal und die Berge.

LOKALE SPEZIALITÄTEN PROBIEREN
Montreal ist eine Stadt für Feinschmecker. Tatsächlich zählt Montreal mehr Restaurants pro Kopf als New York City. Zu den kulinarischen Klassikern der Stadt gehören Bagel und Pastrami-Brote sowie Poutine, eine typische Spezialität, die alle Montrealer lieben. Sie besteht aus Pommes frites, Käsebruchstücken und darübergegossener Bratensauce. Berühmt ist Montreal auch für die große Auswahl an gastronomischen Touren (etwa mit Local Montreal Food Tours).

DIE AUSSICHT GENIESSEN VON NOTRE-DAME-DE-BON-SECOURS
Vom Turm des steinernen Gotteshauses aus bietet sich ein spektakulärer Rundblick über die Altstadt, den St. Lawrence River und den alten Hafen Montreals. Diese Lage machte die Kapelle im 19. Jahrhundert zur Pilgerkapelle für Seefahrer, die für die gelungene Überfahrt dankten.

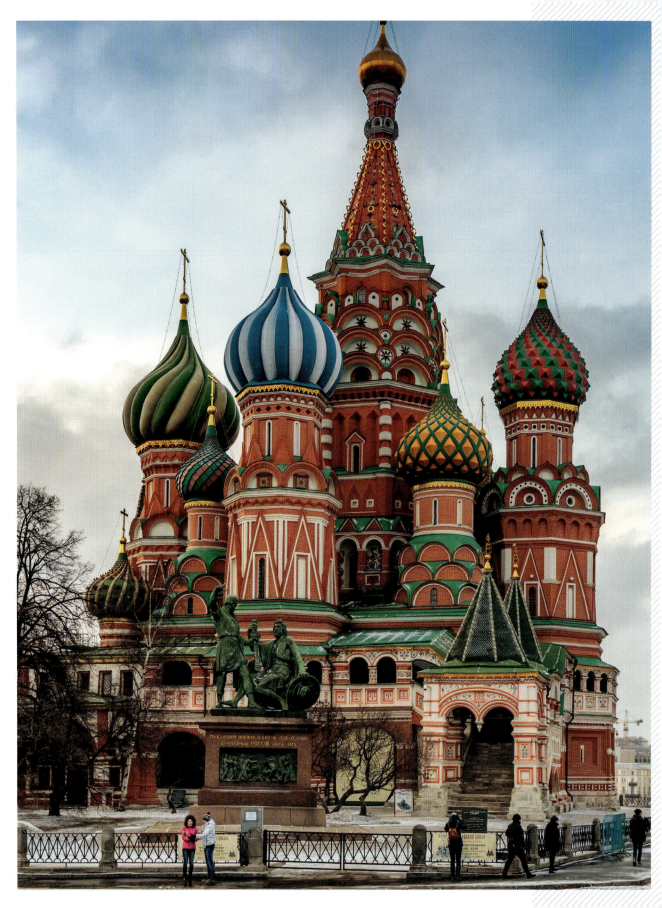

#20 MOSKAU

RUSSLANDS HAUPTSTADT LIEGT AN DER MOSKWA, EINEM NEBENFLUSS DER WOLGA. IM JAHR 1147 WURDE MOSKAU ERSTMALS ERWÄHNT UND 1325 GROSSFÜRSTENRESIDENZ. 1713, UNTER ZAR PETER DEM GROSSEN, VERLOR ES DEN HAUPTSTADTSTATUS AN DAS DAMALS NEU GEGRÜNDETE ST. PETERSBURG. ERST DIE BOLSCHEWIKEN MACHTEN MOSKAU 1918 WIEDER ZUM POLITISCHEN MITTELPUNKT DES RIESENREICHS. IM LAUF DER GESCHICHTE WURDE DIE STADT WIEDERHOLT GEPLÜNDERT UND AUCH VON HEFTIGEN STADTBRÄNDEN HEIMGESUCHT. DENNOCH GAB ES ZU BEGINN DES 20. JAHRHUNDERTS IN MOSKAU 450 KIRCHEN UND 25 KLÖSTER SOWIE 800 WOHLFAHRTSEINRICHTUNGEN. AUCH NACH DEM ZERFALL DES SOWJETREICHES KANN DIE METROPOLE (MEHR ALS ZEHN MILLIONEN EINWOHNER) MIT EINDRUCKSVOLLEN KULTURDATEN AUFWARTEN: MIT ETWA 60 THEATERN UND 75 MUSEEN, 100 HOCHSCHULEN SOWIE RUND 2300 DENKMALGESCHÜTZTEN OBJEKTEN NIMMT MOSKAU EINE SPITZENPOSITION UNTER ALLEN STÄDTEN DIESER WELT EIN.

Oben: Von den Dimensionen her überwältigend ist das Zentrum der politischen Macht, das seit Jahrhunderten der Kreml, die einstige Stadtfestung (im Bild) und der Rote Platz bilden.

Linke Seite: Jede der neun Kapellen der Basiliuskathedrale ist einem besonderen Ereignis der Schlacht um Kasan gewidmet; die Zwiebeltürme könnten Anspielungen auf die Turbane der besiegten Tartaren sein.

○ KREML

Seit dem 13. Jahrhundert sind alle historischen und politischen Ereignisse in Russland untrennbar mit dem Moskauer Kreml, dem Sitz der Zaren und der Metropoliten, verbunden. Als Großfürst Iwan IV., genannt der Schreckliche, sich 1547 zum Zaren krönen ließ, hatte der Kreml seine heutige Größe bereits erreicht. Der Verteidigungswall der Stadt Moskau, der noch im 14. Jahrhundert aus Holz errichtet war, wurde 1147 erstmals erwähnt. Iwan der Schreckliche ließ nach und nach die Wehrmauern und Kirchen fast restlos durch führende italienische und russische Baumeister erneuern und prächtige Repräsentationsbauten errichten. Bis ins 20. Jahrhundert hinein wurden die Bauten immer wieder erweitert und verändert. Sie beherbergen heute Kunstwerke von unschätzbarem Wert.

KREMLPALAST

Der Borowizki-Hügel mit seiner Erhabenheit ist der ideale Ort für eine Zarenresidenz. Russische Herrscher verewigten sich hier schon im 14. Jahrhundert mit großzügigen Gemächern. Der Palast in seiner heutigen Form geht auf Zar Nikolaus I. zurück. Er ließ Anfang des 19. Jahrhunderts das alte Gebäude abtragen, um einen zeitgenössischen Repräsentativbau zu errichten. Dann beauftragte er den Architekten Konstantin Thon mit der Errichtung eines klassizistischen Gebäudes. Für die prunkverwöhnte Bevölkerung war diese Rückkehr zum Schlichten gewöhnungsbedürftig. Sie verspotteten das Gebäude als Kaserne. Im Inneren aber ist er prachtvoll und dank seiner großen, hohen Räume sehr großzügig ausgestattet.

MARIÄ-ENTSCHLAFENS-KATHEDRALE (USPENSKI-KATHEDRALE)

Zunächst stand der Neubau der Uspenski-Kathedrale unter einem schlechten Stern. Etwas stimmte an der Konstruktion nicht, und die Kuppel stürzte ein. Um sicherzugehen, dass der nächste Baumeister etwas von seinem Handwerk verstand, ließ Iwan III. in Italien suchen. Er fand ihn in Aristotele Fioravant, der ihm die Kathedrale so errichtete, wie sie auch heute zu sehen

MOSKAU

WARUM IM SOMMER? DER SOMMER IN MOSKAU IST EINE BESONDERE JAHRESZEIT: IM WINTER IST DIE SONNE AUFGRUND DER GEOGRAFISCH BEDINGTEN KURZEN TAGE KAUM ZU SEHEN, TEMPERATUREN SINKEN UNTER MINUS 20 GRAD. IM SOMMER DAGEGEN WIRKT DIE STADT WIE AUSGEWECHSELT: DURCHSCHNITTLICH HAT ES ANGENEHME 22 GRAD, MANCHMAL STEIGEN DIE WERTE AUF BIS ZU 30 GRAD AN. DAS WARME WETTER, DIE LANGEN TAGE UND DEMENTSPRECHEND LÄNGERE ÖFFNUNGSZEITEN FÜR TOURISTENATTRAKTIONEN MACHEN DAS REISEN IM SOMMER SEHR ANGENEHM. WUNDERBAR IST DANN AUCH MOSKAUS »GRÜNES HERZ«: DER GORKI-PARK MIT SEINEM ANGRENZENDEN NATURSCHUTZGEBIET.

ist. Das Gotteshaus wurde zum Vorbild für viele Nachbauten landauf und landab.

MARIÄ-VERKÜNDIGUNGS-KATHEDRALE
Wie ein weißes Märchengebäude aus einer anderen Welt erstrahlt die Kathedrale im Kreml: gleißend weiße Wände und dazu neun goldene Zwiebeltürmchen auf dem Dach. Ganz standesgemäß eben für die russischen Großfürsten, die nebenan im Kreml ihre Residenz hatten und eine neue Hauskirche benötigten. Typisch sind nicht nur die Kokóschnik-Giebel, sondern auch die reiche Ikonostase.

○ ROTER PLATZ
Aus dem Besichtigungsprogramm der Moskau-Touristen ist der Rote Platz nicht wegzudenken. Die ganze Welt kennt seinen Namen, der ursprünglich »schöner Platz« bedeutete. Schon die Ausmaße beeindrucken: Der Rote Platz zählt zu den größten Plätzen der Welt. Als Entstehungsjahr des Platzes gilt 1493. Bis dahin hatten die Händler und Handwerker ihre Geschäfte innerhalb des Kremls betrieben, nun mussten sie die großfürstliche Burgstadt verlassen und ihre Bretterbuden außerhalb aufstellen. Der Rote Platz war also zunächst nur ein Marktplatz vor den östlichen Kremlmauern. Seine prächtige Bebauung begann mit der Basiliuskathedrale, die Iwan der Schreckliche ab 1555 an der Südseite errichten ließ. Ebenfalls weltbekannt: das riesige, 1893 erbaute Warenhaus GUM an der Ostseite des Platzes. An der Westseite erhebt sich das Lenin-Mausoleum (1924), zu Sowjetzeiten die meistbesuchte Sehenswürdigkeit Moskaus. Nach dem Ende der Sowjetunion bestand das starke Bedürfnis, an die alte russische Geschichte wieder anzuknüpfen: So wurden zwei Bauwerke des 17. Jahrhunderts, die Stalin hatte abreißen lassen, originalgetreu wiederaufgebaut: die Kasaner Kathedrale und das Auferstehungstor.

○ BASILIUSKATHEDRALE
Im Jahr 1552 ließ Iwan der Schreckliche auf dem Roten Platz eine Kirche erbauen, die an die Eroberung der tatar-mongolischen Stadt Kasan erinnern sollte. Als die beiden Baumeister ihr Werk vollendet hatten, so sagt es die Legende, ließ Iwan der Schreckliche ganz im Sinn seines Namens, den Handwerkern die Augen herausschneiden, damit sie nirgendwo anders etwas ähnlich Schönes bauen konnten. Neben dem reichen Farb- und Ornamentspiel überzeugt die Kirche vor allem mit ihrer starken Symbolik. Die vier Tür-

Links oben: Die Pushkinsky-Fußgängerbrücke führt in die grüne Lunge der Stadt, den Gorki-Park.

Links unten: Nach dem Ende der Sowjetunion positionierte sich Russland innerhalb weniger Jahre unter den führenden Wirtschaftsmächten. Für den neuen Reichtum steht das Internationale Handelszentrum Moskau am linken Moskwaufer. Moscow City ist ein ultramodernes Geschäftsviertel in spektakulärer Architektur. Hier wachsen die Wolkenkratzer in den Himmel, etwa der Nabereschnaja, das Evolution und Capital City.

Rechts oben: Mehrfach wurde die Uspenski-Kathedrale verwüstet, durch häufige Brände oder Napoleons Truppen, die sie als Pferdestall benutzten. Im Jahr 1894 wurde sie wieder in den ursprünglichen Zustand versetzt.

Rechts unten: Das Puschkin-Museum offeriert in seinen schier endlosen Hallen herausragende Werke europäischer Kunst.

me zeigen in je eine Himmelsrichtung, sie sind achteckig und weisen damit auf den Tag der Auferstehung Christi hin.

○ TRETJAKOW-GALERIE

Der Sammelleidenschaft von Pavel Tretjakow ist es zu verdanken, dass eines der größten Museen des Landes heute die gesamte russische Kunstgeschichte abdeckt, vom 11. bis zum frühen 20. Jahrhundert. Ein Neubau am Gorki-Park zeigt moderne Kunst.

○ PUSCHKIN-MUSEUM

Das dreigeteilte Museum hat sich der europäischen Kunst verschrieben und ist besonders für seine Kollektion französischer Kunst aus dem 19. Jahrhundert (Monet, Gauguin, Cezanne) und die Meisterwerke der Renaissance bekannt.

AUSGEHEN

Oblomov // Kachelöfen, Plüschstühle, und ein sprechender Pagagei: Wie die Figur Oblomov im gleichnamigen klassischen Roman von Ivan Goncharov kann man hier beim Borschtsch-Schlürfen in die Welt der wohlhabenden, wohlgenährten russischen Kaufleute des 19. Jahrhunderts eintauchen.

restoblomov.ru

White Rabbit // Unter einer Glaskuppel im 16. Stock der Smolenskiy-Passage befindet sich das erste gemeinsame Projekt des Gastronomen Boris Zarkov und des Star-Kochs Vladimir Mukhin: traditionelle russische Gerichte auf Michelin-Niveau, modern und gewagt.

// whiterabbitmoscow.ru

LavkaLavka // Das LavkaLavka bietet altrussische Küche, verwendet jedoch ausschließlich saisonale und regionale Zutaten sowie Bio-Produkte von glücklichen Tieren.

// restoran.lavkalavka.com

○ NOWODEWITSCHI-KLOSTER

Nowodewitschi, das »Neue Jungfrauenkloster«, wurde von Großfürst Wassili III. (1479–1533) gegründet, der damit ein Gelübde erfüllte, das er im Jahr 1514 im Krieg gegen Litauen abgelegt hatte. Das in strategischer Lage etwa vier Kilometer von Moskaus Stadtzentrum an einer Biegung der Moskwa gelegene Kloster sollte als Teil eines gewaltigen Verteidigungssystems die Stadt nach Südwesten absichern.

○ KITAI-GOROD

Moskaus ältestes Viertel hat sich sein mittelalterliches Antlitz aus engen, gewundenen Gassen bewahren können. Bereits seit dem 12. Jahrhundert existiert die Barbara-Straße, in der zunächst reiche Seidenhändler siedelten. Später erhielt die Straße unter den Romanovs ihren bis heute unübersehbaren aristokratischen Charakter.

Der riesige Konsumtempel GUM mit seinen glasüberdachten Passagen entstand Ende des 19. Jahrhunderts im damals mondänen historistischen Stil, besonders die Zuckerbäckerfassade ist beeindruckend. Ein typisches Kaufhaus ist das GUM nicht, sondern eher ein großes Einkaufszentrum mit etwa 200 Läden.

ÜBERNACHTEN

Hotel Baltschug Kempinski // Als erstes internationales Fünf-Sterne-Hotel im postsowjetischen Russland hat sich das Kempinski immer wieder gegen die Konkurrenz durchgesetzt, was an den ständig renovierten luxuriösen Innenräumen und Annehmlichkeiten liegen mag – oder einfach an der perfekten Lage direkt gegenüber vom Roten Platz und dem Kreml.
// www.kempinski.com/en/moscow/hotel-baltschug

Metropol // Als eines der renommiertesten Hotels in Moskau war das Metropol in vergangenen Tagen ein Treffpunkt für Könige, Politiker und Kulturgrößen. Es strahlt immer noch Tradition und Opulenz aus, bietet prächtige Zimmer sowie ein erstklassiges Restaurant und Spa.
// www.metropol-moscow.ru

Petroff Palace // Dieser kleine, aber feine historische Palast, der etwas außerhalb der Moskauer Innenstadt liegt, strahlt einen unverwechselbaren königlichen Charme aus. Die Zimmer und öffentlichen Bereiche sind mit geschmackvollen Antiquitäten ausgestattet und dekoriert.
// petroffpalacehotel.ru

Pokrovka 6 Hotel // Das preiswerte Pokrovka 6 Hotel liegt im Moskauer Stadtteil Basmanny. Beliebte Sehenswürdigkeiten in der Nähe sind der Zaryadye Park und das Warenhaus GUM.
// pokrovka6hotel.com

○ **GORKI-PARK**

Der Vergnügungspark am rechten Ufer der Moskwa ist das grüne Erholungsziel der Stadt. Kleine Seen laden zu Bootsfahrten ein; im Winter verwandeln sie sich in Eisflächen, auf denen Schlittschuh gelaufen wird. Hier ist auch das Garage Museum of Contemporary Art untergebracht: 2008 von Dasha Zhukova, der Exfrau des Oligarchen Roman Abramovich eröffnet, wird hier in einem ehemaligen Restaurant aus Sowjetzeiten ihre Privatsammlung ausgestellt.

SHOPPING

○ **WARENHAUS GUM**

Glas und Stahl sind nicht nur Materialien, aus denen heute gerne Shoppingmalls errichtet werden. Auch schon im Russland des endenden 19. Jahrhunderts setzten Architekten diese Materialien großzügig ein. Nicht nur deswegen gilt das Kaufhaus GUM heute als wegweisend in der modernen Ladenarchitektur. Der Historismus war damals vorherrschend in Moskau, als Zar Nikolaus II. dieses Kaufhaus erbauen ließ. Es galt damals als eines der russischen Wunder und war ein Symbol für das starke Russland. Beeindruckend ist noch heute die große Glaskuppel genau in der Gebäudemitte. Das Kaufhaus brachte die vielen Händler auf dem Roten Platz erstmals unter einem Dach zusammen. Heute ist das GUM bekannt für seine Luxusmarken, die als kleine Läden in dem Gebäude ihre Waren anbieten. Insgesamt misst es eine Fläche von 75 000 Quadratmetern.

AUF KEINEN FALL VERPASSEN

MIT DER METRO FAHREN
Die wunderschön gestalteten unterirdischen »Paläste« der Moskauer Metro wurden ursprünglich geschaffen, um sowohl die Macht als auch die künstlerische Vision der Sowjetunion zu demonstrieren. Heute werden die U-Bahnhöfe von Touristen und Stadtbewohnern gleichermaßen für ihre ikonischen Designs geschätzt. Pure Opulenz mit Marmorsäulen, Stuckverzierungen, Mosaiken, vergoldeten Reliefs und Kronleuchtern gibt es zum Beispiel an der Komsomolskaya-Station zu bestaunen.

DAS BOLSHOI-THEATER BESUCHEN
Das Bolshoi ist ein Theater im Stil des russischen Klassizismus, das schon allein durch sein glitzerndes sechsstöckiges Auditorium besticht. Zudem ist es das bekannteste und wichtigste Theater für Oper und Ballett in ganz Russland. Sowohl die Ballett- als auch die Opernkompanie führen hier eine Reihe russischer und internationaler Werke auf. Bis Ende Juli kann man Karten für die weltbekannte Bühne ergattern, dann schließt das Theater bis Mitte September. Der Kartenvorverkauf beginnt drei Monate vor der jeweiligen Aufführung.

RAUMFAHRT-MUSEUM ENTDECKEN
Obwohl das Moskauer VDNKh-Gelände für verschiedene Ausstellungen und Veranstaltungen genutzt wird, ist sein Highlight zweifelsohne das Kosmonauten-Museum, das die Geschichte der sowjetischen Raumfahrt dokumentiert – hier lässt sich alles Wissenswerte über Technik, Raumstationen und Raketen erfahren.

DEN PROMI-FRIEDHOF ERKUNDEN
Das im 16. Jahrhundert gegründete Nowodewitschi-Kloster zählt seit 2004 zum UNESCO-Weltkulturerbe. Es beherbergt ein absolutes Muss für Liebhaber russischer Kultur: Auf dem zugehörigen Neujungfrauen-Friedhof liegen nämlich die Gräber etlicher berühmter Persönlichkeiten. Der zu kommunistischen Zeiten für Neugierige gesperrte Friedhof ist heute frei zugänglich. Entdecken kann man etwa die Ruhestätten der Schriftsteller Michail Bulgakow und Anton Tschechow oder der Komponisten Sergej Prokowjew und Dmitri Schostakowitsch.

AUF DEM FLOHMARKT NACH KURIOSITÄTEN STÖBERN
Der Bezirk Izmaylovo ist eine der größten Grünflächen Moskaus, wo man sich von der Hektik der Stadt erholen kann. Am Wochenende (Freitag bis Sonntag) tummelt sich hier jedoch Moskaus größter und bekanntester Flohmarkt, der auf eine lange Geschichte zurückblickt: Schon seit dem 17. Jahrhundert wurden dort Gemälde, Kunsthandwerk und Souvenirs am Ufer des Flusses Serebrjanka verkauft. Wichtigster Handelstag ist der Samstag, da Händler aus verschiedenen Regionen anreisen, um originelle Antiquitäten und sowjetische Kuriositäten feilzubieten.

#21 PARIS

KAUM EINE ANDERE STADT IST HÄUFIGER IN LIEDERN BESUNGEN WORDEN, DIENTE ÖFTER ALS KULISSE FÜR FILME, ROMANE ODER THEATERSTÜCKE ALS PARIS – DIE LICHTERSTADT, DIE STADT DER LIEBE. DIE FRANZÖSISCHE HAUPTSTADT VERZAUBERT IHRE BESUCHER, UND OFT IST ES LIEBE AUF DEN ERSTEN BLICK. OB BEIM PASTIS IN EINEM STRASSENCAFÉ IM QUIRLIGEN QUARTIER LATIN, BEI EINER SCHIFFFAHRT AUF DER SEINE, BEI EINEM BUMMEL IM JARDIN DU LUXEMBOURG ODER VOR EINEM DER KUNSTWERKE IN DEN MUSEEN – DEM CHARME DER METROPOLE KANN MAN SICH KAUM ENTZIEHEN. AUS DER KEIMZELLE ERSTER BESIEDLUNG AUF DER ÎLE DE LA CITÉ HAT SICH EIN RIESIGES STADTGEBILDE ENTWICKELT, DESSEN VIERTEL SICH NOCH IMMER GUT ZU FUSS ERKUNDEN LASSEN. UND DANN GIBT ES SCHLIESSLICH NOCH DIE MÉTRO, VON DER ES HEISST, DASS KEIN PUNKT IN PARIS WEITER ALS 500 METER VON EINER IHRER STATIONEN ENTFERNT LIEGT.

Oben: Nicht weniger als neun Brücken verbinden die Seine-Insel Île de la Cité mit den Flussufern sowie der benachbarten Île Saint-Louis. Neben Notre-Dame finden sich noch einige weitere mittelalterliche Gebäude auf der eher stillen Flussinsel: die Palastkapelle Sainte-Chapelle, die Conciergerie und der Justizpalast Palais de la Cité.

Linke Seite: Die Glaspyramide von I. M. Pei vor den Gebäudeflügeln markiert seit 1989 den Haupteingang des Louvre.

○ **NOTRE-DAME**
Die Errichtung der Kathedrale, die 1163 begann, zog sich über mehr als 150 Jahre. Die Ausmaße des Inneren der Kirche sind beträchtlich: 130 Meter Länge, 48 Meter Breite und 35 Meter Höhe. Nach dem verheerenden Brand im April 2019, bei dem das Dach zerstört wurde, hat die Renovierung begonnen.

○ **SAINTE-CHAPELLE**
Sie war ursprünglich die Schlosskapelle eines nicht mehr existierenden Königspalastes und steht heute auf dem Areal des Palais de Justice. Die obere Kapelle, die auf Wunsch Ludwigs IX. wertvolle Passionsreliquien wie die Dornenkrone aufnehmen sollte, fasziniert mit ihren Glasmalereien aus dem 12. bis 14. Jahrhundert, die biblische Szenen zeigen.

○ **PLACE VENDÔME**
Der Platz, im 18. Jahrhundert von Jules Hardouin-Mansart entworfen, besticht durch seine harmonische Gestaltung. Er ist dank Juwelieren wie Cartier oder Van Cleef & Arpels Treffpunkt der Schönen und Reichen.

○ **PONT NEUF**
Der Name – Neue Brücke – ist irreführend. Der Pont Neuf ist die älteste Brücke von Paris, 1607 fertiggestellt. Zugleich ist er mit 330 Metern die längste der Stadt. Auch als Kunstwerk diente er mehrmals: Christo hat ihn 1984 verpackt, der japanische Couturier Kenzo ließ ihn farbenfroh mit Blumen schmücken.

○ **LOUVRE**
Der riesige, über Jahrhunderte immer wieder mit neuen Anbauten versehene Stadtpalast der französischen Könige beherbergt heute eines der bedeutendsten Kunstmuseen der Welt. Beim Rundgang durchs Museum sollte man neben den Kunstwerken auch den beeindruckenden Räumlichkeiten Beachtung schenken.

WARUM IM SOMMER? UM FILME UNTERM STERNENHIMMEL ZU SCHAUEN – BEIM CINÉMA EN PLEIN AIR: DER PARC DE LA VILLETTE IM NORDÖSTLICHEN ZIPFEL DES 19. ARRONDISSEMENTS MAG NICHT SONDERLICH ATTRAKTIV KLINGEN, WAR DIESE 55 HEKTAR GROSSE FLÄCHE DOCH FRÜHER DER SCHLACHTHOF DER STADT. DOCH SEIT DER UMGESTALTUNG 1979 IST ER EINER DER BEDEUTENDSTEN PARISER FREIZEIT- UND KULTURRÄUME MIT ZEHN THEMENGÄRTEN, DREI GROSSEN KONZERTBÜHNEN UND DEM GRÖSSTEN WISSENSCHAFTSMUSEUM EUROPAS. EIN BESUCH LOHNT SICH NOCH MEHR, WENN DAS CINÉMA EN PLEIN AIR STATTFINDET. DANN WIRD EINE RIESIGE LEINWAND AUFGESTELLT UND EINE AUSWAHL GUTER FILME GEZEIGT; DER EINTRITT IST FREI, LIEGESTÜHLE ZU MIETEN KOSTET NUR EIN PAAR EURO. DIE FILME WERDEN IN DER ORIGINALFASSUNG MIT FRANZÖSISCHEN UNTERTITELN GEZEIGT, DOCH SELBST WER NICHT ALLES VERSTEHT, KANN DIE ATMOSPHÄRE GENIESSEN: MILDE PARISER ABENDE MIT PICKNICK-DECKEN, BAGUETTES UND EINER FLASCHE BORDEAUX – EIN GESELLIGER ABEND UNTER DEN STERNEN.

PARIS

○ OPÉRA GARNIER
Der Prachtbau des Architekten Charles Garnier entstand in den Jahren zwischen 1860 und 1875 unter Napoleon III., dessen Ära hier zu ihrem eigenen – neobarocken – Baustil fand. Als Aufführungsort für Opern hat das Gebäude allerdings seit Errichtung der Opéra Bastille weitgehend ausgedient. Hier werden nun Ballettaufführungen vom hauseigenen Ensemble dargeboten.

○ LA MADELEINE
Unter Ludwig XV. sollte hier eine barocke Kirche mit einer Kuppel entstehen, Ludwig XVI. wollte einen klassizistischen Bau in der Art des Panthéons, und erst unter Napoleon entstanden die Pläne für die einem altgriechischen Tempel nachempfundene Säulenhalle, die als Temple à la Gloire, als Ruhmeshalle, dienen sollte. Unter König Louis Philippe wurde 1842 die Kirche Sainte-Marie Madeleine geweiht.

○ PLACE DE LA CONCORDE
Der größte Platz von Paris, der zweitgrößte ganz Frankreichs, hat eine wechselvolle Geschichte hinter sich. Er entstand als Königlicher Platz, wurde aber 1792 in Place de la Révolution umbenannt. Hier stand die Guillotine, auf der auch das Leben von Marie Antoinette und Ludwig XVI. endete. Der Obelisk in der Mitte war ein Geschenk des ägyptischen Vizekönigs an Frankreich.

○ CHAMPS-ÉLYSÉES
Die Anfänge des Prachtboulevards, der von der Place de la Concorde bis zum Arc de Triomphe fast zwei Kilometer lang ist, reichen in die zweite Hälfte des 17. Jahrhunderts zurück. Die meisten Bauten, die das Straßenbild heute prägen, stammen aus dem 19. Jahrhundert. Die breiten Gehsteige laden zum Flanieren ein.

○ ARC DE TRIOMPHE
Bereits unter Napoleon wurde im Jahr 1806 der Grundstein für den Bogen gelegt, die Einweihung fand allerdings erst 1836 statt. Seit 1923 brennt hier am Grabmal des unbekannten Soldaten die berühmte Ewige Flamme.

○ JARDIN DU LUXEMBOURG
Dieser Park, der das Palais du Luxembourg, in dem heute der Senat tagt, umgibt, ist die grüne Lunge des

Links: Open-Air-Kino in einer einmaligen Atmosphäre und einer fantastischen Kulisse – das bietet das Filmfestival Cinéma en Plein Air im Sommer.

Rechts: Als Tribut an die Klagemauer versteht sich die Mur de la Paix am Champ de Mars, durch die hindurch man auf den Eiffelturm blickt.

5. und 6. Arrondissements und bietet jede Menge Freizeitmöglichkeiten: für Kinder ein Kasperletheater, ein Karussell und einen Abenteuerspielplatz, für die Großen Tennisplätze, eine Bocciabahn, einen Platz zum Schachspielen und ein Café.

○ MUSÉE D'ORSAY

Im ehemaligen Bahnhof, der für die Weltausstellung 1900 errichtet wurde, sind Kunstwerke des 19. Jahrhunderts aus gleich mehreren Museen zusammengetragen worden. Wo einst Züge abfuhren, befindet sich heute eine der weltweit bedeutendsten Sammlungen zur Kunst dieser Zeit, deren Schwerpunkt auf der impressionistischen und postimpressionistischen Malerei und Skulptur liegt.

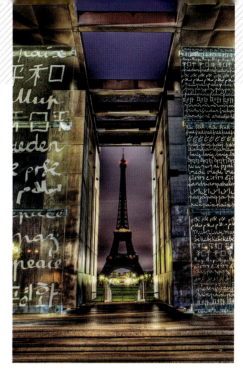

○ HÔTEL UND DÔME DES INVALIDES

Von 1671 bis 1676 wurde das Hôtel des Invalides im Auftrag von Ludwig XIV. als Heim für Kriegsveteranen erbaut. Auch eine Kirche gab es dort schon. Doch der Sonnenkönig empfand sie als zu schlicht und ließ deshalb ab 1675 den Dôme des Invalides, einen prachtvollen Kuppelbau, errichten. Im Inneren des Doms, direkt unter der Kuppel, befindet sich heute der Sarkophag Napoleons. Im Hôtel des Invalides haben mehrere Museen ihre Heimat.

○ EIFFELTURM

Nur schwer kann man sich heute die Empörung vorstellen, die der Bau des wunderbar filigranen Turms aus etwa 10 000 Tonnen Stahl auslöste, als er zur Weltausstellung im Jahr 1889 errichtet wurde. Wohl kein zweites Bauwerk der französischen Métropole ist weltweit so bekannt wie der 324 Meter hohe Turm des Ingenieurs Gustave Eiffel. Aufzüge führen zu seinen Plattformen, die dem Besucher einen traumhaften Blick über die Stadt Paris und bei klarem Wetter weit in die Île-de-France hinein ermöglichen.

○ SACRÉ-CŒUR

Zwei Bauwerke beherrschen die Silhouette von Paris: der Eiffelturm und die prachtvolle Basilika Sacré-Cœur. Weithin leuchten ihre weißen Kuppeln und der Campanile über der Stadt. Um Sacré-Cœur liegt das Herz von Montmartre mit seinen kleinen malerischen Gassen und Restaurants.

AUSGEHEN

Au Pied de Cochon // Ein letztes Relikt aus der großen Zeit der Markthallen! Als »Les Halles« noch existierten, nahmen hier die Lieferanten in aller Frühe eine herzhafte Mahlzeit zu sich, ehe sie wieder nach Hause fuhren. Man pflegt auch noch heute eine deftige Küche: Fleisch, wie es der Name »Zum Schweinsfuß« andeutet, bestimmt die Speisekarte.
// www.pieddecochon.com

Café Marly // Der große Pluspunkt dieses Cafés ist seine hervorragende Lage. Unter den Arkaden des Louvre fühlt der Gast sich in die Zeit Kaiser Napoleons III. versetzt.
// cafe-marly.com/fr

Benoit // Klassische Eleganz zeichnet dieses Bistro aus, das seit 100 Jahren besteht und vom weltbekannten Koch Alain Ducasse geführt wird. Im Herzen der Stadt genießt man hier die traditionelle französische Bistroküche in schöner Atmosphäre.
// www.benoit-paris.com

SHOPPING

○ **BAZAR DE L'HÔTEL DE VILLE**
Das kurz BHV genannte Haus ist eines der ältesten Kaufhäuser von Paris. Das Sortiment umfasst Kleidung ebenso wie Möbel und Deko.
// www.bhv.fr

○ **CENTRE COMMERCIAL DU CARROUSEL DU LOUVRE**
Hier finden sich im Untergrund rund 35 Läden der verschiedensten Bereiche: Mode, Schmuck und Kosmetik ebenso wie Glas und Porzellan, und – im Virgin Megastore – Bücher und CDs. Auch Lebensmittel gibt es, dazu eine Patisserie und ein Food Court.
// carrouseldulouvre.com

○ **JEAN-PAUL HÉVIN CHOCOLATERIE**
In der Chocolaterie kann man neben köstlichen Pralinen und unzähligen Schokoladen auch wunderbare französische Patisserie bestaunen: Von Eclaire über Longchamp Chocolat bis hin zu Macarons bleiben bei den Kunden keine Wünschen offen.
// www.jeanpaulhevin.com

○ **LE BON MARCHÉ**
Das eleganteste Grand Magasin der Stadt. Hier geht man nicht einfach nur zum Einkaufen, hier erlebt man ein Stück Geschichte. Die Gründung des Bon Marché 1838 bedeutete die Entstehung einer neuen Art von Geschäft – des Warenhauses.
// www.24sevres.com/fr-fr/le-bon-marche

AUSFLÜGE

○ **VERSAILLES**
Schloss Versailles vor den Toren von Paris ist der Prototyp der absolutistischen Herrscherresidenz und wurde zum Vorbild vieler europäischer Residenzschlösser. Umgeben ist der unter dem Sonnenkönig Ludwig XIV. errichtete Barockbau von einer groß dimensionierten Parkanlage.

Als erstes Warenhaus der Welt gilt das Le Bon Marché, das heute immer noch den Glanz der Gründerzeit von 1838 versprüht.

ÜBERNACHTEN

Hôtel Caron de Beaumarchais // In diesem Haus hat einst der Dichter Pierre August Caron de Beaumarchais seine »Hochzeit des Figaro« geschrieben. Mit einem Kamin im Stil Ludwigs XVI. und historischen Kerzenhaltern als Ausstattungsstücken versucht man, der Atmosphäre jener Epoche nahezukommen.
// www.carondebeaumarchais.com

Hotel de Bellechasse // Zeitgenössische Möbel, die Atmosphäre wie in einer Kunstgalerie und das Gebäude im Neoklassizismus. Dazu eine kleine Terrasse, die sich im hübschen Innenhof befindet, und sofort ist es mitten in der Stadt ganz ruhig.
// www.lebellechasse.com/de

Amélie // Jedes der Zimmer in dem kleinen, charmanten Hotel auf halbem Weg zwischen Eiffelturm und Hôtel des Invalides ist in unterschiedlichen Farbtönen gestaltet. Viele der Sehenswürdigkeiten sind von hier aus bequem zu Fuß erreichbar.
// www.hotelamelie-paris.com/

PARIS

AUF KEINEN FALL VERPASSEN

EINE SHOW IM CRAZY HORSE SALOON ERLEBEN
Die Shows dieses 1951 gegründeten Revuetheaters gelten als die freizügigsten von Paris. Die Tänzerinnen werden so ausgewählt, dass sie von Größe und Statur her völlig gleich erscheinen, bekleidet sind sie in erster Linie durch die großartige Light-Show. Im Crazy Horse selbst wird kein Essen serviert, doch einige erstklassige Restaurants in der Umgebung bieten jeweils ein Dîner an, das in Kombination mit der Show gebucht werden kann.

EINE SEINE-TOUR ODER EINE FAHRT MIT DER BATOBUS-FÄHRE UNTERNEHMEN
Die Stadt wuchs von den Inseln nach außen, daher finden sich viele der wichtigsten Sehenswürdigkeiten entlang des Seine-Ufers. Von einem der Schiffe aus kann man sie nicht nur bequem, sondern aus einer ganz besonderen Perspektive bestaunen. Batobus bietet die Möglichkeit, an rund zehn Stationen zwischendurch auszusteigen.

KOCHEN LERNEN WIE EIN FRANZÖSISCHER SPITZENKOCH
Paris ist die Stadt der Liebe, und die geht durch den Magen. Im Le Cordon Bleu lernen Profis von Profis, aber auch Laien dürfen in Themenkurse, etwa über französisches Gebäck, schnuppern. Auch sehr gut zum Lernen ist das Atelier des Sens.

BEI SHAKESPEARE & COMPANY STÖBERN
Der Name Shakespeare & Company besitzt in Paris seit 1919 Tradition. Damals eröffnete die Amerikanerin Sylvia Beach ihre Buchhandlung für englischsprachige Literatur, die bald zum Treffpunkt literarischer Größen wie F. Scott Fitzgerald, Ernest Hemingway und James Joyce wurde. Neben einer reichen Auswahl an englischsprachiger Literatur gibt es heute eine Vielzahl von Veranstaltungen wie Autorenlesungen und Workshops.

BEIM PÉTANQUE IN DEN ARÈNES MITSPIELEN
In den Arènes de Lutèce treffen sich bei schönem Wetter jeden Nachmittag bis in den frühen Abend hinein die Pétanque-Spieler. Pétanque ist eine Variante des Boule-Spiels. Viele Spieler sind in einem Club organisiert und tragen jährlich Pariser Meisterschaften aus.

#22 PEKING

IN CHINA WAR ES SCHON IMMER SO, DASS NEUE MACHTHABER DAS KULTURELLE LEBEN PRÄGTEN UND UMFORMTEN. VERGANGENES WURDE NICHT KONSERVIERT, SONDERN IMMER IMPOSANTERE, JE NACH ZEITGESCHMACK SCHÖNERE, GRÖSSERE GEBÄUDE UND PLÄTZE WURDEN ERRICHTET. WER VOR 20 JAHREN IN PEKING WAR UND HEUTE WIEDER HINFÄHRT, WIRD FESTSTELLEN, DASS SICH AN DIESEM PRINZIP KAUM ETWAS GEÄNDERT HAT – DOCH ZUGLEICH ZEIGEN SICH AUCH GEGENTENDENZEN. DIE KAPITALE IST EINERSEITS IM BESTÄNDIGEN WANDEL WIE ALLE METROPOLEN CHINAS. ANDERERSEITS LIEGT IM HERZEN PEKINGS DIE VERBOTENE STADT – LANGE ZEIT DER MITTELPUNKT DES CHINESISCHEN UNIVERSUMS. DORT SCHEINT DIE ZEIT STEHEN GEBLIEBEN ZU SEIN, AUCH WENN KEINE EUNUCHEN MEHR DURCH DIE GASSEN HUSCHEN. ZWISCHEN MUSEALER BEWAHRUNG UND ZUKUNFTSBAUTEN DAGEGEN LIEGEN DIE ALTEN HUTONGS, KLEINE GASSEN ALS VERMITTLER ZWISCHEN DEN WELTEN PEKINGS.

Linke Seite: Mauer, Türme und Tore des Kaiserpalastes spiegeln sich auf der glatten Wasseroberfläche. An allen vier Ecken der Inneren Stadt befinden sich solche Wachtürme, die an die Pagodenmalereien aus der Song-Dynastie (960–1279) erinnern sollen.

Rechts: Blickt man von Norden, vom Tor des Himmlischen Friedens aus, über die gigantischen Ausmaße des Tian'anmen-Platzes, kann man links nicht nur den Bau des Nationalmuseums und rechts die Große Halle des Volkes erkennen, sondern auch den Wassergraben, der die Verbotene Stadt umschließt. Ganz im Süden steht die Gedenkhalle für den Vorsitzenden Mao (Bildmitte).

○ **TIAN'ANMEN-PLATZ**

Auf diesem Platz, dem metaphorischen Vorhof zum Herzen Pekings, wurde mehr als einmal Geschichte geschrieben. Der Platz des Himmlischen Friedens war seinem Namen zum Trotz oft auch ein Platz ganz irdischen Unfriedens. Im südlichen Teil steht das Mausoleum mit dem Leichnam Mao Zedongs, dessen berühmtes Bildnis auch am Tor des Himmlischen Friedens im Norden des Platzes hängt, dem Zugang zur Verbotenen Stadt. Im Westen liegt die Große Halle des Volkes mit ihrer monumentalen Architektur.

○ **VERBOTENE STADT**

Fast 400 Jahre lang wurde das chinesische Weltreich von der Verbotenen Stadt aus regiert, bis republikanische Oppositionsbewegungen im Jahr 1911 das Ende der Monarchie einleiteten und 1924 der letzte Kaiser seinen Palast verlassen musste. Erst dann erhielt die Öffentlichkeit Zugang zum Palast, der bis dahin dem Kaiser, seinen Frauen und Konkubinen und einer Vielzahl von Eunuchen vorbehalten war. Die rechteckige Anlage mit Hallen für offizielle Anlässe und einem abgeschirmten Wohnbezirk umgeben ein breiter Wassergraben und eine hohe Mauer mit vier mächtigen Toren. Heute ist die Verbotene Stadt ein Museum mit prunkvollen Hallen, bunt geschmückten Häusern und einer Fülle von Kunstschätzen.

HALLE DER HÖCHSTEN HARMONIE

Das wichtigste Gebäude des ganzen Kaiserreiches war lange Zeit zugleich das höchste Haus der Hauptstadt. Die Höhe der Halle der Höchsten Harmonie durfte bei Höchststrafe nicht überschritten werden. Zeremonien wie die Inthronisierung des Kaisers fanden hier statt. Die Halle steht auf einer dreistufigen Marmorterrasse, die den Berg in der Mitte des Universums repräsentiert. In ihrer Mitte befindet sich eine vergoldete weiße Marmorempore, um die sich Wolken und neun Drachen winden – der Thron des Kaisers.

PALÄSTE

Während im Südteil der Verbotenen Stadt Zeremoniengebäude überwiegen, wo Frauen nicht zugelassen waren, sind im Nordteil die Schlaf- und Privatgemächer zu finden. In den je sechs Westlichen und Östlichen Palästen wohnten Kaiser, Kaiserin und Konkubinen. Jeder der Paläste – mit so klingenden Namen wie Palast des Immerwährenden Frühlings – war von einer Mauer umschlossen und hatte einen eigens bepflanzten Hof. Insgesamt finden sich fast 900 Paläste in der Verbotenen Stadt.

WARUM IM SOMMER? PEKING HAT EIN GEMÄSSIGTES, KONTINENTALES MONSUNKLIMA – DAS HEISST, DASS ES IM FRÜHSOMMER MILDER IST, IM JULI UND AUGUST DANN UM 25 GRAD MIT 200 MILLIMETER REGEN IM MONAT. AN SONNIGEN TAGEN SIEHT BESONDERS DIE CHINESISCHE MAUER AUSGESPROCHEN ATEMBERAUBEND AUS. SOMMERLICHE TEMPERATUREN LADEN ABER AUCH AUF EINE GEMÜTLICHE BOOTSFAHRT AUF DEM KUNMING-SEE DES SOMMERPALASTS EIN. AN SEHR HEISSEN TAGEN KÖNNEN SOMMERBESUCHER IN EINEM DER PEKINGER HUTONGS (SO HEISSEN DIE TRADITIONELLEN NACHBARSCHAFTEN MIT IHREN ENGEN GASSEN) SCHATTEN UND ABKÜHLUNG FINDEN.

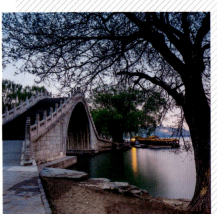

○ NATIONALES ZENTRUM FÜR BILDENDE KÜNSTE

In einer spiegelglatten Wasseroberfläche liegt das futuristische Nationale Zentrum für Bildende Künste wie ein Samen, der noch auf die richtigen Verhältnisse wartet, um keimen zu können. Westlich des Tian'anmen gelegen, wird die Wandlungsfähigkeit Chinas auf einen Blick deutlich – das Land macht es der Kunst allmählich wieder leichter, allen anhaltenden Repressalien zum Trotz. Zwar erscheint das Innere noch ein wenig zu bieder und steif im Verhältnis zur Eleganz der äußeren Erscheinung, doch der Weg ist eingeschlagen. Das umstrittene, von Paul Andreau entworfene ellipsenförmige Gebäude aus Glas und Titan setzt architektonische Maßstäbe für das beginnende 21. Jahrhundert – nicht nur für China.

○ QIANMEN-STRASSE

Die alte Qianmen-Straße im Süden des Tian'anmen ist seit über 400 Jahren eine wichtige Pekinger Geschäftsmeile, seit 2009 auch wieder Fußgängerzone und Flaniermeile mit Geschäften, Teestübchen und Restaurants. Ihr altes Flair ist allerdings eine Illusion, denn das gesamte Viertel war Anfang des 21. Jahrhunderts kurzerhand abgerissen worden, um es umso touristischer wiederauferstehen zu lassen, mit Nachbauten einiger der zuvor entfernten Gebäude. In der Straße verläuft eine Straßenbahn, deren Alter ebenfalls nur Imitation ist, was den Fahrspaß jedoch nicht mindert.

○ BEIHAI-PARK

Von der Spitze der Weißen Pagode aus, die in der Mitte des vor mehr als 1000 Jahren entworfenen ehemals kaiserlichen Gartens steht und anlässlich des Besuchs des 5. Dalai Lamas Mitte des 17. Jahrhunderts erbaut worden war, lässt sich in der Ferne die geometrische Dächeranordnung der Verbotenen Stadt bewundern. Seit 1925 ist die uralte Gartenanlage der Öffentlichkeit zugänglich, deren Fläche mehr als zur Hälfte von einem großen See bedeckt wird. Bootsfahrten in kleinen Gruppen sind möglich. Man schippert vorbei an Seerosenfeldern und unter kleinen Brücken hindurch.

○ HOUHAI

Nachts zeigt sich am unmittelbarsten, wes Geistes Kind das Ufer des nordwestlich der Verbotenen Stadt liegenden Houhai-Sees ist, zumindest in seinem südlichen Teil. Wenn in der Dämmerung Musik über das

Links oben: Einblicke in das alte China: In den Hutongs zeigt sich noch vielerorts ein traditionelles China – weit über das bloße Straßenbild hinaus. Hier findet an einer Ecke ein spontaner Straßenmarkt statt, hier wird an der anderen Ecke ein lautstarker Plausch gehalten.

Links unten: Die Jadegürtel-Brücke ist mit ihrem markanten Bogen die bekannteste der sechs Brücken, die über den Kunming-See führt. Sie wurde zwischen 1751 und 1764 errichtet und trägt aufgrund des hohen Bogens auch den Beinamen »Kamelrücken-Brücke«.

Rechts oben: In der zwei Jahrtausende währenden Kaiserzeit (221 v. Chr. bis 1911) war der Konfuzianismus die unumstößliche Staatsdoktrin: Der Himmel, als höchste Macht, verleiht dem Kaiser die irdische Macht. Der Kaiser – »Sohn des Himmels« – ist nur dem himmlischen Gesetz unterworfen. Er vollzieht das Himmelsopfer im Himmelstempel und wird durch diese einzigartige priesterliche Funktion über alle anderen Menschen erhoben.

Rechts unten: Von der »Brücke des Ewigen Friedens« im Beihai-Park aus eröffnet sich ein schöner Blick auf die Weiße Pagode.

Wasser schallt, überall bunte Lichter glitzern und zunehmend raueres Gelächter zum stilleren Nordufer herüberklingt, ist das Nachtleben in vollem Gange. Bars, Kneipen, Restaurants reihen sich aneinander. Die sogenannten Hinteren Seen sind eines nicht: hinterwäldlerisch. Dennoch vermitteln sie Besuchern etwas von dem Leben im alten Peking, vor allem in den enger werdenden Hutongs (Gassen), je nördlicher ein Vorbeischlendernder kommt.

○ **KONFUZIUS-TEMPEL**

Als eine schlichte, stille Tempelanlage, ganz im Geiste desjenigen, dessen Andenken sie gewidmet ist, erscheint der Konfuzius-Tempel im Nordosten der Altstadt. Doch der zweitgrößte Konfuzius-Tempel Chinas besticht als Ort der Besinnung und gilt so als Geheimtipp für diejenigen, denen es nicht auf die Menge des Gesehenen, sondern die Qualität der Erfahrung ankommt.

AUSGEHEN

Lao-She-Teehaus // In der Qianmen-Straße schmeckt der Tee vorzüglich – unter anderem im dritten Stock des Lao-She-Teehauses mit schönen Kalligrafien an den Wänden und einem breiten Angebot an grünem Tee.
// www.laosheteahouse.com

Furongji // Das Designer-Dim-Sum-Restaurant präsentiert eine verspielte Variante südchinesischer Knödel, Wontons, Frühlingsrollen und Suppen sowie eine Cocktailbar im SpeakEasy-Stil.
// www.theorchidbeijing.com/furongji

Great Leap Brewing // Die Kult-Brauerei, die 2010 die Pekinger Revolution für handwerklich gebrautes Craft Beer ins Leben rief, schenkt immer noch das beste Bier in drei unterschiedlichen Locations aus.
// www.greatleapbrewing.com

○ **DITAN-PARK**

Die ersten Besucher des nördlich vom Yonghe-Tempel gelegenen Parks, noch im Morgengrauen, sind Jogger, Qi-Gong- und Tai-Chi-Ausübende, Tanzende. Später füllen sich die baumumsäumten Alleen, die Bänke, die beiden Tempel und der Spielplatz mit Familien, Touristen, Rentnern.

○ **HIMMELSTEMPEL**

Opferriten waren in der gesamten chinesischen Geschichte oberste Pflicht der Herrscher. Um Harmonie und Ordnung auf der Erde zu erhalten, feierte der Kaiser jedes Jahr in Peking die Wintersonnenwende im Himmelstempel. Der Tempel galt als Symbol für die Quellen seiner Macht, für Himmel und Erde. Die

Architektur des Tempels strahlt diesen Sinn für Ordnung aus: Der nördliche, halbrunde Teil symbolisiert den Himmel, der südliche, rechteckige die Erde.

○ OLYMPIC GREEN

Bescheiden waren die Architekten Herzog & de Meuron nicht, deren Entwurf des neuen Nationalstadions anlässlich der Ausrichtung der Olympischen Spiele 2008 in China das Rennen machte: Was der Eiffelturm den Franzosen, soll das sogenannte Vogelnest den Chinesen sein: ein architektonischer Höhepunkt der Gegenwart und touristischer Anziehungspunkt auch nach den Spielen. Es ist ihnen gelungen: Der Vergleich ist nicht Ausdruck von Hybris, sondern die realistische Einschätzung der Bedeutung dieses beeindruckenden Bauwerkes.

SHOPPING

○ WANGFUJING

Wangfujing vereint die Qualität einer für Europäer ungewöhnlichen Essmeile mit dem ganzen Spektrum teils weltweit lokalisierter Geschäfte, teils genuin chinesischer Markenläden zum Einkaufen und Flanieren. Neben der Möglichkeit, unter anderem Skorpione, Seepferdchen oder Maden am Spieß zu verspeisen, können Besucher hier erlesene Kalligrafien, teure Kleidung oder kleine Geschenke erstehen.

○ SEIDENMARKT

Früher unter freiem Himmel, findet der Seidenmarkt heute auf sechs Stockwerke verteilt überdacht statt und bietet von Gürteln und Schmuck bis zu maßgeschneiderten Anzügen alles, was das Herz an Kleidung und Accessoires begehren mag. In China ist Handeln üblich; wer hier einkauft, sollte zusehen, die jeweils zuerst genannten Preise wenigstens zu halbieren, um sich angemessenen Preis-Leistungs-Verhältnissen anzunähern.

AUSFLÜGE

○ GROSSE MAUER BEI BADALING

Wie ein unendlich langer Lindwurm windet sich die Große Mauer durch Wüsten und Steppen, über Berge und Hochebenen fast 7000 Kilometer entlang der einstigen Nordgrenze Chinas. Das gigantische Bauwerk hat eine über 2000 Jahre alte Geschichte, zählt zu den Weltwundern und gilt als Symbol für China und seine Kultur. Nicht überall ist die Große Mauer in gutem Zustand. Sie verfällt an vielen Stellen, die touristisch wenig erschlossen sind. Im Abschnitt bei Badaling allerdings wurde sie umfassend renoviert, was viele Besucher anlockt.

ÜBERNACHTEN

Red Capital Residence // Das winzige, aber einzigartige Gästehaus des Aktivisten Laurence Brahm besticht durch Artefakte aus der Zeit der Befreiung und einen wunderschönen Innenhof mit Qing-Dynastie-Flair.
// red-capital-residence-beijing.hotel-ds.com

Opposite House // Ein markantes Hotel im Herzen Pekings mit minimalistischem Interieur. Das vom japanischen Architekten Kengo Kuma entworfene Hotel mit 99 Zimmern verbindet Avantgarde mit traditionellem chinesischem Design.
// www.theoppositehouse.com

PuXuan // Eine luxuriöse Oase im Herzen der Stadt. Von über 100 Zimmern aus hat man hier die Aussicht auf die Dächer der Verbotenen Stadt und den Jingshan-Park. Fabelhaftes zweistöckiges Spa und kreative französische Bistro-Küche im Restaurant Rive Gauche.
// thepuxuan.com

AUF KEINEN FALL VERPASSEN

ÜBER DEN DONGHUAMEN-NACHTMARKT SCHLENDERN
Europäische Augen und Nasen registrieren beim ersten Besuch vor allem die Fremdheit dieses Ortes. Der Donghuamen-Nachtmarkt, östlich der Verbotenen Stadt, ist eine Art Essmeile mit chinesischen Delikatessen aller Art. Und was den einen eine Spezialität, kann den anderen durchaus eine abstoßende Angelegenheit sein. Es glitzert glitschig, knackt, brutzelt, dampft, ist in seiner lebendigen Herkunft nicht immer identifizierbar. Doch wer wagt, gewinnt – manchmal –, und sei es einen Einblick in die eigenen Grenzüberschreitungsmöglichkeiten. Skorpione am Spieß, gegrillte Heuschrecken und – einer gewissen Ironie nicht entbehrend – Grillen, dazu Säugetierstücke aller Art, Meerestiere in allen Stadien der Zubereitung.

EIN MUSEUM BESUCHEN
In Peking vermitteln mehr als 100 Museen Wissen und Erinnerungen zu ganz unterschiedlichen Themen. Luftfahrt, Paläontologie, Kunst, Schätze der Kaiser – um nur einige herauszugreifen – locken mit zum Teil ungewöhnlichen Exponaten. Viele der Museen verlangen übrigens keinen Eintritt, lassen dafür aber auch nur eine begrenzte Anzahl Besucher ein.

EINE AUFFÜHRUNG DER PEKINGOPER AUF SICH WIRKEN LASSEN
Die bekannteste Form des chinesischen Theaters ist die Pekingoper. Singstimmen und Begleitmusik klingen für das ungeübte westliche Ohr wohl manchmal bizarr, aber mit ihren kunstvoll geschmückten Gesichtern, den herrlich bestickten, farbigen Gewändern und der Einfachheit der Requisiten ist die Pekingoper ein wichtiger Ausdruck der chinesischen Kultur. Die Mitwirkenden, oft Sänger, Schauspieler und Akrobaten in einer Person, brauchen Jahre, um ihre Rollen einzustudieren.

KUNST ENTDECKEN IM 798 CENTRAL ART DISTRICT
Überall auf der Welt haben Künstler eine Affinität zu alten, leer stehenden Fabrikhallen, die der Fantasie und dem Schaffensprozess einen freien Raum geben. Das namensgebende Fabrikgebäude 798 für die gegenwärtig größte räumliche Vernetzung von chinesischer Gegenwartskunst ist insofern keine singuläre Erscheinung – und doch einzigartig. Unter anderem die lakonischen Skulpturen eines der ersten Künstler des Distrikts, Zhang Zhaohui, fangen das Besondere des Ortes ein und begründen es zugleich. Anfang des 21. Jahrhunderts noch eine subversive Enklave einiger unangepasster Künstler des Landes, geht der Kunst-Distrikt mittlerweile den Weg, den fast alle berühmt werdenden Projekte gehen: Sie werden professioneller, angepasster.

AUSFLUG ZUM NEUEN SOMMERPALAST
»Garten zur Pflege der Harmonie«, so nennt man in China den Sommerpalast mit seinen Gärten, Tempeln, Pavillons und den kunstvoll bemalten Wandelgängen am Kunming-See mit der 17-Bogen-Brücke. Der Herrscher und sein Gefolge flohen oft aus der Sommerhitze in der Verbotenen Stadt an diesen wunderbaren Ort. Bereits im 18. Jahrhundert angelegt und immer wieder erweitert, wurde er zweimal durch europäische Truppen zerstört, 1902 durch die Kaiserin Cixi wiederaufgebaut.

#23 SINGAPUR

DER STADTSTAAT SINGAPUR LIEGT AUF EINER KLEINEN INSEL SÜDLICH DER MALAIISCHEN HALBINSEL IN DER MALAKKASTRASSE UND WURDE IM JAHR 1819 ALS HANDELSPOSTEN GEGRÜNDET. IN NUR WENIGEN JAHRZEHNTEN DANACH STIEG SINGAPUR ZUM WICHTIGSTEN VERKEHRS-, FINANZ- UND WIRTSCHAFTSZENTRUM IN SÜDOSTASIEN AUF. ZUKUNFT UND MODERNE EXISTIEREN HIER EINTRÄCHTIG NEBEN HISTORISCHEM UND TRADITION. SINGAPUR GILT ALS SAUBERSTE ASIATISCHE STADT MIT DER BESTEN LUFT ALLER METROPOLEN WELTWEIT.

Oben: Ultramoderne Hochhäuser dominieren die Skyline der City. Hier geht der Blick auf die Marina Bay mit einigen der Topattraktionen der Stadt, etwa dem Marina Bay Sands, den weitläufigen Gardens by the Bay im Vordergrund, Esplanade-Theatres on the Bay und dem Riesenrad Singapore Flyer.

Linke Seite: Futuristisch ragen die riesigen Mammutbäume aus bepflanztem Stahl in den Himmel; nachts funkeln sie in grünem, rotem und blau-violettem Licht: Die Supertrees in den Gardens by the Bay – die eigentlich Belüftungsanlagen für die benachbarten Gewächshäuser sind, Regen speichern und sogar mittels Solarzellen Strom erzeugen – sind mittlerweile zu einem absoluten Must-See in Singapur geworden.

○ CHINATOWN

Das traditionelle Wohnviertel der chinesischen Einwanderer liegt südlich des Singapore River im Schatten der Wolkenkratzer des Central Business District. Trotz der Bausünden der Vergangenheit konnte zumindest ein Teil der historischen Bausubstanz erhalten und restauriert werden. Viele der für Chinatown wie für Singapur typischen Shophouses – im »chinesischen Barock« errichtete zweistöckige Gebäude mit einem Ladengeschäft im Erd- sowie Wohnräumen im Untergeschoss – erstrahlen heute in neuem Glanz. In die meisten ist die Moderne mit schicken Boutiquen, Galerien, Restaurants, Bars und Cafés eingezogen. Nur noch in einigen Nebenstraßen Chinatowns bieten heute wie vor 100 Jahren traditionelle chinesische Händler ihre Waren an.

○ ORCHARD ROAD

Diese Straße wird oft mit der Fifth Avenue verglichen. Nirgendwo sonst wird Singapur seinem Ruf als Einkaufsparadies so gerecht. Glitzernde Shopping-Malls stehen hier dicht an dicht. Das Warenangebot ist überwältigend und reicht von kostbarem Schmuck über modernste Elektronik bis hin zu edlen Antiquitäten und Designer-Kleidung. Für einen Stadtbummel sollte man sich unbedingt Zeit nehmen. Auch in den Vierteln beiderseits der Orchard Road gibt es einiges zu entdecken.

○ SINGAPORE BOTANIC GARDENS

Berühmt – und Weltkulturerbe – ist der Botanische Garten westlich der Orchard Road. Einer seiner frühen Direktoren, Henry Nicholas Ridley, pflanzte hier das erste Mal in ganz Südostasien erfolgreich Kautschuk an und löste damit einen lang anhaltenden Boom aus. Heute glänzt die Anlage mit einem beeindruckenden Orchideengarten und einem kleinen Regenwald.

○ ISTANA PARK

Der Istana Park im Nordosten der Orchard Road beherbergt den Amtssitz des Präsidenten der Republik. Das 1869 als Gouverneursresidenz errichtete Gebäude ist bis auf einige hohe Feiertage für die Öffentlichkeit leider nicht zugänglich.

SINGAPUR

WARUM IM SOMMER? DIE BESTE ZEIT FÜR EINEN BESUCH IM EINKAUFSPARADIES SINGAPUR IST FÜR SPARFÜCHSE IN DEN ACHT WOCHEN ZWISCHEN ENDE MAI UND ENDE JULI, WÄHREND DENEN AUF DER GANZEN INSEL VERLÄNGERTE EINKAUFSZEITEN UND ERMÄSSIGUNGEN VON BIS ZU 70 PROZENT LOCKEN. EIN ECHTES SOMMERHIGHLIGHT DER STADT IST ZUDEM DAS DRACHENBOOTFESTIVAL AM BEDOK-STAUSEE. ZUR FESTIVALZEIT IM JUNI GIBT ES AN JEDER ECKE SO VIELE LECKERE TRADITIONELLE REISKNÖDEL, DASS ES INOFFIZIELL AUCH ALS »DUMPLING FESTIVAL« BEKANNT IST. ENDE JUNI BIS ENDE JULI FOLGT DANN DAS EINMONATIGE INSELWEITE SCHLEMMERFESTIVAL, DAS SINGAPUR DEN INTERNATIONALEN RUF ALS VIELFÄLTIGES LEBENSMITTELPARADIES EINGEBRACHT HAT.

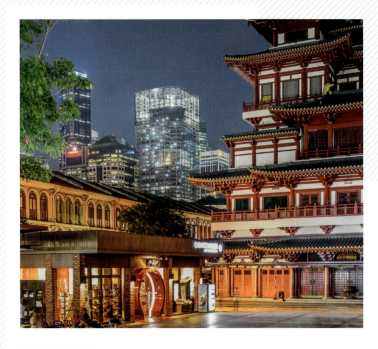

○ LITTLE INDIA

Das Quartier nördlich des Stadtzentrums gilt als das traditionsreichste, bunteste und quirligste Singapurs. Hier taucht man in den Orient ein. In den Straßen und Sträßchen beiderseits der Serangoon Road, der Hauptstraße des Viertels, geht es stets geschäftig zu. Auf Schritt und Tritt locken Garküchen und Restaurants. Zahlreiche kleine Geschäfte und Straßenhändler bieten Waren aller Art an. Am südwestlichen Ende der Serangoon Road befindet sich der Tekka Market – ein Shoppingcenter, in dem zahlreiche traditionelle Geschäfte, Lebensmittelläden und Marktstände untergebracht sind. Nicht nur das rege Treiben in »Little India«, sondern auch einige hinduistische Tempelbauten bezeugen die Präsenz der indischen Einwanderer. Besonders sehenswert sind der Sri Veeramakaliamman Temple und der Sri Srinavasa Perumal Temple an der Serangoon Road.

○ KAMPONG GLAM

Das Viertel rund um die Arab Street ist das traditionelle Wohnquartier der muslimischen Einwohner. Wie jeder anderen ethnischen bzw. religiösen Gruppe, so wiesen der Gründer Singapurs Thomas Stamford Raffles und sein Architekt George D. Coleman auch den Einwanderern aus der islamischen Welt ein bestimmtes Areal zur Besiedlung zu. Straßennamen wie

Oben: East meets West: Chinatown mit seinem Gassengewirr und den Tempeln grenzt an Singapurs Finanzdistrikt.

Bilder links: Wer im Sommer während der Schnäppchenwochen zum Powershopping nach Singapur fährt, kann sich unterwegs mit Bak Chang stärken, einem Reisknödel, der mit einem Bambusblatt umhüllt gedämpft wird.

Rechts: Inbegriff von Konsum und Kommerz: Die etwa zwei Kilometer lange Orchard Road ist Singapurs bekannteste Einkaufsmeile.

Kandahar oder Muscat Street erinnern daran. Hauptattraktion und weithin sichtbares Wahrzeichen des Viertels ist die Masjid Sultan, die zwar nicht das größte, wohl aber das schönste islamische Gotteshaus Singapurs ist. Die Moschee wurde in den 1920er-Jahren an der Stelle eines Vorgängerbaus aus dem Jahr 1825 im indoislamischen Stil errichtet und bietet 6000 Gläubigen Platz. Nicht minder sehenswert sind die Malabar-Moschee sowie die ehemalige Residenz des Sultans Istana Kampong Glam. Der Palast wurde 1830 für den Sohn des von den Briten eingesetzten Sultans Ali Iskandar Shah errichtet; heute beherbergt er das Malay Heritage Centre.

○ **COLONIAL DISTRICT**
Bei einem Bummel durch den auch »Heritage District« genannten Bezirk nördlich der Singapore-River

Mündung begegnet einem die koloniale Vergangenheit der Stadt auf Schritt und Tritt. Von den Briten errichtete prunkvolle Regierungsbauten stehen hier dicht an dicht. Das unmittelbar am Flussufer gelegene imponierende Empress Place Building etwa war einst ein Gebäude der Kolonialverwaltung und beherbergt heute das Asian Civilisations Museum.

EMPRESS PLACE
Am Empress Place steht die geschichtsträchtige Victoria Memorial Hall mit dem weithin sichtbaren Uhrturm und einer Bronzestatue Sir Thomas Stamford Raffles' am Eingang. Während der japanischen Besatzung zeigte die Uhr Tokioter Zeit an. Nicht weit entfernt davon befindet sich das Old Parliament House, in dem bis 1999 das singapurische Parlament tagte und das heute mit Kunstausstellungen glänzt. Auch der neoklassizistische Prunkbau des Old Supreme Court gleich gegenüber ist sehenswert. Der daneben errichtete New Supreme Court wurde von Sir Norman Foster erbaut – ein Meisterwerk der modernen Architektur.

PADANG
Herzstück des Colonial Districts ist der Padang, eine große Grünfläche, die Raffles als Sport- und Freizeitstätte anlegen ließ und die noch heute für Sportver-

AUSGEHEN

Violet Oon Satay Bar & Grill // Das Restaurant gehört Singapurs kulinarischer Botschafterin Violet Oon. Es ist bekannt für sein Grillfleisch und Meeresfrüchte mit feurigen Saucen und typische Nyonya-Gerichte.
// violetoon.com

Odette // In der legendären Nationalgalerie befindet sich das erste Gourmet-Restaurant von Chefkoch Julien Royer. Odette wurde in liebevoller Hommage an Royers Großmutter benannt. Moderne französische Küche, bei der jedes Gericht wunderschön präsentiert wird.
// www.odetterestaurant.com

Hill Street Tai Hwa Pork Noodle // Tang Chay Sengs Hill Street Tai Hwa Pork Noodle wurde im Jahr 2016 als eines der ersten Streetfood-Lokale der Welt mit einem Stern im Michelin-Führer ausgezeichnet.
// www.taihwa.com.sg

Überaus farbenfroh zeigt sich Singapur in der Koon Seng Road, die auch als schönste Straße der Stadt gilt.

anstaltungen genutzt wird. An seinem Südende wird der Padang von dem pittoresken Gebäude des Singapore Cricket Club, im Norden von dem restaurierten Prachtbau des Singapore Recreation Club eingerahmt.

○ **GARDENS BY THE BAY**
Der 101 Hektar große Naturpark neben dem Marina Reservoir ist Singapurs wichtigster städtischer Erholungsort und eine nationale Ikone. Der Park setzt sich aus drei separaten Gärten zusammen, im Südgarten steht zudem der beeindruckende Blumen-Dom, das größte Glasgewächshaus der Welt.

SHOPPING

○ **KAMPONG GLAM**
Das muslimische Viertel Kampong Glam ist ein Paradies für Einkaufsbummler. Die vielen liebevoll restaurierten traditionellen Ladengeschäfte bieten vor allen Dingen erlesene Stoffe, Kleidung, kostbare Teppiche und Rattanwaren an.

○ **TEKKA STREET**
Nicht nur der Tekka Markt ist sehenswert, auch in der gegenüberliegenden Tekka Mall und in den Little India Arcades bieten Händler indische Spezialitäten und indisches Kunsthandwerk an.

ÜBERNACHTEN

Goodwood Park Hotel // Das 1900 errichtete Hotel in der Nähe der Orchard Road beherbergte in seinen Anfängen den Teutonia Club und war Treffpunkt deutscher Expats. Heute ist in dem pittoresken Gebäude ein Luxushotel untergebracht.
// www.goodwoodparkhotel.com

Courtyard Singapore Novena // Eines der höchsten Hotels in der Region besticht durch eine herrliche Aussicht, weitläufige Innenräume und einen Infinity-Pool auf dem Dach. Das einladende Ambiente wird durch eine freundliche Nachbarschaft mit Restaurants, Einkaufsmöglichkeiten und Wellnessangeboten unterstrichen.
// www.marriott.co.uk/hotels/travel/sincy-courtyard-singapore-novena

Quincy Hotel // Das Hotel liegt nur wenige Gehminuten vom geschäftigen Treiben des Stadtzentrums entfernt. 108 Zimmer bieten einen tollen Blick über die Bucht.
// www.stayfareast.com/en/hotels/the-quincy-hotel

AUF KEINEN FALL VERPASSEN

AUF EINEN SINGAPORE SLING INS LEGENDÄRE »RAFFLES«
Ein unbedingtes Muss für jeden Singapur-Besucher ist das berühmte Raffles Hotel an der Beach Road, das sein koloniales Ambiente sorgfältig konserviert und pflegt. Wer sich einen Hauch von Luxus gönnen möchte, sollte einen Besuch im Raffles nicht versäumen. Die »Grand Old Lady of the East« zählt zu den besten und teuersten Hotels der Welt. Auch wenn eine Übernachtung für die meisten wohl unerschwinglich ist, finden sich hier tagtäglich Touristen aus aller Welt zu einem Drink – natürlich einem hier erfundenen Singapore Sling – oder zum Shoppen ein.

IN FILMWELTEN EINTAUCHEN
Der Themenpark der Universal Studios Singapur befindet sich auf der Sentosa-Insel. Hier kann man mithilfe von verschiedensten Fahrgeschäften, Shows und Attraktionen in sieben verschiedene Themenwelten eintauchen – von futuristischer Science-Fiction über Hollywood-Glamour bis ins alte Ägypten.

VIELFALT DER GOTTESHÄUSER IN CHINATOWN ENTDECKEN
In Chinatown gibt es einige sehenswerte Gotteshäuser, die die ganze kulturelle Vielfalt Singapurs spiegeln. Der chinesische Thian Hock Keng Temple aus dem Jahr 1839 ist der daoistischen Himmelsgöttin Mazu geweiht. Die Jamae-Moschee an der South Bridge Road ist eines der ältesten islamischen Heiligtümer der Stadt. Das größte hinduistische Gotteshaus Singapurs, der reich mit farbenfrohen Skulpturen dekorierte Sri Mariamman Temple, befindet sich in ihrer unmittelbaren Nachbarschaft. Ebenfalls an der South Bridge Road wurden 2002 The Buddha Tooth Relic Temple and Museum gegründet, die in einem imposanten Pagodenbau untergebracht und den Lehren Buddhas gewidmet sind.

DAS ZWEITGRÖSSTE AQUARIUM DER WELT BESUCHEN
Das Meeresreich des S.E.A. Aquariums ist die Heimat von mehr als 10 000 Meerestieren! Über 1000 verschiedene Arten findet man hier in unterschiedlichen Wasserlebensräumen, von denen eine faszinierender ist als die nächste.

AUF NACHTSAFARI GEHEN
Direkt neben dem Singapore Zoo gibt es einen Safaripark für nachtaktive Tiere, der jährlich über eine Million Besucher anzieht. Rund 2500 Tiere leben auf dem 35 Hektar großen Gelände aus dichtem Regenwald – viele davon zählen zu bedrohten Arten. Der Park ist in sieben geografische Zonen unterteilt, die entweder zu Fuß über vier Wanderwege oder mit einer Bahn erkundet werden können.

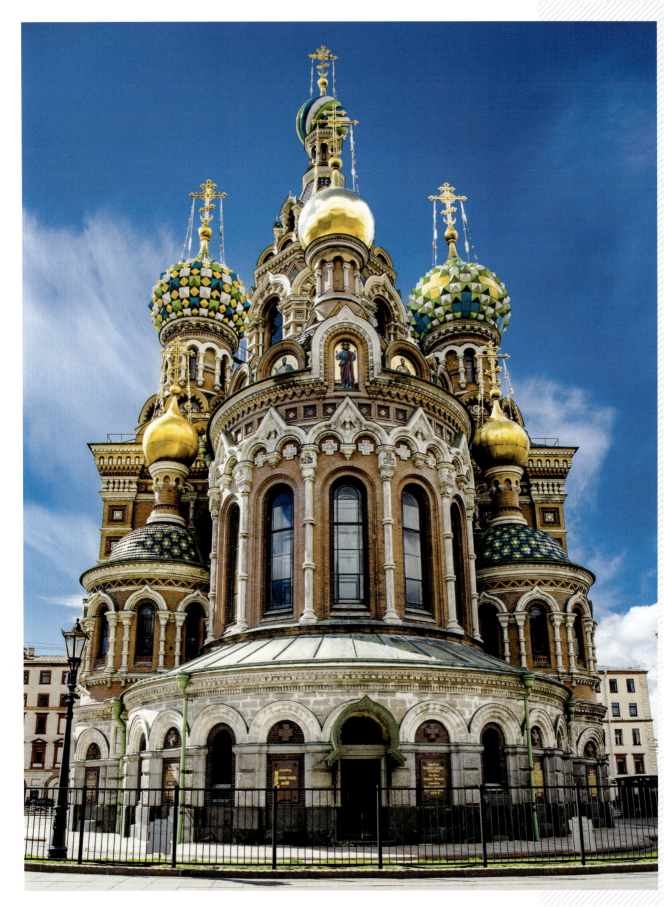

#24 SANKT PETERSBURG

NACH EINEM GENAU DURCHDACHTEN PLAN LIESS ZAR PETER DER GROSSE SEINE NEUE HAUPTSTADT ERRICHTEN, DIE DURCH HUNDERTE VON BAROCKEN UND KLASSIZISTISCHEN GEBÄUDEN GEPRÄGT IST. NACHDEM PETER DER GROSSE DEM SCHWEDENKÖNIG KARL XII. DEN KÜSTENSTREIFEN AM FINNISCHEN MEERBUSEN ABGERUNGEN HATTE, BESASS ER DEN LANG ERSEHNTEN ZUGANG ZUR OSTSEE UND SOMIT ZUM WESTEN. ER LIESS EINE NEUE HAUPTSTADT ERRICHTEN, DIE AN GLANZ ALLE EUROPÄISCHEN METROPOLEN ÜBERTREFFEN SOLLTE. AN DER ERRICHTUNG VON ST. PETERSBURG WIRKTEN ZAHLREICHE WEST- UND MITTELEUROPÄISCHE BAUMEISTER WIE BARTOLOMEO RASTRELLI, DOMENICO TREZZINI UND ANDREAS SCHLÜTER MIT. DIE STADT BEEINDRUCKT DURCH DIE HARMONIE IHRER BAUWERKE IM STIL DES BAROCK UND DES KLASSIZISMUS, DIE REPRÄSENTATIVEN PLÄTZE UND DIE KANÄLE MIT ÜBER 400 BRÜCKEN.

Linke Seite: Die Auferstehungskathedrale ist im Zentrum von St. Petersburg die einzige im altrussischen Stil mit den charakteristischen Zwiebeltürmen errichtete Kirche.

Rechts: Die mit einem Durchmesser von 25 Metern nach dem Petersdom größte freitragende Kirchenkuppel der Welt gehört zur Isaakskathedrale und bietet reichen Figurenschmuck und ein monumentales Deckengemälde.

○ NEWSKI-PROSPEKT

Im Abendlicht leuchtet sie goldgelb, die 4,5 Kilometer lange Straße zählt zu den Hauptverkehrsadern von St. Petersburg. Sie erlebte ihre Blüte Mitte des 18. Jahrhunderts, als mehr und mehr Adlige und Reiche in die Innenstadt von St. Petersburg zogen und hier ihre Stadtpalais errichteten. Das führte wiederum zum Bau von Feinkostläden, Juwelieren, Cafés und Luxushotels, die der Straße bis heute ein einzigartiges Flair verleihen.

○ ISAAKSKATHEDRALE

Die Isaakskathedrale ist die größte und wohl auch prächtigste Kirche St. Petersburgs. 1707 wurde hier eine erste, dem heiligen Isaak von Dalmatien geweihte Kirche errichtet. Nach dem Sieg über Napoleon beschloss Zar Alexander I., die Kirche neu zu erbauen und zu einem Nationaldenkmal umzugestalten. Rund 40 Jahre, von 1818 bis 1858, wurde an dem vom neoklassizistischen Architekten Auguste Ricard de Montferrand entworfenen Bau gearbeitet. Die aus rotem Granit und grauem Marmor prunkvoll ausgeführte Kathedrale verfügt über eine monumentale, vergoldete Hauptkuppel und vier mächtige Säulenportiken, deren Giebelfelder Szenen aus der Vita des Isaak und der Heilsgeschichte zeigen.

○ PETER-UND-PAUL-KATHEDRALE

Auf dem Gelände der Peter-und-Paul-Festung befindet sich die 1712 bis 1733 von Domenico Trezzini im »petrinischen Barock« erbaute gleichnamige Kathedrale. Äußerlich fällt sie durch die lange goldene Spitze ihres 122 Meter hohen Glockenturms mit einer Wetterfahne in Engelsgestalt auf. Bedeutend ist die Kathedrale vor allem als Grablege der russischen Zaren von Peter I. bis Alexander III., die in einer Seitenkapelle in Marmorsärgen beigesetzt sind.

○ KUNSTKAMMER

Ihr eilt der Ruf voraus, ein Gruselkabinett zu sein – doch die Kunstkammer in St. Petersburg hat weit mehr zu bieten als konservierte menschliche Fehlgeburten. Siamesische Zwillinge, ein doppelköpfiges Kalb und andere Abnormitäten sind hier ebenso zu sehen wie Ritualgegenstände aus Afrika oder Asien. Außergewöhnliche Instrumente, ausgestopfte Tiere oder die Vielfalt der Mineralien – das erste Museum auf russischem Boden war im Jahr 1719 zum ersten Mal für die Öffentlichkeit zugänglich. Die Kunstkammer gilt als die umfassendste anthropologische Sammlung ihrer Art. Als einer der Höhepunkte der Sammlung gilt der Gottorfer Riesenglobus.

SANKT PETERSBURG

WARUM IM SOMMER? UM DAS WUNDER DER WEISSEN NÄCHTE ZU ERLEBEN: ST. PETERSBURG LIEGT AUF DEMSELBEN BREITENGRAD WIE GRÖNLAND, SO WEIT IM NORDEN, DASS SICH VON ENDE MAI BIS ANFANG JULI WUNDERBAR LANGE TAGE ERLEBEN LASSEN, WOBEI DIE HELLSTE ZEIT AUF DIE ZWEITE JUNIHÄLFTE FÄLLT. DANN NÄMLICH WIRD ES NACHTS ÜBERHAUPT NICHT DUNKEL. STATTDESSEN LIEGT IN DEN GEISTERSTUNDEN EIN MAGISCHES DÄMMERLICHT ÜBER DER STADT; DIE STRASSENLICHTER BLEIBEN AUS UND EINHEIMISCHE HALTEN ES NICHT FÜR NÖTIG, INS BETT ZU GEHEN. ST. PETERSBURG NUTZT DIESE ART ERLEUCHTUNG UND VERANSTALTET JÄHRLICH EIN KULTURFESTIVAL IN DER GANZEN STADT, MIT EINER FÜLLE AN WELTKLASSE-OPERN, BALLETT- UND ORCHESTERAUFFÜHRUNGEN, VIELE DAVON IM GROSSEN MARIINSKI-THEATER. DOCH MAN KANN DIE WEISSEN NÄCHTE NICHT NUR INTELLEKTUELL GENIESSEN, SONDERN SICH AUCH EINEN TAG IM LETNIJ SAD (SOMMERGARTEN) UND AN DER NEWA SONNEN, UM VON DORT IN DEN ABEND HINEINZUKREUZEN ODER NACHTS AUF DEN UFERPROMENADEN ZU SPAZIEREN UND ZUZUSCHAUEN, WIE SICH DIE RIESIGEN BRÜCKEN ÖFFNEN. IN HIPPEN NIGHTCLUBS WIRD DANN GEFEIERT, OHNE DASS JE DIE SONNE UNTERGEHT.

○ ADMIRALITÄT

Eigentlich sollte sie die Werft für Peter den Großen werden. Die Pläne für den Bau, der im Jahr 1704 startete, stammten vom Zaren persönlich. Er wählte den Platz, weil die Newa hier besonders tief war und somit genügend Spielraum bot, auch große Schiffe vom Stapel zu lassen. Ein derart strategisch wichtiger Bereich brauchte auch entsprechenden Schutz, und so glich die Admiralität schon wenig später einer Festung mitsamt Wällen und Bastionen. Das Hauptgebäude wurde später klassizistisch umgebaut, seit 1823 ist es Hauptbestandteil der Sichtachsen zwischen der Gorochowa-Straße, des Newski-Prospektes und des Wosnjesjenski-Prospektes.

○ WINTERPALAST

Es ist ein Gebäude der Superlative, in dem Peter I. im Jahr 1725 starb. 1000 Räume und Säle zählt der Winterpalast, der Ballsaal misst stolze 1103 Quadratmeter. Vergoldungen glänzen, große Statuen und Säulen fangen die Blicke, und Besucher schreiten auf dicken, roten Teppichen: Der Winterpalast gilt als wichtigstes Gebäude des russischen Barock und beherbergt mit der Eremitage eine der bedeutendsten Gemäldesammlungen der Welt.

EREMITAGE

Drei Millionen Objekte zählt die Eremitage, die viele davon einlagern muss, denn trotz der 350 Räume bleibt nur Platz für etwa 60 000 Exponate. Werke von Rembrandt, Rubens, Leonardo da Vinci und Picasso finden sich dort wieder. Den Grundstein für die Sammlung legte Katharina die Große, als sie 1764 225 Gemälde von einem Berliner Kunsthändler erwarb.

○ KASANER KATHEDRALE

Kein Geringerer als der römische Petersdom galt als Vorbild für diese russisch-orthodoxe Kathedrale. In einem Halbrund errichtete Kolonnaden, die zu dem Hauptgebäude mit der Kuppel führen, ergeben ein mächtiges Bild. Das Gotteshaus markiert einen wichtigen gestalterischen Aspekt des Newski-Prospektes, deswegen wurden die Portale auch nach Norden ausgerichtet.

○ AUFERSTEHUNGSKIRCHE

Am Gribojedow-Kanal erhebt sich die farbenprächtige Auferstehungskirche, die an der Stelle errichtet wurde, wo Zar Alexander II. 1881 einem Attentat der

Links: Während der Weißen Nächte wird in der ganzen Stadt gefeiert, mit Straßenfesten, Konzerten und Feuerwerk.

SANKT PETERSBURG

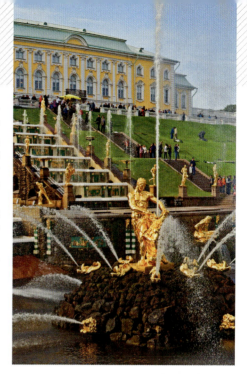

revolutionären Organisation »Volkswille« zum Opfer fiel. Daher wird die Kirche auch »Erlöserkirche auf dem Blute« genannt. Sie wurde 1883 bis 1907 nach Plänen von Alfred Parland im altrussischen Stil erbaut – im Kontrast zu ihrer klassizistischen Umgebung. Der Hauptbau wird von fünf Kuppeln gekrönt. Daneben steht ein Glockenturm mit einer Goldkuppel. Sowohl Außen- als auch Innenwände sind großflächig mit Mosaiken, zum Teil im Stil von Ikonen, gestaltet, die Giebel zieren Werke des Malers Viktor Wasnezow. 1997 wurde das nie als Kirche genutzte Gebäude als Museum der russischen Mosaiken wiedereröffnet.

○ **PETERHOF**
Wer Schloss Versailles nahe Paris mag, wird auch die Palastanlage Peterhof lieben. Zu Recht wird sie häufig mit ihrem französischen Vorbild verglichen. Rund 30 Kilometer von St. Petersburg entfernt, schuf sich Zar Peter der Große von 1714 bis 1723 eine Residenz, mit deren Dimensionen er seinen Machtanspruch verdeutlichte. Im folgenden Jahrhundert ließen Peters Nachfolger den Bau immer wieder erweitern. Vor dem riesigen Gebäude erstreckt sich eine Parkanlage mit den für den Barock typischen gezirkelten Rasen- und Pflanzenflächen.

PETER-UND-PAUL-KATHEDRALE
Türmchen, Rundbögen, Säulen, Kapitelle: Diese Kathedrale ist wie ein Wimmelbild an Gestaltungselementen. Verschiedene Backsteinfarben werden eingesetzt, dazu goldene Zwiebeltürmchen, kupfergrüne Dächer. Formen lösen sich auf, um dann miteinander zu Neuem zu verschmelzen, mal klassizistisch, mal Art nouveau – nur eines nicht: langweilig.

○ **KATHARINENPALAST IN PUSCHKIN**
Wie Balletttänzer bei einer Aufführung stehen sie dort, ganz gerade, fein aufeinander abgestimmt – die Säulenfront der reichlich ausgeschmückten 300 Meter langen Fassade des Katharinenpalastes ist ein besonderes bauliches Juwel in Russland. Weiße Säulen, vergoldete Atlanten, Rundbogenfenster und dazu der himmelblaue Untergrund der Gebäudefarbe. Ein Märchenschloss, 1752 erbaut für Katharina, die Ehefrau von Peter dem Großen. Deutlich hat sich hier der Stil des Barock verewigt und mit russischem Stil vermählt. Doch viel beliebter ist der Palast in seinem Inneren

AUSGEHEN

Fasol // Der Name bedeudet zwar »Bohne«, doch dieses stylische Café in der Nähe der Isaakskathedrale bietet viel mehr: Neben russischen Gerichten wie Pilaw steht hier auch italienische Küche auf der Karte.
// 17 Ul. Gorokhovaya

Café Botanika // Ein vegetarisches Restaurant im fleischverliebten Russland? Doch, das ist möglich, und zwar sehr gut: Das Botanika gegenüber dem Stieglitz-Museum bietet neben hervorragendem Essen auch eine reiche Auswahl an Tees und frisch gepressten Säften.
// www.cafe-botanika.ru

Katyusha // Uriges Ambiente mit Plüschsofas und Seidentapeten. Das direkt am Newski-Prospekt gelegene Restaurant überzeugt aber nicht nur optisch, sondern auch geschmacklich mit guter russischer Küche, modern aufbereitet.
// en.ginza.ru/spb/restaurant/katyusha

Rechts: Die Residenz Peterhof ist mit ihren kunstvoll gestalteten Gärten das eleganteste der Zarenschlösser rund um St. Petersburg. Besonderes Augenmerk wurde dabei auf die raffinierten Wasserspiele gelegt.

mit dem weltberühmten Bernsteinzimmer, das immerhin als achtes Weltwunder gilt. Aber auch die helle Galerie, die rund 800 Quadratmeter misst, ist sehenswert.

SHOPPING

○ **GOSTINY DWOR**
Das gigantische historische Kaufhaus verfügt über nur zwei Etagen, die allerdings jeweils einen Kilometer lang sind. Bunt aneinandergereiht finden sich hier Markenboutiquen neben kleinen Lebensmittelläden. Hier kann man sich stundenlang aufhalten und nach Herzenslust stöbern. Von kitschigen Souvenirs bis Haute Couture!

○ **DOM KNIGI**
Das »Haus des Buches« ist eine Institution am Newski-Prospekt. Im herrlichsten Jugendstilambiente des ehemaligen Singer-Hauses befinden sich hier eine riesige Buchhandlung und ein tolles Café mit fantastischer Aussicht.

○ **KUSNETSCHNY RYNOK**
Dieser Lebensmittelmarkt ist der schönste der Stadt. Hier findet man nicht nur alle Zutaten für eine echte Borschtsch, sondern auch Exotisches aus Usbekistan und Kirgisien.

AUSFLÜGE

○ **LOMONOSSOW (ORANIENBAUM)**
Die Geburtsstunde des Ortes schlug 1710, als sich Fürst Alexander Danilowitsch Menschikow von italienischen und deutschen Architekten einen gigantischen Palast errichten ließ. Dazu gehörte auch eine Orangerie, womit das Wappen und der ursprüngliche Stadtname, Oranienbaum, eine Erklärung finden. Bis 1917 kamen zahlreiche Residenzen hinzu, das Idyll blieb der Zarenfamilie und dem Adel vorbehalten, die den Vorort von St. Petersburg für ihre Sommeraufenthalte nutzten.

○ **PAWLOWSK**
Nur fünf Kilometer von Zarskoje Selo (Puschkin) entfernt, steht inmitten eines der größten Landschaftsparks Europas ein weiteres Zarenschloss, dasjenige von Pawlowsk. Der Name geht auf Zar Paul I. zurück, der 1780 den schottischen Architekten Charles Cameron mit der Planung und der Leitung der Bautätigkeit für die klassizistische Sommerresidenz beauftragte. Besondere Sorgfalt wurde auf die Ausführung des Landschaftsparks im englischen Stil mit zahlreichen Pavillons, Skulpturen und Brücken verwendet, verteilt über eine Fläche von rund 600 Hektar.

ÜBERNACHTEN

Belmonde Grand Hotel Europe // Das Luxushotel versetzt in die Zeit der Zaren oder wahlweise in die der Avantgarde-Künstler. Je nach gewünschtem Stil treffen die Gäste in den Zimmern und Suiten auf Gemälde oder Designermöbel, prunkvollen Marmor oder ausdrucksstarke Farben.
// www.belmond.com/de/grand-hotel-europe-st-petersburg

3mostA // Das Hotel ist mit allem Nötigen ausgestattet und besticht hauptsächlich durch die zentrale Lage und die Aussicht aus dem Restaurant im fünften Stock.
// www.3mosta.com

German B&B // Für alle, die sich auf Reisen ungern mit Sprachbarrieren und Missverständnissen ärgern wollen, ist dieses B&B zu empfehlen. Es wird von einem deutschen Ehepaar geführt, das seit Langem in St. Petersburg lebt und so viele Insidertipps geben kann – auf Deutsch.
// www.rentroom.ru

SANKT PETERSBURG

AUF KEINEN FALL VERPASSEN

EINE AUFFÜHRUNG VON »SCHWANENSEE« ERLEBEN

Die ganze Stadt scheint beseelt von der Kunst, über allem schwebt aber die Musik. Tschaikowsky lebte in Sankt Petersburg; sein monumentales Grab befindet sich im Alexander-Newsky-Kloster. Sein wahres Vermächtnis ist aber »Schwanensee«. An jedem Abend scheint es in irgendeinem der zahlreichen Theater der Stadt eine Aufführung des berühmten Ballettstückes zu geben. Am besten an einem der Vorverkaufsstände nach Karten fragen!

IN DEN TRADITIONSREICHEN LÄDEN AUF DEM NEWSKI-PROSPEKT STÖBERN

Buchhandlungen, Feinkostläden, Modeboutiquen, Juweliere und Literaturcafés – der Newski-Prospekt bietet eine reiche Auswahl an Geschäften. Viele sind im feinsten Jugendstil gestaltet, und es lohnen sich daher auch Blicke in die Läden hinein.

DEN MOIKA-PALAST BESICHTIGEN

Der stattliche Stadtpalast der fürstlichen Familie Jussupow ist ein beliebtes Besucherziel. In den üppig und prunkvoll ausgestatteten Räumen kann man dem Leben – und dem Reichtum – einer russischen Adelsfamilie im ausgehenden 19. Jahrhundert nachspüren. Der Palast ist aber auch für ein schauriges Detail bekannt: Hier geschah im Jahr 1916 der Mord an dem Wunderheiler Rasputin. Felix Jussupow und seine Mitverschwörer handelten vermutlich auf Geheiß des Romanow-Klans. Angeblich flößten sie Rasputin erst große Mengen Zyankali ein, dann schlugen sie mit einer Eisenstange auf ihn ein und schossen dreimal auf ihn. Als sie ihn tot wähnten, warfen sie ihn in die Newa, wo er letztendlich wohl erst an Unterkühlung starb.

SCHULABSCHLUSS MITFEIERN

Keine Sorge: Keiner muss noch mal die Schulbank drücken, um in Sankt Petersburg den Abschluss zu feiern. Man beteiligt sich einfach an dem großen Spektakel während der Weißen Nächte, das die Schulen der Stadt gemeinsam auf die Beine stellen. Es ist das Fest der Roten Segel und bietet unter anderem ein großes Feuerwerk und viel Livemusik.

#25 VANCOUVER

VANCOUVER GEHÖRT ZU DEN SCHÖNSTEN STÄDTEN DER WELT. UMGEBEN VON IDYLLISCHEN BUCHTEN UND DEN MAJESTÄTISCHEN BERGEN DER NAHEN COAST RANGE, LIEGT DIE METROPOLE AN DER MALERISCHEN PAZIFIKKÜSTE. DIE GLÄSERNEN HOCHHÄUSER, DIE BESCHAULICHE ALTSTADT, DER WEITLÄUFIGE STANLEY PARK, DIE SANDSTRÄNDE UND SOGAR DIE LION'S GATE BRIDGE SOWIE DER FUTURISTISCHE CANADA PLACE HARMONIEREN AUF ANGENEHME WEISE MIT DER NAHE GELEGENEN, ZU EXKURSIONEN EINLADENDEN WILDNIS. AM FALSE CREEK LIEGT GRANVILLE ISLAND, DIE KÜNSTLICHE ENTERTAINMENTINSEL UNTER DEN HIGHWAYBRÜCKEN. DIE UMGEBAUTEN LAGERHALLEN WURDEN IN RESTAURANTS, BARS UND SHOPS AUFGETEILT, IN ZAHLREICHEN GALERIEN ARBEITEN KÜNSTLER UND KUNSTHANDWERKER. IN GASTOWN SCHEINT DIE VERGANGENHEIT DER STADT NOCH GANZ LEBENDIG ZU SEIN; EXOTISCHE RESTAURANTS UND LÄDEN LOCKEN IN CHINATOWN.

Oben: Die Pazifikmetropole mit der futuristisch anmutenden Skyline liegt vor der beeindruckenden Kulisse der Berge. Einen besonders schönen Blick auf die Stadt hat man von den Stränden der English Bay aus.

Linke Seite: Das Stadtbild wird von modernen und doch lichten Hochhausbauten geprägt. Die reizvolle Lage an einer durch Vancouver Island vor dem offenen Pazifischen Ozean geschützten und von den Ausläufern der Coast Mountains umgebenen Bucht trägt viel zur Attraktivität der Millionenmetropole bei.

○ **DOWNTOWN VANCOUVER**
Im Business District setzt das 1930 im Art-déco-Stil errichtete Marine Building einen städtebaulichen Kontrapunkt zu einem Ensemble hypermoderner Hochhausbauten ringsherum. Auch der Robson Square im Zentrum von Downtown Vancouver besticht durch das Nebeneinander von historischer und zeitgenössischer Architektur. Der neue Justizpalast wurde von Arthur Erickson, einem der bedeutendsten kanadischen Architekten in der zweiten Hälfte des 20. Jahrhunderts, erbaut und 1972 fertiggestellt. In dem alten neoklassizistischen Gerichtsgebäude residiert heute die Vancouver Art Gallery – eines der interessantesten Kunstmuseen Nordamerikas.

○ **CANADA PLACE**
Der Canada Place am Kreuzfahrtpier ist ein bedeutendes Kongresszentrum und beeindruckt durch seine kühne Zeltdachkonstruktion. Er beherbergt nicht nur Veranstaltungssäle, sondern auch eine Reihe von Restaurants und Geschäften sowie ein IMAX-Kino und erinnert von außen an ein Kreuzfahrtschiff.

○ **HARBOURFRONT CENTRE**
Südöstlich des Canada Place befindet sich der futuristische Hochhauskomplex des Harbourfront Centre. Auf dem Gebäude wurde in einer Höhe von 130 Metern eine Aussichtsplattform installiert, von der aus man den Blick über die Stadt, die Berge und das Meer genießen kann.

○ **ROBSON STREET**
Die Einkaufs- und Flaniermeile Robson Street verläuft vom Robson Square aus Richtung Nordwesten. Hier wird Vancouver seinem Ruf, eine multikulturelle Metropole zu sein, in eindrucksvoller Weise gerecht. Menschen aus aller Welt bevölkern die vielen Straßencafés und Restaurants.

WARUM IM SOMMER? DIE »CELEBRATION OF LIGHT« IST EINES DER WICHTIGSTEN SOMMEREREIGNISSE DER STADT: ENDE JULI ERLEUCHTET DAS FESTIVAL DREI NÄCHTE LANG DEN HIMMEL ÜBER DER ENGLISH BAY. DREI LÄNDER TRETEN JEDES JAHR GEGENEINANDER AN UND CHOREOGRAFIEREN VOR VANCOUVERS BERGPANORAMA SPEKTAKULÄRE FEUERWERK-SHOWS MIT MUSIK. DAS PUBLIKUM GENIESST DAS SPEKTAKEL AN DER UFERPROMENADE UM DIE ENGLISH BAY UND DEN FJORD BURRARD INLET AUF PICKNICKDECKEN UND KLAPPSTÜHLEN. NEBEN DEM EIGENTLICHEN FEUERWERK BEGINNT DAS LICHTERFEST JEDEN ABEND MIT EINEM BEGLEITENDEN MUSIKFESTIVAL AM SUNSET BEACH: DAS SOGENANNTE SHOREFEST IST VANCOUVERS GRÖSSTE KOSTENLOSE KONZERTREIHE.

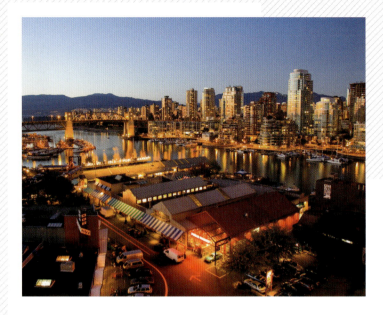

VANCOUVER

○ **FALSE CREEK**

False Creek heißt ein ungefähr zwei Kilometer langer Meeresarm, der Downtown Vancouver von der restlichen Stadt trennt und durch drei Brücken mit der Burrard-Halbinsel verbunden ist. Bis in die 1950er-Jahre galt False Creek als industrielles Zentrum der Stadt, dann schwand seine Bedeutung. Erst in den 1970er-Jahren einigte man sich auf ein Stadtentwicklungsprogramm, das die Umwandlung des Geländes in ein attraktives Wohn- und Geschäftszentrum zur Folge hatte.

○ **TELUS WORLD OF SCIENCE**

An einem Ende des False Creek erwartet Besucher die Telus World of Science. Das in einer geodätischen Kuppel von Richard Buckminster Fuller untergebrachte Museum informiert über naturwissenschaftliche Phänome in wechselnden Ausstellungen. Das auffällige Gebäude spielte bei der Weltausstellung 1986 in Vancouver eine große Rolle.

○ **STANLEY PARK**

Dieser rund 400 Hektar große Stadtpark, die grüne Lunge von Vancouver, wurde nach Lord Stanley benannt, der in den Jahren 1888 bis 1893 Generalgouverneur von Kanada war. Ungefähr eine halbe Million mächtiger Bäume bedecken das ehemalige Indianerland und schaffen eines der attraktivsten Stadterholungsgebiete der Welt. Dass die jahrhundertealten

Oben: Entlang der Promenade am False Creek findet man viele Restaurants, und bei gutem Sommerwetter sitzen die Gäste im Freien. Im Abendlicht sorgt der Hafen mit den vielen kleinen privaten Segelbooten für einen stimmungsvollen Rahmen.

Bilder links: Anlässlich der »Celebration of Light« steht die ganze Stadt jeden Abend im Bann von spektakulären Feuerwerken und kostenfreien Konzerten.

Rechts: Hinter dem Harbourfront Centre beginnt der »Gastown« genannte Teil der Altstadt mit zum Bummeln einladenden Gassen und der bekannten Steam Clock. Aus dem Spitznamen »Gassy Jack« für den geschwätzigen (»gassy«) Saloonbetreiber John Deighton entwickelte sich der Name, »Gassy's Town«.

Rotzedern, Hemlocktannen und Douglasien im westlichen Teil des an drei Seiten vom Ozean umgebenen Parks den Äxten der Holzfäller entgingen, verdanken sie zum einen der Tatsache, dass man sie einst schonen wollte, um für notwendige Reparaturen an den Segelschiffen der britischen Marine gewappnet zu sein, und zum anderen dem Weitblick des 1886 neu gebildeten Stadtrats, der die Umwandlung des zuvor militärisch genutzten Areals in einen heute durch ein dichtes Wegenetz gut erschlossenen Park veranlasste. Besuchermagnete des Stanley Park sind, neben dem Aquarium, die Totempfähle.

○ **GASTOWN**

Die ältesten Gebäude des heutigen Vancouver liegen in Gastown, der restaurierten Altstadt. Die Siedlung wurde von dem britischen Siedler John (»Gassy Jack«) Deighton aus dem Boden gestampft, der im September 1867 mit einem Kanu voller Whiskyfässer anlegte und am späteren Maple Tree Square, wo heute eine Statue an ihn erinnert, einen ersten Saloon eröffnete. Bald entwickelte sich die Siedlung zu einem wichtigen Handelszentrum. Erst 1866 wurde sie in Vancouver umgetauft. Seit 1971 steht Gastown unter Denkmalschutz. Clevere Geschäftsleute ließen die historischen Gebäude restaurieren und schufen ein romantisches Viertel mit Boutiquen, Restaurants, Antiquitätenläden und Straßencafés. Zum Markenzeichen des neuen Gastown wurde die Steam Clock an der Ecke Cambie Street und Water Street, eine alle 15 Minuten weiße Schwaden ausstoßende Dampfuhr.

○ **CHINATOWN**

Eine weitere touristische Attraktion der Stadt ist zweifellos die zweitgrößte Chinatown an der nordamerikanischen Pazifikküste. Sie schließt sich im Osten an Gastown an und lohnt auf jeden Fall einen Besuch. Hier herrscht stets reges Treiben. Unzählige Geschäfte locken mit Exotischem und Kuriosem. Die Marktstände quellen von Gemüse und Früchten aller Art über. Sehenswert sind außerdem der in der Tradition der Ming-Dynastie angelegte Sun Yat-Sen Classical Chinese Garden und das unweit davon gelegene Chinese Cultural Centre.

○ **VANCOUVER MUSEUM**

In Vancouver fühlt man sich der Geschichte des westlichen Kanada verpflichtet: In vielen Museen beschäftigt man sich mit der Kunst und Kultur der Küstenindianer und dem Leben der ersten Einwanderer. Dies gilt auch für das Vancouver Museum, dessen äußere Form an die kegelförmigen Kopfbedeckungen erinnern soll, die von den First Nations einst getragen wurden.

AUSGEHEN

Botanist // Dieses glamouröse High-End-Restaurant serviert moderne kanadische Küche. Dazu gehört auch eine Bar mit Cocktail-Labor, das mit Zentrifugen und Eisbildhauerwerkzeugen ausgestattet ist.

// www.botanistrestaurant.com

Heritage Asian Eatery // Hier findet man gemütliche Gemeinschaftstische und eine kleine ansprechende Speisekarte mit asiatisch inspirierten Gerichten. Eine Spezialität des Hauses ist Bao mit sautierten Shiitake-Pilzen und grünen Zwiebeln.

// www.eatheritage.ca

Kissa Tanto // Dieses kleine Juwel befindet sich in der oberen Etage eines unscheinbaren Gebäudes in Chinatown. Serviert wird italienisch-japanische Küche, das Interieur ist von den Jazzcafés im Tokio der 1960er-Jahre inspiriert.

// www.kissatanto.com

○ **GRANVILLE ISLAND**
Die aufgeschüttete Insel liegt unter der Granville Bridge, die Vancouvers Innenstadt mit den südlichen Vororten verbindet. In den späten 1970er-Jahren wurden Lagerhallen und Fabrikgebäude in dem ehemaligen Industrieviertel restauriert und in kleine Restaurants, Boutiquen und Shops aufgeteilt. Maler, Töpfer und andere Künstler und Handwerker richteten sich in den Schuppen häuslich ein, kleine Kunstgalerien und ein Theater entstanden. Als gelungenes städtebauliches Experiment feierte man Granville Island nicht nur in Kanada. Die Insel entwickelte sich zu einem beliebten Ausflugsziel und zieht nun jährlich mehrere Millionen Besucher an. Konzerte und Musicals kommen zur Aufführung. Entlang der Promenade am False Creek findet man viele Restaurants, und bei gutem Sommerwetter sitzen die Gäste im Freien.

SHOPPING

○ **GRANVILLE ISLAND PUBLIC MARKET**
Der Markt überrascht mit einem sehr üppigen Angebot an frischem Obst und Gemüse sowie mit ausgesuchten Spezialitäten.

○ **MACLEODS BOOKS**
Liebenswert-chaotischer Vintage-Buchladen mit überfüllten Regalen voller Geschichtsbücher, Romane, seltener Erstausgaben und Kunstbände.

○ **SOUTH GRANVILLE**
Eine der besten Einkaufsstraßen in Vancouver mit schier endloser Auswahl an Mode, Antiquitäten, Büchern, Accessoires und zeitgenössischer Kunst.

○ **METROPOLIS AT METROTOWN**
Das größte Einkaufszentrum in ganz British Columbia verfügt über 450 Läden sowie Restaurants, Kinos und Veranstaltungssäle.

AUSFLÜGE

○ **VANCOUVER ISLAND**
Vancouver Island ist eines der letzten Paradiese dieser Erde: eine Insel der Hoffnung für alle, die weitab von den großen Städten, aber in unmittelbarer Nähe der Zivilisation die Natur genießen wollen, ein ideales Land für Camper und Outdoor-Freunde und außerdem ein Tummelplatz für Sportfischer, die im Campbell River und bei Port Alberni die größten Lachse der Welt fangen.

ÜBERNACHTEN

Listel Hotel // Übernachten wie in einer Kunstgalerie: Die Wände des Listel sind mit zeitgenössischen Kunstwerken geschmückt. Das Listel ist auch als Vancouvers umweltfreundlichstes Hotel bekannt. Ein weiterer Pluspunkt sind seine zwei preisgekrönten Restaurants, Forage und Timber.
// www.thelistelhotel.com

Fairmont Hotel // Seit König Georg VI. und seine Gemahlin Elisabeth das Hotel 1939 eröffneten, hat es schon viele Berühmtheiten beherbergt. Die Zimmer sind luxuriös, Restaurant und Bar raffiniert. Besonders zu empfehlen ist der Nachmittagstee in der 15. Etage mit fantastischem Panoramablick über die Stadt.
// www.fairmont.com/hotel-vancouver

Skwachàys Lodge // Das außergewöhnliche Boutique-Hotel im Herzen der historischen Innenstadt spiegelt das künstlerische Erbe des Pacific Northwest wider. Hoch über dem Eingang ragt ein Totempfahl auf, die Lobby und alle Gästezimmer sind mit Kunst der Ureinwohner dekoriert, die einst auf diesem Territorium lebten.
// www.skwachays.com

VANCOUVER

AUF KEINEN FALL VERPASSEN

EINEN GEMÜTLICHEN TAG VERBRINGEN IN STANLEY PARK
Nördlich der Robson Street beginnt der riesige, 400 Hektar umfassende Stanley Park. Weite Teile der nach dem New Yorker Central Park größten Grünanlage Nordamerikas sind von einem Wald aus Douglas-Fichten, Hemlocktannen und Riesenlebensbäumen bedeckt. Der Zoo und das Vancouver Aquarium sind weltbekannt. Der Park kann auf verschiedenen Wanderwegen durchstreift oder aber mit dem Auto auf dem zwölf Kilometer langen Scenic Drive umrundet werden; auch mit dem Fahrrad ist eine Tour empfehlenswert.

ÜBER DIE CAPILANO SUSPENSION BRIDGE LAUFEN
Das Überqueren der frei schwingenden Hängebrücke in North Vancouver fühlt sich schon etwas abenteuerlich an. Die Seilbrücke ist 140 Meter lang, 70 Meter hoch und schwingt sich über den Fluss Capilano sowie schier endlos hohe Baumwipfel. Der dazugehörige Park ist ein perfektes Beispiel für den gelungenen Einklang des Menschen mit der Natur und bietet unter anderem ökologisch orientierte Touren durch den Regenwald der gemäßigten Breiten an.

AM UNICAMPUS AUF ENTDECKUNGSREISE GEHEN
Der bewaldete Campus der University of British Columbia hält viele Überraschungen bereit, darunter einen japanischen Teegarten und ein symbolträchtiges Kunstwerk des Haida-Schnitzmeisters James Hart: Der Reconciliation Pole (Versöhnungspfahl) repräsentiert die Geschichte der Ureinwohner Kanadas.

IM DR. SUN YAT-SEN CLASSICAL CHINESE GARDEN MEDITIEREN
Der erste klassische chinesische Garten in ganz Kanada ist eine grüne Oase inmitten der Hektik des Stadtlebens. Wunderschöne Pavillons, ein jadegrüner Teich mit Koi-Karpfen, eine Sammlung von 150 Jahre alten Miniaturbäumen und aus China importierten Tai-Hu-Felsen laden zu Meditation und Entspannung ein. Wasser, Pflanzen und Steine wurden streng nach taoistischen Prinzipien angeordnet, um einen Ort der inneren Ruhe zu schaffen.

EINEN STRANDTAG EINLEGEN
Am südlichen Rand des Stadtviertels West End befinden sich zwei der attraktivsten Strände – die English Bay und der Sunset Beach. Beide sind nur 30 Gehminuten von der Innenstadt entfernt.

#26 WASHINGTON, D.C.

DIE HAUPTSTADT DER VEREINIGTEN STAATEN VERDANKT IHRE BEDEUTUNG DER ZENTRALEN GEOGRAFISCHEN LAGE ZWISCHEN DEN NÖRDLICHEN UND SÜDLICHEN KOLONIEN DES EINSTIGEN NEUENGLAND – UND IHRER NÄHE ZU MOUNT VERNON, DEM WOHNSITZ DES ERSTEN PRÄSIDENTEN GEORGE WASHINGTON. WASHINGTON, D.C., GEHÖRT ZU DEN ATTRAKTIVSTEN REISEZIELEN DER USA UND WIRD VOR ALLEM WEGEN SEINER SYMBOLTRÄCHTIGEN GEBÄUDE WIE DEM KAPITOL UND DEM WEISSEN HAUS GESCHÄTZT, ABER AUCH WEGEN DER VIELEN ERSTKLASSIGEN MUSEEN. »D.C.« STEHT FÜR »DISTRICT OF COLUMBIA« – EINE POLITISCHE ENKLAVE, IN DER DIE REGIERUNG ANGESIEDELT IST.

Linke Seite: Das Kapitol ist ein Symbol der amerikanischen Demokratie. Hier tagt der Kongress und hier legen die US-Präsidenten ihren Amtseid ab. 1793 wurde das Gebäude im klassizistischen Stil errichtet.

Rechts: Das oberste rechtsprechende Staatsorgan der Vereinigten Staaten, der Supreme Court, residiert in einem gewaltigen tempelartigen Bau. Die Inschrift auf dem Portal lautet: »Equal Justice under Law«. Das Bauwerk befindet sich westlich des Kapitols.

○ **UNITED STATES CAPITOL**
Hier liegt das Zentrum der Hauptstadt Washington. Nicht nur politisch ordnen sich Stadt und Land um das Capitol, sondern auch geografisch: Ein Stein im Boden der Rotunde markiert den offiziellen Mittelpunkt der auf dem Reißbrett geplanten Stadt. Symbolisch steht das Kapitol auf einer Anhöhe und soll im Stil des alten Rom die demokratische Herrschaft des Volkes repräsentieren. Als zweites Gebäude der Stadt, nach dem Weißen Haus, beherbergt es beide Kammern des Kongresses. Allerdings wurde es erst 1826 bezogen, weil der 1793 begonnene Bau 1812 halb fertig von britischen Truppen gleich wieder zerstört worden war. Auf der ansehnlichen Kuppel verkörpert eine bronzene »Statue of Freedom« die Freiheit. Die Front des Bauwerks ist ein Ziel für Besucher und politische Demonstrationen.

○ **WHITE HOUSE**
Auf jedem 20-Dollar-Schein lässt sich das »Weiße Haus« aus der Nähe betrachten. Im wahren Leben kommen die meisten Besucher höchstens an den Zaun des geschichtsträchtigen Gebäudes in der Pennsylvania Avenue 1600. Der offizielle Amtssitz des US-Präsidenten ist mit höchster Sicherheitsstufe geschützt. Abhilfe schafft eine virtuelle Tour via Internet. Das weiß gestrichene Gebäude war formell das erste der neuen Hauptstadt. Heute steht allerdings eine Version von 1819, die nach einem Brand aufgebaut und um West- und Ostflügel ergänzt wurde. Zu den 132 Zimmern mit 412 Türen und 28 offenen Kaminen gehört auch die Privatwohnung des Präsidenten.

○ **SUPREME COURT**
Der Oberste Gerichtshof der Vereinigten Staaten residiert in einem mit Marmor verkleideten Gebäude, das von außen an einen griechischen Tempel erinnert. An der Westfassade betont ein Schriftzug »Gleichheit vor dem Gesetz«, während die Ostfassade »Gerechtigkeit, der Wächter der Freiheit« verkündet. Erst zwischen 1932 und 1935 entstand dieser Bau, den Großteil seiner Geschichte hatte der Oberste Gerichtshof in Räumen des Kapitols getagt. Besuche sind erlaubt, wenn der Gerichtshof nicht tagt.

○ **NATIONAL ARCHIVES**
Hier lagern die Originale der wichtigsten Dokumente des Landes: der Unabhängigkeitserklärung, der US-Verfassung und der ersten zehn Zusatzartikel zur Verfassung, der »Bill of Rights«. Im Nationalarchiv der Vereinigten Staaten, offiziell »National Archives and Records Administration« (NARA) genannt, sind diese Gründungsdokumente öffentlich präsentiert.

○ **LIBRARY OF CONGRESS**
Wer Gesetze schaffen und das Land regieren will, muss ein möglichst umfassendes Wissen besitzen – oder umfassend recherchieren können. Nach diesem Motto wurde dem Kongress der Vereinigten Staaten

WASHINGTON, D.C.

WARUM IM SOMMER? IM SOMMER SPRÜHT DIE STADT VOR LEBEN, WAS VOR ALLEM AN DER RIESIGEN AUSWAHL AN FESTIVALS UND FREILUFTEVENTS LIEGT. BESONDERS LOHNENSWERT SIND DAS JAZZFESTIVAL UND DAS SMITHSONIAN FOLKLIFE FESTIVAL (BEIDE IM JUNI), DIE KINOVORFÜHRUNGEN UNTER FREIEM HIMMEL IM WATERFRONT PARK IM JULI UND AUGUST, DIE PARADE ZUM MEMORIAL DAY UND NATÜRLICH DIE FEUERWERKE ZUM UNABHÄNGIGKEITSTAG AM 4. JULI.

im Jahr 1800 seine eigene Forschungsbibliothek eingerichtet. Als viele der 3000 Bücher in der Bibliothek im Krieg von 1851 verbrannten, verkaufte Thomas Jefferson dem Kongress als Ausgleich seine Privatsammlung von 6487 bedeutenden Werken. Heute verteilt sich die Bibliothek auf drei Gebäude in Washington. Mit rund 155 Millionen »Medien-Einheiten« – von Büchern und Karten bis zu Fotografien, Tondokumenten und Handschriften – ist sie nach der British Library die zweitgrößte der Welt.

○ **LINCOLN MEMORIAL**
Wie ein Palast steht die Gedenkstätte Abraham Lincolns vor Memorial Bridge und dem Reflecting Pool. Inspiriert vom Athener Parthenon, wurde es in weißem Marmor erbaut. Die monumentale Lincolnstatue wurde aus 28 Marmorquadern gefertigt, 36 dorische Säulen symbolisieren die 36 Staaten in Lincolns Amtszeit.

○ **NATIONAL MALL UND MEMORIAL PARKS**
Der historische Park zwischen dem Washington Monument und dem Lincoln Memorial erinnert an die Gründung der USA. In der Mitte eines künstlichen Sees liegen Steintafeln mit den Namen der Unterzeichner der Unabhängigkeitserklärung. Das Washington Monument, ein weißer Obelisk, ehrt den ersten Präsidenten der USA und steht genau auf der Verbindungsgeraden zwischen Kapitol und Lincoln Memorial. An den Wänden des Vietnam Veterans Memorial stehen die Namen aller Gefallenen dieses Kriegs, und ein Mahnmal erinnert an die gefallenen Frauen. Die Constitution Gardens dienen aber nicht nur der Erinnerung, sondern auch als grünes Refugium in der Stadt.

○ **GEORGETOWN**
Die historischen Häuser im alten Stadtviertel Georgetown laden zu einem Bummel ein. Einst ein ärmliches Gebiet, gehört Georgetown heute zu den schicksten Wohngegenden der Stadt.

○ **NATIONAL GALLERY OF ART**
Ein Banker legte mit seiner Privatsammlung Alter Meister den Grundstein für die Nationale Kunstgalerie der USA: Als Andrew W. Mellon 1937 seine Gemälde und Skulpturen dem Staat überließ, hatte er für den Bau eines passenden Gebäudes und für eine Stiftung gesorgt, die Bestand und Erweiterung der Sammlung sicherstellen sollte. Das neoklassizistische Gebäude

Links oben: Lincoln Memorial: Die Präsidentschaft von Abraham Lincoln ist eine der bedeutendsten in der amerikanischen Geschichte. Er führte die Nordstaaten durch den Bürgerkrieg, unter seiner Führung wurde das Land ein zentral regierter Industriestaat.

Links Mitte: Das Oval Office: In zahlreichen amerikanischen Filmen, Fernsehserien und Büchern ist es Schauplatz dramatischer Ereignisse. So auch im wahren Leben, denn es ist das Büro des Präsidenten der USA.

Links unten: Die Exponate im American Art Museum sind didaktisch wertvoll und sehr kinderfreundlich ausgestellt. Ein neuer zentraler Innenhof mit Glasdach wurde 2007 eröffnet.

WASHINGTON, D. C.

Rechts: Panorama des Memorial Park. Der weiße Marmorturm in Form eines Obelisken ist das Washington Monument und knapp 170 Meter hoch. Es liegt auf dem Hügel der National Mall. Das Jefferson Memorial ehrt den dritten Präsidenten der USA. In der Mitte des künstlichen Sees liegen Steintafeln mit den Namen aller Unterzeichner der Unabhängigkeitserklärung.

versammelt heute bedeutende europäische und amerikanische Kunst vor dem 20. Jahrhundert, van Gogh, Monet und Rembrandt sind vertreten und außerdem ein Gemälde da Vincis. In einem zweiten Bau von 1978, unterirdisch mit dem ersten verbunden, erwartet zeitgenössische moderne Kunst die Besucher – Warhols und Pollocks Bilder hängen neben solchen von Beckmann und Picasso.

○ **NATIONAL MUSEUM OF AMERICAN HISTORY**
Die roten Schuhe, mit denen Dorothy im »Zauberer von Oz« ihren Weg aus Kansas machte, gehören zur US-amerikanischen Geschichte wie eine Lunchtheke aus North Carolina, eine John-Bull-Lokomotive oder ein Karussellwagen des Elefanten »Dumbo«. Als Ausstellungsstücke verdeutlichen sie den Besuchern, was den Alltag ihres Landes prägte.

○ **NATIONAL AIR AND SPACE MUSEUM**
Einmal Charles Lindberghs »Spirit of St. Louis« nahekommen, einmal neben der Kommandokapsel von Apollo 11 stehen oder das »SpaceShipOne« bewundern, das als Erstes in der privaten bemannten Raumfahrt den Erdorbit erreichte – fast alle Ausstellungsstücke des nationalen Luft- und Raumfahrtmuseums sind weit gereist.

○ **SMITHSONIAN AMERICAN ART MUSEUM**
Wer das gesamte Kunstspektrum des Landes kennenlernen will, besucht am besten das American Art Museum: Hier ist moderne Kunst aus den Städten ebenso zu sehen wie Volkstümliches vom Land, religiös inspirierte Werke oder auch Abstraktes. Hier finden sich die Yellowstone-Landschaften Thomas Morans neben den Blüten Georgia O'Keeffes.

○ **NATIONAL PORTRAIT GALLERY**
Die Präsidenten haben ihren eigenen Saal: in der »Hall of Presidents«. So gut wie alle Staatschefs in der Geschichte der USA finden hier einen Platz rund um das berühmte »Lansdowne Portrait« von George Washington. Doch auch rund 20 000 andere Porträts als

AUSGEHEN

Round Robin // Poliertes Mahagoniholz, Politikerporträts, Ledersitze und ein runder Tresen: Die stattliche Edel-Kultbar im historischen Willard InterContinental Hotel ist ein fester Bestandteil der Stadtgeschichte. Der Legende nach führte Senator Henry Clay hier den berühmten Cocktail Mint Julep ein.
// www.washington.intercontinental.com/food-drink/round-robin

Federalist Pig // Eine der besten Adressen für traditionell holzgeräuchertes amerikanisches Barbecue. Hier kann man in entspannter Atmosphäre Schweineschulter, Chicken Wings oder Brisket (Rinderbrust) genießen.
// www.federalistpig.com

El Rinconcito Café // Sehr kleines authentisches Lokal mit einfachem Dekor und simplen Gerichten aus El Salvador. Sehr zu empfehlen sind die Pupusas (gefüllte Maismehltaschen).
// www.rinconcitocafe.com

Gemälde, Skulptur, Zeichnung oder Fotografie bevölkern die National Portrait Gallery.

○ **CHINATOWN**
Ursprünglich war die Gegend von Washingtons Chinatown fest in der Hand der deutschen Immigranten, auch heute noch hat das Goethe-Institut hier seinen Sitz. Die Straßenzüge zwischen 6th und 8th Street Northwest und I und H Street Northwest sind mittlerweile aber die kleine Enklave der chinesischen Einwanderer. Zahlreiche chinesische Restaurants und Läden säumen die Straßen.

Nicht nur »in Öl« werden die bedeutenden Persönlichkeiten des Landes in der National Portrait Gallery dargestellt, auch in anderen visuellen Formen und als Skulptur werden sie in den Gängen des Gebäudes präsentiert.

SHOPPING

○ **EASTERN MARKET**
Slowfood vom Feinsten: Gesunde, regionale Produkte findet man auf dem Markt, der schon seit 1873 existiert. Daneben locken Buchhandlungen und Kunsthandwerksläden.

○ **DUPONT CIRCLE**
Antiquitäten und Bekleidungsläden finden sich rund um den Dupont Circle und im umliegenden Stadtteil – besonders in der Connecticut Avenue.

AUSFLÜGE

○ **ARLINGTON NATIONAL CEMETERY**
Auf traurige Weise beeindruckend sind die schier unendlichen Reihen weißer Grabsteine, die sich über die sanften grünen Hügel des Nationalfriedhofs Arlington ziehen. Am Ufer des Potomac River jenseits der Hauptstadt finden hier seit 1864 gefallene Soldaten ihre letzte Ruhe.

○ **GREAT FALLS**
Nur etwa 20 Kilometer stromaufwärts von Washington befinden sich die Great Falls des Potomac River. Über Stromschnellen und markante Klippen sucht sich das Wasser schäumend seinen Weg.

ÜBERNACHTEN

The Hay-Adams // Wer sich ein klassisches Washington-Erlebnis leisten kann, übernachtet im Hay-Adams. Das Luxushotel bietet von seiner Lage in der National Mall aus einen unvergleichlichen Blick auf das Weiße Haus. In der Hotelbar kann man die Washingtoner Insider bei ihren After-Work-Cocktails beobachten.
// www.hayadams.com

Watergate Hotel // Das Watergate wird für immer mit dem gleichnamigen Politskandal verbunden sein. Von den neuen Eigentümern für über 200 Millionen US-Dollar renoviert, profitiert es heute subtil von der berüchtigten Geschichte und lässt gleichzeitig den Glamour von Washington aus den 1960er- und 70er-Jahren aufleben.
// www.thewatergatehotel.com

Hotel Hive // Das erste Mikro-Hotel in Washington vereint innovatives zeitgenössisches Design mit architektonischem Charakter für einen einzigartigen und überraschend erschwinglichen Aufenthalt.
// www.hotelhive.com

WASHINGTON, D.C.

AUF KEINEN FALL VERPASSEN

EINEM BASEBALL-SPIEL BEIWOHNEN

Ein Spiel der Major-League-Baseball-Mannschaft von DC sollte man sich nicht entgehen lassen. Die Washington Nationals bestreiten ihre Heimspiele im Nationals Park an der geschäftigen Capitol Riverfront. Das hochmoderne Baseballstadion bietet einen großartigen Ausblick und eine große Auswahl an lokalen Bieren und Spezialitäten.

DAS NATIONAL MUSEUM OF NATURAL HISTORY BESUCHEN

Hunderte Millionen an Ausstellungsstücken – vom Mondgestein zu Saurierskeletten, vom Vogelgarten bis zum »Hope-Diamanten« – ziehen alljährlich mehr als sieben Millionen Besucher an. Das mag daran liegen, dass das Nationalmuseum für Naturgeschichte bei freiem Eintritt rund ums Jahr geöffnet ist. Jedenfalls ist es das weltweit am besten besuchte naturhistorische Museum der Welt – und auch unter den 19 Museen der Smithsonian Institution in Washington hält es den Spitzenplatz.

SEEROSEN BESTAUNEN

In den Kenilworth Aquatic Gardens in der Nähe des Viertels Anacostia fühlt man sich wie mitten in einem Monet-Gemälde: Hier gedeihen Seerosen, Wasserbambusse und wilde Blumen; auch Reiher und sogar Schildkröten sind hier zu Hause. Täglich um 14 Uhr gibt es kostenfreie Touren.

VOM FLUSS AUS DIE STADT ERKUNDEN

Mit zwei Flüssen, dem Potomac und der Anacostia, sowie einer Reihe fantastischer Uferpromenaden ist die Stadt ideal für Unternehmungen am und auf dem Wasser. Mit Kajak, Kanu oder Paddleboard lässt sich ein ungewöhnlicher Blickwinkel auf ikonische Bauwerke wie das Lincoln Memorial und das Kennedy Center einnehmen. Boots- und Boardvermietungen findet man in Georgetown oder an der Capitol Riverfront.

ÜBER DEN CAMPUS EINER HISTORISCHEN UNIVERSITÄT SCHLENDERN

Der Stolz der lebendigen Studentenstadt Washington sind die über 20 verschiedenen Colleges und Universitäten. Die älteste Bildungseinrichtung ist die 1789 gegründete Georgetown University, während die George Washington University mit über 28 000 Studenten die größte Uni der Stadt ist.

HERBST

Herbst ist die schönste Jahreszeit in Toronto, wenn die warmen Farben des Indian Summer die Großstadt in ein Farbenmeer tauchen.

#27 BARCELONA

BARCELONA IST EINE STADT IN STÄNDIGEM AUFBRUCH, EINE »STADT DER WUNDER«, WIE SIE DER SCHRIFTSTELLER EDUARDO MENDOZA EINST GENANNT HAT, IN DEREN EHRWÜRDIGEN GEBÄUDEN UND PALÄSTEN SICH DIE GESCHICHTE DER HAUPTSTADT KATALONIENS FESTGESCHRIEBEN HAT. DAS MAGISCHE BARCELONA VON CARLOS RUIZ ZAFÓNS »DER SCHATTEN DES WINDES« SPÜRT, WER SICH IM BARRI GÒTIC SCHLENDERND IM GEWIRR DER GÄSSCHEN VERLIERT. DOCH BARCELONA HAT VIELE GESICHTER. QUIRLIGES KOSMOPOLITISCHES FLAIR VERBINDET SICH HIER MIT DEN TRADITIONEN DER STADT, POSTMODERNE ARCHITEKTUR FINDET SICH NEBEN DEN JUGENDSTILBAUTEN DER KATALANISCHEN MEISTER DES MODERNISME. DIE VIELFALT BARCELONAS REICHT VON DEN RÖMISCHEN RUINEN ÜBER DIE GASSEN UND GESCHICHTSTRÄCHTIGEN ORTE DER BLÜTEZEIT DER STADT IM MITTELALTER BIS ZU DEN BAUTEN ANTONI GAUDÍS IN DER STADTERWEITERUNG EIXAMPLE ODER ZU DEN STÄTTEN DER BEIDEN WELTAUSSTELLUNGEN UND DER OLYMPISCHEN SPIELE IM JAHR 1992, DIE BARCELONA DEN ANSCHLUSS AN DIE METROPOLEN DER WELT BRACHTEN. ALL DIES FINDET MAN EINGEBETTET IN DIE BEZAUBERND LEBENDIGE ATMOSPHÄRE DER HAFENSTADT, IN DER SICH MENSCHEN VERSCHIEDENSTER PROVENIENZEN ZUSAMMENGEFUNDEN HABEN.

Linke Seite: Der Grundstein der Sagrada Familia, der Sühnekirche der heiligen Familie, wurde am 19. März 1882 gelegt. Der ursprünglich neogotische Entwurf wurde von Antoni Gaudí in dem für ihn typischen fantasievollen, organischen Baustil des Modernisme abgeändert und ausgeführt. Im Jahr 2026, wenn sich der Todestag Gaudís zum 100. Mal jährt, soll der bis heute unvollendete Bau abgeschlossen sein.

Rechts: Der Musikpalast Palau de la Música Catalana birgt den bedeutendsten Konzertsaal Barcelonas, den Domènech i Montaner im Jahr 1908 für den Chor »Orfeó Català« ausgestalten ließ. Die Stahlkonstruktion dieses Jugendstilbaus ist mit bunter Keramik und gefärbtem Glas verkleidet.

○ **BARRI GÒTIC**
Das gotische Viertel mit seinen schmalen Gassen und verzierten Fassaden ist einen Besuch wert. Mit seinen Ruinen aus der Römerzeit, schmalen mittelalterlichen Gassen und der Kathedrale La Seu bildet es den ältesten Teil Barcelonas.

○ **LA SEU**
In der Krypta der Kirche im gotischen Viertel liegt die Schutzpatronin Barcelonas begraben. Seit dem Mittelalter sind in den Höfen des Kreuzgangs Gänse zu Hause.

○ **PALAU DE LA MÚSICA CATALANA**
Niemand sollte Barcelona verlassen, ohne den bunt verspielten Musikpalast von innen gesehen zu haben. Die Austattung im Jugendstil des prachtvollen Konzertsaals raubt einem schier den Atem.

○ **LAS RAMBLAS**
Sie ist die pulsierende Lebensader Barcelonas, ohne die man sich diese Stadt nicht vorstellen könnte. Auf der über einen Kilometer langen Flaniermeile mischen sich Menschen unterschiedlichster Herkunft zu einem multikulturellen Miteinander. Verkaufsstände und Cafés säumen die Seiten.

○ **PLAÇA DE CATALUNYA**
Er ist so groß wie der Petersplatz in Rom und bildet das Herz der Stadt. Hier laufen so ziemlich alle Verkehrswege zusammen, und man trifft sich an einem der Brunnen.

○ **PARC GÜELL**
Bunt und einladend wirkt der ab 1900 im Rahmen einer Gartenstadt angelegte Park. Gaudí sollte im Auftrag von Eusebi Güell eine geschlossene Wohnsiedlung für Wohlhabende zusammen mit einem Park nach dem Muster englischer Gartenstädte errichten. Ausgeführt wurden nur der Park und die Mauer mit bewachten Eingängen. Nur drei Häuser sind entstanden, eines davon war Gaudís Wohnhaus und ist jetzt sein Museum.

○ **SAGRADA FAMÍLIA**
Dieser weltberühmte Sakralbau, dessen vollständiger Name Temple Expiatori de la Sagrada Família lautet, gilt als Gaudís Meisterwerk – eigenwillig und individualistisch wie der Architekt selbst. Die neogotische

BARCELONA

WARUM IM HERBST? BEI DER FESTA DE LA MERCÈ AN DEN TAGEN UM DEN 24. SEPTEMBER WIRD NOSTRA SENYORA DE LA MERCÈ, DIE GOTTESMUTTER MARIA, ALS SCHUTZPATRONIN BARCELONAS GEFEIERT – EIN FEST, DAS DIE GANZE STADT ERFASST. DABEI WERDEN RIESEN (»GEGANTS«), GROSSKÖPFE (»CAPGROSSES«) UND ZWERGE (»NANS«) DURCH DIE STRASSEN GETRAGEN UND TANZEN DEN »BALL DES GEGANTS«, BEGLEITET VON MUSIKKAPELLEN, TÄNZERN UND REITERN. EINIGE METER HOHE MENSCHENTÜRME (»CASTELLS«) LASSEN EINEM DEN ATEM STOCKEN. PYROTECHNISCHE SCHAUSTÜCKE WIE FEUER SPEIENDE DRACHEN, DÄMONEN UND LAUFFEUER (»CORREFOC«) BEDRÄNGEN DIE ZUSCHAUER MIT FLAMMEN UND HÖLLENLÄRM, BIS DER HEILIGE GEORG DEM TREIBEN EIN ENDE BEREITET.

Kathedrale ist zum Symbol für Barcelona geworden – und immer noch eine permanente Baustelle. Das ungewöhnliche Bauwerk wird vermutlich Mitte des 21. Jahrhunderts fertiggestellt sein, dann sollen insgesamt 18 Türme in den Himmel aufragen. Gaudí, der sich die letzten Jahrzehnte seines Lebens völlig diesem Projekt verschrieb, hat in der Krypta seine letzte Ruhe gefunden.

○ **CASA MILÀ**
Es wird das Steinbruch-Haus genannt und ist die letzte Arbeit von Gaudí, bevor er sich der Sagrada Família widmete. Zu besichtigen sind ein Kunstmuseum, eine Ausstellung über den Architekten und eine Wohnung mit den Originalmöbeln aus der Zeit.

○ **CASA BATLLÓ**
Gaudí gestaltete für den Industriellen Batlló dieses Gebäude vollkommen neu. Die Legende des Schutzpatrons Kataloniens, der gegen einen Drachen kämpfte, wird auf der Fassade erzählt.

○ **LA BARCELONETA**
Barcelonas »Fischerdorf« liegt auf einer dreieckigen Landzunge und ist aus einem ehemaligen Elendsviertel hervorgegangen, das Mitte des 18. Jahrhunderts abgerissen wurde. Auf schachbrettartigem Grundriss wurde damals ein neues Viertel mit zwei- bis drei-

Oben: Skulptur der Künstlerin Rebecca Horn am Passeig Maritim. Die herrlich angelegte Strandpromenade mit schattenspendenden Palmen in La Barceloneta dient tagsüber als Flaniermeile für Spaziergänger, Skater und Radfahrer.

Links: Zu Ehren von Barcelonas Schutzpatronin wird seit 1902 die etwa fünf Tage dauernde Festa de la Mercè abgehalten. Mit Musik- und Folkloreveranstaltungen sowie Akrobatik wie den Castellers (Menschentürme) wird der Sommer spektakulär verabschiedet.

stöckigen Häusern entworfen, das den Hafenarbeitern und Fischern eine Wohnstätte bieten sollte. Den Mittelpunkt dieses noch volkstümlichen Viertels mit seinen urigen Fischlokalen bildet die Plaça de la Barceloneta mit der Kirche Sant Miguel del Port.

○ L'AQUÀRIUM
Das größte Meeresmuseum Europas hat einen 80 Meter langen Unterwassertunnel, in dem man Haien sehr nahe kommt.

○ PORT OLÍMPIC
Der Hafen wurde in seiner jetzigen Form für die Olympischen Spiele 1992 erbaut. Beliebt ist er für sein buntes Nachtleben.

○ SANTA MARIA DEL MAR
Über einem alten Friedhof aus der Römerzeit, auf dem der Legende nach auch schon der Apostel Jakobus der Ältere gepredigt haben soll, wurde von 1329–1384 eine gotische Kirche errichtet, die mit ihren schlanken Proportionen, ihrer großzügigen Weiträumigkeit und einer beeindruckenden Lichtwirkung für viele als schönste Kirche der Stadt gilt.

○ MUSEU PICASSO
Der weltberühmte Maler Pablo Picasso studierte in Barcelona. Das in fünf alten Stadtpalästen untergebrachte Museum legt den Schwerpunkt auf seine frühen Arbeiten.

○ MUSEU NACIONAL D'ARTE DE CATALUNYA
Der Neobarock-Tempel wurde als spanischer Pavillon der Weltausstellung 1929 erbaut. Er beheimatet eine beeindruckende Vielfalt romanischer und gotischer sowie katalanischer Kunst.

○ CASTELL DEL MONTJUÏC
Die Festungsanlage diente einst dem Schutz der Stadt, heutzutage ist sie ein Museum für Militärgeschichte. Zudem finden hier auch Konzerte statt.

○ TRANSBORDADOR AERI
Die alte Hafenseilbahn führt vom Torre San Sebastià am Hafen auf den Montjuïc. Zur Startplattform fährt man mit einem Lift und einem Stopp unterwegs im Torre Jaume, um die Aussicht zu genießen.

AUSGEHEN

El Pintor // In diesem rustikalen Restaurant serviert man katalanische Gerichte, insbesonders jahreszeitlich wechselnde Spezialitäten.
// Carrer de Sant Honorat, 7

Pinotxo Bar // An der Boqueria gelegenes Lokal, in dem es Tapas aus Fisch und Meeresfrüchten gibt wie Bacalao oder Calamares. Gut schmeckt auch das geschmorte Lamm.
// pinotxobar.com

El Vaso de Oro // Hier gibt es leckere Tapas und ein schönes kühles, katalanisches Bier. Viele Stammgäste aus dem Hafenviertel wissen das zu schätzen.
// www.vasodeoro.com

Bar Marsella // Seit 1820 gibt es diese Bar bereits. Bei Einheimischen ist sie auch als Absinth Bar bekannt. Noch berühmter wurde sie durch Woody Allens »Vicky Cristina Barcelona«. Nostalgie versprühen die alten Kronleuchter und Spiegel.
// Carrer de Sant Pau, 65

Rechts: Die im Jahr 1931 eröffnete Hafenseilbahn fährt von der im Montjuïc gelegenen Bergstation zur Torre Sant Sebastià in Barceloneta. Auf halber Strecke steht der 119 Meter hohe Torre Jaume I, ein Turm aus Stahlfachwerk, der nach dem im 13. Jahrhundert lebenden Jaume I., dem Grafen von Barcelona und König von Aragón, benannt wurde.

○ **TIBIDABO**

Mindestens einen halben Tag sollte man auf dem über 500 Meter hohen Berg verbringen. Hier ist ein Vergnügungspark mit teils sehr alten schönen Karussells zu sehen sowie die Kirche Sagrat Cor mit stattlicher Christusstatue.

○ **FUNDACIÓ JOAN MIRÓ**

Der Künstler Joan Miró ist ein Sohn der Stadt und studierte hier. Höhepunkte im Museum auf dem Montjuïc sind ein Brunnen, in dem Quecksilber fließt, und die Terrasse mit Blick über die Stadt.

ÜBERNACHTEN

Casa Camper // Das Hotel im Boutique-Design liegt im Raval. Die modernen 25 Zimmer sind funktional und kreativ eingerichtet – sie sind jeweils in ein Schlafzimmer sowie in einen Raum zum Entspannen oder Arbeiten aufgeteilt.

// www.casacamper.com/Barcelona

Hotel Oriente Atiram // Das Hotel, ein ehemaliges Kloster aus dem 17. Jahrhundert, gilt als Institution im Barri Gòtic. Seit seiner Eröffnung im Jahr 1942 sind hier schon manche große Opernsänger und Musiker, die im Gran Teatre de Liceu gastierten, abgestiegen.

// www.atiramhotels.com

Le Méridien Barcelona // Im Fünf-Sterne-Hotel, das sich in einem Gebäude im Modernisme-Stil befindet, steigen gern Prominente und Rockstars ab. Das luxuriöse Haus mit mehr als 200 Zimmern verfügt neben einem Restaurant und einer Pianobar auch über einen Fitnessbereich.

// www.lemeridienbarcelona.com

SHOPPING

○ **PASSEIG DE GRÀCIA**

Der vom Zentrum Barcelonas hierher führende Passeig de Gràcia – ein über 60 Meter breiter Prachtboulevard mit Platanenreihen – gilt als die vornehmste Einkaufsmeile der Stadt.

○ **LAIE LIBRERIA-CAFÉ**

Der Buchladen ist auf internationale Kunstbände spezialisiert. Dazu gehört ein nettes Café, in dem man schön sitzen und den Bücherwürmern zusehen kann.

// www.laie.es

○ **B.D. EDICIONES DE DISEÑO**

Liebhaber von schöner Kunst und edlem Design kommen in dieser Galerie auf ihre Kosten, egal, ob man Möbel, Kunstobjekte oder Accessoires bevorzugt. Die Kunstwerke sind bereits seit über 70 Jahren hier erhältlich.

// bdbarcelona.com

○ **CASA GISPERT**

Ein Kolonialwarenladen von 1851 mit einem langen schmalen Gang, jedoch voller duftender Schätze. Hier werden Früchte noch selbst getrocknet.

// www.casagispert.com

AUSFLÜGE

○ **KATALANISCHE KLOSTERTOUR**

Die bedeutendsten Klöster Kataloniens sind nur einen Katzensprung von Barcelona entfernt. Da wäre das Zisterzienserkloster de Santes Creus mit seinem verschwenderisch gestalteten Kreuzgang und dem gut erhaltenen Weinkeller. Das Monestir Santa María de Poblet wird noch von Zisterziensern genutzt. Dort gibt es sogar ein Gästehaus. Das Benediktinerkloster von Montserrat liegt in wildem Gebirge und wurde bereits 880 gegründet. Anziehungspunkt ist die Schwarze Madonna, die Schutzpatronin Kataloniens.

AUF KEINEN FALL VERPASSEN

DEN FONT MÀGICA BETRACHTEN
Der prächtige Brunnen auf der Plaça de Carles Buïgas wurde anlässlich der Weltausstellung im Jahr 1929 errichtet. Am Abend wird der Brunnen zur Attraktion. Schon der Name deutet auf das Zusammenspiel von Wasser, Form und Farbe hin. Zu klassischer Musik, aktuellen Hits oder Filmmelodien schießen bunt beleuchtete Fontänen in den Himmel. Im Hintergrund ist das bombastische Museu Nacional d'Arte de Catalunya.

HAFENRUNDFAHRT IM GLASBODENBOOT
Etwa anderthalb Stunden dauert eine sehr lohnenswerte Fahrt durch den Hafen und entlang der Küste. Der Boden im Unterdeck der Boote und Katamarane ist aus Glas gefertigt, sodass die Unterwasserwelt und der Antrieb bestaunt werden können.

DAS TREIBEN AUF DER PLAÇA D'ESPANYA BEOBACHTEN
Der von Autoverkehr beherrschte Platz bildet den Eingang zum Messegelände. Auffällig sind zwei rote Türme, die an venezianische Campanile erinnern. Am besten beobachtet man das pulsierende Leben vom Kaufhaus Las Arenas, das in einer ehemaligen Stierkampfarena zu Hause ist.

ÜBER DEN MERCAT DE LA BOQUERIA SCHLENDERN
Täglich, außer sonntags, ist an der Rambla Markt. Hier stöbern Touristen, Einheimische kaufen frische Lebensmittel. Seit 1914 befindet er sich unter einem festen Dach. Der Markt heißt eigentlich Mercat de Sant Joseph, doch jeder spricht nur vom Mercat de la Boqueria oder einfach von La Boqueria. Am besten ziellos der Nase nach treiben lassen!

EINE FLAMENCO-SHOW BESUCHEN
Flamenco ist der rassige Tanz, in dem das Temperament der Spanier zur Geltung kommt. Im Tablao Cordobes ist das künstlerische Niveau sehr hoch, im schönen alten Palacio del Flamenco legt man Wert auf eine aufwendige Show.

#28 BUDAPEST

PRACHTVOLLE BAUTEN UND BREITE BOULEVARDS, ELEGANTE KAFFEEHÄUSER UND ÜPPIGE JUGENDSTILBÄDER WIE AUS 1001 NACHT – NICHT NUR WEGEN IHRES GLANZVOLLEN MUSIK-, THEATER- UND KULTURLEBENS NENNT MAN BUDAPEST OFT AUCH DAS »PARIS DES OSTENS«. DIE DONAU TEILT UNGARNS HAUPTSTADT IN DAS BERGIGE BUDA MIT DEM BURGVIERTEL AUF DER EINEN UND DAS FLACHE PEST MIT DEM KUPPELBEKRÖNTEN PARLAMENTSGEBÄUDE AUF DER ANDEREN UFERSEITE.

Oben: Prinz Eugen von Savoyen wird in Form eines bronzenen Reiterstandbildes vor dem Haupteingang des Burgpalasts geehrt. Der Feldherr gilt als Nationalheld, nachdem er die Osmanen in der Schlacht von Zenta besiegte.

Linke Seite: Nicht nur von außen ist die Stephans-Basilika prächtig, vor allem der üppige Baudekor im Inneren verzaubert die Besucher.

○ BURGBERG UND FISCHERBASTEI

Im 13. Jahrhundert entstand die Burg Buda als Festung an der Südspitze des Burgbergs und wurde bald danach zur Königsburg auserkoren. Zugleich erwuchs auf dem übrigen Teil der Erhebung eine mittelalterliche Bürgerstadt. Heute erstreckt sich das Burgviertel über etwa zwei Drittel des Plateaus, vom Wiener Tor im Norden bis zum St.-Georgs-Platz vor den Toren der Burg. Nach den Verwüstungen während der Türkenkriege musste das gesamte Viertel neu aufgebaut werden. Das verspielte, festungsartige Ensemble der Fischerbastei steht am Rand des Vorplatzes der Matthiaskirche am Steilabhang zur Donau. Es entstand 1902 nach Plänen des Budapester Architekten Frigyes Schulek, der romanische Formen mit solchen anderer Epochen kombinierte. Vom Viertel »Wasserstadt« direkt unterhalb führt eine zugehörige monumentale Treppenanlage den Berg hinauf.

○ BURGPALAST

Wie zwei Geschwister stehen sie sich gegenüber – auf der einen Donauseite der Burgpalast mit seiner Kuppel, auf der anderen das Parlament. Ein wohl einzigartiges Panorama tut sich in Budapest auf. Auch wenn er vom fernen Ufer der Donau aus noch so schön aussehen mag – es lohnt sich, den Burgpalast einmal näher zu untersuchen. Seine Anfänge reichen zurück bis ins 13. Jahrhundert, als König Béla IV. sich hier einen gotischen Palast errichten ließ. Die Anlage überspannt fast den gesamten südlichen Hügel, sie ist 400 Meter lang und 200 Meter breit und größte Burg Ungarns. In ihrer mehr als 800-jährigen Geschichte hat sie viele Belagerungen gesehen und wurde vielfach zerstört, zuletzt im Zweiten Weltkrieg.

UNGARISCHE NATIONALGALERIE

Im Burgpalast befindet sich die Nationalgalerie. Zu Kirchenkunst, mittelalterlichen Werken und moderner ungarischer Kunst gesellen sich wechselnde Ausstellungen.

○ MATTHIASKIRCHE

Die 1255 bis 1269 als romanische Basilika entstandene Kirche auf dem Burgberg von Buda wurde als Liebfrauenkirche geweiht. Ihr inoffizieller Name geht auf Matthias I. Corvinus zurück; ihm verdankt das im 14. Jahrhundert zur dreischiffigen gotischen Hallenkirche umgebaute Gotteshaus den 80 Meter hohen Südturm (1470). So scheint die Matthiaskirche mit ihrem Dach aus bunten Keramikziegeln unversehrt die Zei-

WARUM IM HERBST? DAS FRÜHER MITTE OKTOBER ALS HERBSTFEST BEKANNTE FESTIVAL DER ZEITGENÖSSISCHEN KUNST IST EIN GUTER VORWAND DER UNGARISCHEN HAUPTSTADT, SICH NACH ANBRUCH DER DÄMMERUNG IN EINEM VIELGESTALTIGEN PROGRAMM VON MUSIK, THEATER UND TANZ ZU ERGEHEN. ZU ERWARTEN IST ALLES, VON UNBEKANNTEN MUSIKERN BIS ZU ALLGEMEIN BEKANNTEN GRÖSSEN. DAZU GIBT ES HIGHLIGHTS WIE DEN JAZZMARATHON UND DIE NACHT DER ZEITGENÖSSISCHEN GALERIEN, DIE BIS IN DIE FRÜHEN MORGENSTUNDEN GEÖFFNET HABEN. AUFTRITTE UND VERANSTALTUNGEN WERDEN ÜBERALL IN DER STADT GEBOTEN, OB IN GALERIEN, KINOS, IM NATIONALTHEATER ODER IN COOLEN BARS UND CAFÉS (WIE DEM A38 ODER DEM CAFÉ JEDERMANN).

ten überdauert zu haben. Weit gefehlt: Ihre heutige Gestalt geht auf eine umfassende Restaurierung (1874–1896) im Stil der Neogotik zurück.

○ **GELLÉRTBAD**
Die Thermalquellen rund um Budapest verführten schon die Römer, an der Donau zu bleiben und sich anzusiedeln. Später nutzen die türkischen Besatzer die heilenden Quellen am Fuße des Gellért-Berges als Hamam. Als Anfang des 20. Jahrhunderts der wirtschaftliche Aufschwung in Budapest einsetzte, wurde auch das Hotel Gellért erbaut, das viele Budapest-Besucher nur wegen des Bades kennen. Tatsächlich zählt der Komplex zu den schönsten Thermalbädern der Stadt. Eklektisch im Jugendstil errichtet, haben die Bauherren nicht an Verzierungen gespart: Herrlich verspielte Säulen stützen die zwei Etagen des Hauptschwimmbades, Glasmalereien und handgearbeitete Kacheln machen den Charme des Baus aus, der über drei Innen- und zehn Außenschwimmbecken verfügt.

○ **GELLÉRTBERG**
Der nach Bischof Gellért benannte Berg ist 235 Meter hoch und bietet eine herrliche Sicht auf die Stadt. Oben hat man dem Märtyrer ein Denkmal gesetzt. Die Zitadelle erinnert an die Unabhängigkeitsrevolte 1848/49. Am südlichen Hang des Berges wurde 1926 eine kleine Kapelle in eine Höhle gebaut. Sie ist seit 1989 wieder zugänglich.

○ **GROSSE SYNAGOGE**
Das Judentum hat in Ungarn eine lange, leider meist traurige Geschichte. Die Synagoge ist die zweitgrößte der Welt und kann im Rahmen einer Führung besichtigt werden. Eindrucksvoll sind das Jüdische Museum und das Holocaust-Denkmal im Innenhof, wo Tausende Opfer des Faschismus bestattet wurden.

○ **KETTENBRÜCKE**
Winter können in Ungarn nicht nur sehr kalt werden, auch die Donau kann sich zu einem mächtigen Eisstrom entwickeln. Selbst die stärksten Holzpfeiler würden der starken Strömung und dem Druck nicht standhalten, deswegen spannten die Budapester im Sommer eine Brücke aus Pontons zwischen ihre beiden Stadtteile und hofften im Winter auf eine zugefrorene Donau. Erst der Reformer István Széchenyi fasste den Mut für ein damals in ganz Europa einzigartiges Vorhaben – über einen derart starken und breiten

Bilder links: Wenn zur Festivalzeit auf den Straßen Budapests gefeiert wird, dürfen herzhaftes Streetfood wie Szekely-Gulasch und laute Musik natürlich nicht fehlen.

Rechts: Vorbild für den Bau des Parlaments war der Palace of Westminster in London. Der in prominenter Lage unmittelbar am Pester Donauufer gelegene Komplex bildet ein Gegengewicht zur Budaer Burg auf der gegenüberliegenden Flussseite. Die kunstvollen Fresken und Deckenmalereien im Inneren sind im Stil des Klassizismus gehalten und stellen die Geschichte Ungarns dar. Für die zahlreichen goldenen Verzierungen wurden mehr als 40 Kilogramm Gold verarbeitet.

Fluss eine Brücke bauen zu lassen. Der Bau begann 1839, Széchenyi organisierte Tonnen von Stahl und stellte das Vorhaben unter englische Bauleitung. Zehn Jahre später konnte die Brücke eingeweiht werden.

○ **PARLAMENT**

Das mit 365 Türmchen und 88 Statuen und Figuren geschmückte Gebäude besteht aus einem Mitteltrakt und zwei symmetrischen Seitenflügeln mit einer neugotischen Fassade, die auch Stilelemente des Barock und der Renaissance zeigt. Die Spitze der Kuppel schwebt 96 Meter über dem Boden, und die auf Pfeilern ruhende Decke des Kuppelsaals im Inneren erreicht eine lichte Höhe von 27 Metern. Damit zählt es zu den größten Parlamentsgebäuden der Welt.

○ **ST.-STEPHANS-BASILIKA**

Als die St.-Stephans-Basilika im Jahr 1848 errichtet wurde, musste schon der Aushub unterbrochen werden, weil die Revolution ausgebrochen war. Als drei Jahre später die Arbeiten fortgesetzt werden konnten, starb der Baumeister Jószef Hild kurze Zeit darauf. Und dann brach auch noch die stolze Kuppel des Gebäudes zusammen. Der neue Baumeister Miklós Ybl ließ sie wieder neu errichten, verstarb aber auch wenig später. Allen Widrigkeiten zum Trotz ist die größte Kirche der Donau-Stadt dennoch fertiggestellt worden. Sie ragt mit ihrer Kuppel 96 Meter hoch in den Himmel. Die wichtigste Reliquie des Gotteshauses ist die einbalsamierte rechte Hand des heiligen Stephan, des ersten christlichen Königs von Ungarn.

○ **HELDENPLATZ**

In der Mitte des Heldenplatzes steht das Millenniumsdenkmal, eine 36 Meter hohe Säule, die eine Statue des Erzengels Gabriel trägt. Einer Sage nach ist er dem heiligen Stephan erschienen und hat ihm die Krone überreicht. Umgeben ist der Heldenplatz von zwei Kolonnaden. Zwischen den Säulen befinden sich die Statuen großer Persönlichkeiten der ungarischen Geschichte.

○ **UNGARISCHE STAATSOPER**

Sie gehört zu den prachtvollsten Opernhäusern in ganz Europa. Die im Stadtteil Pest gelegene Oper ist im Stil der Neorenaissance errichtet, ganz nach dem Willen des österreichischen Kaisers Franz Joseph, der

AUSGEHEN

New York Kávéház // Die Betreiber bezeichnen ihr Restaurant unbescheiden als das schönste von Budapest. Sehenswert ist es auf jeden Fall. Hohe Räume, Stuck, viel Marmor, Gold. Dazu eine Speisekarte, die keine Wünsche offenlässt.

// **www.newyorkcafe.hu**

Szimpla kert // In dieser vor beinahe 20 Jahren eröffneten ersten »Ruinenkneipe« der Stadt bekommt man nicht nur ein Bier, sondern erlebt auch viel Kultur.

// **szimpla.hu**

A38 // Auf drei Etagen bietet dieses Schiff nicht nur die vielleicht angesagtesten Konzerte und Ausstellungen der Stadt, es hat auch ein hervorragendes Restaurant.

// **www.a38.hu**

Gozsdu udvar // In dem an die Hackeschen Höfe Berlins erinnernden Komplex finden sich Bars, Cafés, Restaurants und Galerien.

// **gozsduudvar.hu/hu**

damals eine Wien ebenbürtige Bühne in Budapest erbauen ließ. Der Kaiser hatte den berühmten Architekten Miklós Ybl beauftragt und dazu die besten Künstler der damaligen Zeit nach Budapest reisen lassen, um Fresken und Marmorarbeiten auszugestalten. 1200 Menschen finden in dem Saal Platz, er ist bis heute weltberühmt für seine erstklassige Akustik.

○ **MARGARETENINSEL**
Mitten in der Donau liegt Budapests autofreier Park. Es gibt Strände, Joggingzonen, ein Schwimmbad, den Rosengarten und die Ruinen alter Klöster. Außerdem das Zentenariumsdenkmal, das an die Vereinigung von Buda und Pest erinnert, sowie den Springbrunnen mit musikalischer Untermalung.

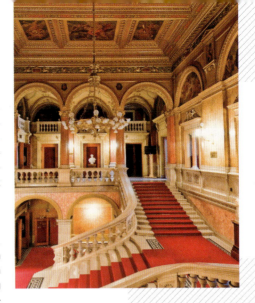

So stellt man sich eine Oper vor: goldene Verzierungen, barocke Gestaltung und roter Samt. Kein Wunder, dass die Ungarische Staatsoper schon bald nach ihrer Eröffnung zur Kulisse für den Film »Phantom der Oper« wurde.

SHOPPING

○ **VÁCI UTCA**
Die Flaniermeile teilt sich in zwei Hälften, die südlich und nördlich von der Elisabethbrücke liegen. Hohe Mieten in den schicken Häusern sorgen zum Teil dafür, dass sich Nobelläden angesiedelt haben. Es gibt aber auch günstige Einkaufsmöglichkeiten, schöne Gebäude und nette Cafés.

○ **CULINARIS**
Zwei Filialen des Spezialitätengeschäfts gibt es in Budapest, eines hat gleich ein Restaurant dabei, in dem man frühstücken oder zu Mittag essen kann. Das Angebot umfasst regionale und vor allem internationale Lebensmittel.

○ **VASS**
Der Budapester ist der Inbegriff eines eleganten Herrenschuhs. Diesen handgemachten, rahmengenähten Lederschuh findet man im Laden von László Vass.

○ **ZENTRALE MARKTHALLE**
Sie wird auch Große Markthalle genannt – zu Recht. Sie ist 150 Meter lang und erinnert mit ihren beiden Seitenschiffen an einen Bahnhof. Hier schlendern Touristen, hier kaufen Einheimische ihre Lebensmittel. Fisch und Aquarien im Keller, Souvenirs im ersten Stock. Achtung, ruhig einmal feilschen!

ÜBERNACHTEN

Four Seasons Gresham Palace // Dicke Teppiche und Kaminfeuer, Kristalllüster und Marmorbüsten: Der Jugendstilpalast im Stadtteil Pest mit Aussicht auf die Donau bietet mehr, als das Herz begehrt. Dazu ein hervorragendes Restaurant und einen einladenden Spa-Bereich.
// www.fourseasons.com/budapest

Boscolo Budapest // Der glasüberdachte Innenhof versetzt ins Staunen, aber auch das Interieur des Belle-Époque-Hotels vermag zu begeistern. Futuristisch präsentiert sich das Spa mit Urwalddeko und Gletscherwänden.
// budapest.boscolohotels.com/de

Gerlóczy Cafe & Rooms deLux // In einer ruhigen Straße, aber dennoch sehr zentral gelegen, kann in diesem Haus mit hervorragendem Café auch fürstlich genächtigt werden. Der Gast wählt zwischen 19 individuell gestalteten Zimmern mit luxuriöser Ausstattung.
// www.gerloczy.hu

AUF KEINEN FALL VERPASSEN

JUGENDSTIL BEWUNDERN
Wenn jedes Land seine eigene Interpretation des Jugendstils hatte, so bleibt Art nouveau in Ungarn herausragend anders. Es beginnt bei den Dächern, die in bunten Mosaiken gedeckt sind und aus dem roten und grauen Ziegelmeer herausragen. An vielen Häusern finden sich Bemalungen, Steinmetzarbeiten verschlungener Ranken oder aufwendig gestaltete Portale. Der Budapester Jugendstil hat eine ganz besondere Formensprache. Das liegt vor allem an Ödön Lechner, dem wohl wichtigsten Jugendstilkünstler Ungarns: Der Architekt erfand den Pyrogranit, einen künstlichen Stein, den man bunt einfärben konnte. Damit experimentierte er unter anderem an Budapests Dächern und legte die Ziegel zu bunten Mosaiken.

ABENDS AUF DER BELEUCHTETEN KETTENBRÜCKE VERWEILEN UND DEN BLICK AUF BUDAPEST GENIESSEN
Nicht nur die Brücke, deren Stützpfeiler Triumphbögen nachempfunden sind, ist nachts wirkungsvoll beleuchtet, die Stadt ist es ebenfalls. Gerade in der Abenddämmerung, wenn sich alle Lichter in der Donau spiegeln, ein tolles Fotomotiv!

EIN KLEZMER-KONZERT ERLEBEN
Die Musik, die einst von jüdischen Wandermusikanten geprägt wurde, erlebt in Budapest eine Renaissance. Zum Beispiel jeden Freitagabend im Spinoza (inklusive Menü!).

AUF DEN ELISABETHTURM AUF DEM JÁNOSHEGY STEIGEN
Der höchste Punkt der Budaer Berge ist über 500 Meter hoch. Genau hier steht der Turm. Mit einer Seilbahn geht es hinauf, dann zu Fuß zu dem Bau, der an eine mehrstöckige Torte erinnert. Nirgends ist die Sicht über Budapest besser!

IN EIN THERMALBAD GEHEN
Der Thermalbadbesuch gehört einfach dazu. Das Gellért-Bad ist sehr groß und hat besonders warmes Wasser – gut bei Gelenk- und Gefäßbeschwerden. Im Rudas-Bad fühlt man sich wie in einem türkischen Tempel.

#29 CHICAGO

CHICAGO WAR SCHON IM 19. JAHRHUNDERT EIN WICHTIGER VERKEHRSKNOTENPUNKT UND HANDELSPLATZ IM US-BUNDESSTAAT ILLINOIS. IM GRÖSSTEN VIEHVERLADEBAHNHOF DER NATION WURDEN RINDER UND SCHWEINE AUS DEN GÜTERZÜGEN GELADEN UND IN DIE SCHLACHTHÖFE GETRIEBEN. IN DEN »ROARING TWENTIES«, DEN »WILDEN ZWANZIGERN« DES 20. JAHRHUNDERTS, ERWARB SICH DIE »WINDY CITY« AL CAPONES DEN ZWEIFELHAFTEN RUF EINER GANGSTERMETROPOLE. VOM 8. AUF DEN 9. OKTOBER 1871 ZERSTÖRTE EIN VERHEERENDER BRAND FAST DIE GANZE STADT. VON DEN ALTEN GEBÄUDEN STEHT NUR NOCH DER HISTORISCHE WASSERTURM. DAS NEUE CHICAGO WURDE ÜBER DEN VERKOHLTEN TRÜMMERN DER ALTEN METROPOLE ERRICHTET – DIE AUFREGENDE ARCHITEKTUR IST DER BESTE BEWEIS FÜR DEN UNERSCHROCKENEN UNTERNEHMUNGSGEIST SEINER BÜRGER: BIS AUF NEW YORK CITY VERFÜGT KEINE ANDERE STADT IN DEN USA ÜBER EINE SO IMPOSANTE SKYLINE WIE CHICAGO.

Oben: Die Skulptur Cloud Gate von Anish Kapoor im Millennium Park mit ihrer spiegelnden Oberfläche ist nicht nur ein beliebter Ort für Selfies: Auch die Skyline scheint Gefallen an ihrem Spiegelbild zu finden.

Linke Seite: Der Chicago River bildet das Herzstück der Stadt und wird von zahlreichen modernen Hochhäusern gesäumt.

○ **DOWNTOWN**

Nach dem Brand von 1871 wurde die Stadt ein Tummelplatz für Architekten – und ist es bis heute geblieben. Jüngstes Beispiel hierfür ist der Trump Tower Chicago. Im 19. Jahrhundert strömten avantgardistische Baumeister aus allen Teilen der Welt hierher. William Le Baron Jenny erbaute bereits im Jahr 1885 ein zehnstöckiges Hochhaus aus Stahl und Steinen. Das Board of Trade am West Jackson Boulevard wurde in den 1920er-Jahren von Holabird & Root erbaut, ein perfektes Beispiel für den Jugendstil der damaligen Zeit. Das Continental Illinois Bank Building wurde zu einem riesigen Marmortempel mit griechischen Säulen und Kronleuchtern, das Wrigley Building nach dem Vorbild der Kathedrale von Sevilla konzipiert.

○ **LOOP**

Der Loop, ein Ring aus Hochbahnschienen, rahmt am Chicago River im Norden und Westen, an der Michigan Avenue im Osten und an der Roosevelt Avenue im Süden die Innenstadt von Chicago ein. Hier pulsiert das Herz dieser Metropole. Auf den Bürgersteigen stößt man auf überraschende Farbtupfer: »Kunst im öffentlichen Raum«. Dazu gehören eine 16 Meter hohe unbetitelte Plastik von Pablo Picasso an der Daley Plaza, »Flamingo« (die Riesenspinne von Alexander Calder vor dem Chicago Federal Center), »Universe« (ein gigantisches Mobile desselben Künstlers in der Eingangshalle des Willis Tower) und »The Four Seasons« (ein 20 Meter langes Mosaik von Marc Chagall an der First National Plaza).

○ **WILLIS TOWER**

Fast 25 Jahre lang war der 1974 eröffnete Sears Tower (seit 2009 Willis Tower) in Chicago das höchste Gebäude der Welt. Danach begannen Länder in Asien und dem Nahen Osten, ihm diesen Titel streitig zu machen. Heute steht das mit Abstand höchste Ge-

WARUM IM HERBST? UM HALLOWEEN ZU FEIERN: DER SCHRILLE TÜRSCHWELLENSCHREI »TRICK OR TREAT!« (SÜSSES ODER SAURES!) VON KINDERN, DIE ALS BLUTRÜNSTIGE ZOMBIES ODER LEICHENFRESSENDE DÄMONEN VERKLEIDET SIND, IST AUS DEM AMERIKANISCHEN FAMILIENALLTAG NICHT MEHR WEGZUDENKEN. SO BESCHAULICH ES IN AMERIKANISCHEN KLEINSTÄDTEN DABEI ZUGEHT, IN DEN METROPOLEN DES LANDES SETZT EIN ORANGE-SCHWARZER DEKORATIONSRAUSCH EIN – DA MACHT CHICAGO KEINE AUSNAHME. KLEINE PARKS WERDEN ZU FRIEDHÖFEN GESTALTET, ÜBERALL HÄNGEN SPINNEN UND FRATZENVERZIERTE KÜRBISSE. ES GIBT PARADEN, KOSTÜMBÄLLE, HAUNTED HOUSES UND DEN »MONSTER DASH«, EINEN STADTLAUF IN KOSTÜMEN. UND DAS NICHT NUR IN DER NACHT VOR ALLERHEILIGEN, SONDERN DEN GANZEN OKTOBER LANG.

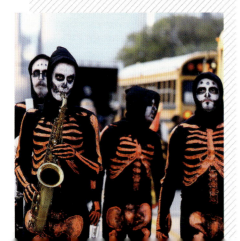

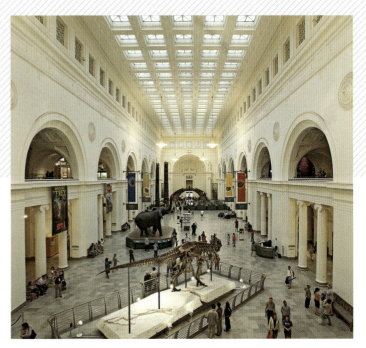

Bilder links: Halloween-Impressionen. Ganz oben: Im Sommer ein schöner Platz, um mitten in der Stadt im Freien zu sitzen und den Abend zu genießen: im Gras vor dem Jay-Pritzker-Pavilion im Millennium Park. Oben: Im Fields Museum warten Skelette von Dinosauriern und weitere naturkundliche Fundstücke in Hallen im viktorianischen Stil.

Rechts: Das Zentrum des Wolkenkratzerbaus war lange Zeit – neben New York City – Chicago. Die Hochbauten der Stadt am Michigansee zählten bis zum Ende des 20. Jahrhunderts zu den höchsten der Welt. Einen schönen Blick auf die Skyline hat man von der Navy Pier aus.

bäude der Welt in Dubai, und das One World Trade Center in New York ist ebenfalls höher. Dennoch pilgern jährlich mehr als eine Million Besucher zu den gläsernen Balkonen des Willis Tower. Sie sind einseitig mit der Außenfassade verbunden und lassen den Blick ungehindert 412 Meter in die Tiefe fallen.

○ MILLENNIUM PARK

Der Park wirkt wie ein gigantischer Spielplatz für Roboter. Im Zentrum befindet sich der Jay Pritzker Pavilion – eine enorme Freilichtbühne, die vor allem klassischer Musik einen muschelförmigen Raum ohne kantige Wände bietet. Eine bizarre Springbrunnenkonstruktion von Jaume Plensa erfreut vor allem Kinder: Auf Glasbausteinwände werden wechselnde Gesichter der Einwohner Chicagos projiziert, die Wasser aus ihren »Mündern« speien. Auf der konvexen Oberfläche eines Tors namens »Cloud Gate« spiegelt sich die Skyline Chicagos. Die Mischung aus monumentalen Skulpturen, Architekturkunst und Parklandschaft fasziniert Millionen von Besuchern. Sie gilt als beispielhafte Umsetzung der Möglichkeiten des 21. Jahrhunderts im öffentlichen Raum.

○ CHICAGO THEATRE

Die berühmteste Bühne Chicagos mit den orange-roten Lichtern, dem gelb leuchtenden »Y-Logo« und dem weißen Lichterschriftzug über dem Eingang war das erste Kino der Stadt: 1921 öffnete das Chicago Theatre seine Türen, errichtet von dem die Filmindustrie prägenden Unternehmen Balaban & Katz. Pompös wirkt das Innere noch immer – auf diesen Brettern spielte unter anderem Duke Ellington, sang Aretha Franklin und gab Frank Sinatra eine Gala-Vorstellung.

○ NAVY PIER

In den Lake Michigan ragt die etwa einen Kilometer lange Seebrücke, die mit Buden und Lokalen, einem großen Riesenrad, dem IMAX-Kino und dem sehr sehenswerten Chicago Childrens Museum ein Besuchermagnet ist.

○ CHICAGO ART INSTITUTE

Das weltberühmte Kunstmuseum an der Michigan Avenue wurde 1866 gegründet. Zwei Jahre später kam die Kunstakademie hinzu, die heute zu den bekanntesten der USA zählt. Gemälde von Cézanne, Monet, Renoir und van Gogh gehören zum Bestand.

AUSGEHEN

House of Blues // Schon mal zu Gospel-Livemusik gefrühstückt? Im House of Blues kann man das jeden Sonntag beim Gospel Brunch. Hungrige Mägen versorgt das umfassende All-you-can-eat-Büfett, für Stimmung sorgen Livebands auf der Bühne.
// www.houseofblues.com/gospelbrunch

Gibsons Bar & Steakhouse // Steakhouse ist nicht gleich Steakhouse. Wer auf der Suche nach einem der besten in Chicago ist, sollte den Weg nach North Side einschlagen. Gibsons überzeugt nicht nur im Geschmack.
// www.gibsonssteakhouse.com

Chicago House of 'Za // Die Stadt ist weltberühmt für ihre Deep Dish Pizza, eine Pizzavariante mit besonders hohem Rand. Vegan lebende Gäste müssen nicht darauf verzichten, eine Chicago-Style Pizza zu genießen, denn das Chicago House of 'Za ist zu 100% vegan und, wie es der Name sagt, spezialisiert auf Pizza. Nicht nur für Veganer empfehlenswert!
// www.chihouseofza.com

Das Art Institute verfügt über eine umfassende Sammlung nordamerikanischer und europäischer Stilrichtungen vom 13. Jahrhundert bis zur Moderne mit Schwerpunkt auf Impressionismus. Beispielhaft für die wegweisende Architektur der Stadt zeichnete in 2009 der Stararchitekt Renzo Piano verantwortlich für den spektakulären Erweiterungsbau in Form eines eleganten Flügels.

○ **FIELDS MUSEUM OF NATURAL HISTORY**
Wer gefahrlos in einer Art »Jurassic World« längst ausgestorbene Saurier und weitere urzeitliche Tiere aus nächster Nähe betrachten möchte, besucht dieses Naturkundemuseum am Lake Michigan. Ein Highlight ist »Sue«, das weltweit größte und am vollständigsten erhaltene Skelett eines Tyrannosaurus Rex. Die Sammlung eines der meistbesuchten Museen der USA umfasst 22 Millionen Exponate aus Sachgebieten der Völkerkunde, Biologie und Zoologie sowie der Geologie. Mit seiner Ausstellungsfläche auf 85 000 Quadratmetern zählt das Fields Museum zu den größten Museen der Welt.

SHOPPING

○ **STATE STREET**
Die State Street gilt als größte Fußgängerzone der Welt und lockt mit Kaufhäusern wie Macy's, Boutiquen, vielen Restaurants, Kinos, Theatern.

○ **FRENCH MARKET**
Das Ziel des French Market war und ist, lokale Produzenten zu unterstützen. Dabei geht es vor allem um gutes Essen, man kann den Markt also nicht nur zum Einkaufen nutzen, sondern gleich eine Schlemmertour daraus machen.
// www.frenchmarketchicago.com

○ **ANDERSONVILLE**
Das Viertel Andersonville mit seinen schwedischen Wurzeln glänzt mit einer Vielzahl an Boutiquen, alternativen Läden und netten Restaurants.
// www.andersonville.org

AUSFLÜGE

○ **SLEEPING BEAR DUNES NATIONAL LAKESHORE**
Die wildromantische Dünenlandschaft an der Westküste von Michigan ist von der letzten Eiszeit geprägt und bekam ihren Namen von einer indianischen Legende: Eine Bärin floh mit ihren beiden Jungen vor einem Waldbrand in den See. Die kleinen Bären ertranken, und seitdem wartet die Bärin, zu einer riesigen Düne erstarrt, auf die Rückkehr ihrer Jungen.

ÜBERNACHTEN

The Gwen // Das Desgin ist den 1930er-Jahren verpflichtet, ganz ohne verstaubt zu wirken. Vergleichbar anspruchsvollen Luxus muss man in Chicago lange suchen. Direkt an der Magnificent Mile gelegen.
// www.thegwenchicago.com

Soho House // Industrial Chic ist das Motto, das Ergebnis ist ein Hotel, das elegant Alt und Neu verbindet und ein Zuhause-Gefühl vermitteln möchte. Nette und nicht selbstverständliche Extras sind die Dachterrasse mit Pool und Bar, das Musikzimmer oder auch der Fitnessraum mit Boxring.
// www.sohohousechicago.com

Acme Hotel // Perfekt für Hipster, Amateurmusiker und Stadtkinder: Sehr zentral in Downtown gelegen, die Einrichtung ist hip und die Ausstattung hightech, dazu zählt neben schnellem WLAN auch die Möglichkeit, Apple Watches oder Google Glasses auszuleihen.
// www.acmehotelcompany.com

AUF KEINEN FALL VERPASSEN

DIE BASKETBALLER DER CHICAGO BULLS ANFEUERN
Schwitzende Hünen, tobende Fans, tanzende Cheerleader – Basketball gehört zu den amerikanischen Nationalsportarten und setzt Emotionen in einer Intensität frei, wie es hierzulande nur Fußball vermag. Die Chicago Bulls spielen in der Profi-Liga Nordamerikas, der National Basketball Association NBA. Prominentester Spieler des Teams war Michael Jordan, den ein amerikanischer Sportsender zum »Sportler des Jahrhunderts« ausrief. Das machten sich Vermarktungsunternehmen zunutze: Der Wert der Mannschaft mit dem ikonografisch eingängig roten Stierlogo verzehnfachte sich im Verlauf von Michael Jordans Karriere. Seit seinem Weggang sind die Chicago Bulls wieder eine normale NBA-Mannschaft – Zuschauen macht dennoch Spaß.

ÜBER STAND UP COMEDY LACHEN
Chicago gilt als Geburtsort der Stand Up Comedy, bei der professionelle Humoristen, aber auch Laien versuchen, ihr Publikum zum Lachen zu bringen und dabei aber auch improvisieren und auf Zurufe reagieren müssen. Stand Up Comedy vom Feinsten gibt es im Second City. Heutige Schauspielgrößen wie Bill Murray, Tina Fey oder Steve Carrell haben hier ihre ersten Schritte auf die Bühne gemacht.

EXOTISCHE TIERE UMSONST
Der kleine Zoo im Lincoln Park kostet keinen Eintritt. Wer jetzt denkt, dann lohnt sich ein Besuch wohl nicht, der irrt gewaltig: Über 1000 Tiere leben hier, von heimischen Arten wie Biber und Fischotter bis hin zu Pinguinen und Krokodilen. Und die Aussicht auf die Skyline ist ebenso fantastisch!

JAZZ UND BLUES: DEN SOUND DER STADT LIVE GENIESSEN
Geniale Künstler wie Muddy Waters, Howlin' Wolf, Elmore James und Little Walter haben den Chicago Blues entscheidend geprägt. Ihre Musik hielt sich bis heute und bildet den Soundtrack für eine Reise in die schwarze Vergangenheit der USA, in der sich der Blues als eigenständige Kunstform aus den alten Volksliedern entwickelte: Wie der Rock 'n' Roll der 1950er-Jahre ging auch der Chicago Blues aus dem Mississippi Delta Blues der Südstaaten hervor und begeistert mit seinem Rhythmus, dem eindringlichen Gesang, dem Boogie-Woogie-Piano, der Blues Harp und der Slide Guitar. Auch heute noch finden viele Livekonzerte in Clubs wie etwa dem Blue Chicago Blues Club statt. Hingehen, lauschen und genießen!

ARCHITEKTUR PER BOOT ERLEBEN
Für Architekturliebhaber ist Chicago ein Traum. Eine Stadtrundfahrt per Boot über den Chicago River vermittelt einen eindrucksvollen Blick in die Hochhausschluchten der Skyscraper City. Ein Guide erzählt dabei noch interessante Anekdoten.

#30 DELHI

KONTRASTREICH PRÄSENTIEREN SICH ALT- UND NEU-DELHI, WEIT VERSTREUT ÜBER BEIDE STADTVIERTEL LIEGEN DIE HISTORISCHEN MONUMENTE ALS STUMME ZEITZEUGEN DER BEWEGTEN GESCHICHTE. ALT-DELHI IM ENGEREN SINN ENTSPRICHT DEM EHEMALIGEN SHAHJAHANABAD, DER VON MOGULKAISER SHAH JAHAN IM 17. JAHRHUNDERT GEGRÜNDETEN, HEUTE NOCH MITTELALTERLICH WIRKENDEN STADT MIT EINEM GASSENLABYRINTH IM BASARVIERTEL RUND UM DIE HAUPTGESCHÄFTSSTRASSE DER ALTSTADT, CHANDNI CHOWK. NEU-DELHI DAGEGEN, DER SÜDLICHE TEIL DER STADT, PRÄSENTIERT SICH IN IMPERIALER GRÖSSE. HIER BESTIMMEN BREITE ALLEEN, IMMERGRÜNE PARKS UND POMPÖSE REGIERUNGSGEBÄUDE DAS STADTBILD, DESSEN PLANUNG IN DEN HÄNDEN DER BRITISCHEN ARCHITEKTEN SIR EDWIN LUTYENS UND HERBERT BAKER LAG. NACH 20-JÄHRIGER BAUZEIT WURDE NEU-DELHI 1931 HAUPTSTADT VON BRITISCH-INDIEN, 1947 HAUPTSTADT DER UNABHÄNGIGEN REPUBLIK INDIEN (BHARAT).

Oben: Humayuns Grabmal wurde auf Initiative seiner Gattin Haji Begum errichtet. Erst 1570 fand der schon 1556 verstorbene Großmogul hier seine letzte Ruhestätte. Dass die Anlage als Vorbild für den weltweit bekannten Taj Mahal in Agra fungierte, ist nicht zu übersehen.

Linke Seite: Mit seinen prächtigen Toren, opulenten Wachtürmen und Mauern symbolisiert das Rote Fort die Macht der Großmoguln. Im Inneren verbergen sich zahlreiche Prachtbauten, darunter die Diwan-i-Khas, die Halle der öffentlichen Konsultationen.

○ JAMI-MASJID-MOSCHEE

Der indische Großmogul Shah Jahan (reg. 1627 bis 1658) bescherte dem »Delhi-Dreieck« mit Shahjahanabad die siebte Stadtanlage seit dem 13. Jahrhundert v. Chr. Sie bildet heute die Altstadt von Delhi. Neben der Burg, dem »Roten Fort«, gehört die 1656 auf einem Hügel errichtete Freitagsmoschee (Jami Masjid) zu den zentralen Bauwerken der Anlage. Mit Platz für 25 000 Gläubige ist sie die größte Moschee Indiens. Die Hauptgebetshalle wird von drei Marmorkuppeln überwölbt und von zwei Minaretten flankiert. Mauern, Arkaden, Gewölbe und Pfeiler der Moschee sind vor allem in den Farben Rot (Sandstein) und Weiß (Marmor) gehalten. Über Treppen gelangt man zu drei von Zinnen mit Kuppelgalerien gekrönten Portalbauten, die in den kolonnadengesäumten Innenhof führen; in die Außenseite des dreistöckigen Haupteingangs ist ein Iwan eingelassen.

○ ROTES FORT

Shah Jahan (persisch: »Weltkönig«) war der fünfte Großmogul Indiens und ein bedeutender Bauherr – etwa des Taj Mahal in Agra. Neun Jahre, von 1639 bis 1648, benötigte man zur Fertigstellung eines befestigten Palastes, der unmittelbar neben der älteren islamischen Festung Salimgarh gelegen ist, die Islam Shah Suri 1546 hatte errichten lassen, und mit der zusammen er den Komplex des Roten Forts in Alt-Delhi bildet. Seinen Namen verdankt das Bauwerk den rund 16 Meter hohen Außenwänden aus rotem Sandstein, der in der Abendsonne spektakulär leuchtet. Obwohl der Palast mehrfach zerstört wurde, blieben die großzügige öffentliche Audienzhalle (»Diwan-i-Am«) mit dem Kaiserthron, die private Empfangshalle (»Diwan-i-Khaz«) aus weißem Marmor, in der einst der Pfauenthron stand, sowie die intime Perlenmoschee (»Moti Masjid«) des Großmoguls Aurangzeb erhalten.

DELHI

WARUM IM HERBST? ZUM EINEN, WEIL OKTOBER UND NOVEMBER KLIMATISCH DIE IDEALEN MONATE SIND, DELHI ZU BEREISEN. ES REGNET KAUM UND DIE TEMPERATUREN SIND NICHT MEHR SO DRÜCKEND HEISS WIE IM SOMMER. ZUM ANDEREN, WEIL ZU DIESER ZEIT IN DER STADT GLEICH ZWEI GROSSEN MÄNNERN GEDACHT WIRD: AM 2. OKTOBER FEIERT MAN GANDHI JAYANTI. DER FEIERTAG AN MAHATMA GANDHIS GEBURTSTAG GEDENKT AN DEN »VATER DER NATION«. IN NEU-DELHI KOMMT MAN DAZU ZU EINEM GEMEINSAMEN GEBET AM RAJ GHAT ZUSAMMEN. IM NOVEMBER WIEDERUM WIRD AN GURU NANAK ERINNERT, DEN BEGRÜNDER DER SIKH-RELIGION.

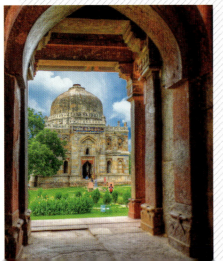

○ CHANDNI CHOWK

In der Luft hängt der Duft von Curry und buntes Stimmengewirr macht sich breit. Um nicht den kompletten Urlaub auf dem riesigen Markt verbringen zu müssen, lohnt es sich, im Voraus den Besuch zu planen. Dann kann man gezielt einzelne Straßen aufsuchen: Parathe Wali Galli und Khari Baoli sind die kulinarischen Zentren, auf dem Kinari Bazaar bekommt man Stoffe und Gewänder und Silberschmuck wird in der kleinen Gasse Dariba Kalan gehandelt.

○ QUTB-KOMPLEX

Vom frühen 13. bis ins 16. Jahrhundert wurde Indien vom Sultanat Delhi geprägt, einem Muslimstaat der Vor-Mogul-Zeit, der im Jahr 1206 durch den General des türkischen Sultanats Afghanistan, Qutb-ud-din Aibak, errichtet worden war. Qutb-ud-din Aibak gilt als Begründer der »Sklavendynastie« – so genannt, weil Qutb-ud-din Aibak einst ein Sklave des muslimischen Eroberers Muhammad von Ghur war, den er im März 1206 am Indus ermordete. Unter seinen Nachfolgern wurde der Herrschaftsbereich des Sultanats Delhi fast auf den gesamten Subkontinent ausgedehnt. An das Sultanat erinnern bis heute die Ruinen der ältesten Moschee Indiens, Qutb-ul-Islam und das Siegesminarett Qutb Minar.

Neben den bekannten Sehenswürdigkeiten wie India Gate (links oben) und den Lodi Gardens (links unten) ist in Alt- und Neu-Delhi die Stadt selbst mit all ihrem Gewusel, ihrem Lärm und ihrem abenteuerlichen Verkehr die Hauptattraktion (oben).

○ CONNAUGHT PLACE (RAJIV CHOWK) UND LAKSHMI-NARAYAN-TEMPEL

Rund um den runden Connaught Place, von dem acht Straßen wegführen, und entlang der Hauptstraße Janpath in Neu-Delhi herrscht geschäftiges Treiben. Im Westen des Connaught Place ließ der indische Großindustrielle Birla im Jahr 1938 den größten Hindutempel der Stadt errichten: Der Lakshmi-Narayan-Tempel, nach seinem Stifter auch Birla-Mandir-Tempel genannt, ist dem Götterpaar Vishnu und Lakshmi geweiht. Der Zuckerbäckerstil und die bunten Götterbilder entsprechen dem damaligen Zeitgeschmack.

○ INDIA GATE

Wenn sich die Sonne auf ihren Weg hinter den Horizont macht, strömen immer mehr Menschen zum India Gate. Der Triumphbogen ist einer der beliebtesten Treffpunkte für Einheimische und Besucher gleichermaßen. Er erinnert an die britisch-indischen Soldaten im Ersten Weltkrieg und im Afghanistan-Krieg sowie an die Opfer des Bangladesch-Krieges.

○ GRABMAL DES HUMAYUN

Richtungsweisend für die Mogularchitektur waren die Werke des in Babul geborenen Nasir-ud-din Muhammad Humayun, Sohn des Dynastiegründers Babur. In den Anfangsjahren war Humayuns Herrschaft über Indien noch nicht ganz gefestigt – der junge Regent verbrachte 15 Jahre im persischen Exil. Von dort brachte er eine Armee, aber auch Baumeister und Handwerker mit. Deren Einfluss lässt sich etwa an der Kuppel feststellen, die auf einem hohen Tambour aufsitzt. Persisch sind die Bögen, die die Architrave und Konsolen abgelöst haben. Auch die Fassadengestaltung durch weißen Marmor und roten Sandstein geht auf alte persische Bautraditionen zurück.

○ LODI GARDENS

Entspannte Picknicks und ausgedehnte Spaziergänge in historischem Ambiente lassen sich am besten in den Lodi-Gärten machen. In der riesigen Grünanlage verstreut stehen mehrere Mausoleen aus dem 15. und 16. Jahrhundert.

○ LOTUSTEMPEL

In der Religion der Bahai spielt die Zahl Neun eine zentrale Rolle. So steht sie für neun spirituelle Pfade der Harmonie und symbolisiert als höchste einstellige Zahl Perfektion. Diesen Bedeutungen zollt die Architektur des 1986 vollendeten Lotustempels in Neu-

---

AUSGEHEN

Indian Accent // Traditionelle indische Küche wird hier global beeinflusst und das schmackhafte Ergebnis wurde schon des Öfteren mit Preisen gekürt. Gelegen ist das Restaurant im südlichen Stadtzentrum.
// www.indianaccent.com/newdelhi

AnnaMaya // Das Sternelokal am Flughafen ist 24 Stunden am Tag geöffnet und ideal für alle mit hohen Ansprüchen. Aloe-Vera-Sandwich, Keema Ghotala und Co. werden in freundlicher Atmosphäre neben bunten Glasfenstern genossen.
// www.annamayadelhi.com

Rose Café // Rockstars sind hier vielleicht fehl am Platz, aber Pärchen und Romantiker finden im Rose Café einen schönen Ort für ein gemütliches Lunch oder ein Date am Nachmittag, umgeben von Blumen und Pastelltönen.
// www.facebook.com/rosecafenewdelhi

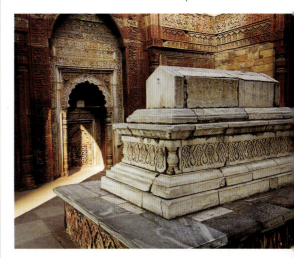

Rechts: Die Säulen und Ruinen der einstigen Moschee Qutb Minar sind aufwendig verziert. Das Dekor verrät hinduistischen Einfluss.

Delhi Tribut. Das Gebäude hat die Form einer riesigen Lotusblüte, die sich gerade öffnet. In drei konzentrischen Kreisen sind jeweils neun mit Marmor verkleidete Betonelemente in der Form von Blütenblättern angeordnet, deren höchste 34 Meter in den Himmel ragen. Innen präsentiert er sich ganz schmucklos. Gleichwohl fasziniert er die Besucher.

○ **JANTAR MANTAR**
Jantar Mantar ist der Name von fünf astronomischen Sternwarten, die der Maharadscha von Jaipur ab 1724 in Delhi, Jaipur, Mathura, Ujjain und Varanasi errichten ließ. »Sawai« (»Einer und ein Viertel«) ist ein Ehrentitel für außergewöhnliche Menschen, der dem 44 Jahre lang, von 1699 bis 1743, regierenden Maharadscha schon in jungen Jahren verliehen wurde. Dass sich seine Interessen nicht auf irdische Dinge beschränkten, sondern den Himmel mit einschlossen, davon zeugen seine Jantar Mantar (deutsch: »magisches Gerät«) genannten Observatorien.

Man sollte Delhi nicht verlassen, ohne einen der zahlreichen Märkte besucht zu haben. Allein die Auswahl an Gewürzen ist sensationell, vor allem auf dem Chandni Chowk.

SHOPPING

○ **PEOPLE TREE**
Wer auf der Suche nach etwas Besonderem ist und nicht auf einen überfüllten Markt gehen möchte, sollte den kleinen Laden People Tree besuchen. Hier findet man hippe Kleidung, urbane Souvenirs und kreative Asseccoires, alles mit einem ethnischen Touch.
// www.peopletreeonline.com

○ **DILLI HAAT**
Auch wenn man eine gute Verhandlungsstärke braucht, um keinen überteuerten Handel einzugehen, lohnt sich ein Besuch. Zu kaufen gibt es auf dem Markt Souvenirs, Kunsthandwerk, Textilien und mehr.

○ **SUNDAR NAGAR**
Sundar Nagar kombiniert Luxus mit dem traditionellen Markt-Feeling. Verkauft werden hochwertige Produkte, außerdem findet man eine Vielzahl an Antiquariaten, Teeläden und Juwelieren.

ÜBERNACHTEN

The Manor // Das Design könnte man wohl als indisch inspririerten Bauhaus bezeichnen, mit einer Prise Luxus versetzt. Die Lage ist etwas versteckt in einem gesicherten Villenviertel.
// www.themanordelhi.com

The LaLiT New Delhi // Das Hotel ist gut geeignet, wenn man aus der Zeit, die man in Delhi verbringt, den größten Nutzen schlagen möchte, denn The LaLiT ist äußerst zentral gelegen. Der Service ist ganz auf die Gäste ausgerichtet.
// www.thelalit.com/the-lalit-delhi

The Leela Palace New Delhi // Unter den Luxushotels in Delhi ist Leela Palace ein Klassiker, denn ein solches Grand Hotel findet man in der Metropole kein zweites Mal. Von der Kunst an den Wänden über den zuvorkommenden Service bis zum Pool auf dem Dach ist alles stimmig.
// www.theleela.com

AUF KEINEN FALL VERPASSEN

INDISCHE KULTUR ERLEBEN IM SWAMINARAYAN AKSHARDHAM
Es begann mit der visionären Vorstellung von Yogiji Maharaj, der bis zu seinem Tod 1971 als Mönch und geistlicher Führer im Swaminarayan Hinduismus diente und am Flussufer einen Tempel errichten wollte. Doch erst im Jahr 2000 begann man mit dem eigentlichen Bau der Anlage, nach fünfjähriger Bauzeit war Swaminarayan Akshardham fertig. Seitdem ist das Bauwerk nicht nur schön anzusehen – trotz der Größe wirkt es äußerst filigran –, sondern auch ein Zentrum für Kultur und Religion gleichermaßen. Nicht nur in Ausstellungen kann man hier viel über die besondere Form des Hinduismus lernen.

DIE WACHABLÖSUNG BEOBACHTEN
Jeden Samstagmorgen findet vor dem Rashtrapati Bhavan, dem königlichen Palast, eine Wachablösung der Soldaten statt: im Sommer um 8 Uhr, im Winter um 10 Uhr. Das Frühaufstehen lohnt sich, denn statt einer einfachen Ablöse findet hier Woche für Woche eine ausgefeilte Zeremonie statt. Rund 30 Minuten dauert das Spektakel, mit berittenen Soldaten und einem Fußmarsch sowie symbolischer Schlüsselübergabe – alles musikalisch untermalt von einer Militärkapelle.

STREETFOOD PROBIEREN
Fruchtiges Bishan Swaroop Chaat, scharfes Poori Aloo oder doch süßes Kulfi? Wer auf Delhis Straßen kulinarisch unterwegs ist, sollte stets ein Wörterbuch zur Hand oder keine Furcht vor neuen Entdeckungen haben. Bestes Streetfood bietet beispielsweise der Markt Chandni Chowk.

TANZEN LERNEN IN DER DELHI DANCE ACADEMY
Keine Sorge, dafür muss man keine Aufnahmeprüfung bestehen und jahrelang Mitglied sein. Denn in der Delhi Dance Academy werden speziell für Touristen zweistündige Kurse angeboten, in denen man die Grundlagen dreier typisch indischer Tanzstile lernen kann: Bollywood, Bhangra und Dandiya. Als Beweismaterial für alle Daheimgebliebenen wird am Ende noch ein persönliches Tanzvideo gedreht, bei dem man das Einstudierte präsentiert.

BOLLYWOODFILM IM KINO ANSCHAUEN
Die Einwohner von Delhi lieben Kino! Und wo kann man Bollywood besser erleben als hier? Auch wenn man kein Hindi versteht: Durch Gesten, Musik und die meist übertrieben theatralische Darbietung der Schauspieler in typischen Bollywoodfilmen kann man der Handlung gut folgen.

#31 KAIRO

»WER KAIRO NICHT GESEHEN HAT, DER HAT DIE WELT NICHT GESEHEN«, HEISST ES IN DEN WELTBERÜHMTEN ERZÄHLUNGEN AUS TAUSENDUNDEINER NACHT. HEUTE LEBT IN DER GRÖSSTEN STADT AFRIKAS FAST JEDER VIERTE DER MITTLERWEILE RUND 97 MILLIONEN ÄGYPTER. DER GLANZ DER NILMETROPOLE MAG SEIT SCHEHERAZADES ZEITEN ETWAS VERBLASST SEIN, UND DOCH IST KAIRO NICHT NUR DAS UNBESTRITTENE POLITISCHE, GEISTIGE UND WIRTSCHAFTLICHE ZENTRUM DES LANDES, SONDERN AUCH DER INBEGRIFF EINER ORIENTALISCHEN MÄRCHENSTADT. »AL QAHIRA« - DIE »SIEGREICHE«, DEREN NAME DANN SPÄTER VON ITALIENISCHEN KAUFLEUTEN ZU »KAIRO« VERBALLHORNT WERDEN SOLLTE - WURDE IM JAHR 969 VON SCHIITISCHEN HERRSCHERN, DEN FATIMIDEN, NEBEN DER ALTEN ARABISCHEN SIEDLUNG FUSTAT GEGRÜNDET UND ZUNÄCHST ALS PALASTBEZIRK GENUTZT. ERST SALADIN, DER VATER DES AJJUBIDENGESCHLECHTS, ÖFFNETE DIESE KÖNIGLICHE ENKLAVE FÜR DAS VOLK.

Linke Seite: Kairo, die aus mehreren mauerumgürteten Teilstädten nordöstlich der ersten Hauptstadt Fustat entstandene Metropole, birgt allein mehr als 600 sehenswerte Bauwerke aus verschiedensten islamischen Stilepochen. Dazu gehört auch die Madrasa des an-Nasir Muhammed, die Ende des 13. Jahrhunderts errichtet wurde.

Rechts: Vom Innenhof der Al-Azhar-Moschee aus blickt man auf die Minarette sowie die Kuppel, die erst im 15. Jahrhundert errichtet wurden.

○ ZITADELLE UND MOHAMMED-ALI-MOSCHEE

Ein im doppelten Sinne überragendes Baudenkmal ist die Mohammed-Ali-Moschee (1824–1857) mit ihren Bleistiftminaretten und dem gewaltigen Kuppelsaal. Die mit Alabaster – einem marmorähnlichen Gips – verkleideten Wände gaben der Mohammed-Ali-Moschee den Beinamen Alabastermoschee. In der Westecke des byzantinischen Kuppelbaus ist der als Begründer des modernen Ägyptens verehrte Mohammed Ali (1769–1849) begraben. Die Moschee thront, die Silhouette der Altstadt prägend, auf dem Hügel der Zitadelle. Der Festungskomplex, zu dem Letztere gehört, wurde im Wesentlichen zur Zeit Saladins (12. Jahrhundert) erbaut und diente seit damals ohne Unterbrechung bis in die 1980er-Jahre dem Militär als ein zentraler Stützpunkt.

○ KOPTISCHES VIERTEL

Im »Viertel der Kerzen«, gleich neben der Metrostation Mari Girgis, erhebt sich auf den Fundamenten des römischen Festungswerks die der Jungfrau Maria geweihte Moallaka-Kirche. Dieses auch als »Hängende Kirche« bekannte Gotteshaus steht über dem antiken Durchgang, der nach Koptisch-Kairo führte. In nächster Nachbarschaft liegt die Ben-Ezra-Synagoge, der im 12. Jahrhundert der berühmte Gelehrte Moses Maimonides vorstand. Das jüdische Gotteshaus steht der Legende nach dort, wo Pharaos Tochter den kleinen Moses aus dem Nil barg. Nur wenige Hundert Meter weiter nördlich erstrahlt die älteste Moschee Afrikas im frisch renovierten Glanz. Amr Ibn el-As ließ sie im Jahr 642 im Zentrum der neuen Hauptstadt Fustat errichten.

○ AL-AZHAR-MOSCHEE

973 wurde Kairo Hauptstadt des von der Dynastie der Fatimiden beherrschten gleichnamigen Reichs. Bereits ein Jahr zuvor war die al-Azhar-Moschee eingeweiht worden. 988 wurde sie dann zum Zentrum einer Universität, die heute nach der Universität al-Qarawıyın im marokkanischen Fès die weltweit zweitälteste Universität ist, an der ununterbrochen gelehrt wurde. Zehn Jahrhunderte lang wurde die Moschee von unterschiedlichen Dynastien erweitert und erneuert. So stammt der Innenhof aus dem frühen 11. Jahrhundert, das Qaitbay-Minarett wurde 1483 vollendet und das Bab al-Muzayin (»Tor der Friseure«) 1753 errichtet – ein Spiegel der vielfältigen islamischen Geschichte, von den Fatimiden über die Mamelucken bis zu den Osmanen.

KAIRO

WARUM IM HERBST? MUSIKFANS AUFGEPASST: IN DEN NOCH WARMEN HERBSTMONATEN MIT ANGENEHMEN TEMPERATUREN ERFREUEN GLEICH ZWEI MUSIKFESTIVALS DIE OHREN: ZUM EINEN DAS JAZZFESTIVAL IM OKTOBER MIT EINER VIELZAHL AN JAZZKÜNSTLERN AUS DER GANZEN WELT. UND ZUM ANDEREN DAS WANAS FESTIVAL IM NOVEMBER. LETZTERES BRINGT BESUCHERN DIE TRADITIONELLE VOLKSMUSIK AUS ÄGYPTEN NÄHER, ETWA MIT BEDUINEN-GRUPPEN ODER DER FOLKLORE DER SUFI. IM NOVEMBER LOCKT AUCH DAS DOWNTON ART FESTIVAL: GANZE STRASSENZÜGE IN DER INNENSTADT WERDEN DANN DURCH ZEITGENÖSSISCHE KÜNSTLER UMGESTALTET, ZUDEM GIBT ES ZAHLREICHE AUSSTELLUNGEN. UND FÜR THEATERFREUNDE FINDET DAS INTERNATIONALE FESTIVAL DES EXPERIMENTELLEN THEATERS STATT MIT INTERNATIONALEN BESETZUNGEN.

Bilder links: Musikfestival-Impressionen. Ganz oben: Die hölzerne Deckenkuppel und die Wände der Sultan-Hassan-Moschee strotzen vor Verzierungen in Gold und Marmor. Oben: Der Khan el-Khalili ist einer der ältesten Souks der Welt und der größte orientalische Markt Nordafrikas. Hier erlebt man eine Reizüberflutung durch Gerüche, Farben und Klänge.

○ **BASAR KHAN EL-KHALILI**

Magnetische Anziehungskraft übt der zwischen der Muski-Straße und der Hussein-Moschee gelegene Khan el-Khalili (oder: Chan el-Chalili) aus, der große Basar von Kairo. Der traditionsreiche Knotenpunkt des Kommerzes hat seinen Namen von einem mamelukischen Stallmeister, der hier vor rund 600 Jahren einen weitläufigen Handelskomplex erbauen ließ. In unmittelbarer Nähe befand sich der Gewürzmarkt, wo Händler aus Südarabien, Persien und Indien ihre exotisch duftenden Waren umschlugen. Heute besteht das Sortiment in erster Linie aus Alabastersphinxen, Puffpolstern, Messingtellern und ähnlichem Krimskrams für die Kreditkartenkunden aus Übersee. Atmosphärisch bietet das Geflecht aus engen, größtenteils überdachten Gassen mit seinem Menschengewimmel nach wie vor das echte Flair eines großen Basars.

○ **SULTAN-HASSAN-MOSCHEE**

Während der Blütezeit der Mameluckendynastie im 14. Jahrhundert entstanden in Kairo Dutzende Moscheen. Die berühmteste von ihnen ist die Sultan-Hasan-Moschee, die einst die weltweit größte Moschee war. Die 1356 aufgenommenen Bauarbeiten waren 1363 beendet. Auftraggeber Sultan an-Nasir al-Hasan konnte das fertige Werk jedoch nicht mehr bewundern, da er zwei Jahre zuvor ermordet worden war. Seiner Initiative war es jedoch zu verdanken, dass vier islamische Hochschulen, die Medresen, in den Moscheekomplex integriert wurden.

○ **AR-RIFA'I-MOSCHEE**

Unterhalb der Zitadelle und direkt neben dem großen Komplex der Sultan-Hasan-Moschee liegt die ar-Rifa'i-Moschee. Obwohl sie ebenso alt wie die Sultan-Hasan-Moschee aus dem 14. Jahrhundert wirkt, ist Letztere erst im ausgehenden 19. Jahrhundert entstanden. Die Ähnlichkeit zwischen den beiden Gotteshäusern war durchaus beabsichtigt, wollten die Stadtoberen bei der Errichtung der ar-Rifa'i-Moschee doch ein einheitliches Stadtbild wahren.

○ **IBN-TULUN-MOSCHEE**

Keine Moschee in Kairo bedeckt so viel Fläche, keine zeigt sich im Vergleich zu ihrer Ursprungszeit so unangetastet wie die Ibn-Tulun-Moschee. Ihren Namen verdankt sie dem Begründer der Tuluniden-Dynastie Ahmad ibn Tulun, unter dessen Herrschaft sie von 876 bis 879 erbaut wurde. Der Innenhof des im samarrischen Stil erbauten Gotteshauses wird von vier überdachten Säulenhallen begrenzt, deren größte sich nach Mekka orientiert. Im Zentrum des Hofes steht seit dem 13. Jahrhundert ein kuppelüberdachtes Brunnenhaus (Sabil), das für rituelle Waschungen genutzt wird. Eine architektonische Besonderheit der gesamten Anlage ist das Minarett, da sich dessen Treppe außen um den runden Turm windet.

○ **GEZIRA**

Sechs verschiedene Brücken – eine davon vom historisch bedeutsamen Tahrir-Platz aus – verbinden Kairo mit seiner größten Nilinsel, Gezira. Auf der Insel ragt der Fernsehturm Kairos in den Himmel, der weltweit höchste Bau aus reinem Beton. Sein Nachbar ist das Kairoer Opernhaus, eröffnet 1988. Ein riesiges Freizeitgelände, der Gezira Sporting Club, lädt zu Aktivitäten im Grünen ein.

AUSGEHEN

Abou El Sid // Das Land von seiner kulinarischen Seite kennenlernen kann man im Abou El Sid. Die Ausstattung ist angelehnt an ein Kaffeehaus, geschmückt mit Art déco.
// www.abouelsid.com

Khan El Khalili Restaurant // Dass das Restaurant inmitten des gleichnamigen Basars liegt, merkt man im schön gestalteten und ruhigen Inneren absolut nicht. Die Küche ist gehoben und landestypisch, auch eine kurze Teepause lohnt sich.
// www.facebook.com/KhanElKhaliliRestaurantAndCafe

El Fishawy Café // Das Café ist oft überfüllt, aber dennoch – oder deswegen – authentisch. Der Nobelpreisträger Nagib Machfus soll hier einen Teil seiner » Kairoer Trilogie« geschrieben haben.
// **El-Gamaleya**

SHOPPING

○ **KHAN EL-KHALILI**
Über die typischen Basare streiten sich bekanntlich die Geister. Viele finden sie zu touristisch, zu überlaufen und überteuert. Doch Kairo zu verlassen, ohne einen Basar besucht zu haben, kann man nicht machen. Der bekannteste ist Khan el-Khalili, ein Besuch lohnt sich, auch ohne etwas zu kaufen.

○ **BASHAYER**
Authentizität findet man nicht nur auf Basaren. Wer lokale Produkte sucht, die gern etwas mehr kosten dürfen, sollte beispielsweise Bashayer aufsuchen. Dort wird ägyptisches Kunsthandwerk verkauft, von Teppichen über Wohnaccessoires bis zu Souvenirs.

○ **THE FIRST MALL**
Luxuriöses Shopping ist in der First Mall angesagt. Internationale Designermarken sind in den über 60 Shops auf drei Stockwerken erhältlich.
// www.firstmallcairo.com

AUSFLÜGE

○ **SAKKARA**
Rund 20 Kilometer südlich von Gizeh erstreckt sich in der Wüste einer der größten Friedhöfe Ägyptens. Bereits in der Frühzeit der pharaonischen Kultur entstanden hier große Königsgräber. Überragende Bedeutung erhielt der Bestattungsplatz aber erst mit dem Bau der ersten Pyramide in der Regierungszeit des Djoser (um 2750 v. Chr.). Ihr Architekt Imhotep wagte sich zum ersten Mal an Stein als Baumaterial und schuf die Grundlagen für eine 3000-jährige Tradition. Die Stufenpyramide zog in der Folgezeit viele andere Herrscher und Würdenträger an, die sich hier ihre Gräber erbauen ließen.

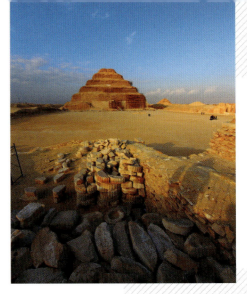

Die von dem ersten Herrscher der 3. Dynastie Djoser (um 2665–2645 v. Chr.) und seinem genialen Baumeister Imhotep errichtete Stufenpyramide von Sakkara wurde Vorbild für die monumentalen Pyramidenbauten des Alten Reiches.

ÜBERNACHTEN

Villa Belle Époque // Der Name ist Programm, denn hier trifft man auf den Charme vergangener Zeiten, ohne auf modernen Luxus verzichten zu müssen. Die in den 1920er-Jahren erbaute Villa liegt im südlichen Vorort Maadi und ist wie das Klischee einer Oase von exotischem Grün umgeben.
// www.villabelleepoque.com

Talisman Hotel de Charme // Zentral und in einem unscheinbaren Haus gelegen ist das orientalisch gestaltete Talisman Hotel de Charme eine Unterkunft, die alles Nötige für einen Städtetrip zu bieten hat.
// www.talisman-hotel.cairo-hotels-eg.com

Hotel Longchamps // Ein liebevoll geführtes Boutiquehotel inmitten der Stadt, auf der Nilinsel Gezira im Viertel Zamalek. Die Inhaberin spricht mehrere Sprachen, darunter deutsch und ist stets um das Wohlbefinden der Gäste bemüht.
// www.hotellongchamps.com

AUF KEINEN FALL VERPASSEN

DIE PYRAMIDEN VON GIZEH BESUCHEN

Eng mit Kairo verwachsen ist die am Westufer des Nils liegende Provinzhauptstadt Gizeh. Auf einem Kalksteinplateau über der Stadt thronen die drei großen Pyramiden der Pharaonen Cheops, Chephren und Mykerinos. Als Grabbauten, die der Ewigkeit standhalten sollten, ließen diese Herrscher sie im 3. Jahrtausend v. Chr. errichten. Durchschnittlich zwei Tonnen wiegen die Blöcke, aus denen der gewaltige Berg der Cheops-Pyramide aufgehäuft ist. Auch ohne ihre ursprüngliche Verkleidungsschicht, die fein poliert den Baukern umhüllte, wirkt sie majestätisch und ehrfurchtgebietend. Einst fast 147 Meter hoch, ist sie heute um zehn Meter geschrumpft – im Mittelalter bedienten sich die Baumeister Kairos an dem Steinvorrat. An der benachbarten Pyramide des Chephren hat sich ein Teil der Verkleidung noch erhalten. Deutlich kleiner fiel das Grabmal des Mykerinos aus, mit nur noch 65,50 Meter Höhe wirkt es eher bescheiden im Vergleich zu seinen gewaltigen Nachbarn. Der imposante Sphinx ruht im Osten der drei Monumente. Aus gewachsenem Felsen gehauen, verkörpert er die göttliche Morgensonne. Vor seinen riesigen Tatzen erhebt sich ein aus Felsblöcken erbauter Verehrungstempel. Direkt daneben ließ Chephren seinen mit Alabaster ausgekleideten Taltempel anlegen.

MIT EINER FELUKE
AUF DEM NIL SEGELN

Natürlich könnte man auch mit einem Motorboot die Stadt vom Wasser aus erkunden. Doch wer etwas mehr freie Zeit mitbringt und sich auf traditionelle Art und Weise fortbewegen möchte, sollte eine Tour mit den typischen Segelbooten unternehmen.

IM NATIONALMUSEUM STAUNEN

Dank der weltberuhmten Pyramiden ist es kein Wunder, dass Kairo Archaologie- und Geschichtsinteressierte in großem Maße anzieht. Neben zahlreichen Statuen, Mumien, Grabbeigaben und Artefakten der Antike ist im Ägyptischen Museum besonders ein Exponat Besuchermagnet: die Totenmaske Tutanchamuns. Für die Zukunft vormerken sollte man sich das Archäologische Museum, das sich noch im Bau befindet und in direkter Nachbarschaft zu den Pyramiden entsteht.

DEM TRUBEL ENTKOMMEN IM
AL-AZHAR PARK

In anderen Städten ist ein Park einfach nur eine ausgedehnte grüne Wiese, in Kairo ist der Al-Azhar-Park eine durchdachte Anlage, die als Hommage an die traditionelle islamische Gartenbaukunst gilt.

#32 MAILAND

MAILAND IST DAS WICHTIGSTE WIRTSCHAFTSZENTRUM OBERITALIENS MIT EINER JAHRHUNDERTEALTEN TRADITION UND GESCHICHTE, DIE IHREN AUSDRUCK IN PRÄCHTIGEN KIRCHEN UND PALÄSTEN FINDET. KUNSTLIEBHABER, OPERNENTHUSIASTEN UND FREUNDE DES ELEGANTEN LEBENS SIND BEGEISTERT. VON HIER AUS WURDE IN DER SPÄTANTIKE ZEITWEISE DAS RÖMISCHE WELTREICH REGIERT, IM MITTELALTER WAR DIE STADT KRISTALLISATIONSPUNKT DES NEUEN ITALIEN. DIE ERSTE BLÜTEZEIT BEGANN IM 11. JAHRHUNDERT. IM LOMBARDISCHEN STÄDTEBUND ERLANGTE MAILAND EINE POLITISCH FÜHRENDE STELLUNG. ZUM ZENTRUM FÜR KUNST UND KULTUR WURDE DIE STADT UNTER DEN VISCONTI- UND SFORZA-HERZÖGEN. DIE BLÜTEZEIT ENDETE 1500, ALS DIE SELBSTSTÄNDIGKEIT DES STADTSTAATS ENDETE.

Oben: Der Mailänder Dom ist eine der größten gotischen Kirchen der Welt. Die Bauarbeiten zogen sich über fast 500 Jahre hin und wurden erst 1858 beendet.

Linke Seite: Die berühmte Galleria Vittorio Emanuele II nördlich des Doms ist die prunkvollste Einkaufspassage Mailands, in der exklusive Luxusgeschäfte, Restaurants, Bars und Hotels residieren. Der »Laufsteg der Mailänder« wurde ab 1867 nach Plänen des Architekten Giuseppe Mengoni in Form eines Kreuzes errichtet und 1877 fertiggestellt.

○ MAILÄNDER DOM
Diese drittgrößte Kirche der Welt mit all ihren kleinen Winkeltürmchen sollte sich niemand entgehen lassen, der nach Mailand reist. Der Dom ist ein Meisterwerk der italienischen Gotik. Nicht weniger als 2245 einzelne Statuen zieren seine Fassade aus weißem Marmor. Selbst wer sich nicht für Kirchen interessiert, wird auf ihrem Vorplatz auf seine Kosten kommen: Das rege Treiben versprüht italienisches Flair.

○ PINACOTECA AMBROSIANA
Die Pinacoteca Ambrosiana zählt zu den bedeutendsten Gemäldesammlungen Italiens. In zahlreichen Sälen können hier berühmte Werke von Meistern wie da Vinci, Botticelli, Tizian und Caravaggio bewundert werden.

○ SAN BABILA
Die wohl älteste Kirche Mailands, die San Babila, liegt im gleichnamigen Viertel. Das ursprünglich romanische Bauwerk befindet sich heute zwischen Dutzenden Ateliers berühmter Modedesigner, weshalb San Babila auch das Modeherz der Stadt genannt wird.

○ GIUSEPPE-MEAZZA-STADION
Fußballfans werden sich besonders für das Giuseppe-Meazza-Stadion interessieren, der Heimat der Clubs Inter Mailand und AC Mailand. Außerhalb der Spieltage kann man den legendären Rasen betreten und die Kabinen inspizieren.

○ GIARDINI DI VILLA REALE
Von seiner besonders malerischen Seite zeigt sich Mailand in den Giardini di Villa Reale, der ältesten Parkanlage der Stadt. Der gepflegte See und die verzierten Statuen laden zum Ausruhen ein.

○ CASTELLO SFORZESCO
Das prächtige Schloss Castello Sforzesco beherbergt heute mehrere Museen und Ausstellungen. Hier soll-

WARUM IM HERBST? MODE IM MITTELPUNKT: WILLST DU WISSEN, WAS IN DER NÄCHSTEN SAISON GETRAGEN WIRD? DANN AB ZUR FASHION WEEK. AB ANFANG SEPTEMBER DREHT EINE »KOLONNE IN COUTURE« VON MODEDESIGNERN – ZUSAMMEN MIT MODELS, HIPSTERS, HOLLYWOOD-STARS UND MITLÄUFERN – IHRE RUNDEN DURCH DIE WICHTIGSTEN MODESTÄDTE DER WELT, UM DIE FRÜHJAHRSKOLLEKTIONEN ZU ZEIGEN. DIE ERSTE WOCHE WIRD IN NEW YORK ABGEHALTEN, BEVOR MAN MIT KIND UND KEGEL NACH LONDON ZIEHT, UND VON DORT WEITER NACH MAILAND UND PARIS. IN DIE PROMI-SHOWS ZU KOMMEN, IST NAHEZU UNMÖGLICH, DOCH FINDEN IN JEDER STADT AUCH RANDVERANSTALTUNGEN FÜR MODEBEGEISTERTE NORMALSTERBLICHE STATT. NUR NICHT VERGESSEN: OUTFIT IST ALLES!

te man auch unbedingt durch den angegliederten Simplonpark mit seinen prachtvollen Rosenzüchtungen schlendern.

○ **MUSEO BAGATTI VALSECCHI**
Wer einen Blick in die Vergangenheit Italiens wagen will, der ist in diesem Museum bestens aufgehoben. Die Sammlungen enthalten Kunst aus der Renaissance, aber auch Möbel, Gobelins oder kostbare Tischplatten aus Elfenbein.

○ **TEATRO ALLA SCALA**
Für musikbegeisterte Besucher ist das Opernhaus Teatro alla Scala Pflicht, immerhin sind hier Größen wie Rossini, Bellini, Verdi, Donizetti oder Puccini aufgetreten.

○ **SANTA MARIA DELLE GRAZIE**
Santa Maria delle Grazie gehört zu den Mailand-Klassikern. Die Kirche, eine Stiftung des Grafen Gaspare da Vimercate, entstand von 1463 bis 1490 als dominikanische Klosterkirche. Im einstigen Refektorium malte Leonardo da Vinci im Auftrag von Ludovico il Moro von 1495 bis 1497 sein weltberühmtes, neun Meter breites und 4,50 Meter hohes Gemälde »Das letzte Abendmahl«. Darin ist der Augenblick festgehalten, in dem Jesus seine prophetischen Worte sprach: »Einer von euch wird mich verraten.«

○ **PIAZZA MERCANTI**
Die Piazza Mercanti galt im Mittelalter als Herz von Mailand. Hier tummelten sich täglich Mailands Händler und Handwerker, heutzutage kann man noch imposante Gebäude und zahlreiche Skulpturen bewundern.

○ **PALAZZO REALE**
Zu den schönsten Sehenswürdigkeiten Mailands zählt die ehemalige Heimat von Maria Theresa, Napoleon und Ferdinand I., der Königspalast Palazzo Reale. Trotz der Bombenangriffe des Zweiten Weltkriegs ist viel erhalten geblieben.

○ **CIMITERO MONUMENTALE**
Ein berühmter Zeitzeuge der Vergangenheit Mailands ist der Monumentalfriedhof Cimitero Monumentale. Auf 250 000 Quadratmetern sind hier atemberaubende Skulpturen und Kunstwerke sowie berühmte Gräber zu besichtigen.

Links: Auffallen um jeden Preis, das ist das Motto der Fashion Week in Mailand. Hier trägt ein Model eine Kreation von Vivienne Westwood.

MAILAND

Rechts oben: Einer der markantesten Bauten Mailands – das Opernhaus Teatro alla Scala mit seinem prachtvollen Saal.

Rechts unten: Seit 1980 Weltkulturerbe: Leonardo da Vincis »Letztes Abendmahl« in der Kirche Santa Maria delle Grazie.

○ **TORRE BRANCA**
Wer sich Mailand von oben ansehen will, kann dies auf einer Höhe von 108,60 Metern tun: Auf dem Aussichtsturm Torre Branca, der sich im Simplonpark befindet, hat man eine tolle Sicht.

○ **GIARDINI PUBBLICI INDRO MONTANELLI**
Wer sich bei all dem Sightseeing eine kleine Verschnaufpause gönnen will, tut dies am besten in Mailands grüner Lunge, dem Park Giardini Pubblici Indro Montanelli. Die gepflegten Rasenflächen laden nicht nur Einheimische zum Picknicken ein.

○ **BASILICA DI SANT'AMBROGIO**
Ein Pflichtbesuch ist die Basilica di Sant'Ambrogio. Die Kirche wurde vom Schutzheiligen der Stadt, Bischof Ambrosius, initiiert und ist den Märtyrern Gervasius und Protasius gewidmet, deren sterbliche Überreste hier aufgebahrt werden.

AUSGEHEN

Tartufotto Milano // Trüffel in allen Variationen: Das Tartufotto bietet inspirierte Küche mit der Edelknolle und das in einem lässig beige-braun gestalteten Interieur, in dem weiche Kissen zum Verweilen einladen.
// tartufotto.it

Gianni e Dorina // Toskanische Küche vom Feinsten mit Wildschweingerichten und Kastanienlasagne kredenzt man in diesem kleinen Lokal.
// www.gianniedorina.com

Ristorante El Brellin // Lombardische Spezialitäten wie Rinderschmorbraten, Risotto oder Ossobuco alla milanese stehen hier auf der Speisekarte. Das Lokal ist herrlich direkt am Naviglio Grande gelegen, und man speist mit Blick auf den Kanal. Gute Weinkarte.
// www.brellin.com

○ **MUSEO NAZIONALE SCIENZA E TECNOLOGIA LEONARDO DA VINCI**
Mailand hat eines der wichtigsten naturwissenschaftlichen Museen der Welt zu bieten, nämlich das Nationalmuseum für Naturwissenschaft und Technologie, das mit vielen interaktiven Ausstellungen begeistert.

○ **PINACOTECA DI BRERA**
Die Pinakothek im Palazzo Brera war eigentlich als ein Ort des Lernens gedacht. Heute handelt es sich um eines der bedeutendsten Kunstmuseen Italiens, in dem vor allem Malerei der Renaissance und Barockzeit zu sehen ist.

○ **CAPELLA PORTINARI**
Zu Mailands wichtigen Bauwerken zählt auch die Capella Portinari. Gestaltet wurde diese Prachtkirche von Vincenzo Foppa, dem wichtigsten lombardischen Maler der Renaissance.

SHOPPING

AUSFLÜGE

○ **MERCATONE DELL'ANTIQUARIATO**
Immer am letzten Sonntag im Monat verwandeln sich die Uferpromenaden des Naviglio Grande zu einem großen Antiquitätenmarkt. An über 400 Ständen können Antiquitäten, Möbel aus den 1950er-Jahren, Schmuck und Kleidung erstanden werden.

○ **GALLERIA VITTORIO EMANUELLE II**
Ein Shopping-Palast der Extraklasse mit kunstvollen Fresken und noch mehr Marmor ist die Galleria Vittorio Emanuelle II gleich neben der Scala und dem Domplatz.

○ **QUADRILATERO D'ORO**
Zu einem Schaufensterbummel lädt das Quadrilatero d'Oro, Mailands Goldenes Viereck, ein. In diesen vier Straßen, die sich als Viereck verbinden, sind alle Mode-Luxusmarken zu finden.

○ **VIA MONTE NAPOLEONE**
Eine der Straßen des Goldenen Vierecks, und zwar die nobelste und damit teuerste von allen, ist die Via Monte Napoleone. Von Haute Couture bis zu hochkarätigen Diamanten ist hier alles zu finden.

○ **CORSO BUENOS AIRES**
Zu normaleren Preisen, aber keineswegs mit weniger Auswahl geht es auf der Corso Buenos Aires zu, einer der größten Einkaufsstraßen Europas. Ob Mode, Elektronik, Bücher oder Möbel: Hier wird jeder fündig!

○ **FIERA DI SINIGAGLIA**
Am Samstagvormittag geht es für viele Einheimische traditionell auf den Fiera di Sinigaglia. Auf diesem Trödelmarkt kann man all die teuren Labels der Luxusstraßen als Second-Hand-Ware sowie Kunst und Antiquitäten finden.

○ **MONZA**
Allein wegen der Rennstrecke der Formel 1 ist Monza wohl ein Begriff. Aber daneben bietet es historische Kirchen, einen märchenhaften Park und die Villa Reale. Vor allem der Dom mit seiner beeindruckenden zweifarbigen Marmorfassade ist ein Highlight.

ÜBERNACHTEN

Petit Palais // Ein ehemaliges Nonnenkonvent aus dem 17. Jahrhundert wurde in ein schmuckes Boutique-Hotel verwandelt, inklusive Seidentapeten und Empiremöbeln, aber auch noch einem Weihwasserbecken.
// petit-palais-de-charme.hotelsofmilan.com/de

Straf // Puristisches Design mit nackten Betonwänden, dazu ein Verwöhnprogramm der Extraklasse. Wer stylisch und luxuriös unterkommen möchte, ist in diesem von Vincenzo De Cotiis ausgestatteten Haus in zentraler Lage genau richtig.
// www.straf.it

Maison Borella // Im trendigen Viertel am Naviglio Grande liegt dieses Boutique-Hotel. Detailverliebt wurde ein Palazzo aus dem 18. Jahrhundert behutsam modernisiert und verfügt nun über einen mit Balustraden versehenen herrlichen Innenhof, in dem man laue Nächte verbringen kann.
// www.hotelmaisonborella.com/de

AUF KEINEN FALL VERPASSEN

IM NAVIGLI-VIERTEL AUSGEHEN
Italien lebt durch die Sprache, die Stimmung und den Sinn für gutes Essen. Dies bekommt man hautnah mit, wenn man sich auf die Straßen des ehemaligen Handwerkerviertels Navigli begibt und sich treiben lässt.

OSSOBUCO ALLA MILANESE ESSEN
Übersetzt bedeutet dieses Mailänder Gericht so viel wie »Knochen mit Loch«. Auf dem Teller zu finden ist nämlich eine geschmorte und bis zu fünf Zentimeter dicke Beinscheibe vom Kalb in einem Sud aus allerlei Gewürzen. Oft wird die würzige Kräutermischung Gremolata dazugereicht.

AUFS DACH VOM MAILÄNDER DOM STEIGEN
Mailands Wahrzeichen, den Dom, erlebt man am besten hautnah. Indem man nämlich bis ganz nach oben auf sein Dach steigt. Die Aussicht von hier ist gigantisch.

TORRONE UND AMARETTI PROBIEREN
Italiener sind wahre Verführungskünstler. Vor allem Ihren berühmten Süßspeisen kann man nicht widerstehen. Ganz oben auf der Geschmacksliste stehen der weiße Nougat, Torrone, sowie die kleinen Mandelmakronen, Amaretti. Einfach köstlich!

ESPRESSO AUF EINER PIAZZA GENIESSEN
So, wie man es sonst in der Werbung sieht, so sollten Sie es hier auch machen: Auf einer Piazza lässig in der Sonne sitzen und einen Espresso schlürfen. Typisch italienisch natürlich: mit Sonnenbrille auf der Nase!

#33 MARRAKESCH

IN EINER ARABISCHEN DICHTUNG WURDE SIE EINMAL »DIE ÜBER DEN ATLAS GEWORFENE ROTE PERLE« GENANNT. OCKERFARBEN IST IHRE ARCHITEKTUR, FRUCHTBAR DIE HOUZ-EBENE, IN DER SIE RUHT. UND VÖLLIG ZU RECHT GILT SIE ALS WOHL SCHÖNSTE STADT MAROKKOS. NIRGENDWO SONST IST DIE EINMALIGE ATMOSPHÄRE DES LANDES, DIE MÄRCHENHAFTE STIMMUNG AUS TAUSENDUNDEINER NACHT, SO SEHR ZU SPÜREN WIE HIER. MARRAKESCH FASZINIERT DURCH IHR NEBENEINANDER VON ELEGANZ UND URIGEM ALLTAG. DIE MEDINA MIT IHREN ENGEN GASSEN UND DEM BUNTEN MARKTTREIBEN ZÄHLT GANZ NEBENBEI AUCH NOCH ZUM WELTERBE DER UNESCO.

Linke Seite: Höher als alle Kokospalmen im Umkreis ragt das Wahrzeichen der Stadt in den wolkenlosen Himmel. Es lohnt sich, die Koutoubia-Moschee einmal zu umrunden, denn keine der vier Fassaden des Minaretts gleicht den anderen. Erbaut wurde das Meisterwerk aus Sandstein, im Inneren führt eine Rampe spiralförmig nach oben. Vermutlich legte der Muezzin früher diesen Weg auf einem Pferd reitend zurück.

Rechts: Ein Farbton, den man so in einem Garten kaum erwartet: Als Bleu Majorelle in die Geschichte eingegangen, schmückt es nicht nur die Hausfassade, sondern auch einzelne Vasen im Majorelle-Garten. Kontrastiert wird es durch das leuchtende Orange an seiner Seite.

○ **DJEMAA EL-FNA**
Wie kann es sein, dass ein Platz vor Leben nur so übersprudelt und trotzdem Djemaa el-Fna, »Versammlung der Toten«, heißt? Da hilft nur ein Blick in die Geschichte: Hier fanden in der Zeit der Almohaden-Dynastie ab 1050 öffentliche Hinrichtungen statt, die Köpfe der Toten wurden auf Lanzen aufgespießt und auf dem Platz zur Schau gestellt. Zum Glück sind diese Zeiten längst vorbei. Heute herrscht hier nicht nur tagsüber Trubel. Abends zeigen Schlangenbeschwörer ihre Tricks, ziehen selbst ernannte Heiler Zähne, versprechen Wahrsager einen Blick in die Zukunft und malen geschickte Frauen Hennatattoos auf Füße und Hände ihrer Kundinnen. Hinter dem Platz beginnen die verzweigten Souks mit ihrem Gewirr aus schmalen Gassen, dunklen Tordurchgängen und pittoresken Plätzen. Eine Vielzahl an Eindrücken wartet hier auf den Besucher.

○ **MEDRESE BEN YOUSSEF**
Die Zeiten als Koranschule liegen zwar hinter der Medrese Ben Youssef, andächtige Ruhe strahlt sie aber immer noch aus: Nur wenige Minuten Fußweg braucht es vom überquellenden Platz Djemaa el-Fna und den Souks, bis den Besucher die Kühle und Stille des Innenhofs der Medrese umfängt. Gegründet wurde sie wahrscheinlich im 14. Jahrhundert, ihre heutige Pracht hat sie allerdings den Umbauten des Saadiersultans Abdallah el-Ghalib im 16. Jahrhundert zu verdanken.

○ **MAJORELLE-GARTEN**
40 Jahre, so heißt es, benötigte der französische Maler Jacques Majorelle, um dieses botanische Schmuckstück zu schaffen. Beim Kauf 1923 lag das Terrain noch am Saum der Palmeraie und Pappeln wiesen den Künstler aus Nancy auf vorhandenes Wasser hin. Nach Majorelles Tod erwarb der französische Modeschöpfer Yves Saint-Laurent den Garten und ließ ihn umgestalten. Geprägt wird die knapp fünf Hektar große Anlage aber nach wie vor vom Kornblumenblau der kubistischen Majorelle-Villa, der gleichfarbigen Pavillon-Säulen und Becken-Einfassungen. Der Blauton ist heute als Bleu Majorelle bekannt.

○ **DAR-SI-SAID-MUSEUM**
Dieser historische Bau beherbergt das bedeutendste Museum des Landes. Besucher können Exponate aus der Kultur der Berber bestaunen, wie beispielsweise historische Schnitzarbeiten, Schmuck, Keramik, Teppiche oder Musikinstrumente.

○ **KOUBBA BA'ADYIN**
Viel ist von der im Jahr 1106 gebauten Almoravid-Moschee zwar nicht übrig geblieben, doch das, was zu sehen ist, ist beeindruckend. Der Turm lässt spekulieren, wie sein prunkvoller Rest ausgesehen haben muss. Unter der erhaltenen Kuppel fanden früher die traditionellen Waschungen statt.

WARUM IM HERBST? MARRAKESCH IST EIN PARADIES DER FARBEN, VOR ALLEM DER ERDTÖNE. COGNACFARBEN UND DAMASKUSROT LEUCHTEN VIELE HAUSWÄNDE, NEKTARINENGELB UND GRANATBRAUN DOMINIEREN BEI DEN SEIDENSTOFFEN IN DEN SOUKS. UND DIESE FARBENPRACHT SCHEINT SICH IN DER TIEF STEHENDEN SPÄTSOMMERSONNE NOCH MAL ZU STEIGERN. EIN DORADO FÜR FOTOGRAFEN! DIE DATTELN SIND ZU DIESER ZEIT GEERNTET UND LEUCHTEN PRALL AUF DEN OBSTSTÄNDEN. UND FÜR TOUREN INS UMLAND SIND DIE TEMPERATUREN JETZT AUCH ANGENEHM.

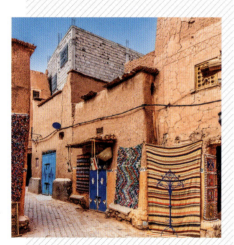

○ **TOMBEAUX SAADIENS**

Eine Grabstätte wie aus 1001 Nacht: Die Wände sind hier mit prächtigen Marmorsteinen und schimmernden Mosaiken geschmückt. Elegante Bögen und aufwendige architektonische Details wurden zu Ehren der verstorbenen Sultane und deren Familien errichtet. In dieser Nekropole aus dem 16. Jahrhundert ruhen gleich sieben Sultane, die meisten von ihnen Saadier. In den rund 160 Gräbern der Anlage liegen 62 weitere Mitglieder der alten Königsfamilie. Doch das prächtige Mausoleum missfiel dem »blutdurstigen« Alawidensultan Moulay Ismail: Er wollte jegliche Erinnerung an die Vorgängerdynastie aus dem Gedächtnis seiner Untertanen löschen und ließ den Komplex zumauern. Erst rund 200 Jahre später entdeckten die französischen Kolonialherren per Zufall die in Vergessenheit geratene Anlage wieder.

○ **BAB AGNAOU**

Von allen 19 Toren in der Stadtmauer Marrakeschs gilt dieses als das schönste und älteste Zeugnis der gestaltiger almohadischer Baukunst. Es führte einst zur königlichen Kasbah im Süden der Medina. Seinen nur aus schlichten Ziegeln zusammengefügten, hufeisenförmigen Durchgang zieren drei reich verzierte Bogenreliefs. Um sie herum zieht sich ein florales Mus-

Im Rausch der Erdtöne: In der Medina von Marrakesch herrschen warme Farben vor, sie es an den Hauswänden (oben), an Teppichen (links oben) oder in den Auslagen der Gewürzhändler (links unten).

ter, welches wiederum gerahmt wird von einem kalligrafierten Koranvers in antiker, kufischer Schrift.

○ **DAR TISKIWIN**
Ein kleines, feines Museum inmitten der Stadt. Zu sehen gibt es hier historische Handwerkskunst in orientalischer Tradition wie Teppiche, aber auch Waffen und Arbeitsmaterial des früheren Alltags.

○ **AGUEDAL-GARTEN**
Marrakeschs größtes Grünareal ist zugleich auch das älteste der Stadt – und zählt wie die Medina und die Menara-Gärten zum Welterbe der UNESCO. 1157 unter der Herrschaft der Almohaden angelegt, erstrecken sich die Agdal-Gärten über eine Fläche von rund 500 Hektar. Die ersten Pflanzungen umfassten Öl- und Orangenbäume, Aprikosen, Weinreben und Blumen. Später wurden auch Granatäpfel, Feigen, Dattelpalmen, Zitronen, Mandeln und Walnüsse kultiviert. Sein heutiges Gesicht stammt aus dem 19. Jahrhundert.

○ **KOUTOUBIA-MOSCHEE**
Ein großer Buchhändler-Souk breitete sich einst aus zu Füßen der bereits im 12. Jahrhundert erbauten Moschee. Von diesen mehr als 100 Ständen der »kutubiyyin« hat sie ihren Namen. Das weithin sichtbare, fast 70 Meter hohe Minarett ist das Wahrzeichen der Stadt, quasi der »Eiffelturm Marrakeschs«. Der viereckige Turm ist auf jeder Seite anders gestaltet und ähnelt der Giralda in Sevilla. Tatsächlich stammte der Baumeister beider Türme aus dieser spanischen Stadt und es wirkten viele (Kunst-)Handwerker aus dem damals maurischen Andalusien mit am Bau und an der Ausstattung der Koutoubia-Moschee. Sie gilt bis heute als eine der größten im westislamischen Bereich und bietet Platz für 25 000 Gläubige. Ihr Turm spiegelt den Baustil der Almohadenzeit auf schönste Weise wider und dient bis heute als Vorbild für fast alle Minarette Marokkos.

○ **ARSAT MOULAY ABDESLAM CYBER PARK**
Dieser aufwendig renovierte Park ist die grüne Rückzugszone in der Stadt. Mit dem Atlasgebirge im Hintergrund findet man hier Entspannung vom Trubel der quirligen City.

○ **MELLAH**
Mellah ist die marokkanische Bezeichnung für einen Ortsteil, der das traditionelle jüdische Viertel beherbergt, vergleichbar mit einem Ghetto in den europäischen Städten des Mittelalters.

○ **PALAST EL BAHIA**
Marokkos beste Künstler und Handwerker arbeiteten Ende des 19. Jahrhunderts sechs Jahre lang am Bau

AUSGEHEN

Dar Zellij // Marrakesch kulinarisch entdecken heißt, Tajine zu essen. Eine gute Adresse dafür ist das Dar Zellij, nicht nur in Bezug auf den Geschmack. Denn der Innenhof des Riads aus dem 17. Jahrhundert bietet das passende Ambiente für ein so traditionelles Essen.
// www.marrakech-riads.com/restaurant-dar-zellij

Atay Café // Raus aus dem Trubel – rauf aufs Dach! Marrakesch hat eine Vielzahl an Rooftop-Cafés, den angeblich besten Couscous macht das Atay Café. Die Stimmung ist entspannt und bodenständig.
// www.facebook.com/ataymarrakech

Rechts: Eine imposante Ruhestätte erhielten mehrere Saadier in den zwei Mausoleen der Nekropole: reich verzierte Säulen, italienischer Marmor, mosaikbedeckte Wände und Böden, alles in stimmungsvolles Licht getaucht.

und an der Ausstattung dieses Palasts für den damaligen Großwesir Bou Hmad. Herzstück der maurisch-andalusischen Anlage, die auf einem früheren Palast-Ensemble basiert, ist der 50 mal 30 Meter messende Ehrenhof. Er ist mit farbigen Marmor- und Keramikfliesen ausgelegt und von einer säulengetragenen Galerie umgeben.

○ **MUSÉE DE MARRAKECH**
Wer Interesse an zeitgenössischer Kunst hat, ist hier richtig. Aber auch wer nur eine Tasse Tee im Innenhof genießen möchte, ist willkommen.

○ **MAMOUNIA-GARTEN**
Winston Churchill nannte diesen Garten den »schönsten Platz auf der Erde«. Der Hotelgarten lädt auch diejenigen, die nicht im Hotel nächtigen, zu ruhigen Spaziergängen im Grünen ein.

SHOPPING

○ **SOUK DES BABOUCHES**
Er gilt als größter Basar in Afrika. Und er ist genau so, wie man sich einen marokkanischen Markt vorstellt: bunt, laut, aromatisch und ein wenig wild. Zu kaufen gibt es Gewürze, Schmuck, Lederwaren, Tücher, Lebensmittel, Vieh und traditionelle Instrumente.

○ **CRIÉE BERBÈRE (SOUK ZRABIA)**
Wer sich schon immer einen echten Berberteppich kaufen wollte, ist hier genau richtig. Zwar sind die Schmuckstücke auch hier nicht sonderlich günstig, aber noch lange nicht so teuer wie zu Hause. Auch Schmuck, traditionelle Wohn-Deko und Lederwaren lassen sich auf diesem Markt finden.

○ **SOUK DES TEINTURIERS**
Er ist definitiv der bunteste Markt der Stadt. Und wahrscheinlich das farbenfroheste Spektakel, das Europäer je gesehen haben. Hier hängen Färber ihre Wolle zum Trocknen auf, es können natürliche Farbpigmente gekauft werden oder man kann den Profis beim Kolorieren zusehen.

○ **SOUK EL HENNA**
Dieser Markt ist vergleichsweise klein; dafür aber umso berühmter. Neben Kosmetikprodukten werden hier nämlich vor allem Hennafarben verkauft, die Berberfrauen zum Bemalen ihrer Hände benutzen.

○ **ENSEMBLE ARTISANAL**
Ein Markt, ideal geeignet für alle, die das erste Mal in Marrakesch sind. Durch die angeschriebenen Festpreise bekommt man hier ein gutes Preisgefühl und ist bestens auf das Handeln auf den weiteren Märkten vorbereitet.

ÜBERNACHTEN

El Fenn // Mehr Tausendundeine-Nacht-Feeling kann man kaum bekommen als im El Fenn. Inmitten der Medina gelegen, bietet das Riad Suiten mit eigener Dachterrasse mit Pool und authentischem Style. Dafür muss man jedoch etwas tiefer in die Tasche greifen.
// www.el-fenn.com

Riad Bleu du Sud // Strategisch günstig im Stadtzentrum gelegen und kunterbunt in der Gestaltung präsentiert sich das Riad Bleu Du Sud. Das Verhältnis von Preis und Leistung stimmt.
// www.riad-bleu-du-sud.hotels-marrakesh.com

Riad Kniza // Das Riad aus dem 18. Jahrhundert hat sich seinen Charme erhalten und ihn mit modernem Luxus kombiniert. Besonders empfehlenswert ist hier auch das Essen, bereits das Frühstück ist typisch marokkanisch und wird auf Wunsch auch auf der eigenen Dachterrasse serviert.
// www.riadkniza.com

MARRAKESCH

AUF KEINEN FALL VERPASSEN

ERFRISCHENDEN MINZTEE TRINKEN

Nirgendwo ist Minztee frischer und traditioneller als hier. Und lassen Sie sich nicht von den heißen Temperaturen täuschen. Wer bei Wärme etwas Kaltes trinkt, schwitzt mehr als mit einem heißen Getränk. Der Körper wird durch Kälte nämlich angeregt, weitere Wärme zu produzieren.

TAJINE ESSEN

Im Tajine, einem kleinen, pyramidenförmigen Tongefäß, wird das gleichnamige Gericht zubereitet. Idealerweise findet man ein kleines Seitenstraßenrestaurant, das das Nationalgericht in traditioneller Weise und mit orientalischen Gewürzen zubereitet. Tajine gibt es auch für Vegetarier, denn man kennt es in unzähligen Varianten. Pikanter wie süßer Geschmack harmonieren hier aufs Beste: Gekonnt verbinden sich die Aromen und Gewürze der berberischen, jüdischen, arabischen, französischen, spanischen und sogar der indischen Küche in jener Marokkos. Zimt, Honig, Kardamom, Schwarzkümmel und Rosen- oder Orangenblütenwasser sind dabei nicht nur den Süßspeisen vorbehalten.

MARRAKESCH MIT DEM RAD ERKUNDEN

Marrakesch muss man hautnah erleben. Am besten zu Fuß. Oder noch besser mit dem Fahrrad. Auf zwei Rädern bekommen Sie viel von der Stadt zu sehen und erleben das Flair mit der eigenen Nase, mit den Ohren und natürlich mit den Augen vollkommen unverfälscht.

IN EINEM RIAD ÜBERNACHTEN

Wasser und Schatten! Welch ein Luxus in einem heißen Land. Paart sich das Ganze noch mit exquisitem Design, freuen sich Körper und Seele. Ein kühler Innenhof, üppig begrünt, mit farbigen Zelliges-Kacheln ornamentreich gefliest und vom Plätschern eines Brunnens erfüllt: paradiesisch. »Himmlische Gärten« bilden, so klein sie auch sein mögen, das Herz eines jeden »Riads«, jener historischen Stadthäuser, die nach ihrer Restaurierung häufig umgewandelt wurden zu außergewöhnlichen Gästeherbergen. Hinter hohen Mauern oder schlichten Fassaden verströmen sie eine Atmosphäre puristischer Eleganz oder prachtvoller Üppigkeit. Mal bieten sie nur eine Handvoll Zimmer, mal Dutzende, weil ganze Häuserzeilen zusammengelegt wurden.

NÄCHTLICHES TREIBEN AUF DEM DJEMAA EL-FNA GENIESSEN

Wer seine ganz persönliche 1001 Nacht erleben will, muss zum Djemaa el-Fna. Und zwar nach 22 Uhr. Hier wird man eingesaugt von Aladins Wunderlampe: Die Gaukler, Schlangenbeschwörer und Zauberer bieten eine perfekte Märchenkulisse.

#34 MEXIKO-STADT

NACH INOFFIZIELLEN ANGABEN ZÄHLT DIE HAUPTSTADT MEXIKOS HEUTE ZU DEN AM SCHNELLSTEN WACHSENDEN STÄDTISCHEN AGGLOMERATIONEN DER WELT. DIE METROPOLE LIEGT 2240 METER ÜBER DEM MEERESSPIEGEL IN EINEM BECKEN DES ZENTRALEN HOCHLANDES, AN DER STELLE DER PRÄKOLUMBISCHEN STADT TENOCHTITLÁN. DIESE HAUPTSTADT DES AZTEKENREICHES WAR UM DAS JAHR 1370 AUF EINIGEN INSELN IM LAGO DE TEXCOCO GEGRÜNDET WORDEN. NACH DER EROBERUNG TENOCHTITLÁNS ZERSTÖRTEN DIE SPANISCHEN KONQUISTADOREN IM JAHR 1521 DIE STADT FAST GANZ. AUS DEN TRÜMMERN ERRICHTETEN SIE DORT, WO AZTEKISCHE TEMPEL, PALÄSTE UND HEILIGTÜMER STANDEN, IHRE KIRCHEN UND KOLONIALBAUTEN. BEI BAUARBEITEN IM HISTORISCHEN ZENTRUM VON MEXIKO KOMMEN IMMER WIEDER FUNDE AUS DER AZTEKISCHEN ZEIT ZUM VORSCHEIN.

Oben: Palacio de Bellas Artes: Der Palast aus Carrara-Marmor beherbergt das wohl wichtigste Kulturzentrum des Landes. 1904 wurde mit der Errichtung des Jugendstilgebäudes unter Federführung des italienischen Architekten Adamo Boari begonnen. Berühmt ist der nach einem Gemälde des mexikanischen Künstlers Gerardo Murillo von Tiffany's in New York gefertigte Theatervorhang, der aus fast einer Million bunter Glassteine besteht.

Linke Seite: Im Innenraum der Kathedrale, der in ein Hauptschiff, zwei Nebenschiffe und 14 Seitenkapellen aufgeteilt ist, befindet sich u. a. der vergoldete »Altar der Könige« (1728–1737) von Jerónimo de Balbás.

○ ZÓCALO

Mittelpunkt des historischen Zentrums ist der Zócalo (eigentlich Plaza de la Constitución), den die Catedral Metropolitana beherrscht. Der größte Sakralbau Lateinamerikas (1525–1813) ist durch sein Eigengewicht einige Meter in den weichen Untergrund des einstigen Texcoco-Sees gesunken. Neben der Kathedrale steht der Sagrario Metropolitano, der erzbischöfliche Palast (18. Jahrhundert). Die Ostseite des Zócalo dominiert der Palacio Nacional, der Amtssitz des mexikanischen Präsidenten. Treppenaufgänge und der Haupthof sind mit Wandgemälden Diego Riveras ausgeschmückt. Der Suprema Corte de Justicia (1941) an der Südseite des Platzes ist mit Fresken von José Clemente Orozco versehen. Nördlich des Palacio Nacional finden sich die 1978 zufällig entdeckten Reste eines Aztekentempels, des Templo Mayor, der einst das Zentrum von Tenochtitlán war. Der Nationalpalast dient heute als Residenz des Präsidenten und beherbergt einige der wichtigsten Wandbilder zur mexikanischen Geschichte von Diego Rivera (1886 bis 1957).

○ KATHEDRALE

Im Südwesten des aztekischen Tempelbezirks entstand ab 1573 die Kathedrale von Mexiko-Stadt, die heute mit dem historischen Zentrum zum Weltkulturerbe gehört und einer der größten und ältesten Sakralbauten Lateinamerikas ist. Nachdem in mühsamer jahrzehntelanger Arbeit die Fundamente in den Sumpf gelegt worden waren, vergingen noch mehr als 200 Jahre, bis die beiden Glockentürme und die Kuppel fertiggestellt waren. Im Lauf der langen Bauzeit hat die ursprünglich an gotische Vorbilder in Spanien angelehnte Kathedrale die verschiedensten Stilformen in sich vereint. Trotz der neoklassizistischen Tür-

WARUM IM HERBST? VON VIELEN FÄLSCHLICHERWEISE VERWECHSELT MIT HALLOWEEN, IST DÍA DE LOS MUERTOS EIN SCHAUSPIEL, DAS MAN SICH NICHT ENTGEHEN LASSEN SOLLTE, WENN MAN MEXIKO BEREIST. UND ALLEMAL EIN GUTER GRUND, DEN URLAUB AUF ANFANG NOVEMBER ZU LEGEN, WENN DAS FEST GEFEIERT WIRD. VOM 31. OKTOBER BIS ZUM 2. NOVEMBER IST DIE STADT VOLLER TOTENSCHÄDEL UND KERZEN, DOCH STATT GRABESSTIMMUNG UND TOTENRUHE TRIFFT MAN AUF AUSGELASSENE FREUDE. DENN IM ZENTRUM DER FEIERLICHKEITEN STEHT DIE LIEBE ZU DEN VERSTORBENEN VERWANDTEN, UND DAS BRINGEN DIE MEXIKANER DURCH BUNTE FARBEN ZUM AUSDRUCK. AUCH KLIMATISCH IST DER HERBST ZU EMPFEHLEN, DENN DIE REGENZEIT IST VORBEI UND DIE TEMPERATUREN LIEGEN BEI ANGENEHMEN 20 GRAD IM DURCHSCHNITT.

me wirkt die Fassade mit ihren gewundenen Säulen überwiegend barock.

○ PALACIO DE BELLAS ARTES

Am Rand der Almeda Central steht der eindrucksvolle Palacio de Bellas Artes, berühmt aufgrund seiner Fassadenpracht und wegen des Theatervorhangs aus Glas. Der vor Marmor strotzende Palast widmet sich Musik und Theater, Literatur und Architektur gleichermaßen.

○ PLAZA DE LA REPÚBLICA

Nachts erstrahlt das Monumento a la Revolución in bunten Farben, aber auch tagsüber ist das Prachtstück Anziehungspunkt auf der Plaza de la República. Den ursprünglichen Plänen eines Parlamentsgebäudes machte die mexikanische Revolution einen Strich durch die Rechnung, weshalb von dem Bauwerk nur die Kuppel auf mächtigen Säulen übrig blieb. Das zweite auffällige Bauwerk der Plaza de la República ist das leuchtend rote Art-déco-Haus Frontón México der 1920er-Jahre.

○ PALACIO DE CORREOS DE MEXICO

Das als »Correo Mayor« bezeichnete Hauptpostamt der Stadt befindet sich im historischen Stadtzentrum. Das Gebäude stammt aus dem frühen 20. Jahrhundert und war zu seiner Zeit ein Paradebeispiel moderner Baukonstruktion: Die Stahlbetonträger für das erdebensichere Fundament wurden in New York hergestellt und 1903 eigens nach Mexiko-Stadt transportiert. Das von dem italienischen Architekten Adamo Boari entworfene Gebäude wurde 1907 eingeweiht und fungiert bis heute als Postamt. Augenfäl-

Links: Am Día de los Muertos wird in der ganzen Stadt mit vielen Puppen und anderen Todessymbolen fröhlich der Verstorbenen gedacht.

Unten: El Ángel de la Independencia, der »Engel der Unabhängigkeit«, ist ein Denkmal aus dem Jahr 1902 auf dem Kreisverkehr am Paseo de la Reforma.

Rechts Das prächtige Innere des Correo Mayor besticht durch überbordende Details auf vier Stockwerken.

lig ist der hochgradig eklektische Stilmix, der unter anderem Elemente des Jugendstil, der spanischen Renaissance, des Neoklassizismus, des Rokokko und Barock miteinander vereint.

○ PLAZA DE LAS TRES CULTURAS

Nördlich des historischen Zentrums liegt die Plaza de las Tres Culturas. Sie besticht durch ihre architektonischen Gegensätze: Neben Resten eines aztekischen Zeremonialzentrums fällt der Blick auf den Templo de Santiago und das Franziskanerkloster sowie moderne Ministeriumsbauten.

○ COYOACÁN

Das Stadtviertel Coyoacán südlich des Zentrums war früher ein Kolonial- und Künstlerort; hier interessieren vor allem das Museo Frida Kahlo und die Casa León Trotzky.

○ BOSQUE DE CHAPULTEPEC

Der Paseo de la Reforma, die 15 Kilometer lange Hauptverkehrsader der Stadt, verbindet das historische Zentrum mit dem Erholungsgebiet Bosque de Chapultepec. Im Osten des Parks erhebt sich das Castillo de Chapultepec (1785), die Sommerresidenz der Vizekönige und Kaiser Mexikos und heute ein Nationalmuseum.

○ BASILICA DE GUADALUPE

Im Jahr 1531 erschien die Jungfrau von Guadalupe dem aztekischen Bauern Juan Diego in indianischer Gestalt. Auf dem Hügel Tepeyac, bis dato ein Heiligtum der aztekischen Göttin Tonantzín, forderte sie zum Bau einer Kapelle auf, was unter der aztekischen Bevölkerung eine Welle von Bekehrungen auslöste. Heute wird die Jungfrau von Guadalupe als Nationalheilige verehrt und gilt als Symbol der Verschmelzung der Kulturen. Villa de Guadalupe, im Norden von Mexiko-Stadt gelegen, ist eines der wichtigsten Marienheiligtümer der christlichen Welt. Neben der 1695 erbauten Alten Basilika wurde 1974 nach Plänen des mexikanischen Architekten Pedro Ramírez Vázquez die Neue Basilika in Form eines Beduinenzeltes gebaut. Sie ist eine der größten Kirchen weltweit.

○ UNIVERSITÄT

Die erste Universität auf lateinamerikanischem Boden ließ König Philipp II. zwar bereits im Jahr 1551 in Mexiko-Stadt gründen. Aber bis diese 1929 auto-

AUSGEHEN

Contramar // Wenn man auf der Suche nach dem besten Fisch und den besten Meeresfrüchten ist, kommt man fast nicht am Contramar vorbei. Der Liebling aller Gäste sind zweifellos die Tuna Tostadas. Wichtig zu wissen ist, dass man hier keinen Abend zur Nacht machen kann: Unter der Woche schließt das Restaurant bereits um 18.30 Uhr.
// www.contramar.com.mx

Delirio // Zum Frühstück vor einem langen Sightseeing-Tag, für einen Lunch zwischendurch oder für einen gemütlichen Brunch am Wochenende eignet sich das Delirio bestens.
// www.delirio.mx

Baltra Bar // In dieser Bar ist alles ein wenig anders, aber nie zu exzentrisch. Den Abend genießt man hier mit Cocktails, deren Hauptzutaten Tee und Craft Bitters sind, mit fröhlich stimmender Hipster-Musik und am besten mit den liebsten Freunden.
// www.baltra.bar

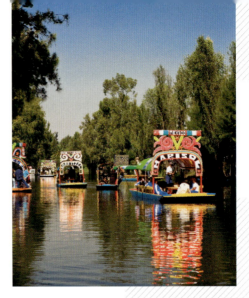

Eine Fahrt in den bunt bemalten »trajineras« auf den Kanälen von Xochimilco ist am Wochenende vor allem bei Familien beliebt.

nomen Status erhielt, bestand sie aus verstreut liegenden Gebäuden im historischen Zentrum der Stadt. Erst in den 1930er-Jahren fasste man den Plan, eine Universitätsstadt zu bauen, um alle Institute an einem Ort zusammenzufassen. Den Masterplan für die Gestaltung schufen die Architekten Mario Pani und Enrique del Moral. Konsequent wandten sie dabei die Prinzipien zeitgemäßer Architektur und des modernen Städtebaus an – stets unter Einbeziehung lokaler Traditionen und Baustoffe. Bemerkenswert ist die gelungene Integration künstlerischer Werke von Diego Rivera, José David Alfaro Siqueiros und anderen in die Architektur.

○ **XOCHIMILCO**

Die »schwimmenden Gärten« (Chinampas) in dem am Südrand von Mexiko-Stadt gelegenen Dorf Xochimilco, dessen Name sinngemäß »Ort der Blumenfelder« bedeutet, erinnern an die Seen- und Kulturlandschaft, die die Azteken einst in ihrer alten Hauptstadt Tenochtitlán geschaffen hatten. Um in einem See künstliches Ackerland zu gewinnen, formte man aus Flechtwerk und Schilf Flöße, befüllte diese mit Schlamm und fruchtbarer Erde, gab dem Ganzen mit Weiden an den Außenwänden Halt und pflanzte Blumen und Gemüse, deren Wurzeln sich bald im flachen Seegrund »verankerten«.

SHOPPING

○ **MERCADO DE SONORA**

Ein wenig makaber, ein wenig witzig – und ziemlich außergewöhnlich. So könnte man wohl den Markt beschreiben, auf dem die Vielfalt des mexikanischen Okkultismus unter Beweis gestellt wird. Heilpflanzen, Totenschädel und Krippenfiguren stehen hier nebeneinander, Magie und Religion gehen Hand in Hand.
// Fray Servando Teresa de Mier 419

○ **THE SHOPS**

Unter dem Dach des Downtown Hotel sammeln sich über 20 luxuriöse Boutiquen, deren Mode nicht nur allesamt Fair Trade ist, sondern auch von namhaften mexikanischen Designern entworfen wurde.
// www.theshops.mx

ÜBERNACHTEN

Las Alcobas // Die zentrale Lage macht das Las Alcobas zum idealen Hotel für Kurzurlauber. Das Design stammt von Yabu Pushelberg und kombiniert Luxus, Eleganz und Unauffälligkeit.
// www.lasalcobas.com

El Patio 77 // Vorurteile gegen ein B&B kann man im El Patio 77 ganz schnell vergessen. Komplett plastikfrei und ausgezeichnetes Öko-Konzept – hier steht Nachhaltigkeit an oberster Stelle, genauso wie der freundliche Service. Das Frühstück genießt man im grünen Innenhof.
// www.elpatio77.com

Ryo Kan // Ein Designhotel der besonderen Art findet man im Ryo Kan. Inspiriert von japanischem Origami, erstrahlen die Räume in Weiß und hellem Holz. Man hat die Wahl aus verschiedenen Zimmertypen, allen gleich ist die außergewöhnliche Einrichtung und die modulare Anordnung der einzelnen Elemente.
// www.ryokan.mx

AUF KEINEN FALL VERPASSEN

DIE PRÄKOLUMBISCHE STADT TEOTIHUACÁN ERKUNDEN
Das etwa 50 Kilometer nordöstlich von Mexiko-Stadt gelegene Teotihuacán ist eine der bedeutendsten Ruinenstätten Mesoamerikas. Die Anlage beeindruckt vor allem durch ihre monumentalen Dimensionen. Als die Azteken die riesige Stadtanlage im 14. Jahrhundert entdeckten, war sie schon seit über 700 Jahren verlassen. Um 200 v. Chr. entstanden die Kernbereiche der bis heute erhaltenen Hauptbauten und die zentrale Nord-Süd-Achse. Etwa 200 bis 300 Jahre später wurden der Quetzalcoatl-Tempel und die großen Pyramiden errichtet. Um 350 war die Stadt mit rund 150000 Einwohnern die größte Amerikas. Ihr Wohlstand gründete vorwiegend auf der Verarbeitung von Obsidian, einem Vulkangestein, aus dem Werkzeuge hergestellt wurden.

DIE WANDGEMÄLDE VON DIEGO RIVERA ENTDECKEN
Auf riesigen Murales zeigt der Maler Diego Rivera (1886–1957) Szenen aus der Geschichte seines Landes. Sein Meisterwerk, das berühmte Wandgemälde im Palacio Nacional, weist bis ins goldene Zeitalter des Quetzalcóatl zurück. Das 1929 begonnene Werk wurde nicht ganz vollendet. Die Escuela Nacional Preparatoria weist farbenfrohe Wandgemälde auf, darunter auch Riveras Erstlingswerk »Die Schöpfung«. Frühe Wandbilder des berühmten mexikanischen Muralisten schmücken auch die Secretaria de Educación Pública.

KUNST KOSTENFREI GENIESSEN IM MUSEO SOUMAYA
Glänzendes Metall, das sich wie ein eckiger Kelch in den Himmel reckt: Das Gebäude des Museo Soumaya (über 60000 Exponate) ist selbst ein Kunstwerk. Der Eintritt ist gemäß der Philosophie, Kunst für jedermann zugänglich zu machen, kostenfrei.

AUF DEN SPUREN VON FRIDA KAHLO IN DER CASA AZUL
Ein intensives Erlebnis stellt jeder Besuch des Frida-Kahlo-Museums dar. Bereits vor dem Betreten des Hauses nimmt man die Atmosphäre der Kolonialzeit wahr, kaum haben sich die Gassen und Häuser verändert. Die Casa Azul war Geburts- und Wohnhaus der Künstlerin Frida Kahlo, deren bewegtes Leben zwischen Extremen nicht nur in den hier ausgestellten Werken präsent wird, sondern auch durch die erhaltene Einrichtung der Zimmer lebendig nachvollziehbar ist.

NACH KUNSTHANDWERK STÖBERN IN LA CIUDADELA
Seinen Ursprung hat der Markt La Ciudadela im Jahr 1968 und bis heute wird dort Kunst und Handwerk gehandelt, von lokalen Erzeugern und stark der mexikanischen Kultur und Tradition verpflichtet. Ein schöner Ort für einen einfachen Bummel oder zum Einkaufen von besonderen Mitbringseln.

#35 MÜNCHEN

DIE SCHÖNSTE STADT DER WELT? DIE MÜNCHNER HABEN NIE BEHAUPTET, DASS DIESER SUPERLATIV IHRER HEIMAT ZUSTÜNDE, AUCH WENN SIE AUF IHRE STADT STOLZ SIND; UND SOWIESO WIRD SICH JEDER BESUCHER SEIN EIGENES URTEIL BILDEN. MÜNCHEN IST EINE STADT, DIE ALLE SINNE ANSPRICHT: DAS LEBEN GENIESST MAN IN DEN STRASSENCAFÉS, IN DEN IDYLLISCHEN BIERGÄRTEN ODER DIREKT AN DER ISAR UND IM ENGLISCHEN GARTEN. IN DAS KULTURELLE MÜNCHEN TAUCHT MAN BEIM OPERN- ODER THEATERBESUCH EIN ODER BEI DER BESICHTIGUNG DER WEIT BEKANNTEN MUSEEN WIE DER DREI PINAKOTHEKEN ODER DES DEUTSCHEN MUSEUMS. AUCH DIE MODERNEN ARCHITEKTONISCHEN HÖHEPUNKTE SIND LÄNGST ZU WAHRZEICHEN DER STADT GEWORDEN, ETWA DIE BMW WELT, DIE ALLIANZ ARENA ODER DAS OLYMPIASTADION MIT SEINER WELTBEKANNTEN ZELTDACHKONSTRUKTION. IN DER ZEIT WÄHREND DES OKTOBERFESTS ZEIGT SICH DIE STADT FRÖHLICH UND LEBENSLUSTIG, UND DER SLOGAN, DER DIE OLYMPIASTADT VON 1972 INTERNATIONAL BEKANNT GEMACHT HAT, FASST ES ZUSAMMEN: WELTSTADT MIT HERZ.

Der Marienplatz: Hier ist Münchens urbane Mitte, und das schon seitdem die Stadt 1158 gegründet wurde. Ein Platz über unterirdischen S- und U-Bahnhöfen, eingerahmt von Kaufhausfronten, dem neugotischen Neuen Rathaus (1867–1909, im Bild) sowie dem Alten Rathaus (1470–1480).

○ **MARIENPLATZ**
Münchens zentraler Platz wird gesäumt von bürgerlichen Häuserzeilen sowie vom Neuen Rathaus und dem Alten Rathaus. Den Mittelpunkt bildet die vergoldete Mariensäule mit ihrem von Putten umkränzten Sockel. Der Marienplatz war Ausgangspunkt der bayerischen Landesvermessung.

○ **NEUES RATHAUS**
In Formen der flämischen Gotik wurde im 19. Jahrhundert ein repräsentatives Bauwerk geschaffen. Berühmt ist das Glockenspiel, unter dem sich tagtäglich Touristen kurz vor 12 Uhr versammeln, um den Klängen des Schäfflertanzes zu lauschen; abends um 21 Uhr zeigt sich dann das Münchner Kindl.

○ **FRAUENKIRCHE**
Der Liebfrauendom trägt die imposantesten Doppelzwiebeltürme im Land. Die Kuppeln sind das Wahrzeichen Münchens und weithin zu sehen. Im Inneren gibt es Ausstattungsstücke aus der Zeit der Gotik, etwa einen riesigen Bronzesarkophag Ludwigs des Bayern oder den sagenumwobenen Fußabdruck des Teufels vor dem Zutritt zum Kirchenschiff.

○ **ALTER PETER**
Der von den Einheimischen Alter Peter genannte Turm der Pfarrkirche St. Peter kann über 306 Treppenstufen bis zu einer Aussichtsplattform bestiegen werden. Das Äußere der auf einer Anhöhe, dem Petersbergl, über dem Viktualienmarkt gelegenen Kirche wirkt gotisch, im Inneren steht ein gewaltiger Barockaltar.

○ **VIKTUALIENMARKT**
Durch das Gassengewirr der zum größten Teil festen Verkaufsstände und den Maibaum in der Mitte wirkt der Freiluft-Einkaufsplatz für Lebensmittel ländlicher als so mancher Dorfmarkt. Hier gibt es immer was zu entdecken, von der Rossdicken, einer Pferdewurst, bis zum Saft aus gepresstem Dinkel.

○ **RESIDENZ**
Gewaltiger Renaissancebau mit einer kolossalen Ansammlung von Schätzen der Wittelsbacher, unter anderem der bayerischen Königskrone. Der Gebäudekomplex besteht aus mehreren Höfen, u. a. mit dem im Stil des Rokoko erbauten Cuvilliés-Theater und der Allerheiligen-Hofkirche. Im Inneren der Residenz ist das Antiquarium, ein riesiges, freskengeschmücktes Renaissancegewölbe, das architektonische Glanzstück.

○ **FELDHERRNHALLE**
Die der Florentiner Loggia dei Lanzi nachgebildete offene Halle wurde Mitte des 19. Jahrhunderts durch Friedrich von Gärtner als Auftakt der prachtvollen Ludwigstraße erbaut.

○ **THEATINERKIRCHE**
Die Barockkirche mit ihren markanten Türmen steht am Ende der eigentlichen Altstadt. Außen kaisergelb, ist das Innere in zurückhaltender Farbigkeit gehalten. Unterhalb der beiden Turmhelme schmücken Schneckenverzierungen die Fassade, wodurch St. Kajetan, so der offizielle Name, charakteristisch für das Stadtbild wird.

MÜNCHEN

WARUM IM HERBST? 1810 VERANSTALTETE MAN EIN PFERDERENNEN, UM DIE HOCHZEIT DES BAYERISCHEN KRONPRINZEN LUDWIG I. ZU FEIERN. DIESES RAUSCHENDE FEST WAR EIN SOLCHER ERFOLG, DASS ES JÄHRLICH WIEDERHOLT UND SCHLIESSLICH ZU JENER DERBEN PARTY WURDE, DIE ES HEUTE IST: ZUM OKTOBERFEST. MEHR ALS SECHS MILLIONEN BIERLIEBHABER SITZEN AN LANGEN TISCHEN IN RIESIGEN ZELTEN, STÜRZEN GERSTENSAFT HINUNTER UND KOMMEN ZUSAMMEN AUF MEHR ALS 6,5 MILLIONEN LITER. AUF DEM FESTSPEISEPLAN STEHEN AUSSERDEM 500 000 HENDL, 104 OCHSEN UND MEHR ALS 50 000 SCHWEINSHAXN-PORTIONEN. AUSGESCHENKT WIRD AUSSCHLIESSLICH DAS EIGENS DAFÜR GEBRAUTE OKTOBERFESTBIER; MAN ZAHLT MIT MARKEN UND MUSS SITZEN, UM BEDIENT ZU WERDEN. DARÜBER HINAUS GIBT ES EINEN RUMMEL UND EIN PAAR NOSTALGISCHE DAUERBRENNER WIE DEN LETZTEN DEUTSCHEN FLOHZIRKUS, DER SEIT DEM 19. JAHRHUNDERT NICHT MEHR WEGZUDENKEN IST.

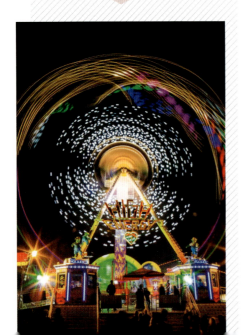

○ HOFGARTEN
Ein Garten zum Promenieren zwischen höfischer Architektur. Die Anlage ist auf den Diana-Tempel zentriert. Er wird von einer weiblichen Figur bekrönt, die eine Allegorie auf das Land Bayern darstellt (Tellus Bavarica, »bayerische Erde«).

○ HAUS DER KUNST
Am Beginn der Prinzregentenstraße direkt am Englischen Garten steht der repräsentative Kunsttempel, der 1937 fertiggestellt wurde. Er hat mit der Ausstellung »Entartete Kunst« eine dunkle Vergangenheit.

○ NATIONALTHEATER
Am Max-Joseph-Platz erhebt sich das Nationaltheater mit imposantem Säulenportikus und doppeltem Giebel.

○ VALENTIN-MUSÄUM
Das im Isartor untergebrachte Museum erinnert an den Meister des skurrilen Humors und Sohn der Stadt München: Karl Valentin.

○ ASAMKIRCHE
Dieses Gotteshaus, dessen offizieller Name St. Johann Nepomuk lautet, gleicht einer Schmuckschatulle in einer Grotte. Die Brüder Cosmas Damian und Egid Quirin Asam schufen dieses rauschhaft überladene Vermächtnis ihrer Kunst zwischen 1733 und 1746.

○ JÜDISCHES KULTURZENTRUM, STADTMUSEUM
Ein Kubus mit vorgeschalteter Granitwand dient der Darstellung jüdischer Identität in München. Das offene Ensemble mit der 2006 eröffneten Hauptsynagoge, dem Jüdischen Museum und dem jüdischen Gemeindehaus schafft eine neue Flaniermeile vom Viktualienmarkt zum Oberanger. Ebenfalls am Jakobsplatz liegt das Stadtmuseum, das Exponate aus Münchens Kulturgeschichte zeigt.

○ ST. MICHAEL
Die größte Renaissancekirche Deutschlands mit mächtigem Tonnengewölbe war ein Solidaritätszeichen Herzog Wilhelms V. zur Gegenreformation. Die Giebelfassade zeigt seine Ahnenfiguren.

○ STACHUS/KARLSPLATZ
Im Sommer lockt ein offener Brunnen Einheimische und Touristen zu Tausenden an. Der Karlsplatz, den

Links: Das Münchner Oktoberfest – ein Gruppenrausch für Millionen – ist die größte Party der Welt. Täglich kommen durchschnittlich etwa 500 000 Gäste auf die Wiesn. Sie stürmen Fahrgeschäfte und Bierzelte mit einem Fassungsvermögen von bis zu 6000 Menschen. Bei der Hymne »Ein Prosit der Gemütlichkeit« prosten sich die Menschen aus aller Herren Länder und jeglicher Nationalitäten fröhlich zu.

MÜNCHEN

wenige Münchner so nennen, ist das Eingangstor zur Neuhauser Straße.

○ **DEUTSCHES MUSEUM**
Auf einer Isarinsel zwischen Ludwigs- und Corneliusbrücke erhebt sich eines der größten naturwissenschaftlichen und technischen Museen der Welt. Im Innenhof steht ein Flugsimulator. Eine astronomische Uhr zeigt die Sternbilder des jeweiligen Monats an.

○ **KÖNIGSPLATZ**
Den königlichen Platz ließ König Ludwig I. von seinem Baumeister Leo von Klenze entwerfen. Der mächtige Torbau der Propyläen schließt die klassizistische Platzanlage zur Brienner Straße ab.

○ **GLYPTOTHEK**
Das Bauwerk mit seiner ionischen Säulenvorhalle beherbergt eine öffentliche Sammlung oft originaler antiker Statuen und Büsten. Glanzstück ist der »Barberinische Faun«, eine römische Skulptur, die einen schlafenden Satyr darstellt.

○ **LENBACHHAUS**
Die ehemalige Residenz des Malerfürsten Franz von Lenbach dient als Ausstellungsrahmen für die Bilder der Künstlergruppe »Der Blaue Reiter«.

○ **PINAKOTHEK DER MODERNE**
Die neueste der Münchner Pinakotheken beherbergt in dem 2002 eröffneten Bau u. a. Werke der klassischen Moderne, der Gegenwartskunst seit den 1950er-Jahren, Installationen und die Sammlung Neue Medien und Fotografie.

○ **ALTE PINAKOTHEK**
Das frei stehende Gebäude beherbergt eine Galerie von Weltruf. Alte Meister von Holbein bis Rubens sind hier versammelt. Berühmte Werke sind: Dürers Porträt des Oswolt Krel, Murillos »Trauben- und Melonenesser«, Rembrandts »Heilige Familie« oder das Bildnis Kaiser Karls V. von Tizian.

○ **NEUE PINAKOTHEK**
Von den französischen Impressionisten bis zu den deutschen Expressionisten, von den Nazarenern bis

AUSGEHEN

Tantris // Bereits seit dem Jahr 1971 beherrscht das Tantris die Münchner Restaurantszene, und zwar ohne Unterbrechung. Der mit zwei Sternen ausgezeichnete Koch Hans Haas zählt gleichwohl zu den besten Köchen Deutschlands.
// www.tantris.de

Emiko // Vom Viktualienmarkt bezieht dieses japanische Restaurant viele seiner frischen Zutaten, die zu modernen japanischen Gerichten kombiniert werden.
// www.louis-hotel.com/emiko-restaurant-bar

Café Frischhut // Das Café wird auch »Die Schmalznudel« genannt und ist eine Institution. Schon frühmorgens kann man sich hier mit fettgebackenen Köstlichkeiten (»Auszogene«, Rohrnudeln, Krapfen, Striezel) stärken und plauschen oder im Sommer im Freien sitzen.
// **Prälat-Zistl-Straße 8**

Rechts: Die grüne Isar ist Münchens schönste natürliche Lebensader. An einer Furt des Flusses mit dem keltischen Namen »die Reißende« entwickelte sich eine Siedlung. München weiß also, was es der Isar zu verdanken hat, und liebt seinen Fluss, der aus den Alpen kommt und nach 295 Kilometern bei Deggendorf in die Donau mündet. Die Münchner baden, sonnenbaden und angeln im Fluss, grillen und surfen auf ihren Nebenbächen, wie etwa auf dem Eisbach. Die Isar ist ein Stück Natur mitten in der Stadt.

Schloss Nymphenburg ist der Höhepunkt im Münchner Westen. Besonders beeindruckend ist, dass dieses herrliche Barockensemble in einer Großstadt steht und der Horizont von keinerlei Hochhauskonturen verstellt wird – heute ein seltenes Bild im deutschen Städtebau.

Böcklin, Liebermann und Cézanne bietet das Museum Kunst- und Architekturgenuss. Ein weltberühmtes Gemälde der Sammlung sind die »Sonnenblumen« von van Gogh.

○ **ENGLISCHER GARTEN**
Mit seinen weiten Grünflächen, Hainen, Bächen und Seen ist der Landschaftsgarten ein Paradestück unter den Parks. Einzelne Gebäude wie der Monopteros oder der Chinesische Turm sind weithin bekannt.

○ **SCHLOSS NYMPHENBURG**
Kurfürst Ferdinand Maria schenkte seiner Gemahlin Henriette den Auftakt zu einer strahlenden Barockschöpfung, die der Thronfolger Max Emanuel erst richtig ins Leben rief. Im Inneren zeigt die Anlage ausladendes Rokoko.

SHOPPING

○ **SCHUHBECKS GEWÜRZLADEN**
Mehr als 100 Gewürze und Dutzende Würzmischungen aus aller Welt, fertig verpackt in Beutelchen, in Schmuckdosen oder zum Selberabfüllen. Ferner gibt es köstliche Senf- und Meerettichkreationen.
// www.schuhbeck.de

○ **LUDWIG BECK**
Das »Kaufhaus der Sinne«, wie der passende Claim lautet, bietet auf fünf Stockwerken schicke Kleidung, Musik, Papeterie und vieles mehr.
// www.ludwigbeck.de

○ **DALLMAYR**
Ein Delikatessengeschäft vom Feinsten mit einer über 300-jährigen Geschichte! Eine kulinarische Erlebniswelt mit Kaffee-, Schokolade- und Weinabteilung.
// www.dallmayr.com

○ **HOHENZOLLERNSTRASSE**
Typisch Schwabing! Hier finden einkaufswillige Einheimische und Touristen die exklusiven Läden und flippigen Boutiquen, für die dieser Stadtteil bundesweit bekannt ist. Auch ein Blick in die ruhigeren Seitenstraßen lohnt sich.

ÜBERNACHTEN

Opéra // In einem kleinen Stadtpalais im Lehel befindet sich dieses elegante Hotel mit zauberhafter Atmosphäre und luxuriösem Ambiente. Alle Sehenswürdigkeiten der Innenstadt sind gut zu Fuß erreichbar.
// www.hotel-opera.de

Bayerischer Hof // Das erste Haus am Platz. Endlos ist die Liste der prominenten Gästeschar. Auf dem Dach befindet sich ein moderner und eleganter Spabereich, der nach Voranmeldung auch als Dayspa genutzt werden kann.
// www.bayerischerhof.de

Torbräu // Das älteste Hotel der Stadt (das Haus gibt es seit 1490) liegt gegenüber dem Isartor. Die 91 Zimmer sind individuell eingerichtet. Das Hotel hat ein hauseigenes Restaurant.
// www.torbraeu.de

AUF KEINEN FALL VERPASSEN

EINE VIKTUALIENMARKT-SCHMANKERLTOUR UNTERNEHMEN

Mit »Viktualien« waren dereinst Lebensmittel für den täglichen Bedarf gemeint, aber es werden inzwischen auch allerhand Luxusgüter und Delikatessen aus dem Schlaraffenland verkauft. Bei dieser außergewöhnlichen Führung gibt es so viel Wurst und Käse, Süßes und Deftiges, dass man am Ende satt und zufrieden ist. Ganz nebenbei erfährt man Interessantes über Geschichte, Bräuche und unbekannte Ecken.

EINEN MÜNCHNER BIERGARTEN BESUCHEN

Zur kühlen Maß gibt es Wurstsalat oder Fleischpflanzerl, alles eher rustikal. Selbstbedienung ist üblich, es wird sich geduzt. Beliebte Biergärten sind der rund um den Chinesischen Turm, der Hirschgarten oder der in der Augustiner-Brauerei.

EIN BESUCH IM MÜLLER'SCHEN VOLKSBAD

Stilvoller kann man seine Runden nicht drehen. Das Jugendstilhallenbad mit Wasserspeiern und barockisierendem Dekor zählt wohl zu den schönsten Bädern in Europa. Zur Auswahl stehen zwei Schwimmhallen, je eine für Frauen und Männer (heute für beide zugänglich). Schlemmen lässt es sich ganz wunderbar im Café nebenan.

EISBACHSURFERN IM ENGLISCHEN GARTEN ZUSEHEN

Die Eisbachwelle ist Mittelpunkt der Surferszene weit weg vom Meer. Am besten kann man den Wellenreitern von der Brücke am Haus der Kunst aus zuschauen.

DEN KOPF DER BAVARIA AUF DER THERESIENWIESE BESTEIGEN

18 Meter ist die Bronzedame hoch. Sie thront vor der Ruhmeshalle. Von oben hat man einen prima Blick über die Theresienwiese, wo das Oktoberfest und Flohmärkte stattfinden.

#36 SHANGHAI

URSPRÜNGLICH WAR SHANGHAI, DIE »SIEDLUNG ÜBER DEM MEER«, NUR EIN ANLEGEPLATZ FÜR DSCHUNKEN, DEN MAN IM 16. JAHRHUNDERT MIT EINER MAUER SCHÜTZTE. DEN OVALEN VERLAUF DER MAUER ZEICHNET BIS HEUTE EINE RINGSTRASSE NACH. SCHON ZUR MINGZEIT (1368-1644) HATTE SHANGHAI WIRTSCHAFTLICHE BEDEUTUNG. DIE GRÜNDUNG DES MODERNEN SHANGHAI GEHT ZURÜCK AUF DEN VERTRAG VON NANJING (1842), IN DEM MAN DEN EUROPÄISCHEN MÄCHTEN DAS NIEDERLASSUNGSRECHT EINRÄUMEN UND SICH DEM AUSLÄNDISCHEN HANDEL ÖFFNEN MUSSTE. IM 20. JAHRHUNDERT ENTWICKELTE SICH SHANGHAI ZU EINER BEDEUTENDEN HAFENKOLONIE MIT HANDELSHÄUSERN UND BANKEN, VILLEN, FABRIKEN UND ARBEITERSIEDLUNGEN. NÖRDLICH VON DER ALTSTADT FINDET MAN IN DEM VIERTEL HUANGPU UND AN DER UFERSTRASSE BUND VIELE SEHENSWERTE KOLONIALGESCHICHTLICHE BAUDENKMÄLER.

Linke Seite: Als sich in den 1990er-Jahren in Shanghai die Wolkenkratzer in aberwitzige Höhen zu schrauben begannen, waren Baukräne in Deutschland Mangelware: Alle waren in Shanghai im Einsatz. Mit Erfolg: Im Finanzbezirk Lujiazui herrscht heute eine hohe Dichte an Hochhäusern, jeder Quadratmeter Fläche wird genutzt. Dazu verbindet ein Transrapid das Viertel mit dem Flughafen.

Rechts: Wie ein architektonisches Ausrufungszeichen symbolisiert der Turm des Shanghai World Financial Center den Anspruch Chinas, eine weltweit führende Wirtschaftsmacht zu sein. Im 100. Stock kann man eine Aussichtsplattform betreten, die beide Gebäudearme verbindet.

○ **THE BUND**

Der Bund liegt am Westufer des Huangpu, gehört zu den schönsten Uferpromenaden der Welt und ist gleichzeitig Shanghais längste Sehenswürdigkeit. Zum Glück stehen die kolonialen Prachtpaläste aus den Zwanziger- und Dreißigerjahren unter Denkmalschutz. So trotzen die Hotels, Bank- und Handelshäuser, die einst die Briten, Franzosen und Amerikaner gebaut haben, der Shanghaier Abriss- und Bauwut. Auf der anderen Uferseite liegt Pudong, das hypermoderne Shanghai, dort schlägt zwischen den gigantischen Wolkenkratzern das Herz der Stadt noch schneller. Besucher sollten zweimal den Bund besuchen: einmal frühmorgens, wenn sich gerade der Nebel über dem Fluss lichtet und die Chinesen Frühsport machen, und abends, wenn ein Lichtermeer die Promenade verzaubert.

○ **PEACE HOTEL**

Marlene Dietrich, Charlie Chaplin und fast alle Reichen, Schönen und Berüchtigten dieser Welt haben im Peace Hotel gewohnt, gearbeitet und vor allem wild gefeiert. Am Beginn der Nanjing Lu, direkt am Bund, eröffnete der Großindustrielle Sir Ellice Victor Sassoon 1929 das Cathay Hotel im Art-déco-Stil, das 1956 zum Peace Hotel wurde. Prägnant ist das grüne Kupferdach. Während der Kulturrevolution galt das Hotel als Ausbund der bürgerlichen Dekadenz, bis Maos Soldaten dem lasterhaften Treiben ein Ende machten. Nach Ende des Terrors wurde das Peace Hotel wieder zu dem, was es war: ein Luxushotel.

○ **NANJING LU**

Bei Kirmesstimmung lockt die Nanjing Lu mit Kommerz, Konsum und Köstlichkeiten aus aller Welt. Tagsüber hat man manchmal das Gefühl, durch eine europäische Altstadt zu wandeln. Doch sobald es dunkel wird, verwandelt sich die Einkaufsmeile in ein elektrisierendes Lichtgewitter: Werbetafeln in Neon, flirrende chinesische Schriftzeichen – selbst die Straße leuchtet bunt. Livebands spielen, Chöre singen und Schauspieler führen Stücke auf. Der Volksplatz teilt die über fünf Kilometer lange Straße in einen West- (Nanjing Xi Lu) und einen Ostabschnitt (Nanjing Dong Lu), wo auch die Fußgängerzone liegt. Natürlich schläft auch die Konkurrenz nicht und es gibt vielleicht bessere Einkaufsmöglichkeiten, dennoch ist ein Abendbummel ein Muss.

○ **SHANGHAI MUSEUM**

Die Architekten des Museums hatten ein Ba Ke Ding vor Augen: einen Bronzekessel, der in China vor 5000 Jahren in Gebrauch war. So schlägt die Architektur einen Bogen von der frühen chinesischen Kulturgeschichte bis heute. Nicht nur von außen ist das Mu-

SHANGHAI

WARUM IM HERBST? NACH DEM HEISSEN, FEUCHTEN SOMMER BRINGT DAS SUBTROPISCHE KLIMA ANGENEHM MILDE HERBSTTEMPERATUREN NACH SHANGHAI. AUCH TAIFUNE UND REGENGÜSSE SIND NUN VORÜBER, SODASS SICH DIE PULSIERENDE METROPOLE UNGESTÖRT ERKUNDEN LÄSST. EINE BESONDERE STIMMUNG HERRSCHT ANFANG OKTOBER ZUR »GOLDENEN WOCHE«, WENN DER CHINESISCHE NATIONALFEIERTAG SIEBEN TAGE LANG GEBÜHREND GEFEIERT WIRD. DANN IST IN DER GANZEN STADT MIT ZAHLREICHEN KULTURELLEN VERANSTALTUNGEN UND FESTIVALS JEDE MENGE GEBOTEN. DIE BESTE GELEGENHEIT ALSO, UM NOCH ETWAS MEHR VON DER CHINESISCHEN KULTUR ZU ERLEBEN. DEN HÖHEPUNKT AM ENDE DER WOCHE BILDET EIN GIGANTISCHES FEUERWERK.

seum ein Superlativ. Auf vier Etagen sind 16 Abteilungen mit etwa 125 000 Exponaten aus Kunst und Kultur verteilt. Besucher können nicht nur den Fortschritt und die Weiterentwicklung von Kunst und Gebrauchsgegenständen über die Jahrtausende beobachten, sondern auch den Wandel von Geschmack und Stil.

○ JADEBUDDHA-TEMPEL
Mit seinen geschwungenen Dächern könnte der Jadebuddha-Tempel (Yufo Si) aus der Song-Dynastie (960–1279) stammen. Doch so alt ist das Heiligtum nicht: Erst 1882 brachte ein chinesischer Mönch fünf Buddhastatuen aus Myanmar mit, von denen zwei in Shanghai blieben. Beide sind jeweils aus einem einzigen Block weißer Jade geschnitzt und mit Edelsteinen verziert. Heute sind etwa 100 Zen-Mönche im buddhistischen Kloster aktiv, das gut 1,5 Millionen Besucher jährlich anzieht, darunter viele Geschäftsleute, die mit großzügigen Opfergaben die Geister gütig stimmen wollen.

○ YU-GARTEN
Der Yu-Garten aus der Ming-Zeit ist mehr als eine grüne Oase, nämlich ein Beispiel für konfuzianisches und taoistisches Denken. So soll der »Garten der Zufriedenheit« den Wunsch nach einem glücklichen und

Oben: Auch wenn in China die Goldfischzucht eigentlich eine längere Tradition hat, findet man mittlerweile in den Teichen des Yu-Gartens auch die japanischen Koi-Karpfen vor, die als besonders wertvoll gelten.

Links: Die »Goldene Woche« beschließt ein Feuerwerk der Superlative.

langen Leben ausdrücken. Der Beamte Pan Yundan legte den Garten 1559 an, der mehrfach zerstört wurde und verwilderte, bis Kaufleute ihn im 19. Jahrhundert wieder in Form brachten. Mauern, die an einen sich windenden Drachen erinnern, gliedern die Anlage in verschiedene Bereiche. Künstliche Felslandschaften, die sich in glitzernden Teichen spiegeln, reich verzierte Pavillons, Türme und verschiedene Hallen, wie die Halle der Drei Ähren, der Versammelten Anmut oder des Klaren Schnees, schaffen die Illusion von Größe und Weitläufigkeit.

○ FRANZÖSISCHES VIERTEL

Große Platanen säumen die Straßenseiten. Diese Alleen sind typisch für das ehemalige Französische Viertel. Nach dem Ersten Opiumkrieg und der erzwungenen Öffnung im Jahr 1842 siedelten sich zuerst die Briten in der Hafenstadt an. Nur wenige Jahre später folgten die Franzosen und trotzten den Chinesen eine 66 Hektar große Konzession ab, die später auf 1000 Hektar erweitert wurde. Neben herrschaftlichen Villen, Art-déco-Gebäuden, kleinen Parks und Shikumen-Siedlungen (Wohnhäuser, die sowohl chinesische als auch westliche Stilelemente aufweisen) fällt die kleine Zwiebelturmkirche Sankt-Nikolaus auf, die russische Flüchtlinge erbaut haben.

○ XINTIANDI

Mit seinen Bars, Restaurants, Boutiquen, Kinos und Fitnesstempeln gilt Xintiandi als das Trendviertel der Stadt, das in der ehemaligen französischen Konzession liegt. Autos, Lärm und Gestank fehlen, dafür geben die schmalen Gassen, die Longs, und die traditionellen Stadthäuser einen Einblick in das alte Shanghai. Abrissbagger haben das Viertel »Neue Erde unter neuem Himmel« nur verschont, weil mittendrin im Juli 1923 die Kommunistische Partei Chinas gegründet wurde. Heute ist das Shikumen-Haus saniert und beherbergt ein Museum.

○ LONGHUA-TEMPEL

Im Südwesten steht der Longhua-Tempel, Shanghais größtes, ältestes und wohl auch schönstes Kloster. Schon von Weitem weist die siebenstöckige, 44 Meter hohe Pagode aus dem Jahr 977 den Weg. Bereits 242, im Jahr der drei Reiche, kamen hier buddhistische Mönche zum Gebet zusammen. Vermutlich wurde die Anlage im 3. Jahrhundert n. Chr. gegründet. Mehrfach wurde der »Tempel der Drachenblume« zerstört, aber immer wieder neu aufgebaut. Heute

AUSGEHEN

Cloud 9 // Eine der bekanntesten Bars ist die Cloud 9 im 87. Stock des Jin Mao Tower, eine der höchsten der Welt. Cocktails und der Panoramablick über die Stadt sind berauschend.
// **88 Shi Ji Da Dao**

East Nanjing Road // Bei Nacht verwandelt sich die Haupteinkaufsstraße von Shanghai in eine Ausgehmeile mit bunten Lichtern, Leuchtreklamen, jeder Menge Trubel, einheimischen Spezialitäten, Bars, Tanz und Musik.
// **Nanjing Road**

Maison de L'hui // In dem attraktiven Shikumen-Gebäude befand sich zuletzt ein Krankenhaus, bevor in den schönen Mauern dieses gehobene Restaurant eingerichtet wurde. Unbedingt probieren: die Nudelsuppe mit Umberfisch, eine typische Spezialität aus Shanghai.
// **168 Julu Road**

Rechts: Das in den 1920er-Jahren errichtete Hengshan Moller Hotel im Französischen Viertel war ursprünglich eine Privatresidenz und vereint norwegische und orientalische Stilelemente.

praktizieren knapp 100 Mönche in den heiligen Hallen. Es geht unter die Haut, wenn sie in ihren farbigen Kutten monoton singend zum Klang der Fischmaultrommel durch die Gebäude ziehen, um sich ihren Segen zu holen. Wer sich um sein Karma sorgt, steigt – gegen Gebühr – auf den Glockenturm und schlägt die Glocke.

○ **PUDONG**
Lujiazui heißt das Handels- und Finanzviertel, das mit Oriental Pearl Tower, Jin Mao Tower, Shanghai World Financial Center und Shanghai Tower eine Skyline der Superlative aufweist, die zu den meistfotografierten der Welt gehört. Wie auf einer Halbinsel liegt Lujiazui auf der Osteite des Huangpu, gegenüber vom Bund, dessen Gebäude aus der Kolonialzeit früher das Shanghaier Finanzzentrum waren. Den besten Blick auf alte und moderne Architektur bietet eine Mini-Kreuzfahrt auf dem Huangpu; abends hat das Lichterspektakel der Glastürme eine berauschende Wirkung.

○ **ORIENTAL PEARL TOWER**
Von klobig bis kitschig reichen die Beschreibungen des tagsüber rosafarbenen und nachts einem Raumschiff gleich illuminierten Oriental Pearl Tower. Elf unterschiedlich große Kugeln auf verschiedenen Höhen geben dem 468 Meter hohen Fernsehturm ein unvergleichliches Aussehen und sollen Reinheit symbolisieren.

SHOPPING

○ **YUYUAN-BASAR**
Von außen zementiert der Yuyuan-Basar das typisch kitschige Chinabild. Drinnen brummt es wie in einem Bienenstock, nur deutlich lauter. Händler übertönen sich und bieten alles an: Schmuck, Uhren, Handtaschen, die vieles sind, nur sicherlich nicht echt. Hier gibt es alles: goldene Buddhas, Papierdrachen, Kalligrafien.

○ **STOFFMARKT, LUJIABANG ROAD**
Unterschiedlichste Stoffe stapeln sich auf dem Markt in der Lujiabang Road nahe der Uferpromenade. Hat man seine Wahl getroffen, kann man das maßgeschneiderte Kleidungsstück auch schon nach wenigen Tagen abholen.

○ **HUAIHAI ROAD**
Entlang der sechs Kilometer langen Einkaufsstraße reihen sich vor allem die Läden bekannter Designer wie Louis Vitton, Gucci oder Cartier aneinander. Hier geht es etwas ruhiger zu als auf der überlaufenen Nanjing Road.

ÜBERNACHTEN

The Yangtze Boutique Shanghai // Das Hotel zählt zu den kleineren und persönlicheren in Shanghai. Das Innere des Gebäudes zieren kunstvolle Jugendstilelemente. Der People's Square ist zu Fuß in wenigen Minuten erreichbar.
// www.theyangtzehotel.com

Hotel Tian Ping // Nur wenige Minuten vom Xujiahui-Park und der Metrostation entfernt, ist dieses Hotel dennoch erschwinglich. Von einigen Zimmern blickt man in den kleinen Garten.
// www.tianpinghotelshanghai.com

Grand Hyatt Hotel // Nicht nur ein Quartier für Architektur-Begeisterte. Der Jin Mao Tower gilt als einer der schönsten Wolkenkratzer der Welt und beherbergt 55 Suiten und edle Zimmer. So viel Eleganz hat natürlich ihren Preis.
// www.hyatt.com/de-DE/hotel/china/grand-hyatt-shanghai/shagh

AUF KEINEN FALL VERPASSEN

KUNST IM TIANZIFANG ENTDECKEN
In alten Fabriken müssen die Musen besonders gut küssen und ziehen deshalb Kreative magisch an. So auch die vielen kleinen Werks- und Wohngebäude in Shikumen-Architektur aus den 1930er-Jahren, die schon drei Jahrzehnte später geschlossen wurden und verfielen. Chen Yifei, ein bekannter chinesischer Maler, war 1999 einer der Ersten, die dem Charme der alten Industrieanlagen verfielen und in der Gasse 210 ein Atelier bezogen. Weitere Künstler folgten, eröffneten Ateliers und Designerstudios. Sie verhinderten 2006 auch den Abriss ihres Viertels in der ehemaligen französischen Konzession. Daher durchziehen noch immer Longs, die typischen Shanghaier labyrinthartigen Gassen, die 20 000 Quadratmeter große Künstlerkolonie Tianzifang.

DURCH DIE ALTSTADT SCHLENDERN
Einst durch eine Befestigungsmauer vom Rest Shanghais abgegrenzt, bildet die über 1000 Jahre alte Altstadt ein malerisches Labyrinth aus kleinen Gässchen, Teehäusern und traditionellen chinesischen Gebäuden. Obwohl im Viertel an vielen Tagen großer Andrang herrscht, ist dies wohl einer der wenigen Orte in der Weltstadt Shanghi, an dem noch ein Stück »altes China« besteht.

AUTHENTISCH CHINESISCH ESSEN
Zahlreiche Restaurants, zum Beispiel im Viertel Jing'an, verwöhnen mit den typischen Köstlichkeiten Shanghais. Hier isst man hauptsächlich Fisch, Meeresfrüchte und Süßwassertiere mit verschiedenen Saucen und Reis, gern auch frittiert. Hinterher wird manchmal noch eine Suppe serviert.

EINE WASSERSTADT BESUCHEN
Rund um Shanghai liegen zahlreiche Wasserstädte. Meist zeugen diese außergewöhnlichen Dörfer von einer jahrtausendealten Geschichte und Kultur. Das wohl berühmteste Wasserdorf ist Zhujiajiao, etwa 50 Kilomter von Shanghai entfernt. Mit seinen rund 36 alten Steinbrücken und verzweigten Wasserwegen und Kanälen wird es auch das »Venedig Chinas« genannt. Auch in In Wuzhen wird Geschichte lebendig (links).

AM BUND FLANIEREN
Von Shanghais berühmtester Uferpromenade aus bietet sich ein spektakulärer Blick auf die gigantischen Wolkenkratzer. Besonders überwältigend ist ein Spaziergang am Abend bei hell erleuchteter Skyline.

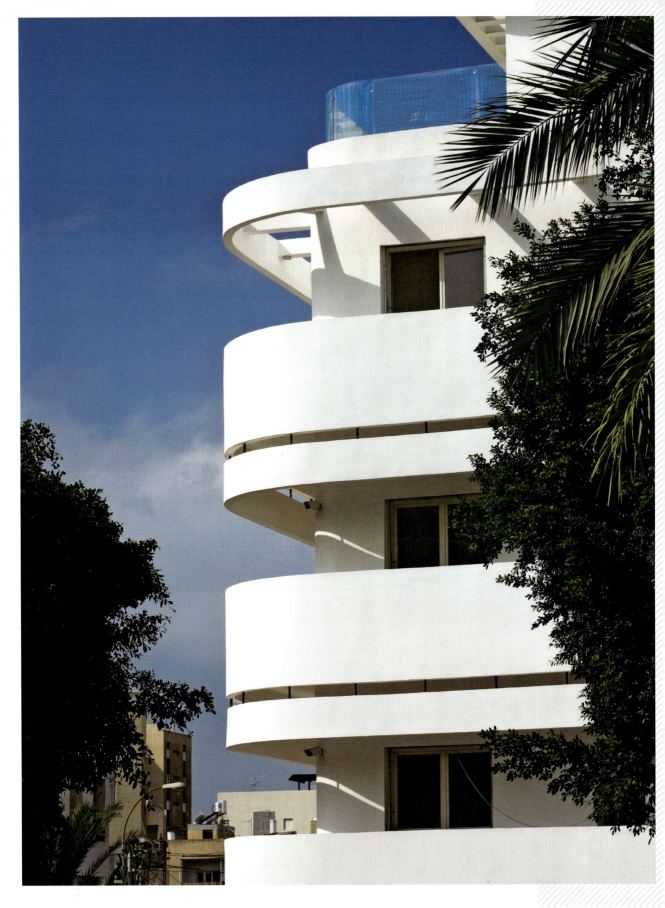

#37 TEL AVIV

JUNG, FEIERFREUDIG UND WELTOFFEN – DAS IST DAS GESICHT VON TEL AVIV. DIE ISRAELISCHE METROPOLE, DIE LÄNGST MEHR IST ALS DER VORORT DER HAFENSTADT JAFFA, PUNKTET VOR ALLEM MIT DER KREATIVEN SZENE UND DER STIMMUNG. NUR VIER FLUGSTUNDEN VON DEUTSCHLAND ENTFERNT, TUT SICH EINE KOMPLETT ANDERE WELT AUF, DIE SICH ÜBRIGENS AUCH VOM RESTLICHEN ISRAEL DEUTLICH UNTERSCHEIDET. DIE »WEISSE STADT«, WIE TEILE VON IHR AUCH GENANNT WERDEN, IST VOR ALLEM FÜR IHR NACHTLEBEN BEKANNT, ABER AUCH FÜR IHRE STRÄNDE UND IHR JUNGES LEBEN. DIE ZWEITGRÖSSTE STADT ISRAELS GILT AUCH ALS »STADT, DIE NIEMALS SCHLÄFT« UND IST WOHL DIE METROPOLE DES LANDES, DIE AM WENIGSTEN MIT RELIGIOSITÄT AUFWARTET. STATTDESSEN ÜBERRASCHT SIE MIT WELTOFFENHEIT UND SETZT VIELE TRENDS IN SACHEN KULINARIK, KUNST, MUSIK UND MODE.

Oben: Das alte Hafenviertel Jaffa kontrastiert mit den modernen Wolkenkratzern der Innenstadt von Tel Aviv.

Linke Seite: Mit rund 4000 im Bauhausstil – oder der Klassischen Moderne – errichteten Gebäuden findet man in Tel Aviv mehr Beispiele dieser Baurichtung als irgendwo sonst auf der Welt. Hinter den inspirierten Fassaden verbargen sich oft einfache Wohnungen.

○ **ROTHSCHILD-BOULEVARD**
Die wohl exklusivste Straße von Tel Aviv eignet sich perfekt für den Start in den Tag: Entlang des Rothschild-Boulevards reihen sich viele Cafés, die zum Frühstücken einladen. Nicht nur die Lokale und Boutiquen machen den Boulevard so einzigartig, sondern auch seine Gebäude. Vor den Nazis geflohene Architekten errichteten in den 1930er- und 1940er-Jahren Häuser im Bauhaus-Stil. Was heute als »Weiße Stadt« bezeichnet wird, ist ein Konglomerat aus mehr als 3500 Gebäuden. Es ist die wohl größte Bauhaussiedlung der Welt. Im Gebäude mit der Hausnummer 16 verbirgt sich die »Independence Hall«, dort wurde 1948 der Staat Israel ausgerufen.

○ **TEL AVIV MUSEUM OF ART**
Tel Aviv ist eine Stadt der Kunst und so wäre es mehr als schade, nicht einmal einen Blick in ein Museum geworfen zu haben. Das Tel Aviv Museum of Art ist das größte Kunstmuseum des Landes und hat sich auf moderne Kunst spezialisiert. Zu finden sind Werke des Expressionismus, des Surrealismus, aber auch des Impressionismus.

○ **KÜNSTLERVIERTEL FLORENTIN**
Wer Streetart mag, wird dieses Viertel lieben: Junge Kreative haben Garagen und verlassene Häuser Ende der 1990er-Jahre in Ateliers und Bars verwandelt. Heute ist das Florentin das Künstlerviertel der Stadt, in der sich vor allem die alternativen Besucher sowie Backpacker wohlfühlen.

○ **NEVE TZEDEK**
Das Trendviertel der Stadt gilt als ein Musterbeispiel für Gentrifizierung. Rund um die Shabazi Street säumen Ateliers den Weg, in denen Künstler Metallobjekte schweißen oder Silber und Gold zu Schmuckstücken fein ziselieren. Die schattigen Innenhöfe sind perfekte Standorte für Cafés und Restaurants, deren alte Bausubstanz für Stimmung sorgt.

WARUM IM HERBST? DIE DURCHSCHNITTLICHEN TAGESTEMPERATUREN VON FRÜHLING UND HERBST UNTERSCHEIDEN SICH NUR WENIG, DIE WASSERTEMPERATUREN JEDOCH SCHON. WER DAS MEER ZUM BADEN ALSO ETWAS WÄRMER BEVORZUGT, SOLLTE IM HERBST KOMMEN. AUCH FALLEN VIELE JÜDISCHE FEIERTAGE IN DIE HERBSTMONATE. AN JOM KIPPUR, DEM WOHL BEKANNTESTEN, STEHT DAS KOMPLETTE LAND FÜR EINEN TAG STILL: KEIN AUTO FÄHRT, KEIN FLUGZEUG FLIEGT, KEIN ESSEN WIRD SERVIERT, GESCHÄFTE SIND ALLESAMT GESCHLOSSEN UND DER FERNSEHER SENDET NICHTS — FÜR URLAUBER IST DER TAG OFT EINE FASZINIERENDE ERFAHRUNG. AUCH DAS LAUBHÜTTENFEST UND SIMCHAT TORAH, DAS ENDE DES JÄHRLICHEN TORAH-LESEZYKLUS, FALLEN IN DEN HERBST UND WERDEN AUF TRADITIONELLE WEISE GEFEIERT.

○ **HABIMA**
Das Theater in Tel Aviv ist Nationaltheater des Landes. Wer Theaterkunst mag, sollte auf jeden Fall eine Vorstellung besuchen. Aber auch der Blick auf das Gebäude lohnt sich. Es wurde 2012 in Betrieb genommen und steht voll im Zeichen des Betons mit seiner fast fensterlosen, brutalistischen Bauweise.

○ **HAYARKON PARK**
Wer nach all dem Stadtrummel mal eine Pause im Grünen einlegen möchte, ist im Hayarkon Park genau richtig. Dort sprudelt der Fluss Yarkon an Rasen, schattigen Bäumen und Sportplätzen vorbei. Palmenwiesen und Kanugewässer locken ebenso wie abends die Konzerte von Weltstars.

○ **SARONA**
Deutsche Auswanderer in Israel haben Ende des 19. Jahrhunderts zusammen mit Dänen und anderen Europäern dieses Viertel gegründet. Es war als Templerviertel bekannt, da die Aussiedler von dort aus das Christentum nach Israel bringen wollten. Nach 1945 verließen sie die Stadt und das Quartier wurde bis 2013 militärisches Sperrgebiet. Heute siedeln sich dort trendige Shops an und es mausert sich zum Szeneviertel, in dessen Häusern sich so manches historische Highlight mit Fresken und feinen Mosaiken befindet.

Oben: Im In-Viertel Neve Tzedek liegt die beliebte Bar »Nana«.

Links oben: Vom südlichen Ende des Trendviertels Neve Tzedek bis zum Habima-Theater am gleichnamigen Platz verläuft eine der wichtigsten Straßen von Tel Aviv: der Rothschild Boulevard im Herzen des Finanzdistrikts. Benannt wurde die Straße nach dem Bankier Edmond Rothschild.

Links unten: Auf dem Balkon des »Rothschild Hotel« an der gleichnamigen Straße steht die Skulptur »Der Chor« der israelischen Künstlerin Ofra Zimbalista.

TEL AVIV

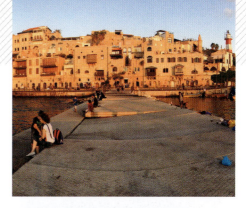

Rechts oben: Drei Häfen gehören zu der Stadt: Der 5000 Jahre alte Hafen in Jaffa, der Jachthafen und der alte Hafen in Tel Aviv. Letzterer befindet sich südlich der Mündung des Yarkon und war von 1938 bis 1965 voll in Betrieb, vor allem um die aus Europa geflüchteten Juden aufzunehmen. Im Jahr 2000 bekam das gesamte Viertel ein neues Gesicht.

Rechts unten: Nachtleben in Jaffa.

○ **BEIT HATEFUTSOT**

Auf dem Gelände der Universität informiert dieses Museum eindrucksvoll über die Geschichte der Juden, vor allem über die Diaspora, also die Zerstreuung des Volkes. Die Dokumentation reicht vom Babylonischen Exil bis zur Gegenwart.

○ **JAFFA**

Der Uhrturm bietet sich als Ausgangspunkt für einen Rundgang im Stadtteil Jaffa an. Die Häuser und Mauern der alten Hafenstadt vereinen Historie, die teilweise sogar in biblischen Geschichten zu finden ist, mit modernem Lebensgefühl. Die schmalen Gassen mit den Sandsteinfassaden der Häuser und den vielen Treppen sind stumme Zeugnisse großer geschichtlicher Ereignisse und Einflüsse von Griechen, Phöniziern oder Ägyptern. Für die Besichtigung braucht

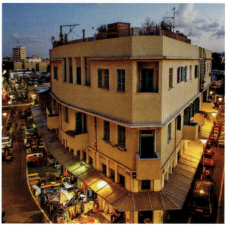

man länger als nur einen Tag, denn Jaffa hat neben vielen Galerien und Boutiquen auch Museen und nicht zuletzt den Alten Hafen zu bieten. So gehören Petruskirche und Simon-Haus zu den großen Anziehungspunkten. Die Wunschbrücke ist heute ebenso magisch wie der Zeitpunkt, wenn sich die Nacht senkt und Jaffas Bars und Clubs die Musik aufdrehen. Wer einen Überblick über die Altstadt haben möchte, erklimmt den Ha'Pisga-Hügel. Und einen Blick lohnt auf jeden Fall die Mahmudiye-Moschee. Das Museum Ilana Goor entfacht nicht nur bei Kunstfreunden einen besonderen Zauber.

AUSGEHEN

Arcaffe // Das Café zählt zu den trendigsten der Stadt. Auf der Karte stehen Gerichte, die die vielen unterschiedlichen Einflüsse der Küche erkennen lassen. Wer dort weilt, muss auf jeden Fall einen Kaffee trinken, auf feinste Bohnen ist das Lokal spezialisiert.
// www.arcaffe.co.il

Container // Restaurant, Künstlertreff und Bar – diese Location vereint alles in einem. Sie ist ausgestattet mit Werken und Wandmalereien moderner Künstler, das Essen ist geprägt von den frischen Fängen der Fischer und die Sicht auf Docks und Strand umwerfend.
// www.container.org.il

Baba Yaga // Typisch israelisches Essen, das eine Mischung aus arabischer und Mittelmeerküche zeigt, die Gerichte mit modernem Pfiff und das Ambiente stimmungsvoll – dieses Restaurant gehört zu den Klassikern in der Stadt.
// www.babayaga.co.il

SHOPPING

○ **HATACHANA**

Der alte Bahnhof von Jaffa hat sich in ein kreatives Zentrum verwandelt, in dem Besucher individuelle Stücke jenseits der Stangenware erwerben können. Alte Zugwaggons beherbergen stimmungsvolle Ca-

Nur schmale Durchgänge ergeben sich zwischen manchen Ständen. Es riecht nach Zimt, Curry und Koriander. Manchmal auch nach Kaffee und Knoblauch. Die Märkte in Tel Aviv sind vor allem ein olfaktorisches Erlebnis, denn sie zeigen die Vielfalt der Stadt aufs Feinste – hier der Carmel-Markt.

fés. Die Hallen sorgen für eine einzigartige Atmosphäre, die letztendlich auch Tel Avivs Fashion Week überzeugt hat, dort Modenschauen auszutragen.

○ **CARMEL-MARKT**
In wohl keinster Weise zeigt sich die kosmopolitische Stimmung Tel Avivs mehr als in den Essgewohnheiten. Der Carmel-Markt ist ein Paradebeispiel für die Vielfalt der israelischen Küche: Aufgetürmte Oliven glänzen, Curry und Kreuzkümmel duften, und hin und wieder zieht der Geruch von frisch gebackenem Brot durch die Straße. Ein schöner Markt, um den Menschen beim Kaufen und Feilschen zuzuschauen.

STRÄNDE

○ **STRANDPROMENADE TAYELET**
14 Kilometer ist die Strandpromenade lang und lädt zu fast jeder Jahreszeit zu Spaziergängen ein. Auch am Strand zeigt sich Tel Aviv bunt und weltoffen, so gibt es sogar einen Gay Beach, erkennbar an den regenbogengemusterten Sonnenschirmen.

○ **FRISHMAN BEACH**
Er zählt zu den beliebtesten Stränden in Tel Aviv und ist dementsprechend gut besucht.

ÜBERNACHTEN

The Rothschild // Direkt am berühmten Rothschild-Boulevard liegt dieses Hotel. Es befindet sich in einem Gebäude im Bauhausstil und wartet mit einem stimmigen Preis-Leistungsverhältnis auf.
// www.the-rothschild.com

Eden House Premier // Das Boutique-Hotel befindet sich fast direkt am Stadtstrand. Im Gegensatz zu den großen Hotels geht es dort familiär zu, ganz in der Nähe befindet sich der Carmel Market.
// www.ehpremier.com

Royal Beach // Dieses Frühstücksbüfett! Wer morgens schon den Schlemmertraum erleben möchte, ist in diesem Hotel genau richtig. Das Luxushotel punktet zudem mit guter Lage, hauseigenem Spa und Zimmern mit Meerblick.
// www.isrotel.com

AUF KEINEN FALL VERPASSEN

SICH EINMAL IM MATKOT-SPIEL VERSUCHEN
Wer in Israel war und nicht einmal einen Matkot-Schläger in den Händen gehalten hat, war nicht richtig am Strand. Matkot ist Nationalsport im Land. Der Sport ist Strandtennis sehr ähnlich, allerdings ist der Schläger aus Holz. Der kleine Ball wird dabei möglichst lange in der Luft gehalten; es geht also mehr um Teamwork als um Konkurrenzdenken.

FITNESS AN DER PROMENADE
Die Menschen in Tel Aviv sind sportlich. Und dabei schauen sie gern aufs Meer, denn an der Strandpromenade wimmelt es nur so von Open-Air-Fitnessgeräten und -studios, die man kostenfrei oder gegen kleines Entgelt nutzen kann. Da kommt der Kreislauf gleich schön in Trab.

BLICK VON DER INDEPENDENCE HALL
Das höchste Gebäude im Nahen Osten bietet einen wunderbaren Panoramablick über die Stadt. Bei gutem Wetter reicht die Sicht vom 49. Stock aus bis nach Jerusalem. Das Haus selbst lohnt auch den Blick: Dort wurde 1948 Israel gegründet.

DEN ORANGER SUSPENDU BEWUNDERN
Solche Wachstumsbedingungen gibt es wohl nur einmal auf der Welt: In einem runden Naturstein, der einen Samen darstellen soll, wurde im Jahr 1993 vom Künstler Ran Morin im Hafenviertel Jaffa ein Orangenbaum gepflanzt. Befestigt mit Seilen, ist das Kunstwerk heute als Hängender Orangenbaum zu besichtigen.

JAFFA-FLOHMARKT
Seit mehr als 100 Jahren findet in Jaffa dieser Flohmarkt statt: Ob Bilderrahmen, Spiegel, Kommoden oder Kleidung – viele Dinge aus zweiter Hand wechseln hier den Besitzer. Wer plant, selbst etwas zu kaufen, sollte sich zuvor allerdings erkundigen, denn bei der Ausfuhr von Kunstgegenständen sind die Bestimmungen streng geregelt.

#38 TORONTO

TORONTO IST UNGEWÖHNLICH LEBENDIG. DIE METROPOLE AM LAKE ONTARIO VERDANKT IHREN KOSMOPOLITISCHEN CHARAKTER DER GROSSEN ZAHL VON EINWANDERERN, DIE NACH DEM ZWEITEN WELTKRIEG HIERHER KAMEN UND DER STADT EINEN EUROPÄISCH-ASIATISCHEN ANSTRICH GABEN. KÜHNE BAUPROJEKTE SIGNALISIEREN EINE DYNAMISCHE ENTWICKLUNG, TRADITIONELLE GEBÄUDE WIE DIE HOLY TRINITY CHURCH STEHEN UNTER DENKMALSCHUTZ.

Toronto ist ein echter Schmelztiegel der Kulturen: Rund 80 verschiedene Nationalitäten sind in der Stadt zu Hause und prägen ihre einzigartige Atmosphäre. Erhaben ragt der CN Tower über die Skyline von Toronto. Der Fernsehturm der Stadt war mit 553 Meter Höhe lange Zeit das höchste frei stehende Bauwerk der Welt (beide Abbildungen).

○ **CN TOWER**
Ende der 1960er-Jahre wurden in Toronto so viele Wolkenkratzer errichtet, dass sich durch die Dichte und Höhe der Bauten der Empfang der Radio- und Fernsehsignale deutlich verschlechterte, und es musste ein neuer Turm gebaut werden. Anfänglich ging man von einem Mast mit einer Höhe von mindestens 350 Metern aus, die allerdings bald aufgestockt wurde. Die Voraussetzungen an dem Standort in der südlichen Innenstadt waren so gut, dass eine Höhe von 553 Metern realisiert werden konnte. Und bis heute ist der markante Riese der höchste Turm Nordamerikas, gefolgt von dem Stratosphere Tower in Las Vegas mit 350 Metern und dem Tower of the Americas in San Antonio mit 229 Meter Höhe. Im Jahr 1976 wurde der Fernsehturm der Bahngesellschaft Canadian National fertiggestellt. Zu dieser Zeit war er noch das höchste frei stehende Bauwerk der Welt.

○ **ONTARIO PLACE**
Früher war Ontario Place eine Art Freizeitpark mit Wasserrutschen und ähnlichen Attraktionen. Doch das Geschäft lief zunehmend schlechter, sodass man sich 2012 auf eine komplette Umgestaltung einigte. Heute kommen alle Generationen auf die ufernahen Inseln, um populäre Kunst und Kultur zu genießen. Dafür gibt es eine große Open-Air-Bühne, das architektonisch herausragende Cinesphere und mehr. Auf den Grünflächen finden regelmäßig Festivals statt, oder man trifft sich zu Yogakursen im Freien.

○ **HARBOURFRONT CENTRE**
Lebendig zeigt sich die Waterfront Torontos in den umgebauten Lagerhallen an den Piers mit Shops, Restaurants und Cafés, Kunstgalerien und Theatern sowie den Promenaden Queen's Quay und York Quay. Events rund um Musik, Tanz und Literatur ziehen Kunstinteressierte an, für Kinder gibt es ebenso viel zu erleben und zu lernen wie für Handwerker und Amateur-Matrosen.

○ **CASA LOMA**
Betrachtet man die Skyline Torontos mit ihren modernen Wolkenkratzern und dem ikonischen CN Tower, würde man kaum vermuten, dass sich mitten unter ihnen ein Schloss befindet, das mit seiner romantischen Atmosphäre und den steinernen Türmen die ideale Kulisse für einen Mittelalterroman oder einen

TORONTO

WARUM IM HERBST? DER INDIAN SUMMER IST DIE SCHÖNSTE JAHRESZEIT IN DER PROVINZ ONTARIO, DARÜBER SIND SICH FAST ALLE BESUCHER EINIG. WENN IM SPÄTEN SEPTEMBER UND FRÜHEN OKTOBER DIE SOGENANNTE FOLIAGE EINSETZT – WENN DIE HERBSTLICHEN BLÄTTER AN DEN BÄUMEN IN ALLEN ROT-, GELB- UND BRAUNTÖNEN LEUCHTEN –, VERWANDELN SICH DIE WÄLDER IN EIN BUNTES FARBENMEER, DAS DIE NATUR WIE EINE MÄRCHENLANDSCHAFT AUSSEHEN LÄSST. AHORNBÄUME, EICHEN UND BIRKEN SCHEINEN IN FLAMMEN ZU STEHEN. FAST NIRGENDS SONST, VIELLEICHT NOCH IN DEN NEUENGLANDSTAATEN DER USA, ZEIGT SICH DIE NATUR VON EINER SO FARBENPRÄCHTIGEN SEITE.

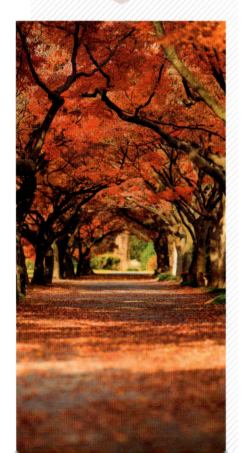

Links: Der Indian Summer ist mit seiner Laubfärbung der Ahornbäume die schönste Jahreszeit in Toronto. Oben: Das Gooderham Building am St. Lawrence Market steht im Schatten der Wolkenkratzer des Financial District. Aufgrund seiner an ein Bügeleisen erinnernden Form wird das Backsteinhaus auch als »Flatiron Building« bezeichnet.

TORONTO

Links oben: Die Stadt hat auffallend viele Museen und Kunstgalerien. Im Royal Ontario Museum ist vor allem die chinesische Sammlung bemerkenswert. Daneben können völkerkundliche Exponate besichtigt werden. 1914 eröffnet, wurde es 2007 nach Entwürfen von Daniel Liebeskind erweitert.

Rechts: »Shop till you drop« ist das Motto im geschäftigen Eaton Centre.

Märchenfilm geben könnte. Erbaut wurde das Herrenhaus im Stil der europäischen mittelalterlichen Burgen in den Jahren 1911 bis 1914.

○ **ROYAL ONTARIO MUSEUM**
Wenn man vor dem Royal Ontario Museum steht, sollte man sich Zeit nehmen, das Gebäude einmal bewusst wahrzunehmen. Ein unscheinbar wirkendes Haus, aus Stein und mit Bogenfenstern versehen – und dann, als würde ein Kristall aus einer Ecke heraus explodieren, die futuristische Konstruktion aus Glas, Aluminium und Stahl, die zackig in alle Richtungen reicht. Die Ausstellungen und Installationen widmen sich Geschichte, Natur, Kunst und mehr.

○ **BROOKFIELD PLACE**
Früher unter dem Namen BCE Place bekannt, ist der Brookfield Place vor allem ein Ort für Geschäftsleute, die täglich hier in ihren Büros arbeiten. Doch einen Besuch sollte man einplanen, um entweder die Architektur der Allen Lambert Galleria von Santiago Calatrava zu bewundern oder die Sportlegenden in der Hockey Hall of Fame.

○ **HOLY TRINITY CHURCH**
Die Mitte des 19. Jahrhunderts im Neu-Tudorstil errichtete katholische Kirche wurde in den Zeiten der Great Depression als Zentrum des Social Gospel bekannt und bis heute nimmt diese Glaubenseinstellung eine wichtige Rolle ein.

○ **YORKVILLE**
Das »Greenwich Village« von Toronto ist Filmliebhabern der ganzen Welt vielleicht ein Begriff, denn hier findet alljährlich das Toronto International Film Festival statt. Bis zu seiner Eingliederung in die Metropole war Yorkville ein eigenständiger Ort. Heute reihen sich in den Straßen teure Boutiquen aneinander.

○ **TORONTO ISLANDS**
Durch eine Fähre mit der Stadt verbunden, sind die Toronto Islands ein stilles Refugium mit ruhigen Kanälen, Spazierwegen und historischem Vergnügungspark für Kinder. Hier findet man die Stille und Natur, die man in Toronto selbst manchmal vergeblich sucht. Autos sind auf den Inseln verboten, und die bunten Häuschen werden von rund 600 Insulanern – wie die Stadtbewohner sie nennen – bewohnt. Menschenmassen wird man hier demzufolge nicht antreffen.

AUSGEHEN

Hello123 // Der Name mag komisch anmuten, aber immerhin ist er leicht zu merken – und das sollte man, wenn man auf veganes Essen steht, auf Bowls, Smoothies, Pancakes, Avocado-Toasts und mehr. Täglich gibt es hier Vegan Brunch, aber auch Lunch und Dinner.
// www.hello123forever.com

Edulis // Wenn man keinen in der Stadt kennt und trotzdem essen möchte, als wäre man bei Freunden eingeladen, sollte man ins Edulis gehen. Von einem Ehepaar hervorragend geführt, mit einem Fokus auf Meeresfrüchte und mit einem Sinn für Saisonalität.
// www.edulisrestaurant.com

Chiado // Koch Albino Silva nimmt seine Gäste mit auf eine kulinarische Reise nach Portugal. Die Zutaten sind frisch und kundig aufeinander abgestimmt, das Ambiente ist gehoben und mit Gemälden an den Wänden unterstrichen – für romantische Dinner und Familientreffen gleichermaßen eine gute Adresse.
// www.chiadorestaurant.com

SHOPPING

○ **WEST QUEEN WEST**
Über 300 Geschäfte und Restaurants haben sich in dem kosmopolitischen Szeneviertel angesiedelt. Und es wächst immer weiter, besonders die Boutiquen mit teurer Designermode erleben gerade den Anfang ihrer Blütezeit. Aber auch Musikläden, Vintage Stores und trendige Bars findet man hier.

○ **ST LAWRENCE MARKET**
Über 200 Jahre gibt es den Market bereits. Jeden Samstag kann man sich hier mit Frischem aus der Region versorgen oder einfach nur die entspannte Atmosphäre genießen. Traditionell beginnt man hier den Tag mit einem »Bacon on a Bun«.
// Front St. / Jarvis St.

○ **THE DISTILLERY DISTRICT**
»Made in Canada« findet man nicht überall in Toronto, aber im Distillery District schon! Einzigartige Läden, Galerien und mehr bevölkern das historische Industrieviertel und kreieren es jeden Tag neu.
// www.thedistillerydistrict.com

○ **LESLIEVILLE FLEA MARKET**
Mitbringsel der besonderen Art, Schnäppchen und Kuriositäten kann man auf dem monatlich stattfindenden Flohmarkt entdecken.
// www.leslievilleflea.com

ÜBERNACHTEN

The Hazelton Hotel // In Yorkville gelegen, ist das Hazelton in ruhiger Umgebung platziert, aber keineswegs zu weit von der Metropole entfernt. Luxuriöse Zimmer verbinden Retro mit modernster Technik. Empfehlenswert sind auch das eigene Restaurant und das Frühstück.
// www.thehazeltonhotel.com

The Drake Hotel // Wenn man in Toronto ein Designhotel sucht, wird man am Drake Hotel kaum vorbeikommen. Bunte Farben, ungewohnte Formen und Service der etwas anderen Art garantieren einen erinnerungswürdigen Aufenthalt.
// www.thedrake.ca/thedrakehotel

The Planet Traveler // Beim Reisen den ökologischen Fußabdruck so gering wie möglich zu halten ist oft schwer. In Toronto besteht die Möglichkeit, im Planet Traveler einzuchecken. Nachhaltigkeit wird in diesem Hostel großgeschrieben, Energie wird aus Erdwärme oder Solarkraft erzeugt.
// www.theplanettraveler.com

AUSFLÜGE

○ **ALGONQUIN PROVINCIAL PARK**
Der etwas weitere Weg in den Nationalpark lohnt sich, wenn man die typische Natur Kanadas in ihrer wohl schönsten Form erleben möchte. Unzählige Seen, herbstlich gefärbte Wälder und viel Ruhe warten auf Abenteurer, Kanuten, Wanderer, Familien und Naturliebhaber.

○ **NIAGARA-ON-THE-LAKE**
Ein Ausflug zu den Niagarafällen ist ein Muss, wenn man in Toronto ist. Und für viele gehört die pittoreske Ortschaft Niagara-on-the-Lake ohne Zweifel dazu. Mit ihrem historischen Charme, den schmucken Häuschen und den umliegendem Weinanbaugebiet ist es eine Reise in das 19. Jahrhundert.

AUF KEINEN FALL VERPASSEN

AUSFLUG ZU DEN NIAGARAFÄLLEN
Die Niagara Falls werden vom Niagara River zwischen dem Lake Erie und dem Lake Ontario gebildet. Mitten durch die Fälle verläuft die Grenze zwischen den USA und Kanada. Der Jesuitenpater Louis Hennepin bekam die gigantischen Wasserfälle im Dezember 1678 als erster Weißer zu Gesicht. Seitdem gehören sie zu den größten Naturwundern der Erde. Über 50 Meter stürzen die Wassermassen in einer Gischtwolke über die Felsen. Goat Island, eine winzige Insel, lenkt das Wasser in zwei Kanäle. Die großen Horseshoe Falls liegen auf kanadischer, die kleineren American Falls auf US-amerikanischer Seite. Die Rainbow Bridge verbindet die beiden Staaten. Die beste Aussicht hat man von der »Maid of the Mist«, die bis dicht an die Fälle heranfährt.

POUTINE AUS EINEM FOOD TRUCK KOSTEN
Den Erzählungen zufolge fing alles mit einem Kioskbesitzer in Quebec in den 1950er-Jahren an. Seine Kreation: Pommes frites plus Käse plus Bratensoße. Sein Name: Poutine. Weder das Rezept noch der Name klingen vielversprechend, doch mittlerweile gilt das Fast Food als Nationalspezialität in ganz Kanada. Grund genug, auch in Toronto einem Food Truck einen Besuch abzustatten, um den bekannten Imbiss zu kosten.

AXT WERFEN
Rund 1500 Mitglieder hat die Backyard Axe Throwing League in ganz Kanada, gegründet wurde sie 2006 in einem Hinterhof in Toronto. Formal gesehen ist es wie Darts – nur wirft man eben statt mit Pfeilen mit einer Axt. Der verrückte Sport gilt nicht nur für Touristen zu den kuriosesten Aktivitäten der Metropole.

DURCH DEN DISTILLERY DISTRICT SCHLENDERN
Der Name sagt es bereits: Der Distillery District war einst Zentrum der Whiskyproduktion Torontos. 1957 wurde hier der letzte Whisky hergestellt, doch die historischen Gebäude aus dem 19. Jahrhundert blieben erhalten. Kunst und Kultur auf der einen Seite, Geschichte und Handwerk auf der anderen treffen nun aufeinander und schaffen ein äußerst lebendiges und beliebtes Areal, auf dem man gern die Zeit verbringt.

AUF DEM GLASBODEN IM CN TOWER DEN BLICK NACH UNTEN WAGEN
Keine Minute dauert es, bis einen der Aufzug auf die Aussichtsplattform des CN Tower bringt. Doch sollte man sich durch diese kurze Fahrt nicht täuschen lassen – die Distanz von 342 Metern zum Erdboden ist nicht gerade wenig. Wer sich traut, blickt nach unten, durch den Glasboden in die Tiefe.

#39 ZÜRICH

ALS GRÖSSTE STADT UND WIRTSCHAFTSMETROPOLE ZIEHT DAS OSTSCHWEIZERISCHE ZÜRICH DANK SEINER LEBENSQUALITÄT UND NICHT ZULETZT WEGEN SEINER HOHEN LÖHNE AUCH VIELE DEUTSCHE AN. DAS EINSTIGE IMAGE ALS VERSCHLAFENE BANKENSTADT HAT DIE STADT AN DER LIMMAT LÄNGST SCHON ABGESTREIFT. SIE GENIESST HEUTE WELTWEIT DEN RUF EINER BLÜHENDEN METROPOLE. INZWISCHEN WURDEN DIE EHEMALIGEN INDUSTRIEQUARTIERE, DEREN BETRIEBE SCHON LANGE STILLGELEGT SIND, ZU SCHRILLEN AUSGEHMEILEN UMFUNKTIONIERT. WO EINST STAHL PRODUZIERT WURDE, PULSIERT HEUTE DAS LEGENDÄRE ZÜRCHER NACHTLEBEN. IN DEN EINSTIGEN INDUSTRIEVIERTELN IM »KREIS 5« ZWISCHEN HAUPTBAHNHOF UND ZÜRICH WEST HABEN KÜNSTLER ATELIERS ERÖFFNET. DORT PROBEN AUCH MUSIKER, ZUDEM BELEBEN THEATER UND GALERIEN DIE KULTURSZENE. IN DEN GASSEN DER ALTSTADT BEWAHRT ZÜRICH FREILICH SEINEN KLEINSTÄDTISCHEN CHARME.

Die in den Zürichsee mündende Limmat teilt den historischen Kern. Rechts ragen Grossmünster und Wasserkirche auf, auf der hier sichtbaren linken Uferseite die Türme von Stadthaus, Fraumünster und St. Peter.

○ **ZÜRICHSEE**
Aus der Vogelperspektive gleicht der Zürichsee einer Banane. Er ist bis Rapperswil rund 28 Kilometer lang und erreicht zusammen mit dem Obersee rund 42 Kilometer. An der breitesten Stelle zwischen Stäfa und Richterswil misst er knapp vier Kilometer. Zwischen Rapperswil und Pfäffikon liegen zwei Inseln, die bewohnte Ufenau und die unter Naturschutz stehende unbewohnte Lützelau. Bei Rapperswil weist der See eine Verengung auf, gebildet durch die Halbinsel Hurden. Dort erbaute man einen Seedamm. Seither nennt man den Teil zwischen Rapperswil und Schmerikon Obersee. Das rechte Ufer heißt wegen seiner sonnigen Lage und der überdurchschnittlich einkommensstarken Bevölkerungsschicht im Volksmund »Goldküste«, während das meteorologisch weniger verwöhnte linke Ufer leicht herablassend »Pfnüselküste« (Pfnüsel = Schnupfen) genannt wird.

○ **FRAUMÜNSTER**
Das Fraumünster war ursprünglich die Kirche eines Klosters für Frauen aus dem süddeutschen Hochadel, das 853 von König Ludwig dem Deutschen gestiftet wurde. 874 wurde an dieser Stelle eine dreischiffige Säulenbasilika mit Querschiff und drei Apsiden geweiht, in die man Reliquien der Stadtheiligen Felix und Regula verbrachte. Im 12. und 13. Jahrhundert wurde die Kirche in großem Stil umgebaut. Der Chor blieb romanisch, das Querschiff hingegen erhielt ein hohes gotisches Deckengewölbe. Im 13. Jahrhundert wurde es mit einem Fresko geschmückt, das die Ursprungslegende des Stifts darstellt. Heute ist nur noch eine Kopie zu sehen. Absolute Glanzpunkte des Fraumünsters sind der Fensterzyklus im Chor von 1970 und die 1978 fertiggestellte Rosette im südlichen Querschiff von Marc Chagall sowie das wunderschöne Buntglasfenster von Augusto Giacometti aus dem Jahr 1945.

○ **OPERNHAUS**
Kein Geringerer als Richard Wagner, der in den 1830er-Jahren im Zürcher Exil lebte, wirkte am ersten Theater der Limmatstadt. Nachdem es niedergebrannt war, erbaute man am Bellevue-Platz das heutige Gebäude nach Plänen der österreichischen Architekten Fellner und Helmer. Das Opernhaus zählt zu den bekanntesten der Schweiz, seine Aufführungen sind von Weltrang.

○ **SCHWEIZERISCHES LANDESMUSEUM**
Ein Museum, das an eine kleine Burg erinnert. Erzählt wird die Geschichte der Schweiz, von der Archäologie über Schmuck und Uhren bis zu Zeitzeugen.

○ **GROSSMÜNSTER**
Der Legende nach entdeckte Karl der Große an der heutigen Stelle des Grossmünsters die Gräber der Stadtheiligen Felix und Regula und ließ eine erste Kirche als Chorherrenstift errichten. Mit ihren charakteristischen und markanten Zwillingstürmen gehört sie zu den Wahrzeichen der Stadt. Ursprünglich hieß sie einfach nur Zürcher Kirche. Der Name Grossmünster taucht erstmals im Jahr 1322 auf – wahrscheinlich, um sie sprachlich vom kleineren Fraumünster abzugrenzen. In der ersten Hälfte des 16. Jahrhunderts wurde das Grossmünster zum Ausgangspunkt der deutschschweizerischen Reformation. Die damals dem Stift angeschlossene theologische Schule wurde zur Keimzelle der Zürcher Universität. Das Glasfenster von

ZÜRICH

WARUM IM HERBST? AM ZWEITEN SEPTEMBERWOCHENENDE VERANSTALTET ZÜRICH DAS TRADITIONELLE »KNABENSCHIESSEN«. DIESES WETTSCHIESSEN FÜR 12- BIS 17-JÄHRIGE JUNGEN UND MÄDCHEN SOWIE EIN JAHRMARKT FINDEN AUF DEM ALBISGÜTLI STATT. AM KNABENSCHIESSEN NEHMEN JÄHRLICH RUND 5000 KINDER TEIL. DABEI WIRD JEWEILS EIN NEUER SCHÜTZENKÖNIG ODER SEIT NEUERER ZEIT EINE NEUE SCHÜTZENKÖNIGIN ERKOREN, WÄHREND SICH DAS BREITE PUBLIKUM AUF DEM DREITÄGIGEN GRÖSSTEN JAHRMARKT DER SCHWEIZ VERGNÜGEN KANN.

Sigmar Polke, die romanische Krypta sowie das Reformationsmuseum im Kreuzgang sind nur einige Höhepunkte, die es dort zu bestaunen gibt.

○ **ST. PETER**
Die ältesten Mauern der Pfarrkirche stammen aus dem 9. Jahrhundert. Auffällig an dem Gotteshaus ist die Turmuhr mit dem größten Zifferblatt Europas.

○ **SCHLOSS KYBURG**
Die Burg aus dem 11. Jahrhundert war Landvogt-Residenz. Seit 1865 ist sie ein Museum, in dem sowohl mittelalterliches Leben als auch Baugeschichte und politische Entwicklung dargestellt werden.

○ **LINDENHOF**
Der Platz, auf dem früher ein römisches Kastell gestanden hat, liegt erhöht, sodass man einen wunderbaren Blick auf die Stadt genießt.

○ **UETLIBERG**
Der Uetliberg ist Zürichs Hausberg schlechthin und bietet an den meist mit üppiger Vegetation versehenen Flanken eine Fülle lauschiger Trampelpfade. Wer es bequemer haben will, nimmt die Bahn vom Hauptbahnhof bis zur Station Uetliberg. Von dort sind es zehn Gehminuten zum 871 Meter hohen Gipfel. Man hat eine prachtvolle Rundsicht über die Stadt, den Zürichsee und das Limmattal bis hin zu den Alpen. Auch ein kleiner Klettergarten ist am Uetliberg zu finden. Sehr beliebt ist der Berg vor allem im November, da der Gipfel des Uetlibergs oft oberhalb der Zürcher Hochnebeldecke liegt. Im Winter werden die Wanderwege dann zu Schlittenwegen umfunktioniert.

○ **BAHNHOFSTRASSE**
Gehören Bahnhofstraßen in Deutschland nicht unbedingt zu den nobelsten Adressen, ist das in Zürich genau umgekehrt. Die wohl berühmteste Bahnhofstraße aller Länder führt dort vom Hauptbahnhof zum Zürichsee. Auf halber Höhe der Flanier- und Geschäftsmeile betritt man den Paradeplatz, wo neben der Confiserie Sprüngli auch Schweizer Großbanken ihren Sitz haben.

○ **QUAIANLAGEN**
Innerhalb von fünf Jahren entstanden die Quaianlagen zwischen dem Hafen Enge und dem Hafen Ries-

Bilder links: Festlich geht es beim Knabenschiessen zu, einem der Höhepunkte im Zürcher Jahreslauf. Bei einem Wettschießen dürfen sich hier Jugendliche messen. Der Sieger wird zum Schützenkönig gekürt.

Rechts: Schipfe an der Limmat ist eines der ältesten Stadtquartiere. Darüber ragt der ummauerte Lindenhof auf.

bach. Die liebevoll angelegte Promenade ist das Wohnzimmer der Züricher. Von einer Aussichtsterrasse am Bürkliplatz aus kann man die Anlagen gut überschauen.

○ RATHAUS
Der prachtvolle Sandsteinbau am Limmatquai entstand Ende des 17. Jahrhunderts. Viele der Räume sind aufwendig gestaltet.

○ THOMAS-MANN-ARCHIV
Thomas Mann verbrachte seine letzten Jahre in der Nähe von Zürich und war Ehrendoktor der Eidgenössischen Technischen Hochschule. Das Archiv umfasst Manuskripte, Briefe, Notiz- und Tagebücher sowie die Einrichtung des letzten Arbeitszimmers.

○ KUNSTHALLE
Seit 1989 präsentiert man in einem alten Fabrikgebäude zeitgenössische Kunst aus aller Welt – immer unter einem außergewöhnlichen Blickwinkel.

○ WASSERKIRCHE
Der Legende nach steht die Kirche dort, wo die Stadtheiligen Regula und Felix von Römern hingerichtet wurden. Früher stand sie auf einer Insel in der Limmat, heute wird sie nur noch vom rechten Ufer begrenzt, da die Insel durch die Aufschüttung der Limmatquais zerstört wurde. Im 13. Jahrhundert wurde die romanische Kirche in eine gotische umgebaut.

○ KUNSTHAUS
Aus der Gemäldesammlung einer Künstlervereinigung wurde eine der wichtigsten Kunstsammlungen der Moderne in der Schweiz. Schwerpunkte sind die Schweizer Malerei oder auch der Norweger Edvard Munch.

○ ZOO
Den größten und schönsten Zoologischen Garten im ganzen Land darf Zürich sein Eigen nennen. Der große Besuchermagnet ist die Masoala-Halle, eine Nachbildung eines tropischen Regenwaldes im Osten Madagaskars. Wer sich Zeit nimmt, wird sich wie der Entdecker eines Naturschatzes fühlen, wenn er unvermittelt einen der nur in Madagaskar vorkommenden Lemuren oder eine imposante Riesenschildkröte wahrnimmt.

AUSGEHEN

Heugümper // Der Heugümper – auf gut Deutsch Heupferd – ist nach dem städtischen Fußballclub Grashoppers benannt. Im ersten Stock weist er traditionelles, im Erdgeschoss modernes Ambiente auf. Entsprechend ist die Karte. Kulinarisches aus der ganzen Welt wird neu miteinander in Beziehung gebracht. So beispielsweise asiatisches Lammfilet mit Palmenherzen oder Sashimi mit grünen Äpfeln.
// www.restaurantheuguemper.ch

Hiltl // Dieses traditionell vegetarische Restaurant existiert schon seit 1898. Das Hiltl setzt Maßstäbe für die kreative Küche ohne Fleisch. Empfehlenswert ist das indische Büfett.
// www.hiltl.ch

Kaufleuten // Das Kulturzentrum im Gebäudekomplex des Kaufmännischen Vereins Zürich ist mit seinem Restaurant und Bars eine der angesagtesten Ausgehdestinationen Zürichs.
// kaufleuten.ch

SHOPPING

○ **PARANOIA CITY**
Ein Laden, so schräg wie sein Name. In der alten Buchhandlung gibt es neben Gedrucktem Wein, Lesungen und Degustationen.

○ **HONOLD**
Viel zu schade, um nur Schokolade oder Gebäck zu kaufen. Lieber sollte man im Tea Room einkehren und hausgemachtes Eis oder Bircher Müsli kosten.

○ **JELMOLI**
In der Bahnhofstraße ist der Konsumtempel der Extraklasse zu Hause. Neben Marken-Mode kann man auch Möbel und Einrichtungsgegenstände erwerben. Erwähnenswert ist die Lebensmittelabteilung mit den Schwerpunkten Käse und Wein.

○ **ROSENHOFMARKT**
Am Rosenhof öffnet von März bis Dezember ein Markt seine Pforten, der mehr als nur ein Flohmarkt mit Antiquitäten und Dingen zum Stöbern ist. Händler und Künstler bieten in buntem Treiben Handwerk und Ausgefallenes aus aller Welt an.

AUSFLÜGE

○ **RIGI**
Die Zürcher lieben ihre Rigi, ein bis zu knapp 1800 Meter hohes Bergmassiv. Herrliche Wanderwege, gute Gastronomie und Aussichten, die einem den Atem verschlagen. Hinauf geht es mit Bergbahnen.

○ **SIHLWALD**
Wildnis auf Stadtgebiet: Dieser Werbeslogan ist durchaus zutreffend. Teile des Sihlwalds befinden sich noch auf dem Stadtgebiet von Zürich, man kann ihn mit der Sihltalbahn in rund 20 Minuten bequem erreichen. Dort bleibt der Wald seit Jahren sich selbst überlassen. Kernstück ist das Informationszentrum.

Hinter dem Limmatquai und auf direktem Weg hinter der Münsterbrücke erheben sich die zwei berühmtesten Wahrzeichen von Alt-Zürich: das Grossmünster und die (hinter dessen Doppeltürmen aufragende) Wasserkirche. Dort erstreckt sich auch das Amüsierviertel Niederdorf.

ÜBERNACHTEN

Design-Hotel Greulich // Mitten in den Trendvierteln um die Kreise 3, 4 und 5 liegt dieses Hotel. Wo einst Stahl produziert wurde und die Arbeiter wohnten, pulsiert heute Zürichs Nachtleben. In diese Umgebung passt das Design-Hotel Greulich, das mit seinen klaren Linien aus den 1950er-Jahren stammen könnte.
// www.greulich.ch

Hotel du Théâtre // Nahe dem Bahnhof in der Altstadt gelegenes Haus mit Geschichte, das in den 1950er-Jahren eine bedeutende deutschsprachige Boulevardbühne beherbergte. Dem Bedürfnis nach cineastischer Unterhaltung trägt das hauseigene Kino Rechnung.
// du-theatre-by-fassbind.hotels-zurich.org

AUF KEINEN FALL VERPASSEN

»ZÜRI-GSCHNÄTZLETS« ESSEN
Die Nationalspeise der Schweizer besteht aus Kalbfleisch, meist in Kombination mit Kalbsnieren. Das Ganze kommt in einer cremigen Sahnesoße daher. In der »Kronenhalle« speist man es seit 1924 in der Gesellschaft von Künstlern und Bildungsbürgern besonders stilecht.

ÜBER DIE BAHNHOFSTRASSE SCHLENDERN UND EINEN SCHAUFENSTERBUMMEL UNTERNEHMEN
Schicke Mode, Swarovski, Cartier und natürlich diverse Markenuhren sind in der Einkaufsstraße angesiedelt. Wer nicht das nötige Kleingeld hat oder investieren möchte, hat bei einem Schaufensterbummel trotzdem Spaß an der elegant-entspannten Atmosphäre.

EINE FAHRT MIT EINEM LIMMATSCHIFF
Dank der Glasdächer hat man von jedem Platz aus einen tollen Blick auf die Uferlinie mit ihren Sehenswürdigkeiten. Es geht durch die Limmat, die die Altstadt teilt, bis in den Zürichsee hinein.

EINE FAHRT MIT DER TRAMBAHN NR. 4 UNTERNEHMEN UND DIE VIELFALT ZÜRICHS AUF SICH WIRKEN LASSEN
Vom Bahnhof Tiefenbrunn am See zum Bahnhof Altstetten im Nordwesten der Stadt schlängelt sich die Trambahnlinie 4. Im nostalgischen Wagen geht es auf Apéro- oder Fondue-Tour durch die Innenstadt und vorbei an Sehenswürdigkeiten. Die Verkehrsbetriebe bieten auch Sonderfahrten an.

SCHWEIZER SCHOKOLADE IM SPRÜNGLI ERWERBEN
Bereits seit 1836 verwöhnt die Traditionskonfiserie mit bester Schweizer Schokolade. Unbedingt sollte man die Schokoladentafeln oder Pralinen aus Bergheumilch kosten. Allein in Zürich gibt es mehrere Filialen, einige mit Café.

WINTER

Bunt beleuchtet ist die Schlittschuhfläche auf dem Berliner Alexanderplatz. Und ein Riesenrad beschert tolle Aussichten auf die Stadt.

#40 AUCKLAND

AUCKLAND IST DAS KOMMERZIELLE ZENTRUM NEUSEELANDS UND WÄCHST SCHNELLER ALS JEDER ANDERE LANDESTEIL. DIE EINZIGE MILLIONENSTADT NEUSEELANDS LIEGT HERRLICH ZWISCHEN ZWEI MEEREN UND FASZINIERT MIT IHREM MODERNEN GROSSSTADTLEBEN. IM ZENTRUM HABEN 20 JAHRE BAUBOOM FAST ALLE HISTORISCHEN GEBÄUDE DURCH HOCHHÄUSER ERSETZT. DER MIT 328 METERN ALLES ÜBERRAGENDE SKY TOWER BIETET BESTE AUSSICHTEN, ZWEI RESTAURANTS UND ABENDLICHES FARBENSPIEL. FAST JEDE FAMILIE HAT IN AUCKLAND ZUGANG ZU EINEM BOOT – DAS TRUG DER STADT DEN NAMEN »CITY OF SAILS«, »STADT DER SEGEL«, EIN. ZWEI REGATTEN DES AMERICA'S CUP DIENTE AUCKLAND ALS AUSTRAGUNGSORT UND WURDE VON SEGLERN AUS ALLER WELT MIT LOB ÜBERSCHÜTTET. WEGEN DES BESONDERS HOHEN, AUS DER PAZIFISCHEN INSELWELT STAMMENDEN BEVÖLKERUNGSANTEILS BEZEICHNET MAN AUCKLAND ALS DIE »HAUPTSTADT POLYNESIENS«.

Oben: Auckland ist eine sehr grüne Stadt mit zahlreichen Parks. Hier geht der Blick vom Northe Head auf die Skyline.

Linke Seite: Das dominante Bauwerk in der Skyline von Auckland ist der 328 Meter hohe Sky Tower, der an der Victoria Street West inmitten der Skycity in den Himmel ragt. An klaren Tagen kann man von seinem Aussichtsdeck bis zu 80 Kilometer weit blicken.

○ SKY TOWER

Stolze 328 Meter ragt er auf, der Sky Tower in Auckland, und ist damit nicht nur das höchste frei stehende Gebäude Neuseelands, sondern auch das der gesamten Südhalbkugel. Dennoch wird er von den Einwohnern Aucklands eher lieblos »Injektionsnadel« geschimpft. Sein Aussichtsdeck erlaubt den besten Blick auf die dramatische Lage der Stadt am Hauraki-Golf. In luftiger Höhe kann man hier zudem einen Schritt hinauswagen und sich gut angeseilt beim SkyWalk über die Brüstung der Aussichtsplattform hinauslehnen. Noch Wagemutigere unternehmen einen Bungee-Sprung vom Turm mitten in die Innenstadt. Zu den Füßen des Sky Tower liegt die »Skycity Auckland«, ein 1996 eröffneter Komplex mit Spielkasino, Theater, Bars und Restaurants. In der Hotelhalle des angeschlossenen Skycity Grand Hotel ist eine Besucherinformation untergebracht.

○ HARBOUR BRIDGE

Die Auckland Harbour Bridge verbindet seit 1959 den Kern der Stadt mit der vorgelagerten Halbinsel im Norden des Hafenbeckens Waitemata. Die achtspurige Brücke führt auf einer Länge von über einem Kilometer von der St Marys Bay in der Innenstadt zum Vorort Northcote. Bis heute gibt es keine Möglichkeit für Fußgänger und Radfahrer, die Brücke zu nutzen, auch wenn es immer wieder zu Forderungen der Bürger nach einem separaten Fußweg kommt. Dies gestaltet sich aber problematisch, da Teile der Brücke im Nachhinein seitlich hinzugefügt wurden, um die Fahrspuren zu verdoppeln. Dennoch tut die Brücke treu ihre Dienste und bringt morgens und abends die Pendler zur Arbeit und nach Hause, die sonst die Fähre nehmen müssten. Und Neuseeland wäre nicht Neuseeland, wenn nicht auch von dieser Brücke ein Bungeejump möglich wäre!

AUCKLAND

WARUM IM WINTER? NA, ZUM SONNENBADEN: WENN IN EUROPA WINTER HERRSCHT, IST SOMMERZEIT AUF DER SÜDHALBKUGEL. KNAPP 100 STRÄNDE LIEGEN UM DIE STADT VERSTREUT. DA FÄLLT DIE AUSWAHL NICHT IMMER LEICHT. DIE PANORAMASTRASSE TAMAKI DRIVE ETWA FÜHRT ZUR MISSION BAY, WO ES EHER AUSGELASSEN UND TRUBELIG ZUGEHT. ODER MAN FÄHRT ZUM MENSCHENLEEREN PAKIRI BEACH NÖRDLICH VON AUCKLAND. HIER KANN MAN AUCH PFERDE FÜR EINEN RITT AM STRAND AUSLEIHEN. ÜBERHAUPT VERSPRÜHEN DIE VORORTE VON AUCKLANDS NORTH SHORE EIN SONNIGES SEEBAD-FLAIR. ALLEIN ZWISCHEN CHELTENHAM UND TORBA ERSTRECKEN SICH ÜBER ZEHN FEINSANDIGE STRÄNDE. UND WENN DER OSTWIND AUFFRISCHT, VERWANDELN SICH DIE KÜSTENABSCHNITTE IN EIN MEKKA FÜR WINDSURFER UND KITEBOARDER.

○ **VIADUCT BASIN**
Das Hafenbecken Viaduct Basin wurde für die Rennen um den America's Cup groß ausgebaut. Diese exklusivste Segelregatta der Welt – die Teilnahme pro Team kostet 60 Millionen Euro – hinterließ der Stadt eine lebendige Bar- und Restaurantmeile mit Blick auf Superjachten.

○ **NATIONAL MARITIME MUSEUM**
Dieses faszinierende Schifffahrtsmuseum bietet an Wochenenden Hafenrundfahrten auf historischen Schiffen wie »Puke«, einem liebevoll renovierten Dampfer aus Kauriholz (1872).

○ **BRITOMART**
Britomart ist ein sehenswerter, futuristischer Bahnhof mit preisgekrönter Architektur. Man findet ihn unter der alten Hauptpost am Ende der Queen Street.

○ **PARKS**
»Stadt der Segel« wird Auckland zwar gern genannt, »Stadt der Parks« träfe es aber auch ganz gut: Die Großregion Auckland liegt auf einem erloschenen Vulkanfeld, aus dem 48 Aschekegel in die Höhe ragen. Und so ist immer irgendwo ein mittlerweile be-

Oben: Eine der zahlreichen grünen Lungen der Stadt ist die Emily Place Reserve mit ihren schönen Pohutukawa-Bäumen.

Links oben: Direkt am Hauraki-Golf befindet sich der populäre St Leonards Beach mit seinen geschützten Buchten. Hier ist schon seit den 1950er-Jahren textilfreies Baden erlaubt.

Links unten: Am Aotea Square steht das Rathaus von Auckland. Davor schmückt der aus Holz und Kupfer gestaltete Bogen »Waharoa« den Platz.

grünter Hügel im Blickfeld. Um sie herum ziehen sich oft kleine Parks und Grünflächen, auf denen sogar mitten in der Stadt Schafe weiden. Die bekanntesten Vulkanhügel sind Mount Eden, Mount Roskill und One Tree Hill. Um Letzteren schmiegt sich der Cornwall Park, der in seiner Gartengestaltung dem Golden Gate Park in San Francisco nachempfunden ist. Ein Obelisk steht über dem Grab des ehemaligen Bürgermeisters von Auckland, Logan Campbell, auf der höchsten Stelle des Hügels und blickt auf das Cornwall Park Stadium, in dem Kricket gespielt wird. Ebenso ist hier das Stardome Observatory beheimatet, ein Planetarium.

○ **PARNELL**
Der alte Stadtteil Parnell wird von renovierten Pionierhäusern geprägt, die entweder Geschäfte beherbergen oder zu besichtigen sind: An der Ayr Street kann man zwei besuchen: Ewelme Cottage und Kinder House.

○ **KELLY TARLTON'S SEA LIFE AQUARIUM**
Hier können Besucher in Plastiktunnels durch Becken wandern und Haie, Stachelrochen und giftige Fische hautnah erleben.

○ **AUCKLAND MUSEUM**
Das Museum liegt in der Auckland Domain, einem 80 Hektar großen Park. Es präsentiert die beste Sammlung von Maorischnitzereien in ganz Neuseeland. Folkloredarbietungen im Museum zeigen Tänze und Lieder der Maori recht authentisch.

○ **PIHA BEACH**
Ein beliebtes Ausflugsziel für die Auckländer ist der Piha Beach, 28 Kilometer nordwestlich in den Waitakere Ranges gelegen. Der Lion Rock – ein 101 Meter hoher Fels, der angeblich einem liegenden Löwen ähnelt – teilt den Strand in eine Nord- und eine Südhälfte. Bei Ebbe kann der Fels teilweise erklettert werden, bei Flut ist er komplett vom Festland abgeschnitten.

○ **TAWHARANUI PENINSULA**
Ein Geheimtipp unweit von Auckland ist die Tawharanui-Halbinsel. Von der erheblich größeren North-Auckland-Halbinsel aus ragt sie in den Pazifik hinein und wartet mit weißen Sandstränden und Kiesbuchten, sanftem Weideland, Feuchtgebieten und Küstenwäldern auf.

STRÄNDE

○ **BETHELLS BEACH**
Etwa 30 Kilometer nordwestlich von Auckland liegt dieser wunderschöne Strand, ein beliebtes Naherholungsgebiet für gestresste Großstädter. Sein Mauriname »Te Henga« bedeutet einfach nur »Sand«. Treffender könnte man Bethells Beach auch kaum beschreiben, denn Sand findet man hier im Übermaß – sowohl am Strand selbst als auch in der Form von Sanddünen, die hier im Laufe von 4500 Jahren angehäuft wurden.

AUSGEHEN

Elliott Stables // Hier hat man die Qual der Wahl, denn in dem großen Food Court werden Speisen aus aller Welt angeboten. Man lässt sich einfach inspirieren und wählt dann von mexikanisch über italienisch bis japanisch das aus, was einen gerade anlacht.
// www.elliottstables.co.nz

Racket Bar // In diesem kleinen Club trifft man sich meist nicht vor Mitternacht zum Tanzen und Cocktail trinken. Der Eintritt kostet nichts, die Türsteher sind jedoch streng. Flip-Flops zum Beispiel sind hier gar nicht gern gesehen.
// www.racketbar.co.nz

Brothers Brewery // An drei Standorten in Auckland kann man das Brothers Beer genießen. Ob Lager, Pale Ale, mit fruchtiger oder schokoladiger Note – hier findet jeder ein Bier nach seinem Geschmack. Dazu gibt es Steaks, Salate oder Sandwiches.
// brothersbeer.co.nz

SHOPPING

○ **BROADWAY**
Die Einkaufsmeile Broadway in Newmarket lockt wohlhabende Kunden an. Im Westen schließt Ponsonby an, der dritte Stadtteil in Zentrumsnähe mit Designerläden und Restaurants an der Ponsonby Road.

○ **QUEEN STREET**
Wer Designerläden sucht, wird neben der Hauptstraße Queen Street an der High Street und ihrer Verlängerung Lorne Street fündig.

AUSFLÜGE

○ **DEVONPORT**
Auckland ist eine Wasserstadt, das Tor dazu bildet das historische Ferry Building am Ende der Queen Street. In zehn Minuten erreicht man von hier Devonport am Nordufer des Hafenbeckens. Es bietet viktorianisches Flair, Altwarenläden, Strände und den besten Blick auf Aucklands Skyline.

○ **HAURAKI GULF**
Direkt vor Aucklands Haustür erstreckt sich der Hauraki-Golf, ein Teil des Pazifischen Ozeans, der von dem perfekten Kegel des Vulkans Rangitoto dominiert wird. »Winde aus dem Norden« bedeutet Hauraki im lokalen Maoridialekt, doch in Auckland bekommt man von diesen Winden kaum etwas mit, denn die insgesamt 47 vulkanischen Inseln im weitläufigen Golf schützen die Stadt vor den rauen Seewinden. Nur wenige von ihnen wie Great Barrier Island oder Waiheke sind besiedelt, einige befinden sich auch in Privatbesitz, die Insel Tiritiri Matangi mit ihrem Leuchtturm ist ein Vogelschutzgebiet. Unzählige Buchten, Häfen und Sandstrände säumen seine Küsten – kein Wunder, dass Auckland eine der größten Freizeitflotten der Welt beherbergt. Damit die Natur auch intakt bleibt, steht rund die Hälfte der Meeresregion seit 1967 unter Naturschutz.

Das Revier von Auckland am Hauraki-Gulf diente zweimal Regatten des America's Cup als Austragungsort und wurde von Seglern aus aller Welt mit Lob überschüttet. Man hat die Wahl, auf historischen Jachten oder Rennbooten mitzusegeln oder selbst ein Boot zu mieten.

ÜBERNACHTEN

The Great Ponsonby Art Hotel // Das mitten im Stadtteil Ponsonby gelegene charmante Hotel besticht durch seine fantasievoll und bunt eingerichteten Zimmer. Wandgemälde und Bücher sorgen für eine gemütliche Atmosphäre.
// www.greatpons.co.nz

Hilton Auckland Hotel // Durch die einzigartige Lage am Hafen kommt Kreuzfahrtflair auf. Die meisten Zimmer bieten einen spektakulären Blick auf das Meer, den Hafen und die dort an- und ablegenden Schiffe.
// www.hiltonhotels.de/neuseeland/hilton-auckland/de

Andelin Guesthouse // Abseits des Trubels im beschaulichen Örtchen Devenport gegenüber von Auckland befindet sich das edle Gästehaus in einem Gebäude aus viktorianischer Zeit. Mehrmals täglich fahren Fähren über die Bucht nach Auckland.
// www.andelinguesthouse.co.nz

AUF KEINEN FALL VERPASSEN

AUF DEM MOUNT EDEN DEN SONNENUNTERGANG ERLEBEN
Der Vulkanhügel ist eine der vielen Erhebungen im Stadtgebiet von Auckland und gilt mit 196 Metern als die höchste unter ihnen. Den ganz mit Gras bewachsenen, sattgrünen Kessel erreicht man nach einem etwa 60-minütigen Spaziergang mit Aufstieg. Folgt man, oben angekommen, dem Verlauf des Kraterrandes, eröffnet sich ein spektakulärer 360-Grad-Panoramablick über die Stadt. Ein ganz besonderes Erlebnis von hier oben ist der Sonnenuntergang, der ein fantastisches Licht über Sky Tower, Harbour Bridge und Küste zaubert.

WEIN TRINKEN AUF WAIHEKE ISLAND
In nur 35 Minuten erreicht man das Inselparadies Waiheke von Auckland aus. Die einzigartige Landschaft mit zahlreichen Buchten und feinkörnigen Sandstränden lässt sich am besten per Fahrrad oder auch über die gut ausgeschilderten Wanderwege erkunden. Ein besonderes Merkmal der Insel sind die Weinanbaugebiete und zahlreichen Weingüter. Eine Verkostung des edlen neuseeländischen Tropfens sollte man sich daher auf keinen Fall entgehen lassen.

EINEN »FLAT WHITE« PROBIEREN
Die Neuseeländer lieben Kaffee und trinken ihn in allen möglichen Varianten. Der kunstvoll zubereitete »Flat White« besteht aus Espresso und einer flachen Schicht Milchschaum. In den zahlreichen Cafés in Auckland bietet sich reichlich Gelegenheit zum Probieren. Achtung: Die meisten Cafés schließen am Nachmittag.

KAREKARE LIVE ENTDECKEN
Besonders für Liebhaber des vielfach preisgekrönten Films »Das Piano« ist der Ausflug hierher ein Muss. Im Film landet Ada, eine unverheiratete Frau mit Kind, in der Wildnis von Karekare. Das tief bewegende Immigrations- und Emanzipationsdrama nimmt seinen Lauf, als Adas mitgebrachtes Piano gegen ihren Protest am Strand zurückgelassen werden soll. Ein Bach bildet hier eine kleine Lagune mit Keulenlilien- und Pohutukawa-Bäumen. Man kann wunderbar am Strand entlang ein ganzes Stück Richtung Süden laufen.

AUCKLAND FISH MARKET
Nirgendwo in Auckland bekommt man den Fisch frischer als hier. Täglich wird in der Markthalle an der Freemans Bay stolz der Fang des Tages angeboten, den man in einladender Atmosphäre auch gleich frisch zubereitet genießen kann. Fish'n'Chips sollte man sich hier unbedingt gönnen.

#41 BANGKOK

BANGKOK IST BUNT, TURBULENT, LAUT, GESCHÄFTIG, CHAOTISCH UND – WUNDERSCHÖN. ÜBER ACHT MILLIONEN MENSCHEN LEBEN HIER, MIT DEM EINZUGSBEREICH SOGAR MEHR ALS 14 MILLIONEN. VON HIER AUS WIRD EIN AUFSTREBENDES LAND REGIERT, HIER LEBT DER KÖNIG UND ALLE GROSSEN FIRMEN HABEN HIER IHREN SITZ. ES IST ABER AUCH DIE STADT DES EWIGEN VERKEHRSCHAOS, DER BETTLER UND DER ROTLICHTVIERTEL. WOLKENKRATZER, LUXUSHOTELS UND SHOPPING-MALLS PRÄGEN DAS MODERNE BILD DER STADT. IN DEN TEMPELN AM FLUSS FINDET MAN HINGEGEN ANDÄCHTIGE MÖNCHE, WAHRSAGER UND HEILER.

Linke Seite: Einst war der Große Palastbezirk von Bangkok eine eigene Stadt: Bis heute überwältigt der Farben- und Formenreichtum, das prunkvolle Dekor der von Fabelwesen und mythologischen Gestalten bevölkerten mehr als 100 Gebäude auf dem historischen Areal jeden Besucher. Eine 1900 Meter lange Mauer umgibt die »Stadt in der Stadt«, in der Thailands heiligster Tempel, der Wat Phra Kaeo, mit goldenem Chedi steht.

Rechts: Schon der Raum selbst erzeugt eine gewisse Ehrfurcht: aufgrund seiner Größe, der golden glänzenden Figur am anderen Ende, des Duftes von Räucherstäbchen und der gedämpften Stimmen der Thai. Die Buddhaisawan-Kapelle im Nationalmuseum strahlt eine Erhabenheit aus, die selbst hektische Besucher zu Ruhe gemahnt. Die nach dem Smaragdbuddha meistverehrte Buddhastatue Thailands, die legendenumrankte Phra Phuttha Sihing, ist hier ausgestellt.

○ KÖNIGLICHER PALAST

1767, nach der Zerstörung der alten Hauptstadt Ayutthaya durch die Birmanen, zogen sich die Siamesen nach Thonburi zurück (damals eine Kleinstadt, heute ein Stadtteil von Bangkok). 1782 bestieg dort Chao Phaya Chakri als König Rama I. den Thron und begründete damit die bis heute regierende Chakri-Dynastie. Noch im ersten Jahr seiner Regentschaft verlegte er seinen Regierungssitz an das gegenüberliegende östliche Flussufer. Dort entstand auf einem an allen vier Seiten von einer insgesamt 1900 Meter langen Mauer umgebenen, 218.400 Quadratmeter großen Areal der Große Palast.

○ WAT PHRA KAEO

Bedeutendstes Heiligtum im Großen Palast ist der Wat Phra Kaeo – ein allein dem König für seine buddhistischen Zeremonien vorbehaltener Tempel, in dessen Inneren die am meisten verehrte Buddhastatue Thailands aufbewahrt wird: der Smaragd- oder Jadebuddha. Vermutet wird, dass diese nur 75 Zentimeter große, aus einem Stück Nephrit (»Jade«) geschnittene Skulptur entweder aus Indien oder aus dem damaligen Birma stammt. Über viele Umwege gelangte die dunkelgrüne Kostbarkeit schließlich nach Bangkok, wo sie seit 1778 im Wat Phra Kaeo steht. Dreimal im Jahr werden in einer feierlichen Zeremonie die Kleider der Statue gewechselt.

○ CHAKRI MAHA PRASAT

Viel Grün umgibt das mächtige Chakri Maha Prasat. Ein imposantes Gebäude, bei dem sich die Architekten viel Mühe gegeben haben, dem gewaltigen Bau durch vergoldete Verzierungen und Türmchen ein wenig Leichtigkeit einzuhauchen. Thai und Besucher sitzen gern auf den Rasenflächen und wären erstaunt, wenn sie wüssten, dass das Chakri Maha Prasat einst aus elf Gebäuden bestand, von denen nur noch drei erhalten sind. König Chulalongkorn ließ den Palast errichten, der 1882 fertiggestellt wurde.

○ WAT PHO

Unweit südlich vom Großen Palast liegt mit dem Wat Pho der größte und älteste (Gründung im 16. Jahrhundert) Tempelkomplex Bangkoks mit der größten Buddhastatue Thailands. Diese 45 Meter lange und 15 Meter hohe, vollständig mit Blattgold überzogene Statue zeigt den liegenden Buddha kurz vor seinem Eingang ins Nirwana.

○ NATIONALMUSEUM

Kunsthandwerk, Dharma-Räder mit einem Durchmesser von fast zwei Metern, Exponate aus dem Bronzezeitalter und Buddhastatuen aus der Sukhothai-Zeit erlauben einen Blick auf die Entwicklung der thailändischen Kunst. Ganz besonders eindrucksvoll sind die bis zu 15 Meter hohen Bestattungswagen.

BANGKOK

WARUM IM WINTER? WÄHREND ES IN DEUTSCHLAND BITTERKALT IST, HERRSCHEN IN BANGKOK HOCHSOMMERLICHE TEMPERATUREN. IM OKTOBER VERABSCHIEDET SICH DIE REGENZEIT LANGSAM UND MACHT PLATZ FÜR TROCKENES KLIMA, DAS DIE DURCHSCHNITTLICH ACHT SONNENSTUNDEN PRO TAG UND DIE HOHEN TEMPERATUREN ERTRÄGLICH MACHT. KURZUM: DAS WETTER IST NICHT NUR IDEAL ZUM SIGHTSEEING, SONDERN AUCH FÜR AUSFLÜGE IN DIE UMGEBUNG. SO BIETEN SICH EIN BESUCH DER FLOATING MARKETS IN AMPHAWA ODER KHLONG LAT MAYOM ODER EINE ERKUNDUNGSTOUR DURCH DAS BANG-KACHAO-VIERTEL AUF DER ANDEREN SEITE DES CHAO PHRAYA GERADE JETZT BESONDERS AN.

○ **CHINATOWN**
Am Odeon Circle markiert ein Tor den Eingang zur Yaowarat Road (mit dem Expressboot errreicht man Chinatown vom Pier Ratchawong aus), und von da ab lässt man sich am besten zu Fuß treiben – hinein in eine Welt der 1000 Farben, Formen, Gerüche. Auch hier gibt es viele Sehenswürdigkeiten – Wat Traimit etwa mit einer rund 700 Jahre alten Buddhastatue aus purem Gold –; die eigentliche Attraktion aber ist ganz sicher Chinatown selbst.

○ **WIMANMEK-PALAST**
Das »Himmlische Wolkenschloss« im Dusit-Palast diente früher als königliche Residenz. In dem weltweit größten Teakholzgebäude sind 31 Räume mit Kunsthandwerk aus Glas, Elfenbein und Silber sowie Keramiken öffentlich zugänglich.

○ **RAMBUTTRI- STRASSE**
In der lebhaften, jedoch gemütlichen Rambuttri-Straße sind nicht nur viele Bars, Restaurants und gute Garküchen angesiedelt, es gibt auch Massage im Freien und VW-Busse, aus denen Cocktails serviert werden.

○ **LUMPINI-PARK**
Dem turbulenten Bangkok entfliehen können Touristen wie Einheimische im Lumpini-Park. Wer etwas Zeit hat, sich nach Ruhe sehnt oder einfach eine Runde Tretboot fahren will, sollte hierher einen Abstecher machen.

○ **PATPONG-VIERTEL**
Für Einheimische wie für Touristen ist das Patpong-Viertel ein beliebter Treffpunkt, um in Clubs zu feiern, Livemusik zu hören oder in Restaurants zu speisen. Auch das Rotlichtmilieu ist hier angesiedelt.

○ **WAT ARUN**
Der Wat Arun am Ufer des Chao Phraya ist mit seinem eindrucksvollen Tempelturm zu einem Wahrzeichen der Stadt geworden. Schon frühe Reisende schwärmten von seiner Schönheit. Als König Taksin sich eines Morgens den Fluss entlangrudern ließ, gab er dem Wat seinen heutigen Namen: »Tempel der Morgenröte«. Rama II. ließ dann über dem alten Bau den 86 Meter hohen Turm im Khmer-Stil errichten, der von vier kleineren Türmen flankiert wird. Für das Dekor der Fassade verwendete man Tausende von chinesischen Keramikscherben: Was aus der Nähe irri-

Links oben: Als Baumaterial für den Chakri Maha Prasat wurden teilweise Ziegel aus Ayutthaya verwendet. Nur die Empfangsbereiche werden heute noch genutzt, alle anderen Räume stehen weitgehend leer. Der interessanteste Teil des Bauwerks ist die Thronhalle, in der Staatsbankette abgehalten wurden.

Links unten: Im Wat Pho ist in einer Galerie die mit 394 Statuen größte Buddhasammlung des Landes ausgestellt. Der große liegende Buddha ist die Hauptattraktion der Tempelanlage.

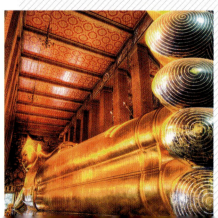

Rechts oben: Bangkok verfügt über erstaunlich viele Parks auch mit altem, über Jahrhunderte gewachsenem Baumbestand und über künstliche und natürliche kleine Seen. Die grünen Oasen der Großstadt werden penibel gepflegt.

Rechts unten: Einem Tempelberg gleich erhebt sich der Wat Arun über den Fluss im Bezirk Thonburi. Der Mittelpunkt der Anlage ist die rund 80 Meter hohe Pagode, die ehrfurchtsvoll auch »der zentrale Prang« genannt wird.

tiert, ergibt aus der Ferne einen einzigartigen optischen Effekt. Den Wat Arun kann man über eine schmale, steile Treppe bis auf eine Höhe von 20 Metern besteigen. Von oben hat man einen wundervollen Ausblick über die Tempelanlage, den großen Bogen des Chao Phraya bis hin zum Wat Phra Kaeo.

○ **ORIENTAL HOTEL**
Was aus einem Gasthaus für Seeleute werden kann. Klar, dass das kleine Restaurant, das auch Zimmer anbot, am Wasser liegen musste, und selbstverständlich wurde schon 1876 eine eigene Anlegestelle gebaut. Dass aus diesen kleinen Anfängen eines der besten Hotels der Welt werden würde, war nicht geplant. Heute hat das Oriental, das direkt am Chao Phraya liegt, 358 Zimmer und 35 Suiten. Wobei das Wort Zimmer ein falsches Bild projiziert, denn tatsächlich sind auch die weniger nobel ausgestatteten Räume kleine Suiten, die zum Teil mit Antiquitäten eingerichtet sind.

○ **PRATUNAM-VIERTEL**
In dem lebendigen Stadtteil findet man den Pratunam-Markt, den größten Markt für Textilien in Thailand. Über das quirlige Markttreiben erhebt sich der Baiyoke II Tower, eines der höchsten Gebäude der Stadt.

○ **WANG-SUAN-PAKKAD-PALAST**
Der Wang-Suan-Pakkad-Palast bietet Besuchern Erholung, Kunst und Tradition: In der Parkanlage des Palastes lässt sich der Megacity-Stress vergessen, während man asiatische Kunst und Antiquitäten besichtigen kann.

○ **STANDING BUDDHA**
Im Wat Intharawihan befindet sich die kolossale, 32 Meter hohe Buddha-Statue Luang Pho Tho. Die vergoldete Statue ist mit kleinen gläsernen Mosaiksteinen besetzt.

AUSGEHEN

Above Eleven // Im 34. Stock mit Blick über die Skyline Bangkoks lassen sich Speisen und Getränke besonders genießen. Gestaltung und Architektur der Dachterrasse sind beeindruckend, sogar von den Toiletten aus kann man Bangkok überblicken. Dresscode beachten!
// https://aboveeleven.com

Brown Sugar Jazz Boutique // Nicht nur Jazz-, sondern auch Funk-, Soul- und R&B-Klängen darf man in der gemütlichen Bar jeden Abend live lauschen. Tagsüber ist der Jazzclub ein Restaurant und Café.
// www.brownsugarbangkok.com

Ros'Niyom // An unterschiedlichen Standorten in Bangkok wird hier einfaches, aber feines Thai-Streetfood zubereitet. Die Auswahl ist groß und reicht von Reis- und Nudelgerichten bis hin zu Currys und Suppen.
// www.rosniyom.com

○ **JIM THOMPSON'S THAI HOUSE**
Das Jim Thompson House beherbergt mehrere traditionelle thailändische Gebäude und eine Kunstsammlung. Bei einem Spaziergang in den Gärten glaubt man sich in einem tropischen Gewächshaus.

○ **WAT SAKET**
Die buddhistische Tempelanlage zählt zu den Hauptattraktionen Bangkoks. Der künstlich aufgeschüttete »goldene Berg« ist schon aus der Ferne zu sehen. Wer die 318 Stufen zum Gipfel bewältigt, wird mit einem grandiosen Ausblick über die City belohnt.

SHOPPING

○ **SIAM SQUARE**
Im Bezirk Pathum Wan liegt der Siam Square mit Einkaufsmöglichkeiten von Boutiquen bis hin zu Kaufhäusern. Schmuck, Bücher, Designermode und Markenwaren werden zum Festpreis angeboten.

○ **CHATUCHAK-MARKT**
Das Angebot umfasst auf rund 10 000 Ständen und kleinen Ladengeschäften unter anderem Kleidung, Nahrungsmittel, Antiquitäten und antiquarische Bücher sowie thailändisches Kunsthandwerk.

○ **PATPONG- NACHTMARKT**
Die Hauptattraktion im Patpong-Viertel ist der Nachtmarkt, wo allabendlich bis nach Mitternacht vor allem Touristen einkaufen. An Hunderten von Ständen kann man mit den Händlern feilschen.

○ **SCHWIMMENDER MARKT VON TALINGCHAN**
Schwimmende Märkte gehörten einst zur Tradition in Thailand, sind aber aus dem heutigen Bangkoker Leben fast völlig verschwunden. In Talingchan kann man die Kultur noch erleben.

○ **SILOM-NACHTMARKT**
Zwischen Lumpini-Park und Chao Phraya liegt die Silom Road, bekannt für ihre Shoppingmöglichkeiten und ihr quirliges Nachtleben. Der vom Skytrain überdachte Teil der Straße erwacht nachts zum Marktleben.

Eigentlich war der Chatuchak-Markt als Flohmarkt geplant. Der frühere thailändische Premierminister Plaek Phibulsongkhram ließ 1948 den ersten Wochenmarkt eröffnen. Die Idee war, dass im Laufe der Zeit überall im Land diese sogenannten Flohmärkte entstehen sollten. Heute gibt es in Thailand wohl auch im winzigsten Städtchen tägliche Märkte, auf denen frisches Gemüse oder Fisch angeboten wird.

ÜBERNACHTEN

Atlanta Hotel Bangkok // Einfaches, aber gepflegtes Hotel mit dem Charme der 1950er-Jahre. Schnickschnack gibt es hier nicht, dafür aber einen kleinen Garten mit Pool und ein Schreibzimmer.
// www.theatlantahotelbangkok.com

Baiyoke Sky Hotel // Der Blick von der Aussichtsplattform könnte atemberaubender nicht sein, schließlich ist dieses Hotel das höchste Thailands. Freundliche Zimmer, einladender Beauty-, und Wellnessbereich.
// baiyokesky.baiyokehotel.com

Hotel Mandarin Oriental // Kein anderes Hotel kann so viele Auszeichnungen vorweisen wie das Mandarin Oriental, das bereits viele Male zum besten Hotel der Welt gekürt wurde. Hier wird man als Gast regelrecht mit Aufmerksamkeiten überhäuft.
// www.mandarinoriental.de/bangkok/chao-phraya-river/luxury-hotel

AUF KEINEN FALL VERPASSEN

DIE THONBURI-KHLONGS ENTDECKEN
Wegen seiner vielen Kanäle (Khlongs), von denen Bangkok einst durchzogen wurde, galt die Stadt früher als das »Venedig des Ostens«. In den letzten 50 Jahren mussten jedoch viele dieser Kanäle dem Bau von Straßen weichen. Zwar gibt es auch heute noch einige dieser alten Wasserwege, aber die Tradition der »Schwimmenden Märkte« – Händler, die ihre Waren in schmalen Booten anbieten – findet man kaum mehr in der Stadt. Eine Ahnung davon, wie das früher gewesen sein mag, bekommt man noch in den Khlongs von Thonburi am Westufer des Chao Phraya, wo sich morgens noch einige Händler einfinden. Wer sich das Treiben auf dem Wasser ansehen mag, lässt sich von der Anlegestelle am Hotel Oriental aus durch Thonburi fahren.

COCKTAIL IN EINER SKYBAR SCHLÜRFEN
Bangkok ist für seine, von der thailändischen Küche inspirierten, Cocktails bekannt. Und es gibt nichts Besseres, als einen dieser fruchtigen Drinks mit Blick auf die Bangkoker Skyline zu schlürfen! Etwa in der Sky Bar auf der 63. Etage des Lebua State Tower, wo man wunderbar die nachthelle Stadt und den Fluss Chao Phraya überblicken kann. Sie zählt zu den beliebtesten Rooftop-Bars von Bangkok.

SICH EINE THAI-MASSAGE GÖNNEN
Zu einem Besuch in Thailand gehört auch eine traditionelle Thai-Massage inklusive Öl- und Fußmassage. Genau das Richtige nach anstrengenden Sightseeing- und Shoppingtouren – und auf der Rambuttri-Straße kann man sich sogar unter freiem Himmel durchkneten lassen.

THAI-BOXEN IM LUMPINI-STADION ANSEHEN
Wer starke Nerven hat und einen der legendären Thai-Boxkämpfe sehen will, sollte hierzu das Lumpini-Stadion besuchen. Es zählt zu den bekanntesten in ganz Thailand und wurde 2014 komplett neu errichtet. In dem heute sehr modernen Stadion messen nur die besten Muay-Thai-Kämpfer im Ring ihre Kräfte.

MIT DEM TUK-TUK FAHREN
Laut knatternd und hupend drängen sich die kleinen, dreirädrigen Motorradrikschas durch Bangkoks Straßen und sind aus dem Stadtbild nicht mehr wegzudenken. Eine kostengünstige und abenteuerliche Transportmöglichkeit, die man mindestens einmal genutzt haben sollte.

#42 BERLIN

DIE DEUTSCHE HAUPTSTADT WAR SCHON IMMER EIN TOURISTENMAGNET UND HAT SICH SEIT DER WIEDERVEREINIGUNG ZU EINEM ABSOLUTEN BESUCHER-HOTSPOT ENTWICKELT. DIE RIESIGEN KUNSTSAMMLUNGEN, DIE NEUEN BAUTEN DES REGIERUNGSVIERTELS UM DEN REICHSTAG ODER AUF DEN ALTEN STADTBRACHEN WIE AM POTSDAMER PLATZ LOCKEN EBENSO WIE DIE HISTORISCHEN PRACHTFASSADEN, DIE PARKS IN DER INNENSTADT UND NICHT ZULETZT DIE KREATIVE JUNGE SZENE IN STADTTEILEN WIE MITTE, PRENZLAUER BERG, FRIEDRICHSHAIN UND KREUZBERG.

Linke Seite: Die Spree durchzieht die Stadt im Nikolaiviertel. An ihrem Ufer steht der Berliner Dom. Mit seinen vier Ecktürmen erinnert der Zentralbau an die Peterskirche in Rom. Gekrönt wird er von einer mosaikgeschmückten Kuppel.

Rechts: Von morgens bis Mitternacht können sich Besucher fast jeden Tag auf dem Dach und in der Kuppel des Reichstagsgebäudes aufhalten. Sir Norman Foster hat mit dieser die alte Reichstagsfassade überwölbenden Krone der Silhouette Berlins einen echten Blickfang beschert. Dabei hatte er sich zunächst vehement gegen die Kuppel gewehrt und stattdessen einen monumentalen Baldachin über Gebäude und Gelände entworfen.

○ **BRANDENBURGER TOR**
Es ist das Wahrzeichen Berlins, war Symbol der Teilung und ist heute Symbol der Einheit Deutschlands: das 26 Meter hohe und 65,50 Meter breite Brandenburger Tor, das die Prachtstraße Unter den Linden mit fünf Durchlässen nach Westen abschließt. Für die ältere Generation ist es noch immer besonders, das Tor von beiden Seiten betrachten zu können. Das einzige erhaltene Stadttor ist heute Mittelpunkt der Berliner Partymeile.

○ **REICHSTAGSGEBÄUDE**
Schon im Deutschen Kaiserreich und während der Weimarer Republik war der heutige Regierungssitz Zentrum der Macht. Für eine Führung mit Besuch der gläsernen Kuppel am besten anmelden. Von oben hat man natürlich den besten Blick – und so hat sich die Reichstagskuppel, von Star-Architekt Norman Foster auf das bestehende Gebäude aufgesetzt, zu einer der beliebtesten Touristenattraktionen Berlins entwickelt.

○ **MUSEUMSINSEL**
Auf einer Landzunge in der Spree befindet sich eine Konzentration hochklassiger Museen: Pergamonmuseum, Altes und Neues Museum, Antikensammlung, Museum für Vor- und Frühgeschichte und weitere Institutionen sind in fünf prächtigen Bauten zu Hause.

○ **EAST SIDE GALLERY**
Wenige Monate nach dem Fall der Mauer bemalten 118 Künstler aus 21 Ländern einen Abschnitt der Mauer in Berlin-Friedrichshain. So entstand die größte Open-Air-Galerie der Welt.

○ **CHECKPOINT CHARLIE**
Eine nachgebaute Kontrollbaracke erinnert an den Ort der ehemaligen Grenze zwischen dem amerikanischen und dem sowjetischen Sektor der Stadt in der Friedrichstraße.

○ **JÜDISCHES MUSEUM**
Allein wegen des Neubaus von Daniel Libeskind ist dieses Museum einen Besuch wert. Die Dauerausstellung beschäftigt sich mit zwei Jahrtausenden deutsch-jüdischer Geschichte.

○ **HOLOCAUST-MAHNMAL**
Unweit des Brandenburger Tors erinnert ein stets zugängliches Stelenfeld an die ermordeten Juden Europas. Informativ und berührend ist das Zentrum unterhalb der Stelen.

○ **POTSDAMER PLATZ**
Es ist mehr als ein Platz – es ist ein gigantisches Areal voller Neubauten, voller Glanz und Glas. Architekten wetteiferten hier um die kühnsten Konstruktionen, und so gelangen ihnen zahlreiche sehenswerte aufstrebende, klare Bauten, deren eindrucksvollster vielleicht das Sony Center mit seiner Zeltdachkonstruktion ist.

WARUM IM WINTER? DIE KÄLTE GEHÖRT DAZU. ABER VIELLEICHT ILLUSTRIERT NICHTS BESSER DEN STELLENWERT DER BERLINER FILMFESTSPIELE, ALS WENN DIE STARS TROTZ EISIGER MINUSTEMPERATUREN IN AUFREGENDEN ABENDKLEIDERN AUF DEM ROTEN TEPPICH VOR DEM BERLINALE PALAST AM POTSDAMER PLATZ POSIEREN UND DIE FANS STUNDENLANG AUSHARREN, UM SIE ZU SEHEN UND SICH GENAUSO GEDULDIG IN DIE LANGEN SCHLANGEN VOR DEN TICKETKASSEN EINREIHEN. DIE FILMFESTSPIELE IN BERLIN GELTEN NEBEN DENEN IN CANNES UND VENEDIG ALS DIE BEDEUTENDSTEN WELTWEIT. MIT RUND EINER HALBEN MILLION ZUSCHAUERN IST DIE BERLINALE DAS WELTWEIT GRÖSSTE PUBLIKUMSFESTIVAL. BETEILIGT SIND STETS ZAHLREICHE KINOS AUS DER GANZEN STADT, WOBEI DER SCHWERPUNKT ABER IM ZENTRUM RUND UM DEN POTSDAMER PLATZ LIEGT. KARTEN GIBT ES STETS DREI TAGE IM VORAUS AN EINIGEN ZENTRALEN VERKAUFSSTELLEN.

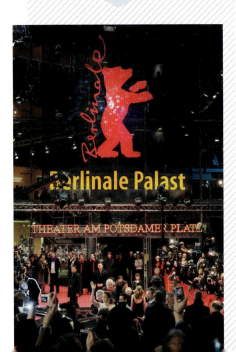

○ KULTURFORUM
Am Potsdamer Platz hat sich eine Ansammlung kultureller Einrichtungen entwickelt, von denen einige in architektonisch interessanten Gebäuden untergebracht sind, etwa die Philharmonie und die Neue Nationalgalerie.

○ SCHLOSS CHARLOTTENBURG
Das größte und schönste Berliner Schloss besitzt eine gelbe Fassade, die rekordverdächtige 505 Meter Breite misst und deren Mittelstück von einem mehrstufigen Turm mit dekorativer Kupferhaube gekrönt ist. Das Schloss ist das Werk mehrerer Architekten und wurde einige Male erweitert, wirkt aber dennoch in seiner Architektur sehr einheitlich. In seinem Inneren sind verschiedene Prunkräume zu besichtigen sowie das Museum für Vor- und Frühgeschichte. Vor dem Schloss thront auf einem Sockel das imposante Reiterstandbild des Großen Kurfürsten, geschaffen von Andreas Schlüter.

○ KURFÜRSTENDAMM
Touristen kennen den Ku'damm als Flaniermeile. Doch die schon 1542 angelegte Straße war einmal der Verbindungsweg der Kurfürsten vom Stadt- ins Jagdschloss.

○ GEDÄCHTNISKIRCHE
Eines der Wahrzeichen Berlins ist die Kaiser-Wilhelm-Gedächtniskirche, die Ende des 19. Jahrhunderts erbaut, 1943 zerbombt und danach nicht wieder aufgebaut, sondern ab dem Jahr 1961 durch einen neuen Altarraum ergänzt wurde. Dieser, mit abertausend kleinen Fenstern verkleidet, erstrahlt im Innern in magisch blauem Licht, ein durchaus entschleunigender Ruhepunkt am ansonsten hektischen Breitscheidplatz.

○ UNTER DEN LINDEN
Der Prachtboulevard führt zu einigen wichtigen Sehenswürdigkeiten. Dazu gehören das Brandenburger Tor, die Staatsoper, die Museumsinsel, der Dom und das Zeughaus.

○ PRENZLAUER BERG
Der Stadtteil im Norden Berlins ist vor allem für seine internationalen Restaurants und Bars bekannt. Auch das kulturelle Leben – von Musik bis Theater – ist von Bedeutung.

Links: Zur Eröffnung der Filmfestspiele wird das Musical-Theater am Potsdamer Platz jedes Jahr zum Berlinale Palast. Wie bei den Filmvorführungen für Besucher aus aller Welt ist auch bei der Ankunft der Schauspieler zur Eröffnung der Berlinale der Andrang des Publikums groß.

GEDENKSTÄTTE BERLINER MAUER

Mitten durch die Bernauer Straße verlief die Grenze. Die Gedenkstätte der Berliner Mauer erinnert mit Filmen, einer Ausstellung und einem Dokumentationszentrum daran.

NIKOLAIVIERTEL

Hübsch und alt präsentiert sich das Nikolaiviertel – es wurde im Jahr 1987 zum 750. Geburtstag der Stadt Berlin weitgehend neu aufgebaut. Alte Häuser von anderen Orten wurden hierhin versetzt, neue, mit Giebeln und Erkern auf alt getrimmt, kamen dazu – eine schöne Illusion von Altstadt und angenehmes Flanierviertel. Mittendrin gibt es aber auch wirklich alte Bauten, dazu Cafés und Restaurants sowie die zweitürmige Nikolaikirche.

FERNSEHTURM UND ALEXANDERPLATZ

Der »Alex« liegt mitten in der Hauptstadt. Beliebtes Fotomotiv ist die Weltzeituhr. Das zweite Highlight ist der Fernsehturm, mit 368 Metern Deutschlands höchstes Bauwerk.

GENDARMENMARKT

Mit dem Ensemble aus klassizistischen Prachtbauten wie dem Schauspielhaus, Deutschem und Französischem Dom ist der Gendarmenmarkt der wohl schönste Platz Berlins. In seinem Zentrum steht, den Blick auf das Schauspielhaus gerichtet, eine Statue Friedrich Schillers, umgeben von allegorischen Figuren der Lyrik, des Dramas, der Philosophie und der Geschichte.

Rechts oben: Am 9. November 1989 fiel die Mauer, doch das Brandenburger Tor blieb bis zum 22. Dezember geschlossen. Als dann nach 28 Jahren jeder von Ost nach West hindurchgehen konnte, sich zur Silvesterfeier 1989/1990 Tausende zum Feuerwerk versammelten, begann eine neue Zeit. Das Stadttor von 1791 wurde zum Symbol der überwundenen Teilung. Zum Jahreswechsel versammeln sich seitdem Millionen.

Rechts unten: Der Gendarmenmarkt wird von drei imposanten Bauten beherrscht: vom Deutschen Dom, vom ehemaligen Königlichen Schauspielhaus (im Bild), das heute als Konzerthaus genutzt wird, und vom Französischen Dom.

AUSGEHEN

Jedermann's // Nur einen Katzensprung von der Museumsinsel entfernt, lockt dieses Lokal mit üppigem Frühstück und gutbürgerlicher Küche.

// **jedermanns.berlin**

Facil // Gourmetrestaurant am Potsdamer Platz, untergebracht im 5. Stock des Mandala-Hotels. Der besondere Clou neben der exzellenten französischen Küche: Im Sommer kann das Glasdach des Restaurants einfach beiseitegeschoben werden.

// **www.facil.de**

Fischschuppen // »Fangfrisch auf den Tisch« lautet die Devise des Friedrichshainer Fischgeschäfts und -restaurants. Egal ob zum Kochen zu Hause oder frisch zubereitet und im Gastraum mit Holzvertäfelung und maritimem Touch verzehrt – frischer Fisch ist hier Trumpf.

// **www.fischschuppen-berlin.de**

○ **HACKESCHE HÖFE**
Die größte und schönste Hofanlage im Zentrum Berlins: Ein riesiger Gebäudekomplex mit Wohnungen, Ateliers, Boutiquen, Läden, Restaurants, Kinos und Galerien gruppiert sich um insgesamt acht Innenhöfe, die alle Anfang des 20. Jahrhunderts entstanden sind, damals mit wunderschönen Jugendstilelementen ausgeschmückt und mit farbig glasierten Kacheln verkleidet und heute liebevoll und aufwendig restauriert.

○ **BEBELPLATZ**
In der Mitte des architektonisch reizvollen Platzes ist das unterirdische Denkmal zur Bücherverbrennung durch eine Glasplatte zu sehen.

Von außen sieht man nichts, die Stuckfassade wurde bereits 1961 abgeschlagen, aber wer die Hackeschen Höfe betritt, der wird mit Glanz empfangen: golden, blau und grün glasierte Ziegel, nach historischem Vorbild gebrannt, in dynamischen Mustern angeordnet, hohe Fenster, geschwungene Dachlinien ziehen Menschen wie magnetisch in den Hof.

SHOPPING

○ **GALERIES LAFAYETTE**
Pariser Einkaufsflair mitten in Berlin: Fünf Etagen sind kreisförmig um einen schillernden Lichtkegel erbaut worden. Dann das Warenangebot: Hier findet man elegante französische Mode und Accessoires, internationale Kosmetika, eine französische Buchhandlung und natürlich eine exzellente Lebensmittelabteilung.
// www.galerieslafayette.de

○ **KADEWE**
Das 1907 eröffnete Kaufhaus des Westens ist seit jeher ein Shopping-Tempel der Extraklasse. Jeder Berlinbesucher sollte die Feinschmeckeretage gesehen und eine der vier Champagner-Bars besucht haben.
// www.kadewe.de

○ **GROBER UNFUG**
Der wohl bestsortierte Comicladen Deutschlands. Hier findet man aktuelle Serien aus aller Welt, dazu alte Schätze.
// www.groberunfug.de

○ **FLOHMARKT AM TIERGARTEN**
Der größte, beliebteste und bestbesuchte Flohmarkt Berlins. Mit angeschlossenem Markt für Kunsthandwerk.

ÜBERNACHTEN

Art Luise Kunsthotel // Freunde der Kunst zieht es in das restaurierte, klassizistische Stadtpalais aus dem Jahr 1825, das als »Künstlerheim Luise« ab 1995 erste Gäste empfing. Über 50 Künstler haben den Zimmern ihre persönliche künstlerische Note gegeben und ein bewohnbares Kunstwerk geschaffen.
// www.luise-berlin.com

Hotel Adlon Kempinski // Ein Luxushotel der Extraklasse und sicherlich eines der bekanntesten Hotels in Deutschland. Das Adlon, eine der ersten Adressen Berlins, liegt direkt am Pariser Platz.
// www.hotel-adlon.de

Art Nouveau // Ein Stilmix aus Alt und Modern in einem Jugendstilgebäude nahe Kurfürstendamm. Individuell und kräftig farbig gestaltete Interieurs.
// www.hotelartnouveau.de

BERLIN

AUF KEINEN FALL VERPASSEN

SICH IN DAS BERLINER NACHTLEBEN STÜRZEN, OB IN KNEIPEN, BIERGÄRTEN ODER KELLERCLUBS

Das Berliner Nachtleben ist so vielfältig wie die Stadt selbst. Also nichts wie ab in den Osthafen mit Techno-Tempel Watergate oder an den Savignyplatz in den Jazzkeller Quasimodo! Neues Partyviertel ist Kreuzkölln zwischen Kreuzberg und Neukölln.

DEN FERNSEHTURM ERKLIMMEN UND GANZ BERLIN ÜBERBLICKEN

Auf 207 Metern liegt das Restaurant Sphere. Es dreht sich in einer Stunde einmal um die eigene Achse. Gehobene Küche, garniert mit Traumblick und Klavieruntermalung ab 19 Uhr.

EINE ORIGINAL BERLINER CURRYWURST ESSEN

Die Berliner Currywurst wird ohne Darm in Öl gebraten. Am besten genießt man sie im Traditionsimbiss Konnopke in der Schönhauser Allee, bei Curry36 am Bahnhof Zoo oder in Bioqualität bei Witty's am Wittenbergplatz.

EINE TRABI-SAFARI UNTERNEHMEN UND SICH IN DIE VERGANGENHEIT VERSETZT FÜHLEN

Man lenkt den kultigen Trabant selbst und fühlt sich nostalgisch in die DDR versetzt, während man dem Reiseführer folgt. Informatives gibt es von ihm dazu auch direkt auf die Ohren. Verschiedene Touren im Angebot.

EINE BERLINER WEISSE IM BIERGARTEN DES TIERGARTENS TRINKEN

Eigentlich ist Berliner Weiße eine Weißbiersorte, wird aber überwiegend als Mix mit Himbeer- oder Waldmeisterlimo bestellt. In einem Biergarten im Grün des Tiergartens probieren, etwa im Schleusenkrug oder im Café am Neuen See.

#43 BUENOS AIRES

BUENOS AIRES IST DIE EUROPÄISCHSTE ALLER SÜDAMERIKANISCHEN METROPOLEN UND WIRD OFT MIT PARIS VERGLICHEN. IN KEINER ANDEREN STADT DES KONTINENTS FINDEN SICH MEHR ZEUGNISSE DER NEOKLASSIZISTISCHEN MONUMENTAL- UND DER BELLE-ÉPOQUE-ARCHITEKTUR ALS HIER. SIE STAMMEN AUS DER ZEIT ZWISCHEN 1880 UND 1930, ALS DIE WIRTSCHAFT ARGENTINIENS DANK DES FLEISCHEXPORTS FLORIERTE UND BUENOS AIRES ALS NEUE HAUPTSTADT DES GERADE GEEINTEN LANDES MIT REPRÄSENTATIVBAUTEN AUSGESTATTET WURDE. MIT MITTLERWEILE RUND 14 MILLIONEN EINWOHNERN UND EINER FLÄCHE VON 3880 QUADRATKILOMETERN ZÄHLT DER BALLUNGSRAUM GRAN BUENOS AIRES ZWAR ZU DEN GRÖSSTEN METROPOLREGIONEN DER WELT, DAS STADTZENTRUM SELBST ABER IST ÜBERSCHAUBAR.

Oben: 23 Meter groß ist die stählerne Floralis Genérica des Architekten Eduardo Catalano auf der Plaza de las Naciones – und damit eines der jüngsten Wahrzeichen der Stadt.

Linke Seite: Das Kongressgebäude liegt am westlichen Ende der Avenida de Mayo, einer der schönsten Alleen der Stadt.

Rechts: Argentinien ist Tango. Überall finden spontane Tänze statt und das nicht nur zur Touristenbelustigung.

○ AVENIDA DE 9 JULIO UND OBELISK

Nach der Eixo Monumental in der brasilianischen Hauptstadt Brasília ist die Avenida de 9 Julio die breiteste Straße der Welt und eine der Hauptverkehrsadern von Buenos Aires. Von Retire im Norden der Stadt zieht sie sich entlang mehrerer Sehenswürdigkeiten nach Süden bis zum Bahnhof Constitución. Benannt ist die stolze Prachtstraße nach dem Tag der Unabhängigkeit Argentiniens. Auch der Obelisk auf der Plaza de la République ist eines der Wahrzeichen der Stadt und wurde anlässlich des 400-jährigen Staatsjubiläums hier errichtet. Wer möchte, kann die 206 Stufen in seinem Inneren nach oben steigen und von dort den fantastischen Ausblick über die Stadt genießen.

○ PLAZA MAYO UND CASA ROSADA

Der bedeutende Platz mit dem rosafarbenen Präsidentenpalast ist die wohl bekannteste Sehenswürdigkeit von Buenos Aires. Nicht minder bekannt ist dessen Balkon, von dem aus Evita Perón in den 1950er-Jahren ihre Ansprachen an das Volk auf der Plaza Mayo richtete. Die Casa Rosada ist der offizielle Sitz des amtierenden Präsidenten, der den Palast heute jedoch nur noch zu bestimmten Anlässen aufsucht. Eine kleine gehisste Flagge neben der großen argentinischen verrät seine Anwesenheit.

BUENOS AIRES

WARUM IM WINTER? ES IST SOMMER IN BUENOS AIRES! BEI WARMEN TEMPERATUREN HERRSCHT TAG WIE NACHT REGES TREIBEN AUF DEN STRASSEN DER STADT. BESONDERS TURBULENT GEHT ES IM FEBRUAR ZU, DENN DANN STEHT ALLES IM ZEICHEN DES KARNEVALS. DEN GESAMTEN MONAT ÜBER IST DIE FEIERLAUNE DEUTLICH SPÜRBAR, IN JEDEM VIERTEL FINDEN FESTUMZÜGE UND VERANSTALTUNGEN STATT. VOR ALLEM DIE TRADITIONELLEN MURGAS, DIE DIE FEIERLICHKEITEN MIT GESANGSDARBIETUNGEN BEGLEITEN, ZIEHEN JEDEN IN IHREN BANN. MEIST SINGEN SIE VON DEN GESCHEHNISSEN DER LETZTEN JAHRE. DIE TRADITION KAM EINST MIT EUROPÄISCHEN EINWANDERERN NACH ARGENTINIEN, WO DER BRAUCH BIS HEUTE BESTEHT.

Bilder links: Musik und Tanz beherrschen die Stadt im Karneval. Ganz oben: El Caminito im ehemaligen italienischen Arbeiterviertel La Boca ist heute eine Fußgängerzone und Touristenattraktion. In viele der bunt gestrichenen Häuser sind Kneipen, Bars und Restaurants eingezogen. Oben: Wesentlich luxuriöser geht es im neuen Hafenviertel zu.

Rechts: Das Teatro Colón 200 Meter nördlich der Plaza de la República zählt zu den schönsten und – nicht zuletzt dank seiner hervorragenden Akustik – zu den bedeutendsten Opernhäusern der Welt.

○ **CATÉDRAL METROPOLITANA DE BUENOS AIRES**

Die Kathedrale von Buenos Aires auf der Plaza de Mayo vereint verschiedene Architekturstile von Neorenaissance bis Neobarock. Der erste Kirchenbau wurde im 16. Jahrhundert errichtet und danach mehrmals erweitert und erneuert. Nicht zuletzt ist das Gotteshaus als einstiger Sitz des ehemaligen Erzbischofs Jorge Mario Bergoglio, seit 2013 Papst Franziskus, berühmt.

○ **TEATRO COLÓN**

Das zwischen der Plaza La Valle und der Avenida de 9 Julio gelegene Theater gilt als eines der schönsten Opernhäuser der Welt. Das Theater wurde 1937 fertiggestellt und war von 2006 bis 2010 wegen Renovierungs- und Modernisierungsarbeiten geschlossen. Neben dem regulären Theaterprogramm werden auch geführte Touren durch das prachtvolle Gebäude angeboten.

○ **LA BOCA**

La Boca, Buenos Aires' berühmtes, südlich von San Telmo an der Mündung des Riachuelo in den Río de la Plata gelegenes Hafenviertel, hat sich aus einer Siedlung italienischer und anderer europäischer Einwanderer entwickelt. Die aus Schiffsschrott zusammengebastelten und grellbunt gestrichenen Wellblechhütten, in denen die Immigranten hausten, sind heute eine viel fotografierte Touristenattraktion. In viele sind Kneipen, Bars und Restaurants eingezogen. Besonders der Caminito, der »kleine Weg«, wird von Straßenmusikanten, Tangotänzern und fliegenden Händlern bevölkert.

○ **MUSEO NACIONAL DE BELLAS ARTES**

Das Museum beherbergt die größte öffentliche Kunstsammlung Lateinamerikas. Auf zwei Etagen sind hier die Werke großer argentinischer und internationaler Künstler zu sehen, darunter Picasso, Chagall, Kandinsky, Fontana, Pollock und viele weitere. Eine dritte Etage ist Fotografien und Skulpturen gewidmet.

○ **TORRE MONUMENTAL**

Ursprünglich ein Geschenk der britischen Einwohner Argentiniens, hieß der Uhrenturm zunächst »Torre de los Ingleses« (»Turm der Engländer«), ehe er 1982 umbenannt wurde. Der Turm ist mit Symbolen des British Empire verziert, den ursprünglichen Namen hört man bis heute.

AUSGEHEN

La Catedral // Beeindruckende Milonga im Stadtteil Once. In dem ehemaligen Fabrikgebäude wird bei schummrigem Licht bis spät in die Nacht getanzt. Wer möchte, kann bei einem der Tanzlehrer eine Tango-Schnupperstunde machen, mittanzen oder den Profis einfach nur zusehen.

// www.facebook.com/lacatedraldeltangoalmagro

Santos Manjares // Eine typisch argentinische Parilla mit ausgezeichneten Steakspezialitäten vom Grill und einer guten Auswahl an argentinischen Weinen.

// www.santos-manjares.com

Franks Bar // Der Eingang zu dieser Speakeasy Bar ist zunächst unscheinbar. Doch ganz hinein kommt nur, wer in der Telefonkabine den richtigen Zahlencode wählt (oder den Türsteher um Hilfe bittet). Professionell gemixte Cocktails. Reservierung empfohlen!

// franks-bar.com

○ **PLAZA DEL CONGRESO**
Als Erstes sticht das eindrucksvolle Monument in der Mitte des Platzes ins Auge: Verkörpert werden zwei historisch bedeutende Kongressversammlungen, die entscheidend zur Unabhängigkeit Argentiniens beigetragen haben. Der dahinterliegende Kongresspalast vervollständigt das imposante Panorama.

○ **CABILDO DE BUENOS AIRES**
Das ehemalige Regierungsgebäude auf der Plaza de Mayo beherbergt heute ein Museum zur Mai-Revolution. Sehenswert ist der Innenhof mit einem schönen Brunnen aus dem 19. Jahrhundert.

○ **PUERTO MADERO**
Das Stadtviertel am Río de la Plata ist wohl das modernste in ganz Buenos Aires. Im alten Hafenviertel wurde aufwendig renoviert und umgestaltet, in den zahlreichen neuen Wolkenkratzern befinden sich Wohnungen auf bis zu 50 Stockwerken. Der 235 Meter hohe Alvear Tower, in dem sich auch ein Hotel befindet, ist das höchste Gebäude von Buenos Aires.

SHOPPING

○ **PALERMO VIEJO**
Fans von ausgefallener Designermode, kleinen Boutiquen, Vintage-Läden und individuellen Styles werden hier garantiert fündig.

○ **CALLE FLORIDA UND AVENIDA SANTA FE**
In den belebten Haupteinkaufsstraßen von Buenos Aires findet man neben zahlreichen Marken und ausgefallenen Geschäften auch unzählige Cafés und Restaurants. Wer Lederwaren mag, sollte in der verkehrsberuhigten Calle Florida bummeln.

AUSFLÜGE

○ **TIGRE**
Das idyllische Delta des Paraná ist von Buenos Aires mit dem Zug in etwa 45 Minuten zu erreichen. Hier schlängeln sich kleine Kanäle und Flussarme durch die wild bewachsene Landschaft, am Ufer stehen Villen, Museen und kleine Häuschen auf Pfahlbauten.

○ **COLONIA DEL SACRAMENTO, URUGUAY**
Wie wäre es mit einem Tagesausflug nach Uruguay? 50 Kilometer mit der Fähre von Buenos Aires entfernt liegt am gegenüberliegenden Ufer des Río de la Plata der kleine Ort Colonia del Sacramento. Die Altstadt mit den engen Gassen, den riesigen Platanen und dem alten Kopfsteinpflaster ist malerisch und wurde 1995 zum UNESCO-Welterbe ernannt.

ÜBERNACHTEN

Apassionata Tango Hotel // Ein Hotel, in dem man Tango tanzen und dies auch lernen kann, darf in Buenos Aires nicht fehlen. Südamerikanisches Flair und familiäres Ambiente in zentraler Lage. Buchbar über diverse Anbieter.
// **Pasco 272**

BE Jardin Escondido by Coppola // Exklusiv, aber dennoch rustikal gestaltete Francis Ford Coppola dieses Boutique-Hotel, eine wunderbar grüne Oase mitten im attraktiven Viertel Palermo.
// **www.thefamilycoppolahideaways.com/en/jardin-escondido**

Palacio Duhau – Park Hyatt Buenos Aires // Wie ein vornehmer Palast wirkt dieses gigantische Gebäude. Im Inneren wird man von einer geradezu königlichen Einrichtung empfangen. Wer möchte, kann mit Blick auf den vornehmen Terrassengarten speisen.
// **www.hyatt.com**

AUF KEINEN FALL VERPASSEN

IM SCHÖNSTEN BUCHLADEN DER WELT SCHMÖKERN
Einst war es ein prächtiges Theater, später ein großes Kino. Heute reihen sich auf den Rängen in hohen Regalen die Bücher aneinander, in den Logen stehen bequeme Lesesessel und auf der ehemaligen Bühne befindet sich ein Café. Schon oft als weltweit schönste Buchhandlung ausgezeichnet, zählt El Ateneo Grand Splendid im Stadtteil La Recoleta längst zu den bekanntesten Sehenswürdigkeiten der Stadt.

TANGO TANZEN
Einmal selbst elegant über den Boden zu gleiten ist in der Hauptstadt des Tangos ein Muss. Möglichkeiten, sich im argentinischen Nationaltanz zu versuchen, gibt es angesichts der zahlreichen Milongas und Tanzveranstaltungen genügend, zum Beispiel am Wochenende beim Open Air Tango im Park Barrancas de Belgrano unter dem Pavillon La Glorieta.

DAS GRAB VON EVITA PERÓN BESUCHEN
Eine bezaubernde und auch etwas gespenstische Stimmung herrscht auf dem Friedhof von Recoleta mit seinen vielen Gräbern und Gängen, verzierten Mausoleen und verschnörkelten Statuen und Figuren. Kein Wunder, dass dieser einzigartige Ort so viele Besucher anzieht. Zahlreiche berühmte Persönlichkeiten fanden hier ihre letzte Ruhestätte, so auch Evita Perón, deren Grab bis heute nicht nur von Touristen regelmäßig aufgesucht wird.

SPAZIERGANG IN DER RESERVA ECÓLOGICA COSTANERA SUR
Am Ufer des Rio de la Plata östlich des Stadtteils Puerto Madero liegt eine kleine Oase. Inmitten von Pampasgras, Akazien und Kapokbäumen kann man picknicken, radfahren und wunderbar Vögel beobachten. Rund 200 verschiedene Vogelarten, darunter Flamingos, Reiher und Papageien, sind in dem Gebiet beheimatet, mehrere Wege führen durch den Park. Vor allem am Wochenende kommen viele Bewohner aus Buenos Aires hierher, um sich vom hektischen Großstadtleben zu erholen. Seit 1986 steht das Gebiet unter Naturschutz.

ÜBER DEN ANTIQUITÄTENMARKT IN SAN TELMO STREIFEN
Im ältesten Viertel von Buenos Aires findet jeden Sonntag ein Antik- und Trödelmarkt statt. Zwischen den Verkaufsständen mit allerlei Krimskrams herrscht buntes Treiben mit Livemusik, Tango-Darbietungen und Straßenkünstlern.

#44 DUBAI

BEIM BLICK AUF DIE HEUTIGE STADT DUBAI IST ES KAUM VORSTELLBAR, DASS DIE VEREINIGTEN ARABISCHEN EMIRATE EINST EINE DER ÄRMSTEN REGIONEN DER WELT WAREN. DAS STADTBILD HAT SICH SEIT DEN SPÄTEN 1960ER-JAHREN DRASTISCH VERÄNDERT UND MIT DEM DAMALIGEN KAUM NOCH ETWAS GEMEIN. DAS »LAS VEGAS AM GOLF« LOCKTE BEREITS ANFANG DES 20. JAHRHUNDERTS SEEFAHRER AUS GROSSBRITANNIEN UND INDIEN. SCHON DAMALS WAR DER GOLDHANDEL EINE WICHTIGE STÜTZE DER WIRTSCHAFT. DIE HERRSCHER VON DUBAI VERLASSEN SICH BEI DER ZUKUNFTSPLANUNG NICHT ALLEIN AUF DAS ÖL: NEBEN DEN FREIHANDELSZONEN VON DJEBEL ALI UND DEM INTERNATIONALEN FLUGHAFEN SPÜLT DER TOURISMUS IMMER MEHR GELD IN DIE KASSEN. DAFÜR WERDEN LUXUSHOTELS IM NEOORIENTALISCHEN STIL ERBAUT UND NEUE STRÄNDE AUS FEINSTEM WEISSEN SAND AUFGESCHÜTTET.

Ein Ort wie aus einem Science-Fiction-Roman: Dubai ist eine künstlich geschaffene Welt, deren Wolkenkratzer und Traumhotels sich mit Rekordleistungen überbieten. Gegenwärtig sind in Dubai noch viele weitere Hochhäuser im Bau, darunter mehr als zehn Projekte, die höher als 300 Meter in den Himmel ragen sollen. Der Rekordhalter ist aber der Burj Khalifa – mit 828 Meter Höhe der höchste Wolkenkratzer der Welt (linke Seite).

○ **BURJ KHALIFA**
Der Burj Khalifa ist Rekordhalter in diversen Disziplinen: Er ist mit 828 Metern das höchste Gebäude der Erde. Und die schnellsten Aufzüge der Welt bringen schwindelfreie Besucher auf die Aussichtsplattform – natürlich liegt keine höher. Der Springbrunnen am Burj Khalifa fasziniert mit seinen beleuchteten Wasserspielen. Die bis zu 150 Meter hohen Fontänen »tanzen« mal zu arabischer, mal zu westlicher Musik.

○ **THE PALM JUMEIRAH**
Noch mehr Superlative: The Palm Jumeirah ist die größte künstlich angelegte Insel der Welt. Viele Millionen Tonnen Sand und Felsbrocken vereinen sich hier zu einer stilisierten Palme mitten im Meer. Touristenattraktionen locken auch diejenigen an, die sich ein Zimmer in einem der Luxushotels nicht leisten können.

○ **BURJ AL ARAB**
Das Burj al-Arab war bei seiner Eröffnung im Jahr 1999 mit 321 Meter Höhe nicht nur das höchste Hochhaus der Stadt, sondern bis 2007 auch das höchste Hotel der Welt. Diesen Titel musste das Bauwerk zwar an den ebenfalls in Dubai erbauten Rose Tower (333 Meter) abgeben, jedoch wurde das Burj al-Arab wegen seiner bemerkenswerten Architektur – das elegante Bauwerk in Form eines großen Segels steht auf einer künstlichen Insel – zum Wahrzeichen Dubais.

○ **DUBAI MARINA**
An einem künstlichen Kanal liegt der Jachthafen von Dubai, der von zahlreichen Wolkenkratzern umrahmt wird. Die atemberaubende Skyline und die romantischen Uferpromenaden beeindrucken vor allem bei Nacht.

WARUM IM WINTER? IM SONST SO UNERTRÄGLICH HEISSEN DUBAI HERRSCHEN ZWISCHEN DEZEMBER UND MÄRZ GEMÄSSIGTERE TEMPERATUREN. DIE IDEALE ZEIT ALSO, UM DIE STADT ZU ERKUNDEN UND AM STRAND ZU ENTSPANNEN. GOLFFREUNDE KÖNNEN DAS ANGENEHME WETTER NUTZEN UND DIE GOLFPLÄTZE DER STADT AUSPROBIEREN. WER IM DEZEMBER NACH DUBAI REIST, KANN AM 2. DES MONATS DIE GROSSEN FEIERLICHKEITEN ZUM NATIONALFEIERTAG MITERLEBEN.

○ **JUMEIRAH-MOSCHEE**
Die schönste Moschee Dubais ist an sechs Tagen der Woche auch für Nicht-Muslime geöffnet. Hier lohnt sich eine Führung, um mehr über Kultur und Religion der Emirate zu erfahren.

○ **DUBAI OPERA**
Kunstgenuss auf allen Ebenen: Architektonisch ist die Oper einer Dhau, einem traditionellen Segelschiff, nachempfunden. Im Inneren finden Konzerte, Opern, Musicals und Theateraufführungen statt.

○ **DUBAI MUSEUM**
Im historischen Fort Al Fahidi zeigt dieses Erlebnis-Museum sehr anschaulich die Geschichte des Emirats – inklusive eines Souks, eines Privathauses, einer Koranschule und natürlich der Wüste.

○ **DUBAI CREEK**
Der 14 Kilometer lange Meeresarm teilt Dubai in zwei Hälften – das historische Bur Dubai und das moderne Deira. Am besten bestaunt man vom Wasser aus Dubais Skyline. Man kann den Dubai Creek zwar auch per Brücke überqueren, viel authentischer aber ist es, ein Wassertaxi zu nehmen. An beiden Ufern gibt es diverse Haltestellen.

○ **MADINAT JUMEIRAH**
Eine kleine Stadt in der Stadt: Das Madinat Jumeirah ist eine pittoreske Lagunenstadt im altarabischen Stil mit luxuriösen Hotels, diversen Restaurants, einem ei-

Oben: Das als stilisiertes Segel erbaute Burj al-Arab in Dubai ist das bislang einzige 7-Sterne-Hotel der Welt.

Links oben: Auch an der Dubai Marina stehen die Wolkenkrater in Reih und Glied.

Links unten: Das weltgrößte Shoppingcenter ist die Dubai Mall, die rund um den Burj Khalifa Lake angelegt wurde.

genen Souk sowie Erholungs- und Sportmöglichkeiten. Eine bedeutsame archäologische Stätte erinnert an die Zeiten, als die kleine Siedlung vor vielen Jahrhunderten als Raststätte für Karawanen diente, die auf der Handelsroute zwischen Irak und Oman unterwegs waren.

AUSGEHEN

Burj al Arab Skyview Bar // Weil sich die meisten Touristen wohl eine Suite im Burj al Arab nicht leisten können, ist ein Abend an der Cocktailbar im 27. Stock eine gute Alternative, dieses extravagante Hotel zu betreten und die Aussicht zu genießen. Achtung: Reservierung und Mindestverzehr sind Pflicht!

Al Mahara // Wer es nicht geschafft hat zu schnorcheln, ist in diesem Restaurant gut aufgehoben, denn es befindet sich in einem riesigen Aquarium und erweckt den Eindruck eines Unterwasser-Restaurants. Es gehört zum Luxushotel Burj Al Arab.
// www.jumeirah.com

Urban Picnic // Ein liebevoll gestaltetes Büfett ist das eine, aber dazu einen Picknickkorb, den es zu füllen gilt und sich anschließend ein schönes Sitzplätzchen zu suchen, das andere. Urban Picnic heißt dieses Konzept, mit das Vida Downtown überrascht. Am besten damit auf eines der hauseigenen arabischen Betten setzen und ausgiebig schlemmen.
// www.vidahotels.com

Zeta Restaurant // Mit Blick auf das gigantische Wasserspiel vor dem Burj Khalifa serviert dieses Restaurant japanische Küche. Ein wirklich romantischer Platz mit hohem kulinarischem Wert.
// Mohammed Bin Rashid Boulevard

○ **CREEKSIDE PARK**
Der groß angelegte Park bietet vor allem Familien einige Attraktionen. Hier gibt es einen Abenteuerspielplatz, eine Minigolfanlage, Grillplätze, Restaurants und ein Amphitheater.

○ **SHEIKH SAEED AL-MAKTOUM HOUSE**
Wie sah das Leben im Emirat vor dem Ölboom aus? Das Museum im Haus des ehemaligen Herrschers von Dubai gibt spannende Einblicke in die Historie der Stadt.

○ **AL-BASTAKIYA**
Historische Lehmhäuser und die traditionellen Windtürme (sie dienen als Klimaanlagen) säumen die engen Gässchen in Dubais ältestem Viertel.

○ **NATIONALPARK DUBAI DESERT**
Dass direkt an die Stadt angrenzend eines der wichtigen Naturschutzreservate liegt, ist eher wenigen Besuchern bekannt. Wer sich in die Wüste aufmacht, hat schon bei der Auswahl der Tour die Qual der Wahl: Lieber im Jeep, als Quad-Ausflug oder gar die Dünen auf dem Sandboard hinabsurfen? Actiongeladene Touren gibt es genügend. Doch es lohnt sich, auch ruhige Angebote wie das Schutzprogramm der Dubai Desert Conservation Reserve anzuschauen. Die Wüste ist wichtiger Lebensraum für viele Tiere. Dort wurde etwa die Kragentrappe wieder ausgewildert, ebenso die Oryxantilope. Sie zu beobachten, ist Teil einer Safari durch die Wüste, die sich nur eine halbe Stunde Autofahrt jenseits des Stadtzentrums befindet.

SHOPPING

○ **GOLD SOUK**
Hier wird alles verkauft, was funkelt: vom aufwendigen Beduinenschmuck bis zur goldenen Geldklammer. Glücklicherweise werden Imitate gekennzeichnet. Handeln ist Pflicht!

○ **DUBAI MALL**
Wie so vieles in Dubai ist auch dieses Einkaufszentrum rekordverdächtig: Auf über einer Million Quadratmetern locken 1200 Geschäfte. Damit Eltern in

Jumeirah Beach ist der beliebteste öffentliche Strand der Stadt. Palmen spenden hier reichlich Schatten.

Ruhe shoppen können, sind Vergnügungspark, Aquarium und Eislaufbahn integriert.

○ **GEWÜRZ-SOUK**
Ein Fest für die Nase ist ein Bummel durch den Gewürzmarkt in Deira, gleich neben dem Gold-Souk. Obst, Reis, Kräuter und natürlich Gewürze aus 1001 Nacht gilt es zu schnuppern – und selbstverständlich vor dem Kauf auch zu kosten. Auch hier gilt: Feilschen ist ausdrücklich erwünscht!

○ **MALL OF THE EMIRATES**
Neben einer großen Auswahl an Geschäften lockt ein Multiplex-Kino, ein Theater und ein kleiner Vergnügungspark. Der Hit aber ist eine Ski-Halle – direkt vom Strand auf die Piste.

STRÄNDE

○ **ÖFFENTLICHE STRÄNDE**
In Dubai gibt es Sand satt. Die öffentlichen, kostenlosen Strände sind spärlicher gesät. Jumeirah Open Beach kann mit Toiletten, Umkleidekabinen und Rettungsschwimmern aufwarten. Die breite Jumeirah Corniche lockt vor allem Jogger, Skater und Radfahrer.

○ **JUMEIRAH BEACH**
Er ist Dubais beliebtester Strand: Mit einer Länge von fast 30 Kilometern ist er der wichtigste Strand der Stadt, an dem sich auch Hotelanlagen befinden.

○ **KITE BEACH**
Der Hotspot für Kitesurfer in Dubai ist mit seinem hellen Sand und den vielen Restaurants im Rücken ein ganz besonderer Ort. Selbst wer nicht kitet, findet Passendes, es gibt einen Kletter- und Skatepark ganz in der Nähe.

○ **AL SUFOUH BEACH**
Etwas weniger touristisch erschlossen ist dieser Strand, der sich südlich an den Burj-Al Arab-Strand anschließt. Das Panorama auf die Skyline von Dubai ist großartig, das Wasser türkisfarben und der Strand nicht überlaufen.

ÜBERNACHTEN

Burj Al Arab // Es zählt zu den luxuriösesten Hotels der Welt und vermietet nur Suiten. Und diese sind mindestens 100 Quadratmeter groß. Blattgold und Hubschrauberlandeplatz gehören zum Haus. Wer es sich nicht leisten kann und dennoch in diese Hotelatmosphäre hineinschnuppern will, reserviert einen Tisch zur Nachmittags-Teestunde.
// www.jumeirah.com

Rixos The Palm Dubai // Action und Wasser verbindet dieses Resort, das sich am Ende der berühmten Insel The Palm Jumeirah befindet. Es ist familienfreundlich, und Freunde des motorisierten Wassersports haben hier ihre helle Freude.
// www.thepalmdubai-de.rixos.com

Rove Healthcare City // Wer den Luxuspreisen der Stadt entgehen möchte, bucht sich in diesem Haus ein, das eher zu den niedrigpreisigen zählt. Dennoch spart es nicht an Design, und die Lage stimmt.
// www.rovehotels.com

AUF KEINEN FALL VERPASSEN

EIN PFERDE- ODER KAMELRENNEN BESUCHEN
Wer hätte gedacht, dass die Wüstenschiffe so schnell sein können? In der Saison von Oktober bis April laufen Kamele mit bis zu 55 Stundenkilometern um die Wette. Die Kamelrennen finden in Al Lisaili und Al Marmoum statt. Noch schneller geht es beim Pferderennen zu. Die wichtigste Veranstaltung ist der Dubai World Cup am ersten Samstag im März. Dann kämpfen auf dem Meydan Racecourse edle Rennpferde um die höchsten Preisgelder.

EINE WÜSTEN-SAFARI MACHEN
Welch ein Erlebnis, mit dem Jeep die Sanddünen rauf- und wieder runterzujagen! Zu einer richtigen Wüsten-Safari gehören auch der beeindruckende Sonnenuntergang und der Besuch eines traditionellen Beduinenlagers.

DURCH DIE SOUKS SCHLENDERN
Gold, Parfüm, Stoffe oder Gewürze – wer die traditionellen Märkte in der Innenstadt besucht, fühlt sich in die Welt von 1001 Nacht versetzt. Feilschen nicht vergessen!

DUBAI AQUARIUM IN DER DUBAI MALL BESUCHEN
Die farbenprächtige Unterwasserwelt inklusive einer Begegnung mit Krokodilen, Mantas und Haien kann man im grandiosen Dubai Aquarium erleben. Natürlich eines der größten Aquarien der Welt.

DUBAI MIT DEM DOPPELDECKERBUS ERKUNDEN
Doppeldeckerbusse klappern die wichtigsten Highlights der Stadt ab. Hop-on/Hop-off-Touren erlauben den Besuchern, dort auszusteigen, wo es ihnen gefällt, um dann auf einen anderen Tourbus wiederaufzusteigen. So kann jeder Besucher Dubai in seinem eigenen Tempo erkunden.

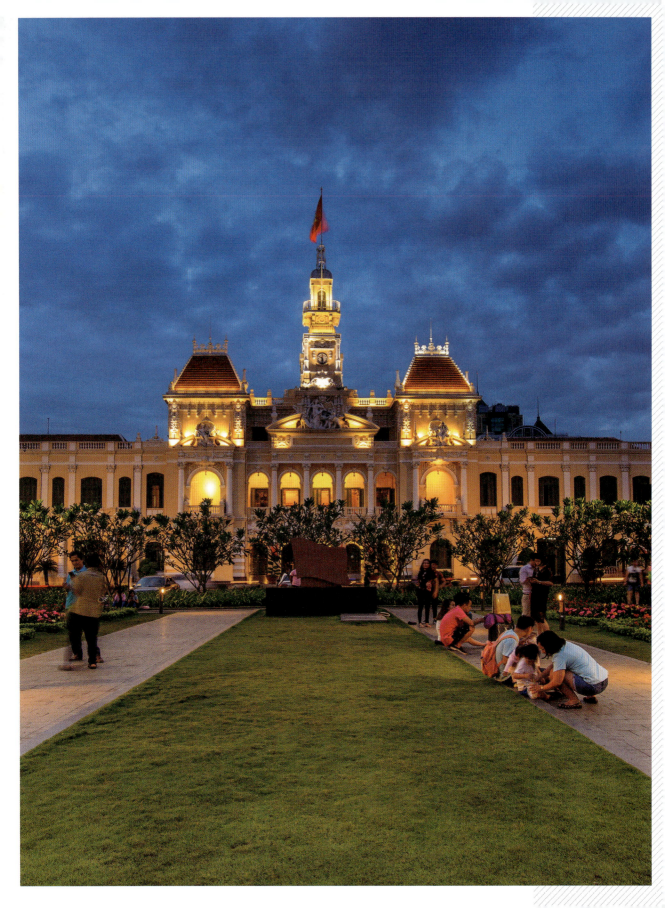

#45 HO-CHI-MINH-STADT

WÄHREND HANOI DAS POLITISCHE ZENTRUM DES LANDES IST, GILT HO-CHI-MINH-STADT (VIETNAMESISCH: THANH PHO HO CHI MINH, DAS FRÜHERE SAIGON) ALS DAS INDUSTRIELLE UND WIRTSCHAFTLICHE HERZ VIETNAMS. DAS WIRTSCHAFTSWACHSTUM HINTERLÄSST SEINE SPUREN: NEUE HOCHHÄUSER UND HOTELS, KNALLBUNTE GESCHÄFTE UND EIN WOHLSTANDSNIVEAU WEIT ÜBER DEM LANDESDURCHSCHNITT PRÄGEN DIE STADT, ALLERDINGS MIT DEN BEGLEITERSCHEINUNGEN EINER UNGEHEUREN ZUNAHME DES VERKEHRS UND DER UMWELTVERSCHMUTZUNG. DOCH DIE VERGANGENHEIT SCHIMMERT IMMER NOCH VEREINZELT DURCH: DIE GEBÄUDE IM KOLONIALSTIL, DIE STRASSENKIOSKE, IN DENEN FRANZÖSISCHE BAGUETTES VERKAUFT WERDEN, VERLEIHEN MANCHEN VIERTELN EINEN HAUCH FRANZÖSISCHER KOLONIALATMOSPHÄRE.

Tempel und Pagoden, Kolonialbauten wie das Rathaus (linke Seite) und Wolkenkratzer spiegeln sowohl Tradition als auch Moderne wider. Inmitten prallen Großstadtlebens findet sich auch die Kathedrale Notre-Dame von Saigon (oben), die 1880 geweiht wurde.

○ PAGODE DES JADEKAISERS

Sie zählt zu den interessantesten Sakralbauten der Stadt, ja gilt sogar als schönster taoistischer Tempel in ganz Vietnam: Chua Ngoc Hoang, die Pagode des Jadekaisers. Anfang des 20. Jahrhunderts von Immigranten aus Guangzhou errichtet, ist sie bis heute viel besucht – ein Meisterwerk chinesischer Tempelbaukunst, bestehend aus zwei Gebäuden, die schon von außen mit reichen Dachverzierungen ihren hohen spirituellen Stellenwert signalisieren. Noch üppiger präsentiert sich das Innere: kunstvoll geschnitzter Holzdekor, Wächter- und Götterfiguren, wohin man blickt, allesamt in bunte Farben getaucht und von den Schwaden unzähliger Räucherstäbchen umwölkt. Den Blickfang bildet, auf dem Hauptaltar über allen mythischen Königen, Heiligen und Göttern thronend und von Diamantwächtern flankiert, der bärtige, als Weltenherrscher hochverehrte Jadekaiser.

○ WAR REMNANTS MUSEUM

Es sind vor allem die Schwarz-Weiß-Fotos von hingemordeten zivilen Opfern, die jeden Betrachter unweigerlich schockieren. Das Massaker von My Lai, die Tigerkäfige auf der Gefängnisinsel Con Dao oder die verheerenden Auswirkungen von chemischen Kampfstoffen wie Napalm oder dem dioxinhaltigen Entlaubungsmittel Agent Orange: Dem politischen Narrativ der kommunistischen Regierung gemäß sind es natürlich ausschließlich die Gräueltaten der westlichen Feinde, Franzosen und US-Amerikaner sowie ihrer einheimischen Handlanger, der süd-vietnamesischen Diktatoren, die man im Kriegsreliktemuseum dokumentiert findet. Sehr aufschlussreich, was den offiziellen Umgang mit der Zeitgeschichte betrifft.

○ REUNIFICATION PALACE

Die Szene haben ältere TV-Zuschauer wohl noch gut in Erinnerung: Es geschah an einem Morgen im Ap-

HO-CHI-MINH-STADT

WARUM IM WINTER? TET NGUYEN DAN IST EIN ZENTRALES EREIGNIS IM JAHRESKALENDER DER VIETNAMESEN. TET CA, DAS »GROSSE FEST«, WIE SIE ES AUCH NENNEN, BEGINNT AM TAG VOR DEM ERSTEN NEUMOND NACH DER WINTERSONNENWENDE. ES FÄLLT IN DIE WOCHEN ZWISCHEN 21. JANUAR UND 19. FEBRUAR. DREI TAGE DAUERT ES, UND DIESE SIND GEFÜLLT MIT AHNENOPFERN, FAMILIENBESUCHEN, FESTMAHLEN, DRACHENTÄNZEN UND FEUERWERKEN. AUCH WERDEN GLÜCKWÜNSCHE AUSGETAUSCHT UND GESCHENKE ÜBERREICHT, MIT VORLIEBE BLÜHENDE PFIRSICHZWEIGE, APRIKOSEN- ODER KUMQUAT-BÄUMCHEN.

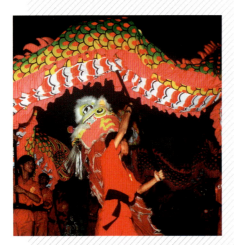

Bilder links: Im Winter wird in ganz Vietnam drei Tage lang Tet Ca gefeiert, mit großen Paraden, Tänzen, Gebeten und viel Lichterschmuck. Ganz oben: Der zur Giac-Lam-Pagode gehörige siebenstöckige Stupa misst 32 Meter Höhe.

Oben: Zwischen hohen Häuserblocks steht der kunterbunte und im Inneren luftig-helle Cao-Dai-Tempel.

ril 1975. Die Kämpfe um Saigon hatten ihren Höhepunkt erreicht. Da walzte ein nordvietnamesischer T-54-Panzer das Metalltor zum Präsidentenwohnsitz nieder. Kurz darauf erklärte Südvietnams Präsident in dem Palast die Kapitulation, der Zusammenschluss der beiden Landeshälften wurde verhandelt. Darauf nannte man den Palast offiziell in Hoi Truong Thong Nhat (»Halle der Wiedervereinigung« um. Erbaut wurde der Komplex anstelle eines neobarocken Palais, dem seinerzeitigen Sitz des französischen Generalgouverneurs, in den 1960er-Jahren. Trotz seiner Sterilität besticht das Gebäude durch minimalistisch-moderne Eleganz.

○ **KOLONIALVIERTEL**
In die nostalgische Atmosphäre jener Jahre unter französischer Fremdherrschaft eintauchen, als Marguerite Duras hier zur Schule ging und literarische Größen wie William Somerset Maugham und Graham Greene in den Salons dieser als »Paris des Ostens« gepriesenen Stadt verkehrten, kann man vor allem im Ersten der 19 Bezirke, dem eigentlichen Sai Gon. Entlang seiner breiten, baumbestandenen Boulevards haben mancherorts steinerne Zeugen aus früheren Zeit überdauert. Rathaus und Stadttheater zum Beispiel, die Kathedrale Notre Dame, die kolossale Hauptpost mit ihren vom Bureau Gustave Eiffels konstruierten Gewölben aus Gusseisen, aber auch Hotellegenden wie Caravelle, Continental, Majestic oder Rex verströmen, obwohl mehrheitlich auf Hochglanz poliert, nach wie vor den Charme und Grandeur jener Zeit. Erholung vom doch äußerst stressigen und oft buchstäblich atemberaubenden Verkehrsgewusel verschafft der Besuch des Zoologischen und Botanischen Gartens.

○ **CAO-DAI-TEMPEL**
Die in der nahen Provinzstadt Tay Ninh beheimatete Cao-Dai-Sekte unterhält auch in Ho-Chi-Minh-Stadt eine repräsentative Niederlassung. Deren Äußeres ist so kunterbunt wie das Gemisch aus Lehren, dem ihre Anhängerschaft folgt. Als angeblich letztgültige Manifestation des Absoluten vereint diese Offenbarungsreligion, die 2026 das 100-jährige Jubiläum ihrer Stiftung feiern wird, das Beste aus Daoismus, Konfuzianismus, Buddhismus und Christentum. Um den Weg zum Heil zu weisen, fordert der Caodaismus, Gutes zu tun und Böses zu meiden, sich vegetarisch zu ernähren und regelmäßig zu meditieren – Prinzipien, die seine Führer freilich nicht daran hinderte, sich gewaltsam in die profane Machtpolitik des Landes einzumischen.

○ **BEN-THAN-MARKET**
Dieser im Südwesten des Zentrums gelegene Markt ist das merkantile Wahrzeichen des traditionellen Saigon schlechthin und hieß bei den Franzosen »Les Halles Centrales«. In seiner 1914 erbauten Markthalle mit dem markanten Uhrturm werden von Blumen und Lebensmitteln bis zu Textilien und Schuhen so gut wie alle Waren feilgeboten.

○ **GIAC-LAM-PAGODE**
Im nordwestlichen Bezirk Tan Binh, an der Lac Long Quan, erhebt sich die Pagode (Chua) Giac Lam, was soviel bedeutet wie »Wald der Erleuchtung«. Sie wur-

AUSGEHEN

Mandarine // Der Rolls-Royce unter den örtlichen Gourmetrestaurants. Hier zelebriert man in traditionsbewusst-edlem Ambiente kulinarische Hochämter der Extraklasse. Das Gästebuch liest sich entsprechend wie ein Who's who der in- und ausländischen Polit- und Kulturprominenz.
// www.mandarine.com.vn

Vietnam House // Moderne Landesküche in mit Schick und Pfiff gestaltetem Rahmen. Das mehrstöckige Lokal ist bei Ausländern sehr beliebt.
// www.vietnamhousesaigon.com

Nguyen Dinh Chieu // Willkommen in der populärsten Gastro-Meile der Stadt! Ob Seafood- oder BBQ-Resto, urig-kleines, namenloses Pho-Lokal oder stylisch-cooler Gourmet-Tempel: Hier findet sich für jeden Geschmack und Geldbeutel das Richtige.
// 1. Bezirk, nahe War Remnants Museum

Das Cu-Chi-Tunnelsystem lässt sich am besten mit einem Tourguide erkunden.

de 1744 gegründet, seither mehrmals erneuert und ist das älteste buddhistische Heiligtum der Stadt. Ihr Hauptgebäude, eine flache, von einem gepflegten Garten eingefasste Holzkonstruktion, besticht durch äußerst filigranen Schnitzdekor. Ähnlich kostbar sind die weit über 100 Holzstatuen im Altarraum, die mehrheitlich Buddhas und Bodhisattvas darstellen. Einen besonderen spirituellen Akzent bildet der geheiligte Bodhi-Baum im Vorgarten. Der architektonische Blickfang der Anlage ist der siebengeschossige Reliquienturm.

SHOPPING

○ **BINH-TAY-MARKET**
Der Großhandelsmarkt im Chinesenviertel Cholon ist ein ideales Revier zum Beobachten, Schnuppern und Fotoschießen.

○ **PHAM NGU LAO**
Diese zentrale Backpacker-Meile der Stadt mutiert nach Einbruch der Dunkelheit zum stimmungsvollen Nightmarket. Gleiches gilt für die angrenzenden »Painting Streets« Bui Vien und Tran Phut.

AUSFLÜGE

○ **TUNNEL VON CU CHI**
Zu den populärsten Ausflugszielen im Umland von Ho Chi Minh City zählt das unterirdische Tunnelsystem von Cu Chi. Bereits im Ersten Indochinakrieg hatte die Bevölkerung der eine knappe Autostunde nordwestlich der Metropole gelegenen Gegend fast 50 Kilometer lange Stollen gegraben, von denen aus sie den Guerillakampf gegen die Franzosen führte. In den 1960er-Jahren baute der Vietcong die Anlage auf über 200 Kilometer aus. Sie umfasste neben dem Geflecht an Gängen auch Ambulanzen, Waffenlager, Arbeits-, Beratungs-, Schul- und Operationsräume. Zwei Bereiche hat man rekonstruiert. Hier können Touristen durch die engen Tunnel kriechen.

ÜBERNACHTEN

Hong Vina Luxury Hotel // Das preisgünstige Hotel in zentraler Lage kann vor allem mit zwei Extras punkten: Pool und Dachterrasse mit herrlichem Ausblick.
// www.hong-vina-luxury-hotel-ho-chi-minh-city.hotel-mix.de

Hotel Pullman Saigon Centre // Das komfortable, zentral gelegene Hotel besitzt eine der größten Rooftop-Bars der Stadt, von der aus sich vor allem abends ein atemberaubender Blick über die hell erleuchtete Stadt eröffnet.
// www.pullman-saigon-centre.com

Villa Song Saigon // Ein romantisches Boutique-Hotel im Kolonialstil mit 23 individuell eingerichteten Zimmern. Auf der Terrasse des Hotelrestaurants direkt am Saigon genießt man vietnamesische und asiatische Spezialitäten. Entspannung pur bietet der eigene Spa-Bereich.
// www.villasong.com/

AUF KEINEN FALL VERPASSEN

ÜBER EINEN DER VIELEN MÄRKTE SCHLENDERN

Jeder Gang über einen vietnamesischen Lebensmittelmarkt gleicht einer betörenden Wallfahrt der Sinne. Da finden sich exotische Früchte und Gemüse, die man als Europäer womöglich in seinem Leben noch nie gesehen hat, geschweige denn benennen könnte. Gleiches gilt für die Abteilungen für Meeresfrüchte, in denen Fische und Krustentiere in unglaublicher Formenvielfalt von dem Wunder der Evolution künden. Spektakuläre Feuerwerke an Farben und Gerüchen entfachen auch die Gewürzhändler. Und dass viele Vietnamesen keineswegs Fleischverächter sind, stellen die zahlreichen Läden unter Beweis, in denen Metzger vor den Augen der Kunden mit großer Kunstfertigkeit frisch Geschlachtetes zerteilen.

DURCH DIE BOOK STREET LAUFEN

Mitten im Zentrum von Ho-Chi-Minh-Stadt befindet sich ein kleines Paradies, nicht nur für Buchliebhaber. Die entspannte Atmosphäre in der Nguyen Van Binh Book Street, in der sich Buchläden und kleine Buchverkaufsstände aneinanderreihen, lädt nicht nur zum Lesen, sondern auch zum Kaffee trinken und Flanieren ein. Man schmökert, trifft sich, trinkt etwas zusammen und führt gute Gespräche. Mittlerweile gibt es auch mehr und mehr englische Bücher.

ROMANTISCH ABENDESSEN

Zum Tagesausklang empfiehlt sich, von einem der vielen Rooftop-Cafés und -Restaurants aus das herrliche Stadtpanorama zu inhalieren oder auf einer Dinner-Cruise, von Orchesterklängen begleitet, auf dem Saigon-Fluss entlangzuschippern.

EINEN BOOTSAUSFLUG DURCH DAS MEKONGDELTA UNTERNEHMEN

Die Gegend um das Mekongdelta ist die fruchtbarste Region Vietnams. Auf kleinen Holzbooten inmitten sattgrüner Palmen vorbei an den auf Bambuspfählen erbauten Häusern durch die Kanäle zu schippern, ist ein ganz besonderes Erlebnis. In Hochwasserzeiten finden zahlreiche Flussmärkte statt, die mit ihrer Farbenpracht und den vielfältigen Gerüchen viele Besucher anziehen.

DURCH DEN BOTANISCHEN GARTEN SPAZIEREN

Eine grüne Oase mitten im Herzen von Ho-Chi-Minh-Stadt. Im kleinen botanischen Garten lässt es sich wunderbar vom Trubel der Metropole verschnaufen. Ein hübscher Tempel und unterschiedliche Arten von Orchideen laden zum Verweilen ein.

#46 HONGKONG

NACH 156 JAHREN BRITISCHER HERRSCHAFT WURDE HONGKONG AM 1. JULI 1997 AN DIE VOLKSREPUBLIK CHINA ANGESCHLOSSEN. DIES HAT AM ALLTAG DIESER QUIRLIGEN BANKEN-, DIENSTLEISTUNGS- UND INDUSTRIESTADT NUR WENIG GEÄNDERT. DIE STADT, DIE EINEN DER WICHTIGSTEN HÄFEN ASIENS STELLT, BLIEB EIN DREHKREUZ FÜR DEN INTERNATIONALEN HANDEL. ES IST EINE AUFREGENDE UND LEBENDIGE STADT MIT EINER VIELZAHL AN RESTAURANTS, MIT ÜBERBORDENDEN MÄRKTEN, ELEGANTEN EINKAUFSZENTREN UND EINER ATEMBERAUBENDEN KULISSE VON HOCHHÄUSERN ZWISCHEN BERGEN UND MEER. HIER FINDEN CHINESISCHE TRADITIONEN UND MODERNES WIRTSCHAFTSDENKEN ZUSAMMEN. NEBEN ERSCHRECKENDER ARMUT STEHT UNENDLICHER REICHTUM. DIE FASZINIERENDE MISCHUNG AUS WEST UND OST IST SICHERLICH EINER DER GRÜNDE, WARUM HONGKONG IMMER NOCH DAS »TOR NACH CHINA« GENANNT WIRD.

Linke Seite: Bei Nacht ist Hongkong ein einziges Lichtermeer, die Skylines von Hongkong Island und Victoria Bay liefern sich ein Wettrüsten mit den glitzernden Lichtern von Kowloon.

Rechts: Bunt, bunter, Nathan Road: Wer diese Straße entlangläuft, bekommt das Gefühl, selbst nur ein Schauspieler in einem Stück zu sein – mit einer Metropole als Kulisse. Grell leuchten und blinken die Neonreklamen in Bonbonfarben, schrill sind die Läden und Restaurants geschmückt und der Verkehr rauscht mehrspurig an den Passanten vorbei. Eine Herausforderung für die Sinne – typisch Hongkong eben!

○ VICTORIA PEAK
Die Aussicht von Hongkongs Hausberg auf die Wolkenkratzer, den Victoria Harbour und die Hügel der New Territories im Norden ist spektakulär und sollte jeder Besucher der Stadt einmal gesehen haben.

○ TSIM SHA TSUI
Noch ein Ausgangspunkt für Aussichtsgenießer: die Promenade von Tsim Sha Tsui. Kowloon und Hongkong Island scheinen sich ein wenig neidisch zu beäugen, wie zwei Schwestern, die ein verwandtschaftliches Los zusammengeführt hat, ohne echte Freundschaft mit sich zu bringen. Quer über den Victoria-Hafen hinweg führen sie stolz ihre architektonischen und kulturellen Errungenschaften vor, wobei Kowloon ein wenig mehr mit Superlativen wirbt als Hongkong Island. Aber nicht nur die Aussicht auf die Skyline lohnt sich, auch ein Bummel entlang der Promenade mit diversen Museen und Einkaufszentren ist zu empfehlen.

○ NATHAN ROAD
Die Nathan Road erfüllt alle ausländischen Erwartungen an Hongkong, insbesondere nachts. Millionen Leuchtreklamen, Millionen Menschen, Millionen Gerüche und Geräusche. Als ob jede Stadt einen Ort haben müsste, an dem sich das von ihr erzeugte Bild am verdichtetsten realisiert, wirkt die Nathan Road fast schon unwirklich, so sehr entspricht sie dem Klischee Hongkongs, wie es im Westen populär geworden ist.

○ THE PENINSULA
Das Luxushotel wurde 1928 eröffnet und verströmt noch heute den Charme vergangener (Kolonial-)Zeiten. Der tägliche Afternoon Tea im Peninsula gehört zu Hongkongs kulinarischen und kulturellen Highlights.

○ WONG TAI SIN TEMPLE
Manche kommen, um zu beten, andere kommen, um sich ihre Zukunft vorhersagen zu lassen. Und natürlich besuchen auch unzählige Touristen Hongkongs berühmtesten Tempel, der vor allem durch seine farbenprächtigen Verzierungen beeindruckt.

○ HONGKONG MUSEUM OF ART
Das Museum zeigt eine der weltbesten Sammlungen chinesischer Kunst und Antiquitäten sowie Werke zeitgenössischer einheimischer Künstler.

○ OCEAN PARK
Einer der größten Freizeitparks Asiens lockt mit Tiergehegen, Aquarien, Achterbahnen und Shows große und kleine Besucher an.

HONGKONG

WARUM IM WINTER? ZWISCHEN DEM 21. JANUAR UND DEM 21. FEBRUAR WIRD IN CHINA DAS NEUE JAHR FEIERLICH BEGRÜSST. DIE INSGESAMT 15-TÄGIGE NEUJAHRSFEIER IST DAS LÄNGSTE FEST DES LANDES, ZU DEM TRADITIONELL SÄMTLICHE FAMILIENMITGLIEDER ZUSAMMENKOMMEN. DEN AUFTAKT DER FEIERLICHKEITEN (JEWEILS AN NEUMOND) BILDET EIN GROSSES FAMILIENESSEN MIT GUTEN WÜNSCHEN, BEI DEM ALLE TÜREN UND FENSTER GEÖFFNET WERDEN, UM DAS GLÜCK HEREINZUBITTEN. ZU DEN GROSSEN HIGHLIGHTS IN HONGKONG ZÄHLEN DAS FEUERWERK ÜBER DEM VICTORIA-HAFEN UND DIE NEW YEAR NIGHT PARADE MIT BUNTEN WAGEN UND KOSTÜMEN. DIE FEIERLICHKEITEN ENDEN AM 15. TAG MIT DEM EINDRUCKSVOLLEN LATERNENFEST.

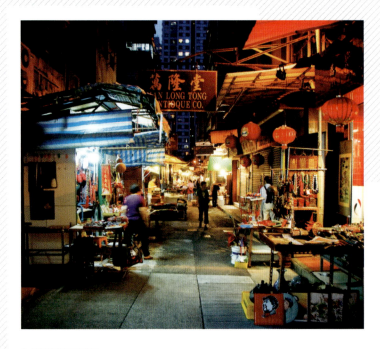

○ CLOCK TOWER
Der unter Denkmal stehende Turm ist ein Überbleibsel des Kowloon-Bahnhofs, der 1977 abgerissen wurde. Mit seinen 44 Meter Höhe ist er eine imposante Erscheinung aus rotem Backstein und Granit.

○ SKY100 OBSERVATION DECK
In der schwindelnden Höhe des 100. Stockwerks im International Commerce Center, mit 484 Metern Hongkongs höchstes Gebäude, haben Besucher einen umwerfenden Rundum-Blick, den man auch seit Neuestem beim stilvollen Dinner im Café 100 genießen kann.

○ HONG KONG PARK
Eine grüne Oase mitten im Häusermeer: Teiche, Spielplätze, ein Vogelhaus und ein Gewächshaus sorgen dafür, dass man die Hektik der Großstadt hinter sich lassen kann.

○ HONG KONG MUSEUM OF HISTORY
Das Museum nimmt Besucher etwa 6000 Jahre mit in die Vergangenheit, um sie dann Schritt für Schritt wieder in Hongkongs Gegenwart zu führen. Nachgebaute Siedlungen, traditionelle chinesische Kultur sowie eine Straßenbahn von 1913 lassen alte Zeiten lebendig werden.

Oben: Gleich neben den sterilen Wolkenkratzern des Bankenviertels zeigt sich Hongkong von seiner traditionellen und durchaus farbenfrohen Seite: Im hübschen Viertel Sheung Wan stöbert man durch enge Gassen voller Kunst- und Antiquitätenläden, kauft fangfrischen Fisch auf einem der »wet markets« oder lässt sich professionell in Sachen Traditionelle Chinesische Medizin beraten.

Bilder links: Aufwendig geschmückt wird die Stadt bei den Feierlichkeiten zum chinesischen Neujahrsfest, wenn auch Paraden durch die Straßen und Parks ziehen.

○ TWO INTERNATIONAL FINANCE CENTRE

Das 2IFC überragt mit seinen 412 Metern bis auf das International Commerce Center alle anderen Gebäude der Metropole. Das 55. Stockwerk ist für Besucher offen und beherbergt eine Ausstellung zu Hongkongs Geschichte.

○ SHEUNG WANG

Sucht man China in dieser Weltmetropole, findet man es im Western District. Zu diesem Eindruck tragen die alten Oberleitungstrambahnen sicherlich genauso bei wie die kleinen Lädchen links und rechts der Bürgersteige, die von winzigen Antiquariaten bis zu großen Galerien für Gegenwartskunst ein buntes Potpourri an Einkehrmöglichkeiten eröffnen, von den vielen Cafés, Restaurants und Essensstübchen ganz zu schweigen, die sich in diesem Viertel tummeln. Ein schöner Ort zum Schlendern – gerade wegen seiner Unangepasstheit an das moderne Metropolenleben.

○ MAN-MO-TEMPEL

Schwerer Sandelholzduft durchdringt das Tempelinnere, in lichtem Grau umspielen die Räucherwolken jeden Besucher. Sofort mit dem Eintreten herrscht eine andere Atmosphäre, ist nichts mehr zu spüren von der Leichtigkeit und Eigenwilligkeit des Sheung-Wan-Viertels, wo der Tempel zur Anbetung der taoistischen Götter der Literatur (Man Tai) und des Krieges (Mo Tai) sich seltsam klein und fremd zwischen die Hochhäuser der vielseitigen Hollywood Road duckt. Innen dehnt sich nicht nur die Zeit. Selbst der Raum wirkt viel größer, vielleicht aufgrund der Stille, die sich kaum stören lässt von den Anwesenden.

○ TEMPEL DER 10 000 BUDDHAS

Wenn geduldiges Treppensteigen allein schon reichen würde, um zur Erleuchtung zu gelangen, hätte man im Zehntausend-Buddhas-Kloster gute Chancen. Der lange Aufstieg zum nicht mehr von Mönchen bewohnten Kloster ist gesäumt von 500 Arhat-Figuren, von denen einige einem mehr oder weniger mild zuzulächeln scheinen. Oben angekommen, warten hinter Glas die im Namen angekündigten 10 000 Buddhas, und in einem Becken im Hof dümpeln Wasserschildkröten. Der Tempel stammt aus den 1950er-Jahren.

AUSGEHEN

Lan Kwai Fong // Das Viertel hat sich mit seinen über 90 Bars und Restaurants zum Hot-Spot aller Hungrigen und Feierfreudigen entwickelt. Vom eleganten Edelrestaurant bis zur entspannten Studentenkneipe ist hier für jeden Geschmack etwas dabei.

Wooloomooloo Steakhouse Wan Chai // Die Rooftop-Bar über dem 31. Stockwerk zieht vor allem Touristen an. Nichtsdestotrotz ist die Aussicht grandios und auch das Essen im Steak-Restaurant schmeckt.
// www.woo-steakhouse.com/location/wanchai

Happy Valley // Jeden Mittwochabend herrscht auf der Pferderennbahn inmitten der gigantischen Wolkenkratzer von Honkong Island ausgelassene Stimmung, wenn die kühnsten Wetten abgeschlossen und die schnellsten Pferde angefeuert werden.

Rechts: After-Work-Party à la Hongkong: Der neonfarben ausgeleuchtete Financial District breitet sich vor einer eleganten Rooftop-Bar aus, im Hintergrund sind die Gebäude der HSBC (Hong Kong & Shanghai Banking Corporation) Bank und der Bank of China zu sehen

○ NAN LIAN GARDEN
Der Park ist ganz im klassischen Stil der Tang-Dynastie nach historischen Plänen angelegt. So wurde bei der Gestaltung des Gartens jeder Baum, Weg und Teich nach bestimmten Regeln angeordnet.

○ HONG KONG AND SHANGHAI BANK
Obwohl das Gebäude schon 1985 eröffnet wurde, ist es eines der modernsten der Stadt und vor allem für Architekturinteressierte ein echtes Highlight. Innerhalb des vorgefertigten Stahlskelettbaus können flexible Raummodule ganz dem wechselnden Bedarf angepasst werden.

SHOPPING

○ CAUSEWAY BAY
In diesem beliebten Einkaufsviertel findet man alles, was das Herz begehrt: von nobler Designermode über günstige Klamotten für Teens bis zu Elektronikartikel und Wohnaccessoires.

○ TEMPLE STREET NIGHT MARKET
Der beliebte Straßenbasar öffnet seine Tore zum Sonnenuntergang. Schmuck und Antiquitäten, Kleidung und Elektronikwaren, vor allem aber das quirlige, bunte Treiben locken Besucher aus aller Welt.

○ LADIES MARKET
Der beliebte Straßenmarkt in der Tung Choi Street verdankt seinen Namen seinem Angebot für das schöne Geschlecht. Feilschen ist hier ausdrücklich erlaubt!

○ HARBOUR CITY
Mehr als 450 Geschäfte lassen Hongkonger Shoppingherzen höher schlagen.

AUSFLÜGE

○ LANTAU ISLAND
Atemberaubende Ausblicke auf die Lantau-Insel ergeben sich während der fast sechs Kilometer langen Fahrt mit der Seilbahn hinauf zum die Insel überragenden Tian-Tan-Buddha. Die 34 Meter hohe prächtige Buddhastatue, die über 268 Stufen zu erreichen ist, gehört zu den größten buddhistischen Monumenten Chinas. Auch das angrenzende Kloster Po Lin mit seiner idyllischen Gartenanlage ist einen Besuch wert.

○ REPULSE BAY BEACH
Auch während eines Städtetrips kann eine Auszeit am Strand nicht schaden. Einladend weißen Sand und schattige Palmen bietet der Stadtstrand Repulse Bay im Süden von Hong Kong Island.

HONGKONG

AUF KEINEN FALL VERPASSEN

EINE FAHRT MIT DER STAR FERRY
Die grün-weißen Boote der Star Ferry pendeln seit 1888 zwischen Hong Kong Island und Kowloon. Längst sind diese Fähren nicht mehr die einzige Möglichkeit, das jeweils andere Ufer des Victoria Harbour zu erreichen, doch die Überfahrt bietet einen außergewöhnlichen Blick auf die Stadt und ist zu empfehlen.

MIT DER PEAK TRAM AUF DEN VICTORIA PEAK
Die historische Drahtseilbahn bringt seit über 120 Jahren Passagiere auf den Victoria Peak. Schon auf dem Weg zur Spitze erlaubt sie außergewöhnliche Blicke auf die Stadt. Auf dem Gipfel wartet dann der Peak Tower mit seiner Aussichtsterrasse auf die Besucher.

DIM SUM PROBIEREN
Früher waren die delikaten Klöße nur ein Snack, heutzutage wird ihnen zum Glück mehr Aufmerksamkeit geschenkt. Körbe mit dampfenden Dim Sum (übersetzt: kleine Gerichte, »die das Herz berühren«) werden in Hongkong mittlerweile in unzähligen Restaurants und an jeder Straßenecke serviert. Besonders zu empfehlen: Tim Ho Wan ist der Treffpunkt für alle Dim-Sum-Verrückten – mit günstigen Preisen und sogar einem Michelin-Stern.

MIT DER TRAMBAHN DIE STADT ERKUNDEN
Ein Platz auf dem Oberdeck garantiert die beste Aussicht auf einer Stadtrundfahrt mit der Straßenbahn – die übrigens seit 1904 gemütlich ihre Runden dreht.

MIT DER LÄNGSTEN ROLLTREPPE DER WELT FAHREN
Hongkong ist an Berghänge gebaut. Um hohe Steigungen auf wenig Platz zu überwinden, wurde 1993 die längste überdachte Rolltreppe der Welt gebaut. Auf 800 Metern verbindet sie die Stadtteile Central und Mid-Levels miteinander.

#47 KAPSTADT

EINGERAHMT VOM TAFELBERG UND SEINEN NEBENGIPFELN, UMSCHLUNGEN VON DER SEE, GESCHICHTSTRÄCHTIG IN DEN ALTEN KOLONIALBAUTEN UND MULTIKULTURELL – KAPSTADT GEHÖRT SICHERLICH ZU DEN SCHÖNSTEN METROPOLEN DER WELT. »MOTHER CITY« NENNEN DIE SÜDAFRIKANER DIE ÄLTESTE STADT IHRES LANDES LIEBEVOLL. UNVERGLEICHLICH IST DIE KULISSE: IM HINTERGRUND DER KILOMETERLANGE, OFT MIT EINER WOLKENDECKE DRAPIERTE PLATEAUBERG, IHM ZU FÜSSEN HINGEBREITET DIE STADT UND DRAUSSEN, VOR DEM STETS BETRIEBSAMEN HAFEN, DIE TAFELBUCHT.

○ CASTLE OF GOOD HOPE

Als Jan van Riebeeck 1652 mit 72 Männern und acht Frauen am Kap landete, galt die erste Sorge der Kolonisten einer sicheren Unterkunft. Eine erste aus Holz errichtete Bastion wurde in den Jahren 1666 bis 1679 durch einen massiven Steinbau ersetzt, für den man sogar Holzbalken aus Skandinavien heranschaffte. Das Castle of Good Hope gilt als Südafrikas ältestes Steingebäude. In einem Teil der Räumlichkeiten zeigt die William Fehr Collection of Africana in Form von Antiquitäten, Porzellan und Gemälden, wie wohlhabende Kolonisten damals lebten.

○ LONG STREET

Kapstadts quirlige, multikulturelle Arterie durchquert das Stadtzentrum und endet heute kurz vor dem Hafenbereich – früher führte die Long Street bis ans Wasser. Gesäumt von teils wunderbar restaurierten viktorianischen Häusern mit schmiedeeisernen Balkonen, gilt sie als Aushängeschild der Kapmetropole. Hier residieren Edelboutiquen neben Läden mit Heilkräutern und magischen Pülverchen, Schnellimbisse neben Gourmetrestaurants, schicke Hotels neben billigen Absteigen. An der im 17. Jahrhundert angelegten Straße eröffnete 1809 das erste Einzelhandelsgeschäft. Bereits in der Apartheidära stand die Long Street für Toleranz und Zusammenleben der unterschiedlichsten Volksgruppen.

○ SOUTH AFRICAN MUSEUM

Das 1825 gegründete South African Museum in einem historischen Bau an den Company's Gardens lädt zu einer spannenden Reise in die Geschichte Südafrikas ein. Angefangen bei über 700 Millionen Jahre alten Fossilien von Insekten und Fischen über erste menschliche Zeugnisse aus einer Zeit vor 120 000 Jahren, schlägt das Museum einen Bogen bis zur heutigen Kultur der San, die als Nachkommen der Ureinwohner Südafrikas gelten. Interessant sind vor allem die umfangreiche Sammlung archäologischer Funde und die Präsentation von Natur und Tierwelt.

○ BO-KAAP

Bo-Kaap ist eines der malerischsten Stadtviertel von Kapstadt. Steile, schmale Gassen werden von niedrigen, in Pastelltönen gestrichenen Häusern gesäumt; hier und da erblickt man das Minarett einer Moschee. In Bo-Kaap leben die Nachfahren von Sklaven, die im 17. und 18. Jahrhundert aus Indonesien, Sri Lanka, Indien und Malaysia verschleppt wurden. Die meisten sind muslimischen Glaubens und bewahrten Sprache wie Kultur ihrer Heimatländer.

○ VICTORIA & ALFRED WATERFRONT

Wo heute an der Waterfront Touristen und Einheimische ein Vergnügungsviertel mit Cafés, Restaurants und vielen weiteren Attraktionen genießen, lag früher Kapstadts Hafen. Zwischen den Jahren 1860 und 1920 wurde der Hafen mit zwei nach Königin Victoria und ihrem Sohn Prinz Alfred benannten Hafenbecken ausgebaut. Als diese um die Mitte des 20. Jahrhunderts für den modernen Containerschiffsverkehr zu klein geworden waren, verlegte man den Industriehafen. Lange Zeit verrotteten Anlagen und Gebäude, bis Anfang der 1990er-Jahre das Projekt »Waterfront« geboren wurde. Heute bildet die restaurierte Industriearchitektur des ausgehenden 19. Jahrhunderts einen stimmungsvollen Rahmen für Konzerte und Veranstaltungen.

VICTORIA WHARF MALL

»Shop 'til you drop« – Einkaufen bis zum Umfallen – scheint das Motto an Kapstadts Waterfront zu sein. Eine der schönsten und größten Möglichkeiten hierzu bietet die Shopping-Mall Victoria Wharf, direkt gegenüber vom Clock Tower. Anfang der 1990er-Jah-

Rund 30 Millionen Menschen pro Jahr genießen den zauberhaften Anblick der V&A Waterfront in Kapstadt. Der Hafen lädt dazu ein, einen Einkaufsbummel zu unternehmen, den man abends in einem der vielen Restaurants bei angenehmer Livemusik ausklingen lassen kann. Majestätisch beherrscht der Tafelberg die Waterfront.

KAPSTADT

WARUM IM WINTER? AM 2. JANUAR WIRD – BEI STRAHLENDEM SONNENSCHEIN – DAS GRÖSSTE KARNEVALSFEST VON KAPSTADT GEFEIERT. EIN SCHILLERNDES SPEKTAKEL MIT TANZ, MUSIK UND FARBENFROHEN KOSTÜMEN. DER HAUPTUMZUG STARTET ZUR MITTAGSZEIT AM ALTEN RATHAUS UND BEWEGT SICH DANN SINGEND, TANZEND UND MUSIZIEREND IN RICHTUNG DARLING STREET BIS ZUM GREEN POINT STADIUM. WEITERE UMZÜGE GIBT ES IM ATHLONE ODER AUCH IM VYGERKRAAL STADIUM.

re vollendet, überzeugt das Center aber nicht nur durch seine Läden, sondern auch durch seine Architektur, die von einem südafrikanischen Architekturbüro entworfen wurde. Elegant gelang hier eine Mischung aus viktorianischem Stil und bunt-afrikanischer Lebensfreude.

TWO OCEANS AQUARIUM

Die Unterwasserwelt beider Ozeane, des Indischen wie des Atlantischen, präsentiert das Aquarium an der Waterfront in seinen Wassertanks. Spektakuläres Herzstück der Anlage ist der zwei Millionen Liter Wasser fassende und über mehrere Stockwerke reichende Open Ocean Tank, in dem Haie und Rochen ihre Bahnen ziehen. Als bewegter Unterwasser-Urwald entpuppt sich der Kelpwald, der die küstennahen Gewässer prägt und einer erstaunlichen Artenvielfalt Nahrung und Schutz bietet. Didaktisch hervorragend aufbereitet ist das Diorama, in dem Besucher den Weg eines Flusses von der Quelle bis zur Mündung ins Meer verfolgen können. Einen putzigen Anblick bieten die Felsenpinguine am künstlichen Sandstrand, an dem Ebbe und Flut simuliert werden.

○ ROBBEN ISLAND

Die Gefängnisinsel erlangte traurige Berühmtheit durch ihren bekanntesten Insassen Nelson Mandela. Mittlerweile ist das ehemalige Hochsicherheitsgefäng-

Links oben: Im Inneren der Victoria Wharf Mall herrscht ein elegantes Flair, das durch die filigrane Deckenkonstruktion noch unterstrichen wird.

Links unten: Aug' in Aug' mit dem gefährlichen Tier: Direkt an der Victoria & Alfred Waterfront gelegen, lohnt sich ein Besuch des Two Oceans Aquarium.

Links: Neben dem Tafelberg rahmt eine Reihe weiterer markanter Gipfel die Stadt ein, darunter Lion's Head (links) und Signal Hill im Nordwesten sowie die Zwölf Apostel im Südwesten. Das Panorama mit der Millionenmetropole, der tiefblauen False Bay und den weit ins Meer hinauswachsenden Felszacken der Kaphalbinsel ist atemberaubend.

Rechts: Unter der Woche finden jeden Tag zur Mittagszeit am Castle of Good Hope die immer gut besuchten Wachablösungen statt, bei denen die Soldaten historisch nachempfundene Uniformen tragen.

nis vor der Küste Kapstadts ein Museum und UNESCO-Weltkulturerbe. Die Führungen durch das Museum übernehmen ehemalige Inhaftierte. Touren auf die Insel sind sehr beliebt und sollten rechtzeitig gebucht werden.

○ **TAFELBERG**

Das einheimische Nomadenvolk der Khoikhoi nannte ihn »hoeri kwaggo«, was »Seeberg« bedeutet; seinen heute gebräuchlichen Namen verdankt der Tafelberg seinem europäischen Erstbesteiger: dem Portugiesen António de Saldanha, der ihn 1503 »Taboa do Cabo« (»Tafel des Kaps«) taufte. Zu Fuß muss das imposante Massiv mittlerweile niemand mehr erklimmen: Eine bequeme Gondelbahn bringt Besucher hinauf. Eine Reihe weiterer markanter Gipfel rahmt den Berg und die Stadt ein, darunter Lion's Head und Signal Hill im Nordwesten sowie die Zwölf Apostel im Südwesten. Das Panorama mit der Millionenmetropole, der tiefblauen False Bay und den weit ins Meer hinauswachsenden Felszacken der Kaphalbinsel ist atemberaubend. Für Ablenkung sorgen die zutraulichen, Murmeltieren ähnelnden Klippschliefer, die auf dem Tafelberg um Futter betteln.

AUSGEHEN

The Codfather // Sushi und frische Fische serviert dieses Restaurant, das zu den bekanntesten und beliebtesten Fischrestaurants der Stadt zählt. In Camps Bay gelegen, lohnt sich der Besuch.
// www.codfather.co.za

Café Moyo // Authentisches Afrika erleben ist das Motto der Moyo-Restaurants. Nicht nur die Speisen sind landestypisch, dazu gibt es auch Livemusik. Und wer mit Kindern reist, kann ihnen die typische Gesichtsbemalung schminken lassen. Ein Ort mit Erlebnisfaktor.
// www.moyo.co.za

Markthalle von Hout Bay // Frischer Fisch, Eiscreme, Törtchen oder Gemüse – die Markthalle ist längst kein Geheimtipp mehr, aber dennoch ein wunderbarer Ort, um sich durch die Genüsse der Stadt zu naschen.

SHOPPING

○ **ADDERLEY STREET FLOWER MARKET**
Seit 100 Jahren wird die Adderley Street zwischen Strand Street und Darling Street von zahlreichen Verkaufsständen in ein Meer aus duftenden Blüten verwandelt. Von Montag bis Samstag findet hier nämlich der Blumenmarkt von Kapstadt statt.

○ **CAVENDISH SQUARE**
Über 200 Geschäfte unter einem einzigen Dach, dazu Kinos, Restaurants und Cafés: Das etwas außerhalb, in Claremont liegende Shoppingcenter gehört mit seinen exklusiven Geschäften zur gehobenen Mittelklasse, trotzdem günstiger als in der City.

○ **BAY HARBOUR MARKET**
Kreative Menschen haben einer ehemaligen Fischfabrik wieder neues Leben eingehaucht. Jedes Wochenende bieten Händler und Kochkünstler ein Potpourri aus Kunsthandwerk, leckerem Essen und Nützlichem an.

Mit zwei Brutpaaren fing es 1982 an, heute bevölkern über 3000 durchaus neugierige Brillenpinguine den Boulders Beach.

○ **KLOOF STREET**

Direkt angrenzend an die Long Street befindet sich die Kloof Street, die sich mit ihren zahlreichen Boutiquen, Galerien, Kunstläden und Cafés ideal für eine ausgedehnte Shoppingtour eignet.

○ **GREENMARKET SQUARE**

Direkt vor dem Old Town House findet täglich im Herzen der Stadt Kapstadts bekanntester Flohmarkt statt. Hier zeigen Händler und Künstler aus ganz Afrika ihre Kostbarkeiten. Wo heute Perlen, Stoffe und Skulpturen verkauft werden, wurde übrigens in vergangener Zeit der Sklavenmarkt Kapstadts abgehalten.

STRÄNDE

○ **BLOUBERG BEACH**

Perlweiße Sandstrände und der atemberaubende Blick auf Kapstadt, den Tafelberg und Robben Island sind das Kapital des Bade- und Surfmekkas Blouberg Beach.

○ **BOULDERS BEACH**

Am Boulders Beach, einem Strandabschnitt auf der Kap-Halbinsel, kann man eine bedeutende Kolonie der possierlichen Brillenpinguine beobachten. Der afrikanische Pinguin gehört mittlerweile zu den gefährdeten Arten und steht deshalb unter besonderem Schutz.

○ **MUIZENBERG**

Der wohl fotogenste Strand ist Muizenberg. Er ist vor allem berühmt wegen seiner bunten Badehäuschen, aber auch die Dünen sind wundervoll. Surfer lieben den steten Wind dort.

○ **CAMPS BAY**

Dieser Strand zählt zu den beliebtesten der Stadt. Dort trifft man sich zum Plausch, zum Sonnenbaden und schaut zwischendurch auf Lions Head und die zwölf Apostel. Die gute Infrastruktur an Bars und Restaurants macht den Aufenthalt bequem.

ÜBERNACHTEN

Silo Hotel // Einst war es ein Getreidesilo, jetzt ist es möglicherweise Afrikas teuerstes Hotel. In dem 57 Meter hohen Gebäude ist ein Luxushotel entstanden, direkt an der Waterfront und edel ausgestattet. Kronleuchter und viele Möbel wurden in der Region handgefertigt. Den Salon suchen auch Nicht-Gäste des Hauses für die Teestunde gern auf. Wunderbar ist auch die Rooftopbar.
// www.theroyalportfolio.com

Lagoon Beach // Im Mittelklassebereich findet sich dieses Hotel, das mit seiner Lage direkt am Strand punktet. Der Ausblick auf den Tafelberg ist herrlich.
// www.lagoonbeachhotel.co.za

Protea // Die Protea-Hotels in Südafrika gehören zur Marriott-Kette. Sie liegen im mittleren Preisniveau und sind meist eine gute Wahl. In Kapstadt gibt es mehrere Standorte, schön ist das Haus direkt an der Waterfront.
// www.marriott.de

AUF KEINEN FALL VERPASSEN

EIN WEINGUT IN DEN WINELANDS BESUCHEN

Guter Wein gehört zu gutem Essen einfach dazu. Natürlich auch in Kapstadt, das von einem traumhaften Weinanbaugebiet umgeben ist, durch das übrigens die längste Weinstraße der Welt führt – die Route 62. Trockene Böden und heiße Sommer sind das Erfolgsrezept, das südafrikanischen Weinen regelmäßig Spitzenplätze in internationalen Rankings beschert. Bereits 1632 erntete Jan van Riebeeck am Kap die ersten Trauben. Gouverneur Simon van der Stel gründete 1679 Stellenbosch und legte ein paar Jahre später den Grundstein für eines der bekanntesten Weingüter, Constantia. Dessen im kapholländischen Stil erbautem Gutshaus folgten viele weitere Kellereien.

ROOIBOS-TEE VERKOSTEN

Er ist gesund und lecker, und der Rotbusch, aus dem die heiße Köstlichkeit gebraut wird, wird nur in Südafrika angebaut. Nicht nur Teeliebhabern wird das südafrikanische Nationalgetränk schmecken.

EIN SOMMERKONZERT IN DEN KIRSTENBOSCH BOTANICAL GARDENS BESUCHEN

Vielfalt ist die Idee hinter dem Konzept eines der schönsten botanischen Gärten der Welt. Direkt am Fuße des Tafelbergs kann man hier die großartige Flora Südafrikas bestaunen. Der perfekte Sonntagnachmittag: entspannt auf der Wiese sitzen und der Musik (von Jazz über Rock bis Klassik) lauschen, während die Sonne langsam im Meer versinkt. Rechtzeitig Tickets für ein Kirstenbosch Summer Sunset Concert reservieren!

EINEN KOCHKURS IN BO-KAAP BESUCHEN

Wer einen Kochkurs im Viertel Bo-Kaap bucht, wird in die Geheimnisse der kap-malaischen Küche eingeweiht und kann tief in die Kultur des Viertels eintauchen. Oft gibt es im Anschluss an den Kurs noch einen geführten Verdauungsspaziergang durch das bunte Quartier.

DEN CHAPMAN'S PEAK DRIVE ENTLANGFAHREN

Der »Chappie«, wie er kurz genannt wird, schlängelt sich in 114 Kurven auf neun Kilometern entlang der Atlantikküste und steiler Felswände. Einer der Höhepunkte (im wahrsten Sinne des Wortes) ist der Aussichtspunkt Chapman's Peak.

#48 NEW YORK CITY

NEW YORK, NEW YORK. DIE LICHTER AM TIMES SQUARE, DER BROADWAY, DAS EMPIRE STATE BUILDING. RIESIGE KULTURTEMPEL WIE DIE MET UND DAS MOMA, FIFTH AVENUE UND CHRISTOPHER STREET, DREI-STERNE-RESTAURANTS UND RIESIGE KAUFHÄUSER, EINE FLUT VON GELBEN TAXIS UND VOR DER HAFENEINFAHRT DIE STATUE OF LIBERTY, DAS UNGEBROCHENE SYMBOL DER FREIHEIT. IN IHRER GESCHICHTE HAT DIE STADT VIELE RÜCKSCHLÄGE ERLEBEN MÜSSEN, DOCH SELBST IN DEN SCHWIERIGSTEN STUNDEN KONNTE NEW YORK MIT DER UNGEBROCHENEN DYNAMIK UND DEM PIONIERGEIST SEINER BEWOHNER RECHNEN. NEW YORK IST KEIN ORT FÜR NOSTALGIKER; DER BLICK ZURÜCK DIENT HIER ALLENFALLS DER VERGEWISSERUNG, DASS JEDE GEGENWART MORGEN SCHON VERGANGENHEIT SEIN WIRD, DASS ALSO NICHTS SO BESTÄNDIG IST WIE DER WANDEL …

Linke Seite: An der Südspitze von Manhattan zeigt sich die neue Skyline mit One World Trade Center in ihrer ganzen Pracht.

Rechts: Der East River verbindet den Long Island Sound mit der New York Bay – wegen des Gezeitenhubs fließt das Wasser so schnell, dass es auch im Winter meist eisfrei bleibt. Das erklärt die Bedeutung des Hafens als Ankerplatz zur Zeit der Holzschiffe, die heute am Pier 17 liegen.

○ **STATUE OF LIBERTY**
Das berühmteste Freiheitssymbol der USA ist ein Geschenk der Franzosen: Auf einer Pariser Dinnerparty wetterte der Rechtswissenschaftler Édouard René Lefebvre de Laboulaye gegen Napoleon III. Weil er diesen absolutistisch herrschenden Regenten ärgern wollte, kam er auf die Idee, den Amerikanern eine Statue zu schenken, die seine Begeisterung für die amerikanische Revolution ausdrücken sollte. 1886 wurde das Wahrzeichen errichtet. Die 102 Meter hohe Dame kann von innen erklommen werden.

○ **SOUTH STREET SEAPORT**
Das alte Hafenviertel zwischen der Water Street und dem East River steht heute unter Denkmalschutz. Das Fulton Fish Market Building wurde zur Shopping Mall, ein kleiner Leuchtturm erinnert an den Untergang der Titanic. Pier 17 bietet Läden und Restaurants auf drei Etagen – und einen fantastischen Blick auf die Brooklyn Bridge.

○ **BROOKLYN BRIDGE**
Als eines der Wahrzeichen der Stadt fügt sich das betagte Bauwerk trotz seiner neugotischen Formen harmonisch in die Skyline New Yorks ein. Die weltweit erste Hängebrücke, bei der Stahlseile zur Anwendung kamen – geplant hatte sie der Deutschamerikaner John August Roebling –, verbindet Manhattan mit Brooklyn. Auch heute noch erfüllt die populäre Brücke ihren Zweck – als Verkehrsweg allemal und nicht zuletzt ästhetisch.

○ **WALL STREET & FINANCIAL DISTRICT**
Der Name Wall Street stammt aus dem 17. Jahrhundert, als sich hier die Holländer vor Indianern verschanzten. Sehenswert ist die winzige Trinity Church, die 1860 noch das höchste Gebäude der Stadt war.

○ **ONE WORLD TRADE CENTER**
Am Ort des bei den Anschlägen von 9/11 zerstörten World Trade Center entstand ein 541,30 Meter hohes Bauwerk. Die Höhe in Fuß (1776) entspricht dem Jahr der Unabhängigkeitserklärung der USA.

○ **GROUND ZERO UND 9/11 MEMORIAL MUSEUM**
An der Church Street gedenkt man heute des traumatischen Datums, das die USA verändert hat. Im Außenbereich kann man in einem Rundgang über das Gelände die bronzene Mauer mit den Inschriften der Namen aller Opfer sehen. Das Museum versucht, die Anschläge, deren Gründe und Nachwirkungen zu beleuchten.

NEW YORK CITY

WARUM IM WINTER? SCHNEE UND KÄLTE VERLEIHEN NEW YORK CITY EINE MAGISCHE ATMOSPHÄRE, IN DIE MAN VOR ALLEM IN DER WEIHNACHTSZEIT GÄNZLICH EINTAUCHEN SOLLTE. AN JEDER ECKE WARTET EIN WEIHNACHTSMARKT, DIE STRASSEN VERSINKEN IN EINEM FUNKELNDEN LICHTERMEER. JETZT IST DIE GELEGENHEIT, UM IM WINTERLICHEN CENTRAL PARK ODER IM ROCKEFELLER CENTER SCHLITTSCHUH ZU LAUFEN, UND ENDLICH KANN MAN DIE BEKANNTEN KITSCHIG GESCHMÜCKTEN HÄUSER, FÜR DIE AMERIKA SO BERÜHMT IST, EINMAL AUS NÄCHSTER NÄHE SEHEN. GANZ BESONDERS WEIHNACHTLICH WIRD ES, WENN AM 29. NOVEMBER AM ROCKEFELLER CENTER DER GIGANTISCHE WEIHNACHTSBAUM IN FESTLICHEM RAHMEN AUFGESTELLT WIRD.

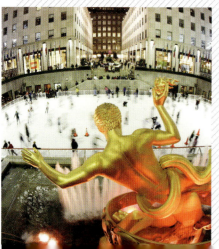

○ **CHINATOWN**
Die Hälfte der rund 300 000 New Yorker Einwohner mit chinesischen Wurzeln leben in diesem Bezirk der Stadt. Unschwer zu erkennen an Leuchtreklamen in chinesischen Schriftzeichen und Gewürzmärkten.

○ **BROADWAY**
Mit mehr als 20 Kilometern New Yorks längste Straße von Manhattan nach Harlem. Sie ist Heimat vieler Theater, Varietés, Kinos.

○ **LITTLE ITALY**
Little Italy liegt zwar auf Manhattan, die Gerüche von Espresso und Pasta versetzen den Besucher aber nach Europa. Hier sollte unbedingt die Old St. Patrick's Cathedral besichtigt werden.

○ **GREENWICH VILLAGE**
Kenner nennen den Bezirk »The Village«. Hier sind Künstler, Intellektuelle und Unangepasste zu Hause. Niedrige, für New York eher alte Gebäude, machen den Charme aus.

○ **5TH AVENUE & FLATIRON BUILDING**
Wo Broadway, 23. Straße und 5th Avenue sich treffen, steht das Flatiron Building, das Bügeleisen-Gebäude. An der schmalsten Stelle misst es zwei Meter. Von hier starten viele ihre Shopping-Tour in die Einkaufsmeile 5th Avenue.

○ **HIGH LINE PARK**
Wo bis zu dem Jahr 1980 vor allem Güterzüge fuhren, erstreckt sich nun dank des Engagements der im Jahr 1999 gegründeten Bürgerinitiative »Friends of the High Line« eine grüne Oase im urbanen Alltagsgrau: zunächst von der Gansevoort Street im Meatpacking District bis zur 34th Street in der West Side von Manhattan.

○ **EMPIRE STATE BUILDING**
381 Meter hoch ist der imposante, sich nach oben hin verjüngende Bau, mit Antennenmast sind es noch fast 70 mehr. Jahrzehntelang war er das höchste Gebäude New Yorks – und allemal schon eines der schönsten. Die Einkaufspassage, marmorverkleidet, erstrahlt in Art-déco-Glanz wie das ganze großartige Bauwerk, von der Aussichtsplattform genießt der Besucher ein Panorama – als schwebe er über Midtown. Mit der Errichtung des Riesen wurde 1930 begonnen.

Sixth Avenue (links oben) und Rockefeller Plaza (links unten) zeigen sich in der Vorweihnachtszeit von ihrer festlichsten Seite.

NEW YORK CITY

Rechts oben: Das Stephen A. Schwarzman Building an der Fifth Avenue ist das ehrwürdige Haupthaus der New York Public Library.

Rechts unten: Im Highline Park auf einer stillgelegten Hochbahntrasse kann man auf dem nun grün bepflanzten Areal über die alten Gleise stolpern, den Ausblick genießen und sich ein bisschen erhaben fühlen.

○ **TIMES SQUARE**
Der mythenumwobene Platz, für viele eine Chiffre für das pulsierende Leben in New York, liegt an der Kreuzung von Broadway und Seventh Avenue zwischen 42nd und 47th Street. Seit 2009 ist er den Fußgängern vorbehalten, sodass hier Shopping so angesagt ist wie zuvor – nur nun noch bequemer und gefahrloser, etwa im »Virgin Megastore«, dem – angeblich – größten Plattenladen der Welt.

○ **NEW YORK PUBLIC LIBRARY**
Etwa neun Millionen Bücher birgt dieses säulenflankierte Prachtgebäude. Bei schönem Wetter ist die Eingangstreppe zwischen den steinernen Löwen bevorzugter Lunchplatz für Büroangestellte.

AUSGEHEN

Grand Central Oyster Bar // Die Austernbar im Untergeschoss der Grand Central Station ist Kult. Austern, Clam Chowder und andere Fischgerichte schmecken köstlich.
// www.oysterbarny.com

Café Boulud // Das Lokal steht für aufgepeppte Hausmannskost zu günstigen Preisen. Vier Speisekarten bieten French Country Cuisine, vegetarische und saisonale Gerichte. Sehr gute Fischgerichte.
// www.cafeboulud.com

Zabar's // Die riesige Delikatessenauswahl und üppig belegte Sandwiches stellen anspruchsvolle Selbstversorger zufrieden. Mehrfach wurde der Gourmettempel zum besten Feinkostladen der Stadt gekürt.
// www.zabars.com

Hatsuhana // Roher Fisch, auf hawaiianischen Ti-Blättern serviert – er zergeht auf der Zunge. Die Empfehlungen des Sushi-Chefs probieren!
// www.hatsuhana.com

○ **GRAND CENTRAL TERMINAL**
Der renovierte Hauptbahnhof, errichtet im Beaux-Arts-Stil, wurde 1913 nach mehrjähriger Bauzeit eröffnet. Über der prunkvollen Haupthalle wölbt sich ein künstlicher Himmel mit etwa 2500 Sternen. Ein Treppenaufgang zeigt Stilelemente aus der Pariser Oper.

○ **CHRYSLER BUILDING**
Es ist zwar nicht der höchste, aber einer der schönsten Wolkenkratzer. Typisch für das Chrysler Building ist die Turmspitze aus glänzendem Stahl.

○ **ROCKEFELLER CENTER**
Gut ein Dutzend Hochhäuser, Plätze, Gärten und die Konzerthalle Radio City Music Hall gehören zum von John D. Rockefeller errichteten Komplex. Hier gibt es

im Winter sogar eine Eisbahn und New Yorks größten und absolut sehenswerten Weihnachtsbaum.

○ **MUSEUM OF MODERN ART (MOMA)**
Ein Muss für Freunde der Kunst des 20. Jahrhunderts. Rund 200 000 Arbeiten von mehr als 10 000 Künstlern sind zu sehen.

○ **CENTRAL PARK**
In der rund drei Quadratkilometer großen grünen Lunge entspannt der New Yorker und hält sich fit. Der Park dient oft als Filmkulisse.

○ **METROPOLITAN MUSEUM OF ART**
Für das größte Museum der USA mit mehreren Millionen Exponaten braucht man Zeit! Schwerpunkt neben amerikanischer Kunst ist Ägypten.

○ **GUGGENHEIM MUSEUM**
Schon architektonisch ist dieses Gebäude ein Highlight. Der spiralförmig angelegte Bau des Architekten Frank Lloyd Wright beherbergt zeitgenössische Kunst und wechselnde Ausstellungen.

○ **CATHEDRAL OF SAINT JOHN THE DIVINE**
Mit dem bis heute unvollendeten Bau des Bischofssitzes wurde schon Ende des 19. Jahrhunderts begonnen. Ein besonderer Schatz ist der Altar von Keith Haring.

ÜBERNACHTEN

The Evelyn // Das Haus setzt einen Farbtupfer in den ohnehin schon trendigen Flatiron District. Schon die Lobby besticht durch knallige Farben, spannende Lichtakzente und Pop-Art-Design. Vom Schlafraum mit Stockbett bis zur gepflegten Suite: Das Ambiente ist kunterbunt. Auch die Lage des nur wenige Gehminuten vom Empire State Building entfernten Hotels überzeugt.
// www.theevelyn.com

The Kitano // Das im etwas ruhigeren Abschnitt der Park Avenue gelegene Hotel besticht durch seinen japanisch-dezenten Charme. Für das Mobiliar der Zimmer und Suiten wurden vor allem Mahagoni- und Kirschbaumholz verarbeitet.
// www.kitano.com

The Sherry-Netherland // Alle Zimmer des Hauses an der Fifth Avenue sind sehr geräumig und individuell gestaltet. Chauffeur- und Concierge-Dienste gehören zum umfangreichen Service des Hauses.
// www.sherrynetherland.com

SHOPPING

○ **CHELSEA MARKET**
In nur 15 Jahren hat sich die Passage nahe dem Hudson River zu einer der größten Einkaufszentren für Lebensmittel entwickelt. Unbedingt mit gutem Appetit hingehen. Besonders empfehlenswert: Fisch und Meeresfrüchte.

○ **STRAND BOOK STORE**
Bücher, so weit das Auge reicht – und viel mehr. Bibliophile zieht es auf den Broadway, Ecke 12. Straße. Dort gibt es jede Art von Literatur, auch Seltenes. Dazu Shirts, Geschenkartikel und Schönes für die Küche.

○ **CENTURY 21**
Mitten im Financial District thront das Outlet-Mekka schlechthin. Hier braucht es gute Nerven und kräftige Ellenbogen im Kampf um Kleidung, Schuhe, Kosmetik und Elektronik.

○ **ST. MARKS PLACE**
Hübsche bunte Fassaden mit den typischen Feuerleitern statt moderner Glaspaläste, das ist der Abschnitt St. Marks Place zwischen Third Avenue und Avenue A. In kleinen, sehr speziellen Läden findet man Kleidung, Schmuck, Accessoires. Dazwischen hübsche Bistros und Cafés.

NEW YORK CITY

AUF KEINEN FALL VERPASSEN

DEN PANORAMABLICK GENIESSEN VOM TOP OF THE ROCK
Wer würde nicht gerne mal Manhattan mit den Augen von John D. Rockefeller, Jr. sehen? Die Betreiber des Top of the Rock[efeller] machen es möglich. Hinter dieser Bezeichnung verbirgt sich eine Aussichtsplattform des GE Building, die sich genau genommen über drei Etagen erstreckt – die 67., die 69. und die 70. Etage. Letztere ist das oberste Stockwerk dieses höchsten Wolkenkratzers des Rockefeller Centers – und der interessanteste Standpunkt für Fotografen, da man nur von dieser Terrasse aus einen wirklich freien Blick auf die umliegende Midtown Manhattan hat, während man auf den anderen beiden Etagen durch Panoramafenster blickt.

IM BRONX ZOO ENTSPANNEN
Bei seiner Gründung im Jahr 1899 lebten im Bronx Zoo 843 Tiere, inzwischen sind es über 4000 von mehr als 700 verschiedenen Arten. Das bereits seit den 1880er-Jahren dafür angelegte Land gehört zum riesigen Bronx Park. Der größte städtische Zoo der USA, mit vollständigem Namen »International Wildlife Conservation Park«, umfasst ein Gebiet von 107 Hektar. Jahr für Jahr verzeichnet er rund zwei Millionen Besucher, die sich an den Tieren (rechts: ein Affengehege) ebenso erfreuen wie an den hier zu bewundernden Ökosystemen.

BEI EINER FAHRT MIT DER STATEN ISLAND FERRY AUSBLICKE GENIESSEN
Staten Island mit seinem historischen Dorf und einem Fort ist eine Attraktion. Vielen Touristen reicht es schon, neben Berufspendlern auf der kostenfreien Fähre von Manhattan zu sitzen und den besten Blick auf die Freiheitsstatue zu haben.

SICH VON EINEM ECHTEN NEW YORKER DIE STADT BEI EINER FÜHRUNG ZEIGEN LASSEN
Ein Erlebnis der Extraklasse ist eine Big Apple Greeter-Tour. Hier zeigen Einheimische kostenlos ihre Stadt. Mindestens einen Monat im Voraus buchen, flexibel im Termin sein und dem Führer die Wahl der Route überlassen, dann stehen die Chancen gut, eine der begehrten Touren zu ergattern.

SONNTAGS DEN BAPTISTEN-GOTTESDIENST MITERLEBEN
Die Kirche, in der Nat King Cole geheiratet hat, atmet Musik. Ein Gospel-Gottesdienst mit den mitreißenden Gospelchören in der Abyssinian Baptist Church garantiert unvergessliche Gänsehaut-Gefühle.

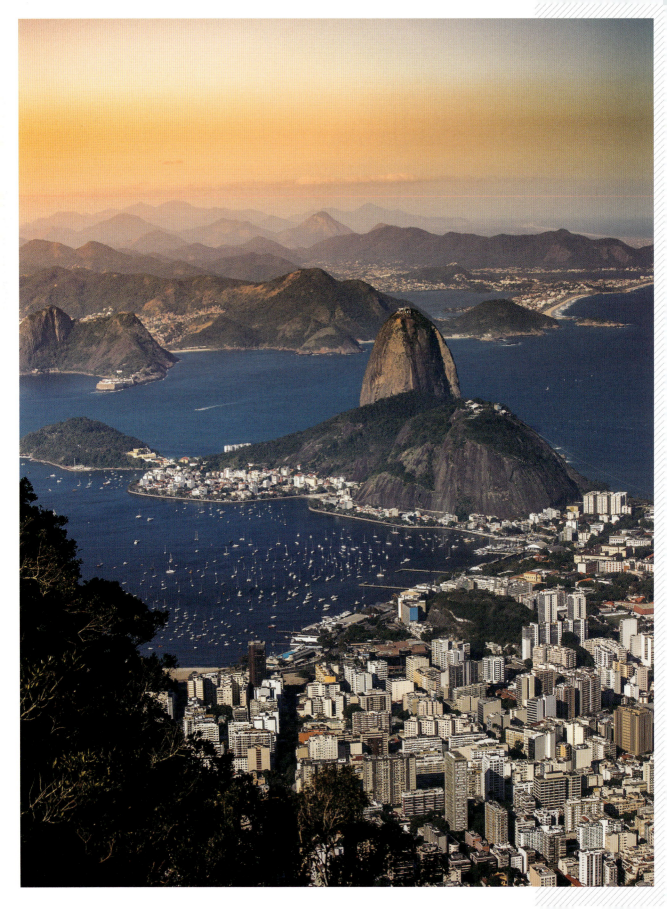

#49 RIO DE JANEIRO

NUR WENIGE STÄDTE DER WELT VERFÜGEN ÜBER EINE SO ATEMBERAUBENDE LAGE UND KULISSE WIE RIO DE JANEIRO. WER EINMAL VOM CORCOVADO ODER DEM ZUCKERHUT HINAB AUF RIO UND DIE WELTBERÜHMTEN ATLANTIKSTRÄNDE SCHAUTE, WIRD DIESEN ANBLICK EIN LEBEN LANG NICHT VERGESSEN. ALS AM 1. JANUAR 1502 DIE SCHIFFE DES PORTUGIESISCHEN SEEFAHRERS ANDRÉ GONÇALVEZ IN DIE WEITE BUCHT VON GUANABARA EINLIEFEN, DACHTE DIESER, AUF EINE FLUSSMÜNDUNG GESTOSSEN ZU SEIN, UND NANNTE DEN VERMEINTLICHEN FLUSS »JANUARFLUSS«. OBWOHL MAN ES SPÄTER BESSER WUSSTE, BLIEB DER NAME ERHALTEN, UND DIE AM 1. MÄRZ 1564 NEU GEGRÜNDETE SIEDLUNG WURDE CIDADE DE SÃO SEBASTIÃO DO RIO DE JANEIRO GENANNT. SEIT IHRER GRÜNDUNG IST SIE FÜR IHRE SCHÖNHEIT BERÜHMT: DIESE BEGREIFT MAN, STEHT MAN ERST EINMAL AUF DEM 704 METER HOHEN CORCOVADO UNTERHALB DER MONUMENTALEN, 38 METER HOHEN CHRISTUSSTATUE, DIE SEGNEND IHRE ARME ÜBER DER STADT AUSBREITET.

Rio liegt an der südbrasilianischen Atlantikküste und wird im Osten durch die nur durch eine Meerenge mit dem offenen Ozean verbundene Baía de Guanabara begrenzt. Die Stadt ist durch Ausläufer der Serra do Mar, eines über 1500 Kilometer parallel zur Küste verlaufenden Gebirgszugs im Hinterland von Rio, in zwei Teile getrennt. Im Norden befinden sich die großen Industriegebiete und Arbeiterviertel sowie das geschäftige historische Zentrum der Millionenmetropole. Die Zona Sul entlang der Atlantikküste hingegen ist Rückzugsgebiet der Ober- und Mittelschicht. Hier liegen die Bezirke Copacabana und Ipanema (oben) mit ihren berühmten Badestränden.

○ **SANTA TERESA**
In diesem Altstadtviertel von Rio zeigt sich noch der Kolonialstil der vergangenen Zeiten. Die Häuser wirken fast kleinstädtisch in dieser Metropole, deren Grenzen sich vom Flugzeug aus kaum ausmachen lassen. Eine der buntesten Sehenswürdigkeiten des Viertels ist die Selaron-Treppe, gestaltet vom gleichnamigen Künstler. Die 220 Stufen sind eingebettet in ein riesiges, farbenfrohes Mosaik. Wer die Treppen hinaufsteigt, erreicht den Parque das Ruinas.

○ **CENTRO**
Das Zentrum der Stadt hat seit dem Facelift zu den Olympischen Spielen 2016 an Attraktivität gewonnen. Sehenswert ist das wohl größte Streetart-Kunstwerk der Welt: Mit seinen Graffitis hat der Brasilianer Eduardo Kobra Porträts von Menschen verschiedener Völker auf die Hauswände gebannt.

○ **MUSEU DO AMANHÃ**
Das Museu do Amanhã beschäftigt sich seit 2015 mit den Fragen zur Zukunft der Menschheit und beeindruckt mit seiner modernen Architektur schon von außen. Es ist übrigens ganz im Sinne der Nachhaltigkeit errichtet.

○ **PRAÇA FLORIANO**
Zu den wohl schönsten Plätzen der Stadt zählt die Praça Floriano, die sich an das Teatro Municipal anschließt: ein lebendiges Viertel mit Bauten, die eher an römisch oder griechisch inspirierte Gebäude erinnern mit den Säulen und den Kuppeln und Türmchen. Neben dem Theater ist auch das Rathaus sehenswert. Die neoklassizistischen Gebäude wie etwa die Nationalbibliothek und das Museum der schönen Künste befinden sich zudem ganz in der Nähe.

WARUM IM WINTER? WENN AUS ALLEN RICHTUNGEN SAMBA-RHYTHMEN SCHALLEN UND BRASILIANISCHE TÄNZERINNEN IN GLITZERNDEN KOSTÜMEN UND MIT AUFWENDIGEM KOPFSCHMUCK DURCH DIE STRASSEN TANZEN, DANN FEIERT RIO SEIN BERÜHMTESTES FEST. DIE GROSSE PARADE DER SAMBASCHULEN AM KARNEVALSWOCHENENDE GILT MITTLERWEILE ALS GRÖSSTES SPEKTAKEL WELTWEIT. DANEBEN GIBT ES IN DER GANZEN STADT KLEINERE FESTUMZÜGE UND RAUSCHENDE KARNEVALSFEIERN, UND GETANZT WIRD AN JEDER ECKE.

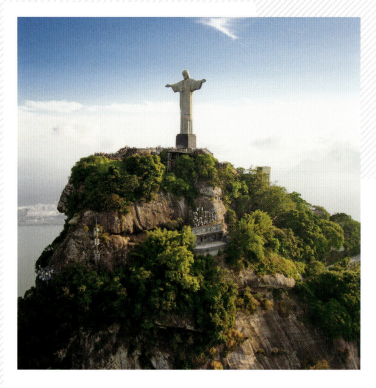

○ **CATEDRAL METROPOLITANA**
Bunte Fenster und ein Lichtkreuz, das den Himmel durchscheinen lässt, sorgen beim Betreten des Gotteshauses für Staunen. Die Kathedrale ist ein ganz besonders eindrucksvolles Bauwerk. Sie wurde im Jahr 1976 geweiht und kann bis zu 20 000 Gläubige empfangen. Von außen erinnert ihre Formensprache an einen Vulkan.

○ **BOTANISCHER GARTEN**
Schattenspendende Palmenalleen, plätschernde Brunnen und lichtdurchflutete Gewächshäuser – der Botanische Garten ist ein echter Höhepunkt einer jeden Rio-Tour. Manche der Pavillons sind zugewuchert mit Hängepflanzen, daneben zeugen leuchtende Beete von der Vielfalt der brasilianischen Flora – ein schöner Platz, um die Hektik der Stadt hinter sich zu lassen.

○ **PÃO DE AÇÚCAR (ZUCKERHUT)**
Der wie ein Zuckerhut geformte Granitblock bildet die permanente Landmarke im Panorama, wenn man in Rio die Gelegenheit hat, in die Ferne zu schauen. Doch wie sieht der Blick eigentlich vom Berg selbst

Oben: Seit nunmehr 80 Jahren breitet der Cristo Redentor auf dem 706 Meter hohen Corcovado seine 28 Meter langen Arme über Rio de Janeiro aus. Die einschließlich des Sockels 38 Meter hohe Christusstatue steht dem Zuckerhut an Berühmtheit in nichts nach und zieht alljährlich Abertausende Touristen an.

Links oben: Die Parade der Sambaschulen ist der Höhepunkt beim Karneval in Rio.

Links unten: Erholung im Grünen findet man im botanischen Garten der Stadt.

aus? Es lohnt sich, das zu entdecken und in die Seilbahn zu steigen, die Besucher auf den 394 Meter hohen Berg bringt. Am schönsten ist der Ausblick natürlich zur Zeit des Sonnenuntergangs, wenn die Fassaden der Häuser golden glänzen. Allerdings: Bei schlechtem Wetter kann man sich die Fahrt schlichtweg sparen.

○ **FORT COPACABANA**
An Ende des gleichnamigen Strandes befindet sich das Fort Copacabana. Es wurde im Jahr 1914 fertiggestellt und hat die Stadt einst gegen Eindringlinge vom Seeweg aus beschützt. Heute können Besucher auf Rundtouren die Kanonen und militärischen Geräte besichtigen.

○ **ZONA SUL**
Dieser Bereich der Stadt ist beliebt bei Touristen, dort liegen nicht nur der Corcovado mit der Christusstatue, sondern auch die berühmten Strände Ipanema und Copacabana. Der Mirante Dona Marta als Aussichtspunkt lohnt ebenso den Besuch wie der See Lago Rodrigo de Freitas.

○ **CRISTO REDENTOR**
Die berühmte Christusstatue auf dem Corcovado-Berg ist ein Muss in Rio de Janeiro. Um sie zu erklimmen, sollten Besucher früh aufstehen, denn morgens ist nicht nur die Sicht am klarsten, sondern es fehlen auch die vielen anderen Touristen. Die Statue wurde im Jahr 1931 eingeweiht, eigentlich sollte sie schon früher fertiggestellt sein, da sie für die 100-Jahr-Feier des Staates Brasilien geplant war. Heute ist das 30 Meter hohe Kunstwerk im Art-déco-Stil Vorbild für viele Christusstatuen in der Welt.

○ **TIJUCA-NATIONALPARK**
Rio de Janeiro ist nicht nur bebaut, sondern auch eine sehr grüne Stadt. Das zeigt sich beispielsweise in diesem Nationalpark, der sich als Regenwald in der Stadt ausbreitet und am Fuße der Christusstatue liegt. Der Park ist berühmt für seine Wasserfälle, die zu den eindrucksvollsten Erlebnissen gehören, etwa die Cascatinha do Tauney, der höchste Wasserfall der Stadt. Aber auch der Aufstieg auf den Gipfel Pedra da Gávea lohnt sich, wegen der schönen Aussicht auf Rios Skyline.

AUSGEHEN

Confeitaria Colombo // Mitten in die Zeit der Belle Époque katapultiert dieses Restaurant seine Besucher. Es gehört zu den elegantesten Cafés der Stadt und verspricht stilvolles Kaffee- oder Teetrinken. Im Jahr 1894 wurde es gegründet und wartet mit einer Stimmung wie in einem typischen Kaffeehaus auf.
// www.confeitariacolombo.com.br

Aprazível // Auf einer Hügelkuppe liegt dieses Restaurant, das zu den romantischen Plätzen der Stadt gehört. Umgeben von einem hübschen Garten, sitzt man auf der Terrasse und kostet die typisch brasilianischen Geschmacksrichtungen.
// www.aprazivel.com.br

Samba // Jeden Montag um 19.30 Uhr findet an der Pedra do Sal ein kleines Straßenfest statt: Bands und Tänzer treffen sich, um dort Samba zu tanzen. Eine authentische Alternative zu den oft touristischen Sambabars der Stadt.
// Samba da Roda, Pedra do Sal

Rechts: Die Seilbahn bewältigt die Strecke zwischen der Talstation und dem Gipfel des Zuckerhuts in zwei Etappen und benötigt für eine einfache Fahrt etwa 20 Minuten.

SHOPPING

○ **MARKT AM GENERAL OSÓRIO**
Sonntags verwandelt sich der Platz General Osório in einen riesigen Markt. Vom Kunstwerk über Bademoden, Blusen und Naschereien ist dort alles zu finden. Er hat von 9–17 Uhr geöffnet.

○ **H. STERN**
Colliers und Ringe mit feinem Design und in edler Juwelierskunst bietet H. Stern. Der Schmuckkonzern, der mittlerweile zu den größten der Welt zählt, wurde 1949 von Hans Stern gegründet, der zuvor als Jude vor den Nazis nach Brasilien flüchten musste. Ein Blick in sein Stammgeschäft lohnt sich.

STRÄNDE

○ **COPACABANA**
Der berühmteste Strand der Stadt ist möglicherweise nicht der schönste, aber auf jeden Fall ein Muss. Es gehört zum Rio-Besuch dazu, die schwarz-weiß gepflasterte Promenade entlangzuschlendern und ein Kokoswasser zu trinken.

○ **IPANEMA**
Einer der schönsten Strände der Stadt liegt gleich neben der berühmten Copacabana. Er ist anders als alle anderen Strände, denn er gleicht einem riesigen Laufsteg, auf dem jeder seinen Körper präsentiert und aufs Beste inszeniert.

○ **BARRA DA TIJUCA**
Der Strand wird weniger von den Shows um das Sehen und Gesehenwerden dominiert, sondern gern aufgesucht von Menschen, die mit ihren Kindern eine schöne Zeit erleben möchten oder einfach nur ausspannen möchten. Feiner Sand, glitzernd blaues Wasser und seichtes Ufer sind auch hier selbstverständlich.

○ **PRAIA DE ITAUNA**
Abgelegen und ruhig präsentiert sich dieser Strand mit seinem feinen gelben Sand. Die Wellen brechen sich dort oftmals dramatisch, sodass man gar nicht schwimmen muss, um sich abzukühlen.

○ **LEBLON**
Zu den sichersten Stränden der Stadt zählt Leblon, der an eines der reichsten Viertel der Stadt angrenzt. Familien genießen die entspannte Stimmung.

ÜBERNACHTEN

Santa Teresa // Eine romantische, grüne Idylle mitten in der Stadt bietet dieses Boutique-Hotel. Es ist beliebt bei Hochzeitsreisenden, weil es sehr idyllisch ausgestattet ist und einen wunderbaren Panoramablick über die Stadt offenbart.
// www.santateresahotelrio.com

Copacabana Palace // Zu den berühmten Grand Hotels der Welt gehört auch dieses, das in den 1920er-Jahren errichtet wurde. Es verspricht Luxus in historischem Ambiente.
// www.belmond.com

Pouso Verde // Es muss nicht immer ein Luxushotel sein. Günstig und einfacher übernachten lässt sich in dieser Pension, die nahe dem Botanischen Garten liegt und mit freundlichen Gastgebern und sauberen Zimmern überzeugt.
// www.pousoverde.com

AUF KEINEN FALL VERPASSEN

EINE RUNDE TRAM BONDE FAHREN
Die gelbe Straßenbahn zählt zu den ältesten Trams der Welt. Obwohl der Fahrpreis ziemlich hoch ist, lohnt es, in die Museumsbahn zu steigen und sich durch die Stadt ruckeln zu lassen. Sie passiert die schönsten Ecken des Viertels Santa Teresa.

MIT DEM HUBSCHRAUBER VOM ZUCKERHUT ZUR CHRISTUSSTATUE
Städte von oben zu sehen hat immer einen besonderen Reiz. Wer diese Tour bucht, vereint die Zuckerhuttour mit dem Besuch der Christusstatue. Überall bieten sich fantastische Blicke auf die Stadt. Ein Erlebnis, das seinen Preis hat, aber vor allem in der Zeit um den Sonnenuntergang sicherlich für immer im Gedächtnis bleiben wird.

EINE FAVELA-TOUR MACHEN
Nicht alles ist in Rio de Janeiro rosig, viele Menschen schaffen den Sprung in Arbeit und Wohlstand nicht und leben in Armut. Sich das bewusst zu machen, gehört auch zu einem Rio-Besuch dazu. Eine Tour durch die Favelas ist ein eindrucksvolles Erlebnis, das nichts mit Voyerismus zu tun hat, wenn man den Rundgang bei einem Anbieter bucht, der mit den Einnahmen die Favela-Bewohner unterstützt. Aber: Auf gar keinen Fall auf eigene Faust durch die Favelas schlendern!
// www.favelatour.org oder www.vidigalhangout.com

SICH ÜBER DIE SICHERHEITSLAGE INFORMIEREN
In Rio de Janeiro kommt es immer wieder zu Gewalt auf offener Straße. Wer in die Stadt reist, sollte sich vorher schlaumachen, welche Viertel aktuell betroffen sind und gemieden werden müssen. Ganz wichtig ist es, sich vor der Buchung eines Hotels oder einer Ferienwohnung über die geeigneten Stadtteile zu informieren.

MUSEU DE ARTE CONTEMPORÂNEA DE NITERÓI
Kunstinteressierte machen sich am besten mit der Fähre auf den Weg ins gegenüberliegende Städtchen Niterói. Allein der Weg über das Wasser ist schon bezaubernd und offenbart stets neue und wundervolle Blicke auf Rio. In Niterói selbst ist das Kunstmuseum, das 1996 vom Star-Architekten Oscar Niemeyer entworfen wurde, schon von außen ein Hingucker, da es aussieht wie ein Ufo. Innen warten große zeitgenössische Kunstwerke.

#50 STOCKHOLM

NICHT ZULETZT WEGEN IHRER EINMALIGEN LAGE WIRD DIE SCHWEDISCHE HAUPTSTADT GERN ALS SCHÖNSTE STADT DER WELT GERÜHMT. SIE LIEGT EINGEBETTET ZWISCHEN DEM MÄLAREN, EINEM SICH ÜBER 115 KM VON WESTEN NACH OSTEN HINZIEHENDEN BINNENGEWÄSSER, UND DER OSTSEE. DAS »VENEDIG DES NORDENS« ERSTRECKT SICH ÜBER 14 INSELN UND WIRD DURCH UNZÄHLIGE EILANDE, DIE SCHÄREN, VOM OFFENEN MEER ABGESCHIRMT. DIE STADT IST REICH AN HISTORISCHEN SEHENSWÜRDIGKEITEN UND PRÄSENTIERT SICH DOCH ALS MODERNE, WELTOFFENE METROPOLE. DIE RESTAURANTS BIETEN SPEZIALITÄTEN DER INTERNATIONALEN KÜCHE AN UND SORGEN FÜR EIN GROSSSTÄDTISCHES FLAIR. DUTZENDE MUSEEN SOWIE EINE LEBENDIGE MUSIK- UND THEATERSZENE HABEN STOCKHOLM AUSSERDEM ZU EINEM MEKKA FÜR KUNSTLIEBHABER GEMACHT.

Oben: Enge Gässchen sind charakteristisch für die Altstadt Gamla Stan. Der Stortorget ist ein absoluter Touristenmagnet.

Linke Seite: Das Wasser ist allgegenwärtig in der Haupt- und Residenzstadt des Königreichs Schweden, die sich über zahlreiche Inseln, Halbinseln und das Festland erstreckt. Ihren vielen Brücken verdankt sie den Beinamen »Venedig des Nordens«.

○ GAMLA STAN
Das Zentrum der schwedischen Kapitale hat sich längst in andere Stadtteile verlagert, nach wie vor aber ist die Altstadt auf der Insel Stadsholmen eine touristische Hauptattraktion. Das Gewirr der Straßen und Gassen lädt zum Bummeln ein. Das über die Jahrhunderte gewachsene Viertel wartet mit Gebäuden aus allen Epochen der Stadtgeschichte auf. In viele alte Gemäuer sind Cafés, Restaurants oder Galerien eingezogen.

○ VÄSTERLÅNGGATAN
Die Västerlånggatan ist die Hauptgeschäftsstraße in Gamla Stan. Hier wie überall in der Altstadt ist an der Straßenführung seit dem 16. Jahrhundert nicht viel verändert worden. Nur die Häuser, die die enge Gasse säumen, stammen aus dem 18. und 19. Jahrhundert. Heute sind hier zahlreiche Boutiquen, Souvenirshops, Kneipen und Restaurants eingezogen. An ihrem Südende zweigt die Mårten Trotzigs-Gränd von der Västerlånggatan ab – die mit einer Breite von nur 90 Zentimetern engste Gasse Stockholms.

○ KÖNIGLICHES SCHLOSS
Am Nordostende von Gamla Stan befindet sich das Königliche Schloss – mit seinen 608 Räumen einer der größten Paläste der Welt. Der Prachtbau wurde an der Stelle der durch ein Feuer zerstörten mittelalterlichen Königsresidenz in der ersten Hälfte des 18. Jahrhunderts errichtet und gilt als hervorragendes Beispiel für die Architektur am Übergang vom Barock zum Rokoko. Der Palast wird vom schwedischen König, der heute auf Schloss Drottningholm residiert, nur noch selten genutzt. Viele Räume sind deshalb der Öffentlichkeit zugänglich gemacht worden. Ein besonderer Höhepunkt ist die täglich um 12 Uhr stattfindende Wachablösung auf dem Schlosshof.

○ STORKYRKAN
Millionen Zuschauer auf der ganzen Welt verfolgten, wie sich Kronprinzessin Victoria und Daniel Westling am 19. Juni 2010 in der Stockholmer Domkirche, der Storkyrka, das Jawort gaben. Die Hochzeits- und Krönungskirche der schwedischen Monarchen ist das äl-

STOCKHOLM

WARUM IM WINTER? SCHWEDEN IST EINE HOCHBURG FÜR EISLAUFWANDERER. SOBALD DAS EIS DICK GENUG IST, WERDEN DER GROSSE STOCKHOLMER SEE UND SEINE KANÄLE VON BEGEISTERTEN EISLÄUFERN AUSGELOTET, UM DIE LÄNGSTMÖGLICHE STRECKE AUSFINDIG ZU MACHEN. DER MÄLAREN WESTLICH VON STOCKHOLM IST DER DRITTGRÖSSTE SEE DES LANDES UND HAUPTAUSTRAGUNGSORT FÜR NORDIC-SKATING-VERANSTALTUNGEN. MAN MUSS NUR EIN KURZES STÜCK MIT ÖFFENTLICHEN VERKEHRSMITTELN ZURÜCKLEGEN, SCHON KANN MAN ÜBER GEFRORENES FRISCHWASSER SKATEN, BIS ZU 100 KILOMETER TÄGLICH ZURÜCKLEGEN UND UNTERWEGS IN ORTSCHAFTEN ANHALTEN, WIE ETWA DER ALTEN WIKINGER-HANDELSSTADT BIRKA MIT DEM GRÖSSTEN WIKINGERFRIEDHOF SKANDINAVIENS. AUF DEM MÄLAREN FINDET SEIT 1999 AUCH DAS »VIKINGARÄNNET« (WIKINGERRENNEN) STATT, EIN SCHLITTSCHUHRENNEN ÜBER EINE DISTANZ VON 80 KILOMETERN VON UPPSALA NACH STOCKHOLM; DER REKORD LIEGT BEI 2 STUNDEN UND 44 MINUTEN. FRIERT DIE OSTSEE ZU, DAS PASSIERT EIN- BIS ZWEIMAL IN ZEHN JAHREN, DANN BIETET AUCH STOCKHOLM TOUREN UM IHRE INSELN HERUM.

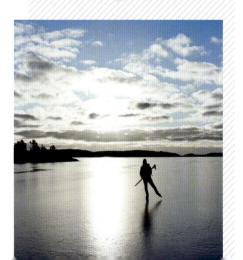

teste Gotteshaus der Stadt und liegt nur ein paar Schritte vom Stortorget und dem Nobelmuseum entfernt am Ende der steilen Auffahrt Slottsbacken. Ihre schöne Barockfassade täuscht zunächst über das Innere hinweg: Dort ist das Bauwerk ganz und gar eine spätgotische Hallenkirche. Sie ist ganzjährig für Besucher geöffnet, im Winter sogar kostenfrei.

○ **NOBELMUSEUM**
Unweit der Residenz befindet sich die im 18. Jahrhundert errichtete Börse, in der heute das Nobelmuseum untergebracht ist. Die sehenswerte Ausstellung informiert über Alfred Nobel sowie namhafte Preisträger.

○ **TYSKA KYRKA**
Der Bau der Deutschen Kirche im Süden von Gamla Stan beherbergte ursprünglich eine Niederlassung der Hanse und wurde erst im 16. Jahrhundert zu einem Gotteshaus umgebaut. Ihr Turm ist mit 96 Metern der höchste in der Altstadt.

○ **NORRMALM**
Breite Straßen und geschäftiges Treiben: In Norrmalm blieb in den 1950er-Jahren kaum ein Stein auf dem anderen. Grund dafür war der Bau der U-Bahn. Hochhäuser und moderne, etwas kalt wirkende Glasfassaden an den Gebäuden geben diesem Stadtteil ein eigenes Gesicht. Hier pulsiert heute das Leben, es gibt viele große Geschäfte, aber auch Luxusläden, in den Einkaufsstraßen. Abends ist richtig viel los: Dann erwachen Kungsgatan, Sveavägen und Birger Jarlsgatan zum Leben und verwandeln sich in echte Flaniermeilen. Restaurants, Bars, Kinos – hier finden Einheimische und Besucher bunte Unterhaltungsangebote. Kultur gibt es natürlich auch: Das Kulturhuset dient dabei als Forum für Ausstellungen und Stadttheater, es hat eine Bibliothek und mehrere Cafés.

○ **RIDDARHUSET**
Auch das zwischen 1641 und 1674 errichtete Riddarhuset im Westen der königlichen Residenz ist sehenswert. Bis heute tagt hier alle drei Jahre die schwedische Ritterschaft. Der Prunkbau wartet mit einer barocken Innenausstattung auf.

○ **RIDDARHOLMEN**
Die zierlich anmutende Riddarholms-Kirche auf dem gleichnamigen Eiland im Westen von Stadsholmen war über die Jahrhunderte die Grabeskirche der

Links: Eislaufen mitten in der Stadt – das bietet sich nur an kalten Wintertagen, wenn der Stockholmer See und die Kanäle zugefroren sind.

STOCKHOLM

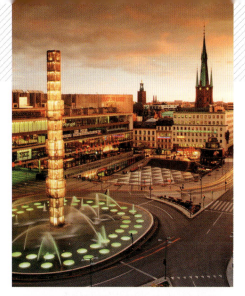

Rechts oben: Den Sergels torg im Viertel Norrmalm schmückt eine 37 Meter hohe Glassäule, der »Kristallvertikalaccent« von Edvin Öhrström.

Rechts unten: Als »längste Kunstgalerie der Welt« bewirbt Stockholm seine U-Bahn. 90 Prozent der Bahnhöfe sind künstlerisch ausgestaltet, so auch die Station Solna centrum, die mit ihrer blutroten Decke an den Eingang zu einer Drachenhöhle erinnert.

schwedischen Könige. Der letzte Monarch, der hier bestattet wurde, war König Gustav V. (1858–1950).

○ DJURGÅRDEN

Die im Osten Stockholms gelegene Insel ist Teil des 1995 gegründeten Nationalstadtparks, eines Schutzgebiets, das der Pflege des kulturellen wie des Naturerbes der Region gewidmet ist. Einige der bedeutendsten Museen Schwedens sind hier zu Hause.

SKANSEN

Das 1891 eingeweihte Skansen etwa wurde ein Vorbild für die Freilichtmuseen dieser Welt. Auf dem Museumsareal sind historische Gebäude des 19. Jahrhunderts vom Bauernhof über Arbeitersiedlungen bis hin zum Handwerksbetrieb aus allen Teilen Schwedens ausgestellt. Aus Lappland wurde ein Lagerplatz der Samen mit Rentiergehege herbeigeschafft.

AUSGEHEN

Lux Dag för Dag // In einer alten Glühlampenfabrik wurde ein ausgezeichnetes Konzept geschaffen: Erst nachdem morgens die Lieferung von regionalem Gemüse, frischem Fisch und bestem Fleisch eingetroffen ist, wird daran das Menü festgelegt.
// www.luxdagfordag.se

Wedholms Fisk // Fisch und Meeresfrüchte spielen hier die Hauptrolle. Die Zubereitung ist abwechslungsreich, dabei jedoch sehr traditionsbewusst. Sonntags und an Feiertagen geschlossen.
// wedholmsfisk.se/

Pet Sounds Bar // Eine bei den jungen Stockholmern beliebte Bar auf Södermalm, in der immer wieder lokale Künstler und DJs für wahren Independent-Sound sorgen. Auch die Cocktails genießen einen guten Ruf.
// www.psb.bar

VASA MUSEUM

Das Vasa Museum ist nach dem berühmten, 1628 auf seiner Jungfernfahrt gesunkenen und erst 1961 geborgenen Kriegsschiff benannt. Der überaus aufwendig restaurierte Dreimaster kann in einer großen, eigens dafür gebauten Halle besichtigt werden.

JUNIBACKEN

Kleine wie große Astrid-Lindgren-Fans dürfen überdies einen Besuch im Junibacken nicht versäumen. In dem Museum wurden Szenen aus den Büchern der berühmten Schriftstellerin nachgestellt.

○ STADSHUSET

Das Stockholmer Rathaus wurde 1911–1923 am dem Riddarholmen genau gegenüberliegenden südöstlichsten Zipfel der Insel Kungsholmen gebaut. In dem Ziegelbau findet alljährlich ein großes Bankett zu Ehren der Nobelpreisträger statt. Einige Säle und Räume sind der Öffentlichkeit zugänglich. Vom Rathausturm aus hat man einen schönen Rundblick.

SHOPPING

○ **HÖTORGET**
Der Traditionsmarkt bietet Obst, Gemüse, Blumen. Von hier ist es nur ein Katzensprung in die Markthalle Hötorgshallen, in der Spezialitäten aus der ganzen Welt zu finden sind, seit 1958 leider unterirdisch.

○ **ÅHLÉNS**
Hier kann man beinahe alles erstehen, was das Shoppingherz begehrt: Neben Mode, Make-up, modernem Wohndesign und einer großen Auswahl an CDs verfügt das Kaufhaus auch über einen Supermarkt und einen Spa-Bereich.

○ **CAJSA WARG**
Der Laden, benannt nach einer schwedischen Kochbuchautorin, bietet vom Mittagstisch bis zum Mitnehmen alles, was dem Gaumen Freude macht. Bei den Zutaten wird streng auf die Herkunft der Produkte geachtet. Die gibt es in dem hübschen Laden, der an einen kleinen Markt erinnert, auch alle einzeln.

○ **CHOKLADFABRIKEN**
Der Name verrät nicht nur Leckermäulchen, was man hier kauft: In mehreren Filialen sind Pralinen, Desserts und Kuchen in riesiger Auswahl zu haben.

○ **ÖSTERMALMS MARKTHALLE**
Seit dem Jahr 1888 dient das sehenswerte rote Backsteingebäude, das ein wenig an einen alten Bahnhof erinnert, als Markthalle.

AUSFLÜGE

○ **SANDHAMN**
Die Schäreninsel entspricht mit ihren Holzhäuschen und den Stränden dem perfekten Traum von Schweden. Sie ist ein beliebtes Ziel von Bootsfahrern und bietet einen großzügigen Hafen. Herrlich zum Entspannen nach langen Stadtbesichtigungen.

Holzhäuschen in Falunrot bestimmen das Bild der kleinen Schäreninsel Sandhamn, auf die man einen entspannten Tagesausflug von Stockholm aus unternehmen kann.

ÜBERNACHTEN

M/S Monika Hotell // Willkommen an Bord! Die M/S Monika ist ein altes Schiff, das nun als Hotel dauerhaft am Kungsholms Strand angelegt hat und den Gästen komfortable Zimmer unter Deck bietet.
// www.msmonika.se/

Hotel Sven Vintappare // Näher an die Sehenswürdigkeiten Stockholms kommt man nicht heran. Das Hotel punktet besonders durch typisch schwedischen Charme und einen Hauch Luxus und befindet sich direkt in der Gamla Stan.
// www.hotelsvenvintappare.se

Hobo Hotel // Das noch junge Designerhotel möchte das Gefühl von unkomplizierter Freiheit vermitteln, als wäre man mit Freunden auf einem perfekten Roadtrip unterwegs. Dazu gehört purer Urban Style, ein Borrow-Board, an dem man Nützliches wie Regenschirm und Stadtplan leihen kann, und eine lebendige Gesellschaft.
// www.hobo.se

AUF KEINEN FALL VERPASSEN

SCHLOSS DROTTNINGHOLM BESICHTIGEN
Der Wohnsitz der Königsfamilie: 1690 im Stil französischer und holländischer Vorbilder erbaut, ließ Kronprinzessin Lovisa Ulrika einige Gebäudeflügel mit Rokokoräumen errichten. Seit 1991 gehört Drottningholm zum UNESCO-Weltkulturerbe. Es ist das am besten erhaltene Schloss des Landes und steht gerade einmal elf Kilometer westlich von Stockholm auf der kleinen Insel Lovön im Mälarsee. Der größte Teil des Anwesens ist für Besucher geöffnet, nur die Privatgemächer von Königin Silvia und Carl Gustav XVI. nicht. Stilvoll kann man mit einem historischen Dampfschiff von Stockholm zum Schloss fahren.

KÖTTBULLAR ESSEN
Die berühmten schwedischen Fleischbällchen schmecken im Pelikan in der Blekingegatan, einem Traditionsrestaurant mit Bierhallen-Charme, besonders gut. Etwas gemütlicher gibt es die kleinen Köstlichkeiten im Operakällarens »The Hip Pocket«.

DIE SAMMLUNG DER KÖNIGLICHEN BIBLIOTHEK BESTAUNEN
Wer Bücher, Gedrucktes und Handgeschriebenes liebt, ist hier goldrichtig. Auf rund 100 Kilometern Regalfläche lagert alles, was seit 1661 in Schweden bzw. in schwedischer Sprache gedruckt wurde.

DURCH DEN KUNGSTRÄDGÅRDEN SCHLENDERN
Wenn die Einheimischen Kungsan sagen, meinen sie diesen Park im Herzen der Stadt. Bis zum 18. Jahrhundert war das Gelände den Blaublütigen vorbehalten, dort wurde ihr Gemüse kultiviert, dort entspannten sie. Heute ist es die gute Stube der Stockholmer.

MIT DEM KATARINAHISSEN FAHREN UND DIE GANZE STADT ÜBERBLICKEN
Der Lift führt auf den Katarinaberg. Viele nutzen ihn aber nur, um von der Plattform aus einen traumhaften Blick auf Stockholm zu haben. Die Plattform ist übrigens auch über Holzstufen zu Fuß erreichbar.

#51 SYDNEY

SPÄTESTENS SEIT DEN OLYMPISCHEN SPIELEN IN SYDNEY GEHÖRT DIE STADT ZU DEN WELTMETROPOLEN WIE PARIS, KAPSTADT ODER NEW YORK. JEDER KENNT DIE HAFENANSICHT MIT DER BRÜCKE UND DEM OPERNHAUS, UND FÜR VIELE SYMBOLISIEREN DIESE BILDER – NEBEN DEM ROTEN ULURU – AUSTRALIEN ALS GANZES. TATSÄCHLICH ERFÄHRT, WER IN DER MIT MEHR ALS VIEREINHALB MILLIONEN EINWOHNERN GRÖSSTEN UND SCHÖNSTEN METROPOLE DES KONTINENTS SEINE REISE BEGINNT, »GANZ AUSTRALIEN« WIE UNTER EINEM BRENNGLAS FOKUSSIERT: UNTER DEM PFLASTER DER STADT LAUERT DER STRAND, IN DEN BERGEN ERLEBT MAN SEIN BLAUES WUNDER, STAUBIGE PISTEN WEISEN DEN WEG IN EIN ENDLOS ERSCHEINENDES, SICH ERST NACH UND NACH ERSCHLIESSENDES HINTERLAND. ZUNÄCHST EINMAL ABER EMPFIEHLT ES SICH, TIEF EINZUTAUCHEN IN DIE WELTOFFENE, MULTIKULTURELLE, QUICKLEBENDIGE ATMOSPHÄRE, DIE SYDNEY EBEN SO LIEBENSWERT MACHT.

Oben: Gern aufgesucht wird der Botanische Garten der Stadt von den Geschäftsleuten vom Central Business District.

Linke Seite: Jede Stadt hat ihre einzigartige Silhoutte, und auch wenn viele Großstädte eine markante Brücke und ein Opernhaus aufweisen, erkennt man Sydney sofort am Opera House. Die Außenseite der muschelartigen Dächer trägt Keramikfliesen. Die Enden sind mit insgesamt 2000 Scheiben unterschiedlicher Größe verglast.

○ **OPERA HOUSE**

Das Opernhaus von Sydney ist eines der großen Bauwerke des 20. Jahrhunderts, das Wahrzeichen Australiens und zum UNESCO-Welterbe erklärt. Zur allgemeinen Überraschung gewann im Jahr 1955 der kaum bekannte Däne Jørn Utzon den Architekturwettbewerb für das Gebäude. Sein Entwurf war aber so schwierig auszuführen, dass die Regierung mit dem Bau zögerte. Erst viel später, 1959, als die Fundamente schon gelegt waren, überlegte man, wie man das Dach wirklich bauen wollte. Der Guss in einem Stück erwies sich als zu teuer. So baute man die Muschelschalen aus einzelnen vorgefertigten, miteinander verbundenen Rippen. Auch beim Fliesenbelag und bei der Verglasung gab es Probleme. Utzon zog sich 1966 zurück. 1973 war das Opernhaus fertig.

○ **HARBOUR BRIDGE**

Laut tuckernd bewegt sich die Hafenfähre unter der Harbour Bridge. 134 Meter über dem Meer sind kleine Gestalten zu erkennen: Menschen in blauen Overalls, verbunden mit einem Sicherheitsseil. Wochen im Voraus haben sie Sydneys erfolgreichsten Adrenalinkick gebucht: den Bridge Climb – ein aussichtsreicher Spaziergang über den 503 Meter langen Bogen der Hafenbrücke. »Coat hanger«, Kleiderbügel, nennen die Einheimischen diesen Koloss aus 50 000 Tonnen Stahl und sechs Millionen Schrauben, der seit 1932 mit acht Fahrspuren die Wohnviertel des Nordens an die Stadt anschließt. Damit gehört sie zu einer der weitesten Bogenbrücken auf der ganzen Welt. Bei diesen Ausmaßen ist natürlich auch der Anstrich eine »never ending story«: Nach zehn Jahren sind die Malerarbeiten beendet – und beginnen wieder von vorn.

○ **CAMPBELL'S COVE/THE ROCKS**

Die am Port Jackson, einem der schönsten Naturhäfen der Welt, gelegene Stadt markiert auch den Punkt, an dem die erste europäische Siedlung des Kontinents gegründet wurde. »The Rocks« nannten die Ankömmlinge der First Fleet die felsige Halbinsel, die sie nach acht Monaten auf hoher See bei ihrer Hafeneinfahrt

WARUM IM WINTER? ZUNÄCHST NATÜRLICH, UM DEN KALTEN TEMPERATUREN ZU ENTFLIEHEN UND STATTDESSEN BEI HERRLICHEM BADEWETTER AM BONDI ODER MANLY BEACH DIE SONNE ZU GENIESSEN ODER DEN BOTANISCHEN GARTEN IN SEINER VOLLER BLÜTENPRACHT ZU ERLEBEN. UND NICHT ZULETZT, UM SILVESTER IM SOMMER ZU FEIERN UND DAS SPEKTAKULÄRE FEUERWERK ÜBER DEM HAFEN ZU VERFOLGEN. EIN FEUERWERK ÄHNLICHER ART GIBT ES AUSSERDEM AM 26. JANUAR, DEM AUSTRALIA DAY.

am 26. Januar 1788 zu Gesicht bekamen; ihre Siedlung benannten sie später zu Ehren des damaligen britischen Innenministers Lord Sydney. Heute ist das älteste Viertel der Stadt eine Art schön herausgeputztes Freilichtmuseum: schick und saniert, säumen teure Trendboutiquen und angesagte Lokale die Wasserfront. An die frühen Tage der Stadt erinnern die gut erhaltenen Campbell Storehouses – ab 1838 aus Sandstein errichtete Lagerhäuser des erfolgreich Tee und Spirituosen aus Indien importierenden schottischen Kaufmanns Robert Campbell.

○ CIRCULAR QUAY

Das pulsierende Herz der Metropole Sydney bildet der östlich an das Altstadtviertel The Rocks anschließende Circular Quay. Hier laufen alle Verkehrsstränge zusammen, fahren Schnellbahnen und Busse, Ausflugsschiffe und Fähren in sämtliche Gebiete der Stadt. Auch die meisten Hafenrundfahrten starten am Circular Quay (und vom Sydney Aquarium in Darling Harbour): Die Skyline der Stadt von der Wasserseite aus betrachten zu können, das sollte man sich nicht entgehen lassen.

○ ST. MARY'S CATHEDRAL

Schon mit der First Fleet – der ersten Schiffsflotte, die am 13. Mai 1787 im englischen Portsmouth mit insgesamt 756 Strafgefangenen und 550 Besatzungsmitgliedern den Hafen verließ, um Australien zu besiedeln – kamen irische Katholiken ins Land. Da man befürchtete, sie könnten die Messfeiern für konspirative Zwecke nutzen, durften sie zunächst keine Gottesdienste abhalten. Erst im Jahr 1821 erfolgte angrenzend an den heutigen Hyde Park die Grundsteinlegung für eine der heiligen Maria geweihte Kapelle. Mit dem Bau der an gleicher Stelle im neogotischen Stil aus Sandstein errichteten St. Mary's Cathedral, Sitz des Erzbischofs von Sydney, begann man im Jahr 1868.

○ DARLING HARBOUR

Die lange ziemlich heruntergekommenen Docks und Lagerhäuser des ehemaligen Industriehafenviertels am westlichen Ende der Innenstadt wurden gegen Ende der 1980er-Jahre in einen weitläufigen Freizeitkomplex umgewandelt: Zur 200-Jahr-Feier 1988 hatte man die Revitalisierung der alten Hafenflächen beschlossen, und binnen Kurzem entstand ein am Reißbrett geplantes neues Vorzeigeviertel mit vielfältigen

Links oben: Auch am Hafen wird Altes mit Neuem verbunden. Große Segelschiffe laden zu mehrstündigen Besichtigungstouren inklusive Verpflegung ein.

Links unten: Der französische Modeschöpfer Pierre Cardin bezeichnete das Queen Victoria Building (QVB) einmal als das »schönste Einkaufszentrum der Welt«.

SYDNEY

Rechts: Ist man schon im Meer oder schwimmt man noch im Pool? Der frei zugängliche Meerwasserpool am Bondi Beach bietet quasi einen fließenden Übergang. Das Festival of the Winds wird jährlich mit bunten Drachen gefeiert.

Unterhaltungseinrichtungen, Hunderten von Boutiquen und Galerien, Souvenirshops, Cafés und Restaurants. Weitgespannte Stahlkonstruktionen mit Masten und Seilen wie von Schiffen schaffen auf der beliebten Ausgehmeile ein maritimes Flair, Aquarium und Zoo locken Familienausflügler an, ein Publikumsmagnet ist auch das National Maritime Museum. Von dort ist es nur ein etwa zehnminütiger Spaziergang bis zum riesigen Sydney Fish Market.

○ **PADDINGTON**

»Paddo«, wie Paddington gern abgekürzt wird, wandelte sich vom Hippiezentrum zu einem der elegantesten In-Viertel im Osten der Stadt. Typisch sind die von Bürgerinitiativen vor dem Abriss geretteten Reihenhäuschen in den Seitenstraßen, deren Veranden filigrane gusseiserne Balustraden zieren. In der William Street residieren angesagte Modeschöpfer, besonders »trendy« ist Paddington aber in der Oxford Street, einem kilometerlangen Laufsteg für Flaneure und »Shopaholics«. Hier findet man gut sortierte Buchläden, Designershops mit bezeichnenden Namen wie »Zeitgeist«, Galerien, Restaurants, Cafés und viele Nachtclubs.

○ **KINGS CROSS**

Der ebenfalls im Osten gelegene Stadtteil war im frühen 19. Jahrhundert ein bohèmehaftes Wohnviertel mit großen Villen und stilvollen Apartments. Später bevölkerten weinselige Intellektuelle, Künstler und Taugenichtse die Straßen von »The Cross«: Offiziell durfte nach 18 Uhr kein Alkohol mehr ausgeschenkt werden – mit dem illegalen Ausschank machten beispielsweise die Bordellwirtinnen Tilly Devine und Kate Leigh ein Vermögen. Ziemlich »nachtaktiv« ist das Viertel noch immer, aber neben all den etwas heruntergekommenen Striplokalen und Spelunken findet man inzwischen auch schicke Bars, Restaurants und Boutiquehotels.

AUSGEHEN

China Town // Nicht immer ist Nomen Omen: Das Viertel heißt zwar Chinatown, doch die Vielfalt auf eine Nation zu beschränken, würde dem Quartier nicht gerecht. Dort reihen sich Restaurants mit unterschiedlichen Einflüssen aneinander, von malaiisch über koreanisch bis zu japanisch und indonesisch.

Fine Food Store // In Sydney geht man gern brunchen und startet so ins Wochenende. Ein schöner Platz dafür ist das Restaurant Fine Food Store, das mit bunt-frischen Salaten ebenso überrascht wie mit raffinierten Gerichten für Allergiker und Veganer.

// www.finefoodstore.com

O-Bar // Bis zum 47. Stockwerk mit dem Fahrstuhl in den Himmel fahren und dann in einer drehenden Bar den Blick auf die funkelnde Stadt genießen. Ein Luxus, den die O-Bar verspricht.

// www.obardining.com.au

STRÄNDE

○ **BONDI BEACH**

Viele verbringen die Mittagspause am Bondi Beach. Der Alltag an Sydneys berühmtestem Strand gilt als Verkörperung des australischen Lebensstils. Bereits 1890 entflohen die Sydneysider mit der Straßenbahn dem Staub und der Hitze der Stadt, bestaunten im Aquarium die Unterwasserwelt und stiegen am Abend in die Fluten: Noch vor 100 Jahren war das Baden erst nach Einbruch der Dunkelheit erlaubt. In den 1930er-Jahren war der Strand mit Liegestühlen übersät, drängelten sich die Besucher auf der Campbell Parade. Seit den 1990er-Jahren erlebt »Bondai« eine Renaissance. Es ist wieder schick, hier zu wohnen: den Beach vor der Tür, das Büro im nahen CBD. Rund um die Campbells Parade sind heute trendige Cafés zu finden.

○ **MANLY BEACH**
Selbst in der Mittagspause genießen es die Sydneysider, vom Circular Quay durch den Hafen Port Jackson hinüber nach Manly zu schippern. Das Strandviertel auf der Landzunge beim North Head ist die beliebteste Möglichkeit, dem Trubel der Stadt zu entfliehen und doch in Sydney zu bleiben. Zwar brausen auch schnelle Jetcats nach Manly, doch zum Ferien-Feeling in der City gehört eigentlich die halbstündige Fährfahrt. Neben der wunderbaren Natur besucht man Manly auch wegen der coolen Geschäfte und Boutiquen und kulinarischen Köstlichkeiten. Am Wochenende bietet ein Kunsthandwerksmarkt schöne Souvenirs an.

Bei dem jährlich stattfindenden Surf-, Skate- und Musikevent der Australian Open of Surfing dient der Manly Beach als Hotspot.

SHOPPING

○ **BONDI MARKET**
Alteingesessene Marken und Newcomer der Modebranche, Design für die Wohnung und Kunsthandwerk finden sich im Bondi Beach Market. Jeden Sonntag von 10–16 Uhr, samstags Wochenmarkt.
// www.bondimarkets.com.au

○ **QUEEN VICTORIA BUILDING**
Eine Reise in die Kolonialzeit verspricht dieses Gebäude in der George Street aus dem Jahr 1898. Von außen und innen mit neoromanischer Architektur versehen, verführen seine Boutiquen zum Shopping.

○ **PADDINGTON MARKET**
Handgemachte Unikate und Künstlerisches finden sich am Paddington Market. Jeweils donnerstags, freitags und samstags breitet sich in der Oxford Street ein besonderes Flair aus. An den kleinen Ständen werden Schmuck, Kleidung, aber auch Kunst und Haushaltsgegenstände feilgeboten.

ÜBERNACHTEN

Ovolo // Ein gutes Preis-Leistungs-Verhältnis bietet das Ovolo-Hotel an, das mit dem Charme eines Boutique-Hotels überzeugt. Es ist im historischen Stil gehalten und bietet eine sehr moderne Ausstattung, untergebracht in einem ehemaligen Werftgebäude.
// www.ovolohotels.com.au

QT // Ein gutes Preis-Leistungs-Verhältnis bietet dieses Hotel, das sich im modernen Stil präsentiert. Die Einrichtung hat besonderen Pfiff, es ist eine Kette mit mehreren Hotels in der Stadt.
// www.qthotelsandresorts.com

Four Seasons // Mit seiner exzellenten Lage und der guten Ausstattung überzeugt dieses Hotel. Einige Zimmer bieten einen Blick auf das historische Viertel, Oper und Hafen.
// www.fourseasons.com/sydney

AUF KEINEN FALL VERPASSEN

IN DEN ROYAL BOTANIC GARDENS SCHLENDERN
Nominell ist Queen Elizabeth II. das Staatsoberhaupt von Australien – darauf verweist auch das königliche Attribut im Namen des ansonsten ganz demokratisch allen Bürgern offenstehenden botanischen Gartens. Angelegt wurde dieser zunächst 1816, um dem sandigen Boden ein bisschen Gemüse für die hungernden Bewohner der jungen Kolonie abzuringen: Heute präsentiert der von einem weitverzweigten Wegenetz durchzogene, in mehrere Sektoren aufgeteilte Park eine Sammlung von mehr als 2500 Pflanzenarten des südlichen und südwestlichen Pazifikraums. Zwischen Magnolien, Baumfarnen und Grasbäumen, Würgefeigen und unzähligen Eukalypten taucht man wenige Schritte von der Oper ein in die grüne Lunge der Stadt.

DIE MUSEEN UND IHRE ARCHITEKTUR ERKUNDEN
Sydney ist eine Stadt der Museen. Viele kleinere Sammlungen sind in liebevoll restaurierten Häusern aus der Kolonialzeit untergebracht, auch große Kunstmuseen residieren in architektonisch bedeutsamen Gebäuden. So gehört die Fassade der Art Gallery zu den Wahrzeichen der Stadt. Das in exponierter Hafenlage beheimatete, der künstlerischen Avantgarde gewidmete Museum of Contemporary Art führt den Besucher in einen schönen Art-déco-Bau der 1950er-Jahre. Das naturhistorische Australian Museum residiert in einem mächtigen Sandsteinbau.

INS THEATER GEHEN
Zum Nachtleben der Stadt gehört auch eine lebendige Theaterszene. Bekanntester und größter Veranstaltungsort ist das Sydney Opera House, in dem auf drei von fünf Bühnen auch regelmäßig Theaterstücke inszeniert werden. Eine der bekanntesten Theatergruppen ist die Sydney Theatre Company (STC). Australiens älteste Theaterinstitution ist das 1827 gegründete Theatre Royal in der King Street. Unweit davon erwartet einen in der Market Street das State Theatre. Im »Capitol« am Haymarket kommen auch Musicalfans auf ihre Kosten.

WOLKENKRATZER IM CENTRAL BUSINESS DISTRICT BESTAUNEN
Im Vergleich zur Größe der stetig wachsenden Metropole ist Sydneys sich vom Circular Quay im Norden bis zur Central Station im Süden erstreckendes Geschäfts- und Finanzzentrum relativ klein. Den besten Überblick verschafft man sich vom (mit Antenne) 309 Meter hohen Sydney Tower: Drei Aufzüge bringen den Besucher in weniger als einer Minute zur Aussichtsplattform auf 251 Meter Höhe. Wem das nicht genügt, der verschafft sich einen zusätzlichen Adrenalinschub auf dem über der Aussichtsplattform errichteten Skywalk, bei dem Wagemutige unter freiem Himmel den Turm umrunden können.

WANDERWEG ZWISCHEN BONDI BEACH UND COOGEE
Grüne Parks im Vordergrund und dahinter die Skyline der Stadt: Wer den Wanderweg zwischen Bondi Beach und Coogee wählt, wird immer wieder von den Ausblicken überrascht. Felsige Küstenstreifen, an denen sich die Wellen des türkisblauen Meeres brechen, feinsandige Strände und bunte Blumenbeete säumen den etwa sechs Kilometer langen Coastal Walk.

#52 WIEN

WIEN IST EINE GESCHICHTSTRÄCHTIGE STADT. AUF IHREM BODEN HABEN SCHON DIE RÖMER GESIEDELT, SPÄTER REGIERTEN VON HIER AUS MÄCHTIGE KAISER VIELE JAHRHUNDERTE LANG EIN RIESIGES REICH. IHRE DICHTER UND DENKER, MUSIKER UND MALER EROBERTEN DIE WELT MIT BAHNBRECHENDEN IDEEN UND WERKEN. HEUTE BILDET WIEN EIN PULSIERENDES ZENTRUM MITTELEUROPAS, IN DEM IMPERIALE PRACHT, BIEDERMEIERLICHE IDYLLE UND DER DYNAMISCHE GEGENWARTSRHYTHMUS FRÖHLICHE HOCHZEIT FEIERN – DIE STADT WÄCHST UND GEDEIHT, IST MODE- UND TRADITIONSBEWUSST ZUGLEICH SOWIE, WAS ETWA LUFT, WASSER UND GRÜN, ÖFFENTLICHEN VERKEHR UND SICHERHEIT BETRIFFT, VON KAUM ZU ÜBERBIETENDER LEBENSQUALITÄT.

Linke Seite: Als »Predigt in Stein« wird der Stephansdom auch gern bezeichnet. Rund 230 000 Ziegel bedecken das Dach des »Steffl«.

Rechts: Das Kunsthistorische Museum beherbergt nicht nur Kunstwerke aus sieben Jahrtausenden, vom Alten Ägypten bis zum Ende des 18. Jahrhunderts, sondern ist auch selbst ein Kunstwerk. Im – unter anderem von Ernst und Gustav Klimt ausgemalten – Treppenhaus dominiert eine marmorne Theseusgruppe von Antonio Canova.

○ **STAATSOPER**
Das »Erste Haus am Ring« bietet erlesene Opernkultur auf höchstem Weltniveau. Hier stellen Abend für Abend die besten Sänger und Dirigenten in prachtvoller Ausstattung ihr Können unter Beweis.

○ **ALBERTINA**
Das Palais beherbergt die weltweit größte grafische Sammlung mit rund 44 000 Aquarellen und Zeichnungen sowie rund 1,5 Millionen Druckgrafiken.

○ **NATIONALBIBLIOTHEK**
Eine der bedeutendsten Bibliotheken der Welt mit mehr als 6,7 Millionen Objekten, darunter einzigartige Handschriften und Inkunabeln. Glanzstück europäischer Barockarchitektur ist der kuppelbekrönte Prunksaal. Er dient regelmäßig als Schauplatz interessanter Themenausstellungen.

○ **HOFBURG**
Die Wiener Hofburg war über 600 Jahre Zentrum des Habsburgerreiches, vor allem aber Hauptresidenz der kaiserlichen Familie, und ist zu besichtigen. Heute kommen der österreichische Bundespräsident sowie mehrere Minister und Staatssekretäre in den prunkvollen Repräsentationsräumen ihrem Dienst nach.

○ **MOZARTHAUS**
V1784 bis 1787 wohnte der Komponist in diesem Haus. Seit dem Jubiläumsjahr 2006 informiert eine Dauerschau über diese Zeit. Es finden sich Bildnisse, Notendrucke, Autografe und vieles mehr.

○ **STEPHANSDOM**
Wiens wichtigstes Gotteshaus und das weithin sichtbare Wahrzeichen der Stadt wird von den Einheimischen gern liebevoll »Steffl« genannt: ein Wunderwerk der Steinmetzkunst mit einer gut 750 Jahre zurückreichenden Geschichte.

○ **KAISERGRUFT**
Im Kellergewölbe unter der Kapuzinerkirche wurden seit dem 17. Jahrhundert die habsburgischen Herrscher und ihre engsten Angehörigen bestattet.

○ **KUNSTHISTORISCHES MUSEUM**
Besucherattraktion ist die Gemäldegalerie mit Meisterwerken aus fünf Jahrhunderten, u. a. von Martin Schongauer, Cranach und Dürer, Brueghel, Rubens und Rembrandt, Tintoretto, Tizian oder Velázquez; sehenswert ist außerdem das Münzkabinett, die hochkarätige ägyptisch-orientalische sowie eine Skulpturen-, Kunstgewerbe- und Antikensammlung.

○ **NATURHISTORISCHES MUSEUM**
Die 39 Säle bergen eine der größten naturwissenschaftlichen Sammlungen Europas mit Mineralien und

WARUM IM WINTER? BALLZEIT! VON JANUAR BIS MÄRZ WERDEN JEDES JAHR ETWA 450 BÄLLE VERANSTALTET. DEN AUFTAKT MACHT DER GROSSE SILVESTERBALL IN DER HOFBURG; AUF UNZÄHLIGEN WEITEREN WIE DEM BLUMENBALL, DEM JÄGERBALL ODER DEM BONBONBALL WIRD BIS IN DEN FRÜHLING GETANZT. ZU DEN BALLHÄUSERN ZÄHLEN DIE HOFBURG, EINE SINFONIE AUS MARMORSÄULEN UND RIESIGEN KRONLEUCHTERN, VERSCHIEDENE KONZERTSÄLE UND DIE WIENER STAATSOPER. EIN SPLEEN DER WIENER IST, DIE BÄLLE VON DIVERSEN BERUFSVERBÄNDEN AUSZURICHTEN, MAN WIRD ALSO VON LAUTER RECHTSANWÄLTEN ODER WIENER KAFFEEHAUSBESITZERN UMSCHWIRRT. BALLKARTEN KANN JEDER KAUFEN, DER ZU TANZEN UND SICH NOBEL ZU KLEIDEN VERSTEHT (SMOKING ODER BALLKLEID). EINE TANZSTUNDE VORAB WIRD AUCH FÜR GEÜBTE EMPFOHLEN, DENN DIE WIENER ART IST UNGLAUBLICH SCHNELL. DIE TANZSCHULE ELMAYER BIETET DAFÜR BALL-BLITZ-KURSE AN.

Meteoriten, Fossilien, Skeletten sowie zeitgenössischen Tier- und Pflanzenarten. Höhepunkte sind u. a. die steinzeitliche Statuette der »Venus von Willendorf« und das rund 13 000-bändige »Wiener Herbarium« mit Belegpflanzen aus der ganzen Welt.

○ **BURGTHEATER**
»Die Burg« ist die unbestrittene Nummer eins unter den örtlichen Sprechbühnen. Das Ensemble zählt zu den besten der deutschsprachigen Schauspielerwelt. Der Bau ist auch architektonisch interessant.

○ **NEUES RATHAUS**
Der Prunkbau des Neuen Rathauses entstand zwischen den Jahren 1872 und 1883 und wurde in gotisierenden Formen errichtet. Der Arkadenhof, die Feststiege und der Festsaal können im Rahmen von Führungen besichtigt werden.

○ **VOTIVKIRCHE**
Nicht ohne Grund wird sie auch »Ringstraßendom« genannt: Die 1879 geweihte Votivkirche gilt weltweit als eines der bedeutendsten neogotischen Sakralbauwerke.

○ **NASCHMARKT**
Wiens größter innerstädtischer Lebensmittelmarkt – seine Wurzeln reichen bis ins späte 18. Jahrhundert – erstreckt sich rund 500 Meter weit von der Kettenbrückengasse bis zum Karlsplatz. Am östlichen Ende, nahe der Secession, sind der Markt, seine Waren und sein Publikum am erlesensten. In der Mitte des Marktes atmet man exotische Düfte und findet viele internationale Spezialitäten. Am Samstagvormittag wird in diesem Bereich auch ein Bauernmarkt und gleich daneben ein uriger Flohmarkt abgehalten.

○ **SECESSION**
Josef Maria Olbrich schuf in den Jahren 1897 bis 1898 für die »Wiener Secession« – eine avantgardistische Künstlergruppe, die sich von ihren im Künstlerhaus organisierten konservativen Kollegen abgegrenzt hatte – dieses Ausstellungsgebäude. Es zählt zu den Hauptwerken des Wiener Jugendstils.

○ **KARLSKIRCHE**
Sie wurde 1713 von Kaiser Karl VI. anlässlich einer überstandenen Pestepidemie in Auftrag gegeben. Ihre Schöpfer, Fischer von Erlach senior und junior, verein-

Links: Bei den leutseligen Vorstadtbällen und »Gschnasen« – so die wienerische Bezeichnung für ein fröhliches Kostümfest – herrscht kein strikter Dresscode. Einzige Vorgabe ist höchstens die, sich originell zu kostümieren. Bei den repräsentativen Veranstaltungen hingegen wird elegante Garderobe verlangt – bei den Damen ein bodenlanges Abendkleid, bei den Herren Smoking oder Frack.

ten klassische Formen der griechischen, römischen und byzantinischen Architektur.

○ MUSEUMSQUARTIER

An der Nahtstelle von 7. und 1. Bezirk wurde 2001 das MuseumsQuartier (MQ) eröffnet. Es vereint die Barockstrukturen der ehemals kaiserlichen Stallungen mit postmoderner Architektur und zählt mit Kunsthalle, Museum moderner Kunst und Leopold Museum zu den zehn größten Kulturzentren der Welt.

○ HUNDERTWASSERHAUS

In einer unscheinbaren Gasse im 3. Bezirk steht jenes merkwürdige Haus, das in der Liste der meistbesuchten Attraktionen gleich nach dem Stephansdom und Schönbrunn rangiert. Sein Schöpfer, Friedensreich Hundertwasser, stellte dabei optisch alles Gewohnte auf den Kopf: Er durchsetzte Mauern und Kanten mit krummen Linien und Buckeln, schuf schiefe Böden, ließ Balkone und Dächer mit Bäumen bepflanzen und dekorierte die Fassade mit grellbunten Tropfen, Kringeln und Kachelmosaiken.

○ SCHLOSS BELVEDERE

Zu Wiens Hauptwerken des Barock zählt das von Lukas von Hildebrandt entworfene Belvedere. Errichtet wurde das aus zwei Schlössern bestehende Sommerpalais in den Jahren 1714 und 1723 für den legendären Feldherrn und Türkenbezwinger Prinz Eugen von Savoyen. In den Prunkräumen zeugen Meisterwerke von Waldmüller, Klimt, Kokoschka & Co. von der Blüte der Malerei des 19. und frühen 20. Jahrhunderts.

○ ZENTRALFRIEDHOF

Wiens zentrale Begräbnisstätte liegt im südöstlichsten Bezirk Simmering, auf halbem Weg zwischen der Stadt und dem Flughafen von Schwechat. Sie wurde 1874 eröffnet und umfasst auf 2,4 Quadratkilometer Fläche mehr als 300 000 Gräber, in denen etwa drei Millionen Menschen ihre letzte Ruhe fanden.

○ SCHLOSS SCHÖNBRUNN

Die Ikone des imperialen, barocken Wien schlechthin ist das im Villenbezirk Hietzing gelegene Schloss Schönbrunn. Als feudale Schöpfung des frühen 18. Jahrhunderts spiegelt es die Lust am architektonischen Überschwang wider, die nach dem Triumph über die Türken die aristokratischen Bauherren beflügelte. Bis zum Jahr 1918 war Schönbrunn die Sommerresidenz der Habsburger. Heute besichtigen in der Hochsaison bis zu 11 000 Schaulustige täglich die prunkvollen

AUSGEHEN

Café Landtmann // In diesem großräumig-eleganten Ringstraßencafé geben sich Politiker, Medienleute und Schauspieler des benachbarten Burgtheaters ein Stelldichein.
// www.landtmann.at

Ubl // Wiener Traditionslokal mit gutbürgerlicher Küche, typischen Mehlspeisen und Gastgarten. Hier fühlen sich auch Prominente wohl.
// Pressgasse 26

Gulaschmuseum // Hier serviert man rund 15 Varianten jener pikanten Speise aus Paprika und Fleisch, die vor Jahrhunderten aus Ungarn nach Wien exportiert und dort variantenreich abgewandelt wurde.
// www.gulaschmuseum.at

Figlmüller // Die Schnitzel von Figlmüller gelten als die größten und besten von Wien. Dünn und zart und in drei unterschiedlich heißen Pfannen zubereitet.
// www.figlmueller.at

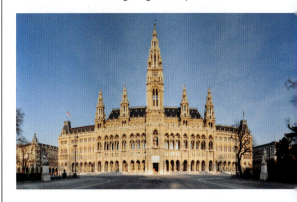

Rechts: Ein besonderes Schmuckstück der Ringstraßenarchitektur ist das Neue Rathaus. Es steht direkt gegenüber dem Burgtheater und wurde im neogotischen Stil mit Spitzbogenfenstern, Loggien, Balkonen, einem zentralen, 81 mal 35 Meter großen Arkadenhof und überreichem plastischen Schmuck errichtet.

Hundertwasser konzipierte sowohl das Hundertwasser-Krawina-Haus als auch das Museum Kunst Haus Wien in der Unteren Weißgerberstraße als eine Art dreidimensionales Pamphlet gegen die Normen und Regeln der seiner Meinung nach »seelenlos-tristen« Baukunst der Moderne.

Kaiserappartements, die historischen Kutschen in der Wagenburg, das Palmenhaus wie den Tiergarten.

○ **PRATER**

Der Prater bildet eine Oase der Erholung und der Kurzweil. Diese zwischen Donau und Donaukanal gelegene, fast 15 Kilometer lange Wald- und Wiesenlandschaft war einstmals ein kaiserliches Jagdrevier. Joseph II. machte es 1766 für die Öffentlichkeit zugänglich. Das Gebiet ist von Altwasserarmen sowie von einem weitverzweigten Netz an Rad- und Spazierwegen durchzogen und bietet Hobbysportlern darüber hinaus eine dichte Infrastruktur. In dem westlichen, stadtnahen Bereich lockt der sogenannte Wurstelprater mit Biergärten, Spielhallen und Geisterbahnen, verschiedenen Hightech-Schleudern und Hochschaubahnen. Und, nicht zu vergessen, mit dem Riesenrad – jener 67 Meter hohen, spektakulären Eisenkonstruktion, von deren Waggons aus man ein prächtiges Panorama genießt.

ÜBERNACHTEN

Hollmann Beletage // Klein, aber fein: Das zentral gelegene Stadthotel vereint echtes Wiener Flair mit modernem Design. Insgesamt 16 geschmackvoll eingerichtete Zimmer ermöglichen einen angenehmen Aufenthalt.

// www.hollmann-beletage.at

Imperial // Sozusagen der Rolls-Royce unter Wiens Nobelherbergen, auch »Österreichs erstes Haus« genannt, in dem die Republik ihre offiziellen Gäste einquartiert. Stilmöbel, alte Meister, kostbare Lüster und Teppiche machen aus dem ehemaligen Stadtpalais ein bewohnbares Museum.

// www.imperialvienna.com

Levante Parliament // Das direkt hinter dem Rathaus und dem Parlament gelegene, 2006 eröffnete Designhotel ist von außen eher unscheinbar, im Inneren jedoch höchst geschmackvoll gestaltet und bietet Kunst für Kenner sowie den Kennern die Kunst des Savoir-vivre.

// www.thelevante.com

SHOPPING

○ **K.U.K. HOFLIEFERANTEN**

Auf der Kärntner Straße bieten Gerstner und Schlumberger exquisite Süßwaren und erlesenen Sekt an. Ein Laden wie ein Märchenland. Man kann hier auch wunderbar frühstücken.

○ **LODEN PLANKL**

Wiens ältestes einschlägiges Geschäft führt Jacken, Hosen und Trachtenanzüge aus Kaschmirwolle, hochwertigen Materialien, Baumwolle, Leder, Leinen und natürlich Loden.

○ **RINGSTRASSEN-GALERIEN**

Ideal für einen Schaufensterbummel an verregneten Urlaubstagen: zwei elegante, überdachte Passagen, nur eine Gehminute östlich der Oper.

○ **ALTMANN & KÜHNE**

Nicht nur die Verpackungen, sondern vor allem die Trüffel, Pralinen, Schokoladen und Bonbons sind kleine Kunstwerke. Da kann keiner widerstehen!

AUF KEINEN FALL VERPASSEN

EIN SPAZIERGANG DURCH DEN WIENERWALD MIT ANSCHLIESSENDER EINKEHR
Außer Burgen, Schlössern und Kirchen gibt es im Naturparadies Wienerwald Weinlokale, »Heurige« genannt. Klassische Rebsorten: Zweigelt, Zierfandler oder auch Rotgipfler. Das altehrwürdige Winzerdorf Grinzing am Fuß des Kahlenbergs ist der bekannteste Heurigenort im Raum Wien. Seine Nobellokale bieten den Gästen in der Regel einen stimmungsvollen Garten, ein reichhaltiges Büfett und Livemusik in Form originaler Wienerlieder.

SPEZIALITÄTEN IN EINEM WIENER KAFFEEHAUS GENIESSEN
Ob Kleiner Schwarzer oder Wiener Melange – ein Stück Sachertorte gehört dazu. Am besten im Café Hawelka, wo Udo Jürgens oder Elias Canetti saßen. Eine Traditionsadresse für Liebhaber exquisiter Kaffeehäuser ist natürlich das Café Sacher, gelegen im Erdgeschoss des gleichnamigen Nobelhotels, direkt hinter der Staatsoper. Gleich nebenan, im zugehörigen Laden, gibt's auch die legendäre Schokoladentorte, die man reisetauglich eingepackt mit nach Hause bringen kann.

DEN WIENER SÄNGERKNABEN LAUSCHEN
Schon im 14. Jahrhundert sangen Knaben am Wiener Hof. Heute sind rund 100 Jungen zwischen neun und 14 Jahren in vier Chören. Klare Stimmen und Sangesfreude erlebt man in der Hofburgkapelle oder im Haus für Musik und Theater.

SCHLENDERN ÜBER DEN KARMELITERMARKT
Plüsch und Fast Food sucht man hier vergeblich. Der Karmelitermarkt ist modern, stylish und sehr im Trend. Es gibt Bioläden oder In-Bistros zu entdecken.

EINE TRAMTOUR ÜBER DIE RINGSTRASSE MACHEN
Vom Schwedenplatz geht es vorbei an den wichtigsten Sehenswürdigkeiten. Bildschirm und Kopfhörer ersetzen den Reiseführer.

REGISTER

A
Abu Dhabi	16
Ägypten	200
Amsterdam	22
Argentinien	274
Auckland	256
Australien	70, 322

B
Bangkok	262
Barcelona	176
Belgien	102
Berlin	268
Boston	28
Brasilien	310
Brüssel	102
Budapest	182
Buenos Aires	274

C
Chicago	188
China	144, 230, 292

D
Dänemark	52
Delhi	194
Deutschland	40, 224, 268
Dubai	280
Dublin	34

F
Frankreich	138

G
Großbritannien	58

H
Hamburg	40
Ho-Chi-Minh-Stadt	286
Hongkong	292

I
Indien	194
Irland	34
Israel	236
Istanbul	46
Italien	82, 206

J
Japan	94, 108

K
Kairo	200
Kanada	126, 162, 242
Kapstadt	298
Kopenhagen	52
Kyoto	108

L
Lissabon	114
London	58
Los Angeles	120

M
Madrid	64
Mailand	206
Marokko	212
Marrakesch	212
Melbourne	70
Mexiko	218
Mexiko-Stadt	218
Montreal	126
Moskau	132
München	224

N
Neuseeland	256
New York City	304
Niederlande	22

O
Österreich	328

P
Paris	138
Peking	144
Portugal	114
Prag	76

R
Rio de Janeiro	310
Rom	82
Russland	132, 156

S
San Francisco	88
Sankt Petersburg	156
Schweden	316
Schweiz	248
Shanghai	230
Singapur	150
Spanien	64, 176
Stockholm	316
Südafrika	298
Sydney	322

T
Tel Aviv	236
Thailand	262
Tokio	94
Toronto	242
Tschechien	76
Türkei	46

U
Ungarn	182
USA	28, 88, 120, 168, 188, 304

V
Vancouver	162
Vereinigte Arabische Emirate	16, 280
Vietnam	286

W
Washington, D.C.	168
Wien	328

Z
Zürich	248

AUF KEINEN FALL VERPASSEN

EIN SPAZIERGANG DURCH DEN WIENERWALD MIT ANSCHLIESSENDER EINKEHR

Außer Burgen, Schlössern und Kirchen gibt es im Naturparadies Wienerwald Weinlokale, »Heurige« genannt. Klassische Rebsorten: Zweigelt, Zierfandler oder auch Rotgipfler. Das altehrwürdige Winzerdorf Grinzing am Fuß des Kahlenbergs ist der bekannteste Heurigenort im Raum Wien. Seine Nobellokale bieten den Gästen in der Regel einen stimmungsvollen Garten, ein reichhaltiges Büfett und Livemusik in Form originaler Wienerlieder.

SPEZIALITÄTEN IN EINEM WIENER KAFFEEHAUS GENIESSEN

Ob Kleiner Schwarzer oder Wiener Melange – ein Stück Sachertorte gehört dazu. Am besten im Café Hawelka, wo Udo Jürgens oder Elias Canetti saßen. Eine Traditionsadresse für Liebhaber exquisiter Kaffeehäuser ist natürlich das Café Sacher, gelegen im Erdgeschoss des gleichnamigen Nobelhotels, direkt hinter der Staatsoper. Gleich nebenan, im zugehörigen Laden, gibt's auch die legendäre Schokoladentorte, die man reisetauglich eingepackt mit nach Hause bringen kann.

DEN WIENER SÄNGERKNABEN LAUSCHEN

Schon im 14. Jahrhundert sangen Knaben am Wiener Hof. Heute sind rund 100 Jungen zwischen neun und 14 Jahren in vier Chören. Klare Stimmen und Sangesfreude erlebt man in der Hofburgkapelle oder im Haus für Musik und Theater.

SCHLENDERN ÜBER DEN KARMELITERMARKT

Plüsch und Fast Food sucht man hier vergeblich. Der Karmelitermarkt ist modern, stylisch und sehr im Trend. Es gibt Bioläden oder In-Bistros zu entdecken.

EINE TRAMTOUR ÜBER DIE RINGSTRASSE MACHEN

Vom Schwedenplatz geht es vorbei an den wichtigsten Sehenswürdigkeiten. Bildschirm und Kopfhörer ersetzen den Reiseführer.

REGISTER

A
Abu Dhabi	16
Ägypten	200
Amsterdam	22
Argentinien	274
Auckland	256
Australien	70, 322

B
Bangkok	262
Barcelona	176
Belgien	102
Berlin	268
Boston	28
Brasilien	310
Brüssel	102
Budapest	182
Buenos Aires	274

C
Chicago	188
China	144, 230, 292

D
Dänemark	52
Delhi	194
Deutschland	40, 224, 268
Dubai	280
Dublin	34

F
Frankreich	138

G
Großbritannien	58

H
Hamburg	40
Ho-Chi-Minh-Stadt	286
Hongkong	292

I
Indien	194
Irland	34
Israel	236
Istanbul	46
Italien	82, 206

J
Japan	94, 108

K
Kairo	200
Kanada	126, 162, 242
Kapstadt	298
Kopenhagen	52
Kyoto	108

L
Lissabon	114
London	58
Los Angeles	120

M
Madrid	64
Mailand	206
Marokko	212
Marrakesch	212
Melbourne	70
Mexiko	218
Mexiko-Stadt	218
Montreal	126
Moskau	132
München	224

N
Neuseeland	256
New York City	304
Niederlande	22

O
Österreich	328

P
Paris	138
Peking	144
Portugal	114
Prag	76

R
Rio de Janeiro	310
Rom	82
Russland	132, 156

S
San Francisco	88
Sankt Petersburg	156
Schweden	316
Schweiz	248
Shanghai	230
Singapur	150
Spanien	64, 176
Stockholm	316
Südafrika	298
Sydney	322

T
Tel Aviv	236
Thailand	262
Tokio	94
Toronto	242
Tschechien	76
Türkei	46

U
Ungarn	182
USA	28, 88, 120, 168, 188, 304

V
Vancouver	162
Vereinigte Arabische Emirate	16, 280
Vietnam	286

W
Washington, D. C.	168
Wien	328

Z
Zürich	248

BILDNACHWEIS

Cover: Look/Avalon.red2 (Melbourne), G/Steve Kelley (London), Look/Holger Leue (St. Petersburg), G/Danita Delimont (San Francisco), Look/Photononstop (Kyoto), Look/age (Hongkong), G/Cameron Davidson (New York City), Look/robertharding (Kopenhagen), G/choness (Los Angeles), Look/ClickAlps (Amsterdam), G/Naufal MQ (Dubai), G/Peter Adams (Rio de Janeiro), Look/robertharding (Singapur).

S. 2/3 G/Alan Copson, S. 4/5 G/K'Nub, S. 6/7 G/Nutthavood Punpeng, S. 8/9 G/Anthony Gelot, S. 10 G/Ian Trower, S. 11 G/Moritz Wolf, S. 11 G/William Perugini, S. 12/13 G/M Swiet Productions, S. 14/15 G/Watcharapong Thawornwichian, S. 16 Look/Robertharding, S. 17 G/Alan Copson, S. 18 M/picDetailCopyrightAddition, S. 18 M/Klaus-Gerhard Dumrath, S. 18 G/JaCZhou Jiaqing, S. 21 G/Galina Sandalova, S. 21 G/Daniel Bretzmann, S. 21 G/Deveritt, S. 21 G/Funkcanna, S. 21 G/Lost Horizon Images, S. 21 M/Iconotec, S. 22/Burcintuncer, S. 23 G/Sborisov, S. 23 C/Frans Lemmens, S. 24 G/Greg Gibb, S. 24 G/Louise Heusinkveld, S. 24 M/Alamy, S. 25 G/Dennisvdw, S. 26 G/Leit Wolf, S. 27 G/Jean-Pierre Lescourret, S. 27 G/John Greim, S. 27 G/Leonid Andronov, S. 27 G/Fraser Hall, S. 27 G/Frans Lemmens, S. 27 Look/Rainer Mirau, S. 28 G/Sean Pavone, S. 29 G/Pgiam, S. 29 G/Sean Pavone, S. 30 G/Boston Herald, S. 30 G/Billie Weiss, S. 32 M/Alamy, S. 33 M/Alamy, S. 33 G/Massimo Borchi, S. 33 M/Alamy, S. 33 Look/Franz Marc Frei, S. 33 G/Panoramic Images, S. 33 G/Somatuscani, S. 33 M/Alamy, S. 34 M/Stefan Kiefer, S. 35 G/David Soanes, S. 36 G/Nabilishes@Nabil z.a., S. 36 G/Design Pics Inc, S. 37 C/Carl Bruemmer, S. 38 G/View Pictures, S. 39 C/John Freeman, S. 39 Look/Ingolf Pompe, S. 39 G/Holger Leue, S. 39 Look/Travel Collection, S. 39 C/Paul Seheult, S. 39 Look/Travel Collection, S. 40 C/Jorg Greuel, S. 41 G/Martin Deja, S. 42 C/Fabian Bimmer, S. 42 H. & D. Zielske, S. 42 M/Thomas Ebelt, S. 43 Look/Helge Bias, S. 45 M/Ingo Boelter, S. 45 G/Bloomberg, S. 45 G/Bloomberg, S. 45 G/Peter Bischoff, S. 45 M/Justus de Cuveland, S. 45 M/Foodcollection, S. 45 Look/Franke-Hofstetter, S. 46 G/Bernardo Ricci Armani, S. 47 C/Paul Hardy, S. 48 C/Anadolu Agency, S. 48 G/Anadolu Agency, S. 49 Christopher Kunth, S. 51 G/Andrea Pistolesi, S. 51 M/Karl F. Schöfmann, S. 51 M/Alamy, S. 51 Cemberlitas Hamam, S. 51 G/Salvator Barki, S. 51 G/DorukTR, S. 51 G/Vladislav Starozhilov, S. 51 G/Sandra Seckinger, S. 52 G/Aleksandar Georgiev, S. 53 G/Alexander Spatari, S. 53 G/Roberto Moiola, S. 54 M/Alamy, S. 54 M/P. Widmann, S. 55 G/Sergio Pitamitz, S. 55 M/Chris Seba, S. 56 M/Alamy, S. 57 M/Alamy, S. 57 M/Alamy, S. 57 G/Gerard Puigmal, S. 57 M/Alamy, S. 57 G/Atlantide Phototravel, S. 57 G/Johner Images, S. 57 G/Murat Taner, S. 58 G/Joe Daniel Price, S. 59 C/Alan Copson, S. 60 M/Steve Vidler, S. 60 M/Ralf Poller, S. 61 G/Sergio Amiti, S. 62 M/Peter Phipp, S. 63 G/Atlantide Phototravel, S. 63 G/Bob Ingelhart, S. 63 G/Zakir Hossain Chowdhury, S. 63 G/Peter Phipp, S. 63 H. & D. Zielske, S. 63 G/Pawel Libera, S. 64 G/Delreycarlos, S. 65 M/Alamy, S. 66 M/Alamy, S. 66 G/Rudy Sulgan, S. 66 G/Ingolf Pompe, S. 67 Look/age, S. 68 C/Danny Lehman, S. 69 G/Eans, S. 69 Look/Ingolf Pompe, S. 69 G/Juan Pelegrín, S. 69 G/Alex Craig, S. 69 G/Pepe Franco, S. 69 Look/Ingolf Pompe, S. 70 G/Kelvin Kam, S. 71 M/Alamy, S. 72 G/David Hannah, S. 73 G/Victor-Andreas Marz, S. 73 G/Victor-Andreas Marz, S. 74 M/Alamy, S. 75 G/Reg Ryan, S. 75 G/Rasdi Abdul Rahman, S. 75 G/Panoramic Images, S. 75 G/Lindsay Brown, S. 75 G/David Hannah, S. 76 G/Kirill Rudenko, S. 77 M/John Warburton-Lee, S. 78 M/Alamy, S. 78 M/Alamy, S. 79 G/Radomir Hofman, S. 80 G/Roberto Cattini, S. 81 M/Günter Lenz, S. 81 M/Alamy, S. 81 G/Fabio, S. 81 G/MarekKijevsky, S. 81 G/Mychadre77, S. 81 G/Tamara Volodina, S. 82 C/Ken Kaminesky, S. 83 C/Maurizin Rellini, S. 84 G/Franckreporter, S. 85 G/Guy Vanderelst, S. 85 C/Sylvain Sonnet, S. 86 M/Alamy, S. 87 Look/Robertharding, S. 87 C/Ken Kaminesky, S. 87 M/Alamy, S. 87 M/Walter Zerla, S. 87 M/Raimund Kutter, S. 87 M/Cubolmages, S. 87 C/Sylvain Sonnet, S. 88 G/Andrew Wille, S. 89 G/Agustin Rafael C. Reyes, S. 90 G/Nicolas McComber, S. 90 G/Jean-Pierre Lescourret, S. 90 Look/Denis Feiner, S. 93 M/Cavan Images, S. 93 G/Justin Sullivan, S. 93 G/Elisa Cicinelli, S. 93 Look/Juergen Richter, S. 93 M/Aurora RF, S. 93 C/George Steinmetz, S. 93 G/Mitchell Funk, S. 94 G/Calvin Chan Wai Meng, S. 96 A/Sean Pavone, S. 97 M/Steve Vidler, S. 98 G/Nikada, S. 99 G/John S Lander, S. 99 M/Alamy, S. 99 M/Diversion, S. 99 M/Firstlight, S. 99 G/Mint Images, S. 99 Look/age, S. 99 G/Charly Triballeau, S. 99 G/Charly Triballeau, S. 100/101 G/James O'Neil, S. 102 G/Massimo Borchi, S. 103 G/Tomas Sereda, S. 104 G/Jared I. Lenz, S. 104 G/L. Toshio Kishiyama, S. 104 G/Adisa, S. 104 Look/Photononstop, S. 105 M/Dreamtours, S. 107 G/Dimarik, S. 107 G/Summerphotos, S. 107 M/Alamy, S. 107 M/Alamy, S. 107 M/Alamy, S. 108 A/Sean Pavone, S. 109 G/Annhfhung, S. 109 G/Niti Chuysakul, S. 110 A/Keren Su/China Span, S. 110 M/Alamy, S. 111 C/Stuart Black, S. 111 A/Sean Pavone, S. 112 G/Holgs, S. 113 G/Markus Gebauer, S. 113 M/Alamy, S. 113 G/Stanley Chen, S. 113 G/xPACIFICA, S. 113 G/Justin Guariglia, S. 113 G/Rachel Lewis, S. 113 G/Sanchai Loongroong, S. 114 M/P. Kaczynski, S. 115 G/Claude LeTien, S. 115 G/Michele Falzone, S. 116 G/Sylvain Sonnet, S. 116 M/Alamy, S. 116 M/Mauricio Abreu, S. 117 G/Mauricio Abreu, S. 119 G/Andrè Gonálves, S. 119 M/Alamy, S. 119 G/Wolfgang Kaehler, S. 119 Look/age, S. 119 G/Tetra Images, S. 119 G/Yadid Levy, S. 119 Look/Robertharding, S. 120 Look/Nordic Photos, S. 121 Look/Robertharding, S. 122 Look/Robertharding, S. 122 Look/Thomas Stankiewicz, S. 122 G/Az Jackson, S. 123 G/S. Greg Panosian, S. 124 A/GoPlaces, S. 125 Look/Christian Heeb, S. 125 Look/age, S. 125 G/Stellalevi, S. 125 C/Richard Cummins, S. 125 C/Jon Hicks, S. 126 G/Daniel Grill, S. 127 C/Richard T. Nowitz, S. 127 C/Jean-Pierre Lescourret, S. 128 G/Natural Beauties, S. 128 G/Olga Tremblay, S. 128 G/ReverseProject, S. 131 G/Francois Lacasse, S. 131 G/Christian ouellet, S. 131 G/Barbara Vallance, S. 131 M/Alamy, S. 131 G/Martine Doucet, S. 131 G/Ron Watts, S. 132 Look/ClickAlps, S. 133 Look/Franz Marc Frei, S. 134 G/Yulenochekk, S. 134 Look/age, S. 135 G/Gonzalo Azumendi, S. 135 M/Alamy, S. 136 M/Alamy, S. 137 G/Mercedes Rancaño Otero, S. 137 G/Milosh Ivanovitch, S. 137 G/Tomas Sereda, S. 137 G/Kirill Kudryavtsev, S. 137 G/Yuri Kadobnov, S. 137 Look/TerraVista, S. 138 C/Rudy Sulgan, S. 139 G/Roberto A Sanchez, S. 140 Look/Photononstop, S. 141 C/Ken Kaminesky, S. 142 G/Bruce Yuanyue Bi, S. 143 G/UBACH/DE LA RIVA, S. 143 G/Jim Sugar, S. 143 M/Alamy, S. 143 M/Alamy, S. 143 G/Matteo Colombo, S. 143 G/Don Arnold, S. 144 G/Zhaolinghe, S. 145 G/Best View Stock, S. 146 G/Kylie Mclaughlin, S. 146 G/Zhaolinghe, S. 147 G/Zhaolinghe, S. 147 G/Andre Distel Photography, S. 149 G/Maremagnum, S. 149 G/Gideon Mendel, S. 149 C/Massimo Borchi, S. 149 C/Andrew Rowat, S. 149 C/Martin Puddy, S. 150 Look/Robertharding, S. 151 G/Jeremy Photography, S. 152 C/Angelo Cavalli, S. 152 G/Vichailao, S. 152 G/Carlina Teteris, S. 153 Look/Michael Zegers, S. 154 G/John Seaton Callahan, S. 155 M/Alamy, S. 155 M/Alamy, S. 155 M/Alamy, S. 155 M/Alamy, S. 155 M/Alamy, S. 155 G/John Seaton Callahan, S. 155 G/Glowimages, S. 156 G/Thomas Roche, S. 157 G/Jon Bower, S. 158 G/IgorSPb, S. 159 G/Panoramic Images, S. 161 G/Anadolu Agency, S. 161 M/Alamy, S. 161 M/Alamy, S. 161 M/Ferdinand Hollweck, S. 161 Look/Franz Marc Frei, S. 162 Look/age, S. 163 G/Stuart Dee, S. 164 G/Andrew Chin, S. 164 G/Andrew Chin, S. 164 C/Tim Thompson, S. 165 G/Tashka, S. 167 G/PKS Media Inc., S. 167 G/Brendan Hunter, S. 167 Look/age, S. 167 G/Ablokhin, S. 167 Look/Design Pics, S. 167 G/David Mantel, S. 167 C/Michael Wheatley, S. 168 G/Uschools, S. 169 C/Jose Fuste Raga, S. 170 C/Fred Hirschmann, S. 170 C/Brooks Kraft, S. 170 C/Greg Dale, S. 171 G/Panoramic Images, S. 172 G/Greg Dale, S. 173 G/Aimintang, S. 173 G/Bpperry, S. 173 G/Amedved, S. 173 G/Ablokhin, S. 173 G/Ablokhin, S. 173 G/Rob Tringali, S. 173 G/Rob Carr, S. 173 G/Greg Dale, S. 174/175 G/Marius Gomes, S. 176 G/Travelpix Ltd, S. 177 Look/Juergen Richter, S. 178 M/age, S. 178 M/Lucas Vallecillos, S. 179 M/Alamy, S. 181 M/Alamy, S. 181 M/Alamy, S. 181 M/Alamy, S. 181 G/Peera Sathawirawong, S. 181 M/Alamy, S. 181 M/Alamy, S. 182 G/Domingo Leiva Nicolas, S. 183 M/age, S. 184 G/Musseln, S. 184 G/Lara Maroon, S. 185 M/Alamy, S. 186 M/Photononstop, S. 187 M/Alamy, S. 187 G/Maremagnum, S. 187 M/Alamy, S. 187 M/Stefan Kiefer, S. 187 Look/Travel Collection, S. 187 Look/Travel Collection, S. 187 M/Alamy, S. 188 Look/age, S. 189 Look/Robertharding, S. 190 M/Firstlight, S. 190 C/Stefano Amantini, S. 190 G/Raymond Boyd, S. 190 G/Anadolu Agency, S. 191 G/Cameron Davidson, S. 193 G/Sandy Felsenthal, S. 193 Look/Franz Marc Frei, S. 193 Look/Robertharding, S. 193 G/TuelekZa, S. 193 G/James Tung, S. 193 G/Massimo Borchi, S. 193 G/Barry Brecheisen, S. 194 M/Rene Mattes, S. 195 G/SoumenNath, S. 196 C/Blaine Harrington III, S. 196 G/Mukul Banerjee, S. 196 G/Dinodia Photo, S. 197 G/Anders Blomqvist, S. 198 G/Neha Gupta, S. 199 G/DreamPictures, S. 199 G/Uniquely India, S. 199 M/Alamy, S. 199 G/Emad Aljumah, S. 199 G/Danal Fisher, S. 199 G/

IMPRESSUM

Christopher Pillitz, S. 199 G/Sean3810, S. 200 Look/age, S. 201 M/Alamy, S. 202 G/Sean Caffrey, S. 202 M/Alamy, S. 202 G/Anadolu Agency, S. 202 G/Hadynyah, S. 205 G/Hernan Gonzalez Rosado, S. 205 Look/TerraVista, S. 205 G/Leonid Andronov, S. 205 G/Assalve, S. 205 G/Calin Stan, S. 205 G/Guenter Albers, S. 206 Look/age, S. 207 Look/Ingolf Pompe, S. 208 G/Victor Virgile, S. 209 C/Massimo Listri, S. 209 M/Alamy, S. 211 G/Buppha Wuttifery, S. 211 G/Timofey Kuznetsov, S. 211 Look/Sabine Bungert, S. 211 Look/Sabine Bungert, S. 211 G/REDA&CO, S. 211 G/Olgakr, S. 211 M/Foodcollection, S. 211 Look/Ingolf Pompe, S. 212 Look/age, S. 213 M/Jan Wlodarczyk, S. 214 Look/age, S. 214 G/Stefan Cristian Cioata, S. 214 G/Starcevic, S. 215 G/Marcp Dmoz on Flickr, S. 217 M/Martin Moxter, S. 217 G/Cavan Images, S. 217 G/Benbenjilali, S. 217 G/Mlenny, S. 217 G/Borja Alcazar photo, S. 217 G/Image Source, S. 217 G/Olena Znak, S. 217 G/Victor Cardoner, S. 218 G/Christopher Groenhout, S. 219 M/Alamy, S. 220 G/Fitopardo.com, S. 220 G/Gabriel Perez, S. 221 C/Thom Lang, S. 222 G/Glow Images, S. 223 M/Alamy, S. 223 M/Alamy, S. 223 M/Masterfile RM, S. 223 G/Bloomberg, S. 223 G/Miguel Tovar, S. 223 G/Anne Rippy, S. 223 C/R. Ian Lloyd, S. 224 Look/Peter von Felbert, S. 226 G/Karlheinz Irlmeier, S. 227 Look/Franz Marc Frei, S. 228 C/Jones Etien, S. 229 G/Jean-Pierre Lescourret, S. 229 M/Martin Siepmann, S. 229 M/Rainer Dittrich, S. 229 Look/Florian Werner, S. 229 Look/Michael Zegers, S. 229 M/Steve Vidler, S. 230 G/Xiaodong Qiu, S. 231 G/Lv Photography, S. 232 G/Sino Images, S. 232 C/Jose Luis Stephens, S. 233 G/Lonely Planet, S. 235 C/Rob Smith, S. 235 C/Zhong yang, S. 235 G/Wangwukong, S. 235 C/Holger Leue, S. 235 C/Zhou Junxiang, S. 235 G/Domingo Leiva, S. 235 C/Lo Mak, S. 236 Look/Elan Fleisher, S. 237 G/Xantana, S. 238 M/Alamy, S. 238 M/Alamy, S. 238 M/Alamy, S. 239 M/Alamy, S. 239 M/Travel Collection, S. 240 Look/age, S. 241 M/Alamy, S. 241 G/Nick Brundle, S. 241 G/Gavin Hellier, S. 241 M/Alamy, S. 241 M/Alamy, S. 241 M/Alamy, S. 241 G/Chert61, S. 242 G/Rudy Sulgan, S. 243 G/Pgiam, S. 244 G/Joseph Maiolo, S. 244 M/age, S. 244 G/Qrsk, S. 245 M/Walter Bibikow, S. 247 G/Samdiesel, S. 247 M/Alamy, S. 247 M/Walter Bibikow, S. 247 G/Chip Somodevilla, S. 247 G/Chip Somodevilla, S. 247 G/JML Images, S. 247 C/Ray Juno, S. 248 G/Zorazhuang, S. 250 M/Alamy, S. 250 M/Alamy, S. 251 Look/Arthur F. Selbach, S. 252 Look/Arthur F. Selbach, S. 253 M/Chromorange, S. 253 G/Alpxin, S. 253 G/Aldorado10, S. 253 M/Alamy, S. 253 Look/GourmetPictureGuide, S. 253 M/Alamy, S. 253 M/Alamy, S. 253 M/Alamy, S. 253 Look/Arthur F. Selbach, S. 254/255 M/Iain Masterton, S. 256 Look/Mirau, Rainer, S. 257 C/Alex Wallace, S. 258 C/Alex Wallace, S. 258 Look/Mirau, Rainer, S. 258 Look/Thomas Stankiewicz, S. 260 M/Alamy, S. 261 M/Alamy, S. 261 G/Andrew Watson, S. 261 M/Photo New Zealand, S. 261 G/Davidf, S. 261 G/Simon McGill, S. 261 M/John Warburton-Lee, S. 261 M/John Warburton-Lee, S. 262 G/Thatree Thitivongvaroon, S. 263 Look/Kay Maeritz, S. 264 M/Danita Delimont, S. 264 G/Conan Huang, S. 265 G/Weerakarn Satitniramai, S. 265 G/Jon Arnold, S. 266 M/Alamy, S. 267 M/Alamy, S. 267 M/Dirk Bleyer, S. 267 Look/Travelstock44, S. 267 M/Steve Vidler, S. 267 G/David Buffington, S. 267 G/Nathan Hutchinson, S. 267 G/Matthew Wakem, S. 268 Look/Sabine Lubenow, S. 269 C/Paul Hardy, S. 270 M/Jürgen Henkelmann, S. 271 Look/Travelstock47, S. 271 Look/Sabine Lubenow, S. 272 M/Alamy, S. 273 G/Nikolay Tsuguliev, S. 273 M/Alamy, S. 273 M/Alamy, S. 273 H. & D. Zielske, S. 273 M/Alamy, S. 273 M/Jürgen Henkelmann, S. 274 G/Jorge Villalba, S. 275 Look/Robertharding, S. 275 Look/age, S. 276 M/Alamy, S. 276 G/Simonmayer, S. 276 C/Jon Hicks, S. 276 Look/age, S. 277 M/Masterfile RM, S. 279 M/Robertharding, S. 279 Look/Travelstock44, S. 279 G/Daboost, S. 279 G/Candace Gottschalk, S. 279 Look/Design Pics, S. 279 Look/Travelstock44, S. 279 Look/Holger Leue, S. 279 Look/Travelstock44, S. 280 G/Dblight, S. 281 G/Marcutti, S. 282 M/Rainer Mirau, S. 282 G/Fraser Hall, S. 282 G/Henglein And Steets, S. 284 G/Yadid Levy, S. 285 M/Alamy, S. 285 G/Walter Bibikow, S. 285 G/Maremagnum, S. 285 G/Martial Colomb, S. 285 G/Jochen Tack, S. 285 G/Amadeus Dekastle, S. 285 G/Jon Bower, S. 285 M/Walter Bibikow, S. 286 G/Mytruestory, S. 287 G/Ratnakorn Piyasirisorost, S. 288 M/VC-DLH, S. 288 G/Frans Sellies, S. 288 M/Alamy, S. 288 M/Franck Guiziou, S. 290 M/Alamy, S. 291 M/Alamy, S. 291 M/Alamy, S. 291 G/Alpxin, S. 291 G/Nicolas McComber, S. 291 Look/Ingolf Pompe, S. 291 M/Alamy, S. 291 G/Phung Huynh Vu Oui, S. 292 G/Bernd Lauter, S. 293 M/Alamy, S. 294 G/Ray Laskowitz, S. 294 G/Donkeyru, S. 294 G/Yiu Yu Hoi, S. 295 C/xPACIFICA, S. 297 G/Gary Conner, S. 297 M/Steve Vidler, S. 297 G/Matt Mawson, S. 297 G/Image Source, S. 297 G/Ines Lee, S. 297 G/Yiu Yu Hoi, S. 297 C/Michele Falzone, S. 298 Look/Holger Leue, S. 300 G/Bernd Opitz, S. 300 M/Alamy, S. 300 Look/Travelstock44, S. 301 G/Ariadne Van Zandbergen, S. 302 Look/Jan Greune, S. 303 Look/Jan Greune, S. 303 Look/Jan Greune, S. 303 G/Neil Overy, S. 303 G/Jan Greune, S. 303 M/Werner Dieterich, S. 303 G/Klaus Vedfelt, S. 303 Look/Photononstop, S. 304 G/Remon Rijper, S. 305 Look/age, S. 306 Look/age, S. 306 C/Lebrecht Music & Arts, S. 307 H. & D. Zielske, S. 307 M/Alamy, S. 309 M/Alamy, S. 309 G/DreamPictures, S. 309 Look/age, S. 309 C/Massimo Borchi, S. 309 G/Michael Nichols, S. 309 Look/age, S. 309 G/New York Daily News Archive, S. 310 G/Paulo Silvio Pereira, S. 311 G/Alberto Coto, S. 312 Look/age, S. 312 G/Carlos Bohorquez Nassar, S. 312 G/Kseniya Ragozina, S. 313 G/Golero, S. 315 G/Dislentev, S. 315 M/Picfair, S. 315 G/Vale_t, S. 315 G/Mikolajn, S. 315 G/Donatas Dabravolskas, S. 316 Look/Robertharding, S. 317 G/Jorg Greuel, S. 318 G/Henrik Trygg, S. 319 G/Rosa María Fernández Rz, S. 319 G/Chad Ehlers, S. 320 G/Elliot Elliot, S. 321 Look/NordicPhotos, S. 321 G/Dag Sundberg, S. 321 G/Gerard Puigmal, S. 321 G/Kevincho_Photography, S. 321 G/Fudio, S. 321 G/Korhan Sezer, S. 322 G/Btrenkel, S. 323 G/Chris Pritchard, S. 324 G/Luis Castaneda Inc., S. 324 G/Panoramic Images, S. 325 C/Oliver Strewe, S. 326 G/Blaine Harrington III, S. 327 Look/Don Fuchs, S. 327 C/Andrew Watson, S. 327 C/Robert Wallace, S. 327 A/Robert Harding World Imagery, S. 327 C/Rob Francis, S. 328 G/Stellalevi, S. 329 Look/Ingolf Pompe, S. 330 M/ScottD, S. 331 M/Alfred Schauhuber, S. 332 C/Jean-Pierre Lescourret, S. 333 M/Alamy, S. 333 G/AFP, S. 333 M/Alamy, S. 333 M/Ophelia, S. 333 M/Ernst Wrba, S. 333 M/Alamy, S. 333 G/Markus Leodolter, S. 333 C/Bob Krist.

IMPRESSUM

© 2019 Kunth Verlag GmbH & Co. KG, München
St.-Cajetan-Straße 41
81669 München
Tel. +49.89.45 80 20-0
Fax +49.89.45 80 20-21
www.kunth-verlag.de
info@kunth-verlag.de

Printed in Italy

Texte: Nicole Adami, Andrea Lammert, Annika Voigt
Redaktion: Jennifer Künkler

Alle Rechte vorbehalten. Reproduktionen, Speicherung in Datenverarbeitungsanlagen, Wiedergabe auf elektronischen, fotomechanischen oder ähnlichen Wegen nur mit der ausdrücklichen Genehmigung des Copyrightinhabers.
Alle Fakten wurden nach bestem Wissen und Gewissen mit der größtmöglichen Sorgfalt recherchiert. Redaktion und Verlag können jedoch für die absolute Richtigkeit und Vollständigkeit der Angaben keine Gewähr leisten. Der Verlag ist für alle Hinweise und Verbesserungsvorschläge jederzeit dankbar.